TANTRA

TANTRA

LA LIBERACIÓN EN EL MUNDO

Prabhuji

TANTRA – LA LIBERACIÓN EN EL MUNDO
por Prabhuji

Primera edición

Impreso en Round Top, Nueva York, Estados Unidos

Publicado por Prabhuji Mission
Sitio: prabhuji.net

Avadhutashram
PO Box 900
Cairo, NY, 12413
USA

Pintura en la tapa por Prabhuji:
«Noche»
Acrílico en lienzo, Nueva York
Tamaño del lienzo: 20" x 20"

Library of Congress Control Number: 2020923441
ISBN-13: 978-1-945894-23-7

Índice

Prefacio 1
Introducción 5

Sección 1: La visión tántrica

Capítulo 1 – La visión tántrica esencial 9

Capítulo 2 – Los fundamentos del tantra 17
Los significados del término tantra 17
La metafísica tántrica 22
Dos revelaciones paralelas: védica y tántrica 24

Capítulo 3 – Śiva-śakti - La polaridad tántrica no dual 33
El shaivismo 38
La *tri-mūrti* o 'trinidad' 41
Los nombres de Śiva 43
Las cualidades de Śiva 46
Las manifestaciones de Śiva 48
Śiva como subjetualidad pura 48
Śiva como Nirguṇa-brahman 49
Śiva como Saguṇa-brahman 50
Śiva como las almas individuales 51
Śiva como entidad iluminada 52
Śiva como la deidad védica Rudra 53
Śiva como nuestra auténtica naturaleza 53
El shaktismo 54

Sección 2: El desarrollo del tantra

Capítulo 1 – Los orígenes y el desarrollo de la revelación tántrica 61
El *ati-mārga śaiva* pretántrico o 'el sendero supremo o directo' 64
El *mantra-mārga śaiva* o 'el sendero del mantra' 64
El *kula-mārga śakta* o 'el sendero de los clanes' 66

El shaivismo *trika* no dual de Cachemira 69
El *vaiṣṇava pāñca-rātra* 70
La influencia del tantra en otras religiones 72
El tantra hasta la actualidad 74

CAPÍTULO 2 – EL *ATI-MĀRGA* O 'EL SENDERO DIRECTO' 83
Śaivas iniciados y no iniciados 83
Ati-mārga śaiva 88
1. *Pāśu-pata* o *pāñcārthika* 90
2. *Lākula, Kālā-mukha* o *Mahā-vratins* 119
3. *Kāpālika o Soma-siddhānta* 130

CAPÍTULO 3 – EL *MANTRA-MĀRGA* O 'EL SENDERO DE LOS MANTRAS' 151
Dos movimientos: devocional y tántrico 151
La emergencia de la revelación tántrica 152
Saiddhāntika y no *saiddhāntika* 155
1. *Saiddhāntika - Śaiva-siddhānta Āgamas* 160
Las diferentes etapas de la literatura *śaiva-siddhānta* 162
I. El *siddhānta* temprano 162
II. Los poetas devocionales tamiles 163
III. El *siddhānta* sánscrito 164
IV. Los teólogos sistemáticos en lengua tamil 165
V. La sistematización del *śaiva-siddhānta* devocional 165
2. No *saiddhāntika - Bhairava Tantras* 168
2.1 *Mantra-pīṭha* 168
2.2 *Vidyā-pīṭha* 171
2.2.1 *Vāma tantras* (tantras de la izquierda) o *guhya tantras* (tantras secretos) 172
2.2.2 *Yāmala tantras* - Tantras de la unión 174
2.2.3. *Śakti tantras* - Tantras de la energía 179
2.2.3.1 *Śakti tantras - Trika* 180
1. La diosa Parā 181
2. Parāparā y Aparā 185
2.2.3.2 Śakti tantras - Kālī 192
1. Kāla-saṁkarṣaṇī 192
2. Vīrya-kālī 193
3. Mahā-kālī 195
4. Culto Kālī-trika 198
2.3 Amṛteśvara-bhairava y Amṛta-lakṣmī 199

CAPÍTULO 4 – EL *KULA-MĀRGA* O 'EL SENDERO DEL KAULA' 205
Āmnāyas o 'transmisiones' 223
1. *Pūrvāmnāya* o 'la transmisión oriental': Rostro Īśāna 227
2. *Uttarāmnāya* o 'transmisión norteña': Rostro Sadyojāta 232
3. *Paścimāmnāya* o 'transmisión occidental': Rostro Tat-puruṣa 243
4. *Dakṣiṇāmnāya* o 'transmisión sureña': Rostro Aghora 251
5. *Anuttarāmnāya* o 'transmisión suprema' 254
6. *Ūrdhvāmnāya* o 'transmisión superior': Rostro Vāma-deva 263

CAPÍTULO 5 – EL SHAIVISMO *TRIKA* DE CACHEMIRA 273
Las circunstancias de su emergencia 274
La cronología 275
Los escritores exegéticos 275
Las características generales del *trika* 276
El advenimiento del islam 278
Abhinava-gupta: La estrella más brillante del cielo de Cachemira 279
Las cuatro escuelas del shaivismo de Cachemira 286
1. La escuela *kaula trika* 286
Trika o 'el principio triple' 291
La filosofía *trika* 292
2. La escuela *pratyabhijñā* 295
3. La escuela *krama* 296
4. La escuela *spanda* 298
La literatura del shaivismo de Cachemira 298
Las 36 *tattvas* o 'categorías de existencia' 299
Śuddha-tattvas o 'categorías de existencia puras' 302
Śuddhāśuddha-tattvas o 'categorías de existencia puras-impuras' 304
Aśuddha-tattvas o 'categorías impuras' 305
Los tres *antaḥ-karaṇas* o 'los órganos internos' 305
Los *pañca-jñānendriyas* o 'los cinco órganos cognitivos' 306
Los *pañca-karmendriyas* o 'los cinco órganos de la acción' 306
Los *pañca-tanmātras* o 'los cinco elementos sutiles' 306
Los *pañca-mahā-bhūtas* o 'los cinco grandes elementos' 307
Śuddhādhvā-tattvas o 'elementos puros' 307

Capítulo 6 – Vaishnavismo tántrico 313
Los *vaiṣṇava āgamas* 328
Pāñca-rātra 328
Vaikhānasa 329
Kṛṣṇa-bhakti bengalí 330
Sahajiyās 331

Capítulo 7 – Las sectas tántricas posteriores 335
Liṅgāyata o shaivismo *vīra* 335
Los fundadores previos a Basava 337
La visión del shaivismo *vīra* 337
El *saṭ-sthala-siddhānta* 340
Nātha-sampradāya o *Nātha-siddha-siddhānta* 341

Sección 3: Las escrituras tántricas

Capítulo 1 – La literatura agámica o tántrica 347
La relación con los Vedas 348
La tradición oral 349
Los temas de los *āgamas* 352
Mantra, *yantra* y tantra 353
Las secciones de los *āgamas* 364
La clasificación del canon 365

Capítulo 2 – Los *Śaiva Tantras* 369
La literatura *śaiva*: védica, puránica y agámica 369
La revelación de las escrituras *śaivas* 371
Las emanaciones de los *Āgamas* de Sada-śiva 382
1. La clasificación temprana de los *Śaiva Āgamas*: las cinco corrientes (*srotas*) 386
1.1 La corriente superior: *śaiva-siddhānta āgamas* (tantras) 388
1.2 La corriente del norte: *vāma tantras* 390
1.3 La corriente del sur: *dakṣiṇa tantras* 392
1.4 La corriente del este: *gāruḍa tantras* 394
1.5 La corriente occidental: *bhūta tantras* 397
2. Las clasificaciones posteriores del canon 398
2.1. Las tres corrientes: central (*madhyama*), izquierda (*vāma*) y derecha (*dakṣiṇa*) 398

2.2. *Saiddhāntika* (*siddhānta tantras*) y no *saiddhāntika* (*bhairava tantras*).... 401
2.3. *Mantra-pīṭha* y *vidyā-pīṭha* 401

Capítulo 3 – Los *śākta tantras* 403
3.1 Los *bhairava tantras* 404
3.2 Los *kaula tantras* 411

Capítulo 4 – Los *vaiṣṇava tantras* 413
4.1 El *Pāñca-rātra* 413
4.2 Los *Vaikhānasa Āgamas* 417

Capítulo 5 – Los *Saurya Tantras* 419

Capítulo 6 – Los *gāṇapatya tantras* 421

Capítulo 7 – La jerarquía de las escrituras reveladas 423

Sección 4: La práctica tántrica

Capítulo 1 – La visión tántrica del cuerpo humano 429
Los tres cuerpos o *śarīras* 435
El cuerpo astral o *liṅga-śarīra* 436
Prāṇa o 'energía vital' 440
Tipos de *prāṇa* 442
La evolución de *prāṇā* 443
Los *nāḍīs* o 'conductores de energía' 445
Los diez principales *nāḍīs* 446
Otros *nāḍīs* importantes 450
La diferencia entre la *kuṇḍalinī-śakti* y la *prāṇa-śakti* 455
Chakras, *marmas* y *granthis* 462
Los chakras o 'centros energéticos' 462
Los *marmas* o 'puntos vitales' 466
Los *granthis* o 'nudos' 474
Las aptitudes para la práctica de *tantra-yoga* 477
Las etapas de la *sādhana* tántrica 480

Capítulo 2 – Los elementos esenciales de la *sādhana* tántrica 483
La aceptación de un gurú 483
La *dīkṣā* o 'iniciación' 484

La *bhūta-śuddhi* o 'purificación corporal' 487
La *nyāsa* o 'purificación mental' 489
Los *yantras* 489
Los mantras 490
La *japa* 492
La *bhāva* o 'disposición' 493

Capítulo 3 – Los tipos de *sādhana* tántrica 507
La *sādhana* según las *guṇas* 507
Tipos de *sādhana* tántrica en la tradición *śrī-vidyā* 513

Capítulo 4 – El ritualismo tántrico 519
La *pūjā* o 'ritual devocional' 520
El *dīkṣā* o 'iniciación' 521
Otros rituales 524
La adoración al *liṅga* y el *yonī* 525

Epílogo: El tantra y la sexualidad 535

Apéndices
Pronunciación del idioma sánscrito 541
Sobre Prabhuji 547
Sobre la Misión Prabhuji 557
Sobre el Avadhutashram 559

El Sendero Retroprogresivo 561
Prabhuji hoy 563
Libros por Prabhuji 565

ॐ अज्ञानतिमिरान्धस्य ज्ञानाञ्जनशलाकया ।
चक्षुरुन्मीलितं येन तस्मै श्रीगुरवे नमः ॥

oṁ ajñāna-timirāndhasya
jñānāñjana-śalākayā
cakṣur unmīlitaṁ yena
tasmai śrī-gurave namaḥ

Reverencias a ese santo Gurú que, aplicando el ungüento [medicina] del conocimiento [espiritual], elimina la oscuridad de la ignorancia de los cegados [no iluminados] y les abre los ojos.

Este libro está dedicado, con profundo agradecimiento y eterno respeto, a los santos pies de loto de mis amados maestros Su Divina Gracia Avadhūta Śrī Brahmānanda Bābājī Mahārāja (Guru Mahārāja) y Su Divina Gracia Bhakti-kavi Atulānanda Ācārya Mahārāja (Gurudeva).

Prefacio

La historia de mi vida no es más que un largo viaje, desde lo que creía ser, hasta lo que realmente soy... un auténtico peregrinaje, tanto interior como exterior. Es un relato de trascendencia de lo personal y lo universal, de lo parcial y lo total, de lo ilusorio y lo real, de lo aparente y lo verdadero. Mi vida es un vuelo más allá de lo temporal y lo eterno, de la oscuridad y la luz, de lo humano y lo divino. Esta historia no es pública, sino profundamente privada e íntima.

Solo lo que empieza, termina; solo lo que principia, finaliza. Pero quien vive en el presente no nace ni muere, porque lo que carece de comienzo no perece jamás.

Soy discípulo de un veedor, de un ser iluminado y de alguien que es nadie. Fui iniciado en mi infancia espiritual por la luz de la luna. Me inspiré en una gaviota que más que ninguna otra cosa en la vida amaba volar.

Enamorado de lo imposible, atravesé el universo obsesionado por una estrella. Anduve infinitos senderos, siguiendo las huellas de quienes pudieron ver… Cual océano que anhela el agua, busqué mi hogar dentro de mi propia casa.

Soy un simple intermediario que comparte su experiencia con los demás. No soy guía, *coach*, profesor, instructor, educador, psicólogo, iluminador, pedagogo, evangelista, rabino, *posek halajá*, sanador, terapeuta, satsanguista, psíquico, líder, médium, salvador ni gurú. Soy solo un caminante a quien puedes preguntarle sobre la dirección que buscas. Con gusto te señalo un lugar donde todo se calma al llegar… más allá del sol y las estrellas, de tus deseos y anhelos, del tiempo y el espacio, de los conceptos y conclusiones y más allá de todo lo que crees ser o imaginas que serás.

Soy solo un capricho o quizás un chiste del cielo y el único error de mis amados maestros espirituales.

Conscientes del abismo que separa la revelación y nuestras obras, vivimos en un intento frustrado de expresar con fidelidad el misterio del espíritu.

Pinto suspiros, esperanzas, silencios, aspiraciones y melancolías... paisajes interiores y atardeceres del alma. Soy pintor de lo indescriptible, lo inexpresable, lo indefinible e inconfesable de nuestras profundidades... O quizás solo escribo colores y pinto palabras.

Desde la infancia, ventanitas de papel cautivaron mi atención; a través de ellas recorrí lugares, conocí personas e hice amistades. Aquellas *maṇḍalas* diminutas han sido mi verdadera escuela primaria, mi escuela secundaria y mi universidad. Cual avezados maestros, esas *yantras* me han guiado a través de la contemplación, la atención, la concentración, la observación y la meditación.

Al igual que un médico estudia el organismo humano, o un abogado estudia leyes, he dedicado mi vida al estudio de mí mismo. Puedo decir con certeza que sé lo que reside y vive en este corazón.

No es mi intención convencer a nadie de nada. No ofrezco ninguna teología o filosofía, ni predico o enseño, sino que solo pienso en voz alta. El eco de estas palabras puede conducir a ese infinito espacio donde todo es paz, silencio, amor, existencia, consciencia y dicha absoluta.

No me busques a mí. Búscate a ti. No me necesitas a mí ni a nadie, porque lo único que realmente importa eres tú. Lo que anhelas yace en ti, aquí y ahora, como lo que eres.

No soy un mercader de información repetida, ni pretendo hacer negocio con mi espiritualidad. No enseño creencias ni filosofías. Solo hablo de lo que veo y únicamente comparto lo que sé.

Escapa de la fama, porque la verdadera gloria no se basa en la opinión pública, sino en lo que eres en realidad. Lo importante no es lo que otros piensen de ti, sino tu propia apreciación acerca de quién eres.

Elige la dicha en vez del éxito, la vida en lugar de la reputación, la sabiduría por encima de la información. Si tienes éxito, no conocerás solo la admiración, sino también los verdaderos celos. Sin embargo, la envidia es el tributo de la mediocridad al talento y una aceptación abierta de la propia inferioridad.

Te aconsejo volar libremente y jamás temer equivocarte. Aprende el arte de transformar tus errores en lecciones. Jamás culpes a otros de tus faltas: recuerda que asumir la completa responsabilidad de tu vida es un signo de madurez. Volando aprendes que lo importante no es tocar el cielo, sino poseer el valor para desplegar tus alas. Cuanto más alto te eleves, el mundo te parecerá más graciosamente pequeño e insignificante. Caminando, tarde o temprano comprenderás que toda búsqueda comienza y finaliza en ti.

Tu bienqueriente incondicional,
Prabhuji

Introducción

La revelación tántrica comprende un cuerpo sumamente heterogéneo de escrituras, técnicas, rituales y enseñanzas. La multifacética naturaleza mística de esta sabiduría dificulta su definición. Nadie conoce con certeza su antigüedad, aunque se la considera eterna, al igual que los Vedas. Se cultivó y practicó en las áreas menos influenciadas por el brahmanismo: el noroeste de la India, Bengala y Assam, en el este, y en el área de Andhra, en el sur. Posteriormente, el tantrismo se expandió influyendo no solo al budismo y al jainismo, sino a todas y cada una de las principales religiones del mundo.

Aunque muchos occidentales se han familiarizado con el término *tantra*, pocos conocen su verdadero significado. Occidente ha ignorado sistemas religiosos y espirituales ancestrales de la India que presentan un orden de valores diferente del propio. Dado que es una de las tradiciones menos estudiadas por los eruditos occidentales, ha sido malinterpretada e incluso condenada.

Este fenómeno existencial complejo no puede ser definido solo verbalmente, ya que no es una filosofía o una proposición intelectual, sino que pertenece al mundo de lo vivencial. El tantra enfatiza la práctica por encima de las creencias y las teorías filosóficas. Los eruditos se esfuerzan por definir la visión tántrica, pero los yoguis no precisan categorización alguna. Los *tāntrikas* recurren a la filosofía cuando se les torna imprescindible explicar su visión de la vida de manera lógica y aclarar los sentidos teológicos y metafísicos de sus prácticas. Después de todo, la principal intención del tantra es el autoconocimiento.

Hasta que no desarrollemos la sensibilidad suficiente, no podremos captar el tantra. Sin embargo, podemos declarar sin lugar a duda que todo acercamiento a la espiritualidad sensual tántrica nos torna más auténticos y reales. El tantra nos conduce a descubrir profundos aspectos de nuestra existencia que yacen dormidos o reprimidos dentro de nosotros; nos guía hasta la revelación de nuestro potencial inherente oculto en lo profundo de nuestro interior.

SECCIÓN I

La visión tántrica

Capítulo 1

La visión tántrica esencial

El tantra es una revelación trascendental con una visión sumamente original del ser humano, del mundo y de la vida. Debemos profundizar en su fascinante esencia para comprender plenamente este fenómeno religioso y espiritual. Son muchos quienes lo consideran una rebeldía hacia la sociedad o la religión institucionalizada. Sin embargo, el tantra no se interesa en erradicar el síntoma, sino que apunta hacia la raíz de la enfermedad: el condicionamiento humano.

Para entender la visión tántrica, resulta indispensable asimilar su disposición subversiva y reactiva. Sus fundamentos reposan en la absoluta unidad de la vida. Su metafísica es en gran medida advaítica, aunque en lugar de enfatizar el Ser, se enfoca en la *śakti*, o 'la energía divina'. El tantra no divide la realidad en pecado y virtud, en sagrado y profano, sino que percibe los opuestos como polaridades integrales de una única realidad. No percibe una diferencia esencial entre las dimensiones espiritual y material, sino que las incluye a ambas. El tantra no concibe la vida como un conjunto de conflictos, sino como una totalidad. En lugar de rechazar lo material, lo que pretende es sublimarlo. En lugar de condenar el pecado aspira a espiritualizarlo. No percibe lucha alguna entre lo humano y lo divino, sino tan solo una trascendencia armoniosa. Sostiene que lo humano no es obstáculo para acceder a lo divino, sino una etapa inevitable en el sendero. Más que un impedimento, nuestra humanidad es una etapa de nuestro desarrollo evolutivo.

El tantra trabaja en armonía con la naturaleza y no en contra de esta. Lo divino deja de ser el adversario de lo humano para transformarse en su aspiración. Entonces cesa la pugna entre lo humano y lo divino, dejando lugar al anhelo de la parte por el

Todo. El tantra no divide la vida en material y espiritual, sino que percibe que ambos aspectos son polaridades de una misma realidad. Dado que se incluyen mutuamente, debemos sublimar el aspecto inferior en lugar de destruirlo. Por eso, no debemos escapar de lo inferior, sino elevarlo a un grado superior. Estamos ante un proceso de espiritualización de lo material o, si se prefiere, de la divinización de lo que consideramos pecaminoso.

Al separar lo profano y lo sagrado, creamos conflicto. La vida abarca tanto la materia como el espíritu, el cuerpo y el alma. La existencia palpita tanto en lo profano como en lo sagrado. Para abordar el sendero del tantra, debemos dejar atrás la dualidad. El sexo no es más bajo que la adoración, comer no es inferior a orar. Se trata de diferentes expresiones de la misma vida única, o manifestaciones distintas de la misma realidad.

La actitud de aceptación es natural para una metafísica que percibe una misma y única naturaleza detrás de todo y de todos. En la visión tántrica no hay lugar para la reprobación y la censura. Sería un disparate condenar la semilla por no ser un árbol. Si aplastamos la semilla, destruiremos su potencial de transformarse en árbol. El estado de semilla es una etapa inevitable dentro del proceso evolutivo. Quien juzga la semilla de lo mundano rechaza el árbol de lo sagrado. Quien condena lo humano rehúsa a Dios.

El tantra es la vía de la aceptación incondicional por excelencia, que comienza aceptando el movimiento egoico interno y finaliza reconociendo nuestra auténtica naturaleza. Se inicia admitiendo lo que creemos ser, para concluir acogiendo lo que somos en realidad. Si desaprobamos el estado egoico, clausuramos el acceso a nuestra naturaleza divina. Sin admitir nuestra realidad, cualquier desarrollo será imposible. La naturaleza humana no puede ser trascendida si se ve rechazada e ignorada. Cuanto más reprimimos las cosas, más se incrementa nuestra atracción por ellas, porque la negación intensifica la tentación. Toda condena, negación o rechazo nos detiene y paraliza. La negación de la mente produce parálisis mental; la negación de la sensibilidad atrofia la capacidad de comprensión. La naturaleza humana continuará moviéndose, deseando, exigiendo y demandando, pero carente de sensibilidad y desprovista de consciencia.

El entendimiento nace a partir de la observación, sin resistirse, ignorar, reprimir ni repeler. Solo desde la posición del testigo de las acciones, puede nacer la comprensión. Es imposible conocer lo ignorado, lo rechazado, lo repelido. La represión ciega estanca y genera obsesión. Caminarás de noche, sin apreciar la belleza de las estrellas; pasarás por el mundo, sin conocer su misterio y andarás por la vida sin realmente vivirla. Te moverás en la dimensión humana, pero la culpa y la represión nublarán la claridad que la observación puede otorgar.

El tantra no aconseja distanciar lo que es de lo que debería ser. Sus enseñanzas no reflejan un conflicto entre lo que somos y lo que se espera que seamos, ni permite crear distancia entre lo mundano y lo divino, entre lo bajo y lo elevado, entre lo material y lo espiritual. No sustenta actitudes represivas en aras de la trascendencia a cuenta de sofocar nuestras propias energías. En lugar de detener la pasión con un enfrentamiento bélico, insta a aprovechar sabiamente la energía que subyace en el deseo. La visión tántrica es pacífica y carece de agresividad; la *ahiṁsā*, o 'no violencia', reside en sus fundamentos. No es hostil hacia ningún aspecto del fenómeno humano. El mensaje tántrico es un mensaje de aceptación incondicional, carente de todo antagonismo.

El *tāntrika* se relaciona afectuosamente con la energía que se oculta tras los deseos. Nuestra actitud hacia las ansias, pasiones, anhelos y ambiciones incidirá finalmente en la manera que tenemos de relacionarnos con nosotros mismos. En la aceptación incondicional, encontramos fe y autoconfianza, mientras que la condena solo genera complejo de culpabilidad.

El tantra no juzga las energías humanas como si fuesen nocivas o malévolas, sino que nos aconseja aceptarlas como meras fuerzas naturales. Si estas son utilizadas en nuestra contra, nos veremos dañados. Pero canalizadas hacia nuestro objetivo nos beneficiarán, de la misma manera que la energía atómica por sí sola no es útil ni perjudicial, sino que, dependiendo de cómo se utilice, puede iluminar una ciudad o destruirla. Cuando se emplea sabiamente, es de gran utilidad; mal utilizada, es sumamente destructiva. Por desgracia, la humanidad suele utilizar el poder del deseo con inmadurez, lo que la conduce a la degradación. La proposición tántrica consiste en desarrollar consciencia del deseo: entender sus orígenes y su fenomenología. Sin explorar el deseo, no hay posibilidad de evolucionar y trascenderlo. El tantra propone la entrega consciente al deseo y la pasión para trascenderlos: la observación consciente de los deseos sin verse dominado y arrastrado por ellos. Descubrirás que puedes usar la fuerza de los deseos para avanzar, sin identificarse con su dirección. El deseo puede ser trascendido sin luchar agresivamente contra él. Para el tantra, enfrentarse con la pasión violará el voto de *ahiṁsā*: aunque no seamos violentos hacia otros seres, ciertamente lo seremos hacia nosotros mismos.

El mandamiento tántrico consiste en renunciar al esfuerzo por controlar y nos invita a abandonarnos al deseo en lugar de intentar dominarlo. Lo que nos propone es dejarnos llevar y perder el control, porque a través de dicha entrega se superan la mente y sus condicionamientos.

Se trata de trascender la mente y sus contenidos, sin oponerse a estos. Solo perdiéndonos en el descontrol sin resistirnos a este, despertaremos a la unidad intemporal de la consciencia.

La mente ha sido programada para dominar, pero nunca para perder el control y cruzar los límites establecidos por el condicionamiento. La mente se inclina a adoptar el papel de controladora y hacedora de lo que le ocurre. Hace años, a los hombres se les enseñaba a no llorar y a las mujeres a no reír demasiado. Sin embargo, aunque no es fácil mantenerse dentro de los límites, es casi imposible transgredirlos conscientemente. Por ejemplo, vestirse con recato puede ser incómodo, pero resulta más fácil que desnudarse en público. Para la visión tántrica, la emancipación reside más allá de los límites establecidos por la mente, mientras que la verdadera liberación consiste en el abandono de nuestra prisión mental. Solo cuando se permite que la pasión fluya de manera natural, más allá de toda manipulación mental, se posibilita la auténtica libertad.

El tantra sostiene que el estado meditativo no está por encima del estado ordinario. Las meditaciones no se clasifican en buenas o malas. El tantra no separa la consciencia de la inconsciencia, ni crea conflictos entre ambas. Sabe que incluso quien se declare inconsciente, lo hará desde la consciencia de su inconsciencia. No excluye lo material apegándose a lo que solemos denominar *espiritual*, sino que más bien nos invita a aceptar tanto las alturas como las profundidades, lo sublime como lo degradado, la luz del día como la oscuridad de la noche. No condena las tinieblas ni persigue la luz. Al observar los opuestos, percibimos su temporalidad. Solo si logramos disfrutar de ambos sin apegarnos a ninguno de ellos, experimentaremos que nuestra autenticidad los trasciende.

El tantrismo no recomienda deshacernos rápidamente de lo humano para acceder a lo divino. No aconseja escapar de este mundo para alcanzar el más allá. Tampoco nos anima a rechazar lo terrenal en aras de lo celestial, porque no es un sistema destinado a separar 'esto' de 'eso'. Al tratar de lograr nuestra naturaleza divina, es una equivocación desembarazarse de nuestra humanidad sin experimentarla en su totalidad. No debemos declarar la guerra contra el fenómeno egoico, sin antes comprenderlo. Al conocerlo, veremos que se trata de una simple ilusión, de una fantasía carente por completo de sustancialidad. Quizás entonces nos percatemos de que la lucha contra el ego carece de sentido, y que posiblemente nunca hemos tenido ego.

La visión tántrica se inclina por la amorosa aceptación de lo que somos. Cuando el deseo es sublimado, se transforma en la llave que permite abrir las cadenas. Entonces, lo terrenal deja de ser un obstáculo, para transformarse en la mismísima vía hacia la trascendencia. El cuerpo ya no es muro, sino un sendero. En lugar de ser enemiga del alma, nuestra carnalidad se convierte en el puente hacia la divinidad. El cuerpo deja de entrar en conflicto con el espíritu y se transforma en el templo donde Dios reside. Entonces, experimentamos directamente que el cuerpo, o *śarīra*, le permite al Ser percibirse a sí mismo.

Los deseos se nutren del futuro y solo pueden existir en nuestras fantasías. Dado que los deseos viven en el mañana, nos llevan a sacrificar el presente por una meta imaginaria. Pero si nos establecemos en el ahora, nuestros deseos se evaporarán de manera natural. Por lo tanto, en tantra el deseo no se elimina con la represión ciega, sino con la plena presencia.

Generalmente, la vida del creyente tradicional se desenvuelve en el conflicto entre lo sagrado y lo profano. Por su parte, la actitud tántrica no permite conflicto entre el pecado y la virtud, porque entiende que ambos son polaridades de un mismo fenómeno. Aceptando que el origen de la creación es divino, el tantra no concibe la existencia de algo o alguien profano. Siendo Dios mismo la fuente del universo, todo es sagrado. Tanto el vicio como la virtud, tanto la santidad como el pecado, comparten un mismo origen divino.

El tantra ha sido condenado a lo largo de la historia por su actitud revolucionaria y transgresora. Es inevitable que la ortodoxia religiosa rechace una tradición espiritual que no perciba diferencias en la casta, el estatus social o el género. Antiquísimas sectas, como la *pāśupata*, *kālā-mukha*, *kāpālika* y los cultos *trika* y *kālī*, estaban acostumbrados a la humillación, el descrédito y la burla. En sus esfuerzos por desembarazarse del condicionamiento social, buscaron intencionalmente ser rechazados por la sociedad. Los seguidores de la tradición tántrica fueron aspirantes espirituales independientes y su lealtad era únicamente hacia la Verdad. Sus conclusiones, prácticas, ética y moral no estaban comprometidas con ninguna corriente religiosa en particular. Dado que la tradición tántrica se enriqueció de corrientes tanto dentro como fuera de las creencias védicas, la ortodoxia dudó de su integridad. Debido a estas circunstancias, la tradición tántrica tuvo que ocultar sus enseñanzas.

Todo ser humano con un interés sincero puede recibir la iniciación y convertirse en un auténtico discípulo. El tantrismo es una de las pocas tradiciones espirituales carentes de chauvinismo. La mayoría de las religiones requieren la presencia masculina para ejecutar ciertos ritos y no dan acceso a la mujer a posiciones privilegiadas. Por su parte, en la tradición tántrica, especialmente en la *vāmācāra*, la presencia de la mujer es vital para la *sādhana* más elevada. Dicha actitud nace desde las mismas raíces de la visión tántrica de que ningún ser humano es totalmente masculino o femenino, ya que tanto la masculinidad como la femineidad residen en todos nosotros. La feminidad latente está dentro de cada hombre, mientras que la masculinidad inconsciente yace en las profundidades de cada mujer. El despertar de la consciencia implica el encuentro interior de ambos aspectos. El hombre que aún no ha despertado a su aspecto femenino busca a la mujer fuera de sí; la mujer que todavía no es consciente del hombre en su interior lo busca en el exterior. Dicha búsqueda superficial del sexo opuesto es solo la primera etapa de la indagación interna. El sendero tántrico apunta a una integración total. Todo esfuerzo del hombre o la mujer por separado es incompleto; es imprescindible crear una armonía entre ambos polos.

La visión tántrica propone la búsqueda de nuestra auténtica naturaleza, de la esencia de lo que somos, de la liberación de todo y de todos, incluso de nosotros mismos. En los niveles más elevados, se trasciende cualquier apego, incluso se supera el apego al desapego y el deseo de trascender el deseo. Tal como su nombre *tan*, o 'expansión', lo sugiere, el tantra propone una expansión a nivel de la consciencia.

El tantra generalmente se percibe erróneamente como un sistema para incrementar el placer sexual. Otros lo ven como una justificación para una vida de libertinaje y promiscuidad. Pero, aunque el sexo forma parte de la *sādhana* tántrica, es una práctica preparatoria y no la meta. El tantra incluye el sexo porque obviamente es imposible acceder a lo elevado si ignoramos lo básico. Sin embargo, el tantra percibe al sexo como energía vital y no como una mera satisfacción sensual. No percibe el sexo solo como un acto físico, sino como la vida misma: el universo entero vibra sexualmente pleno de energía vital. Mientras el sendero ascético sugiere calmar o apagar el fuego interior, el camino tántrico lo aviva y lo reorienta hacia la fuente.

La belleza que percibimos en el mundo animal está relacionada en gran medida con la sexualidad. El encantador plumaje de las aves y su hermoso cantar constituyen reclamos sexuales. El tantra percibe la sexualidad incluso en el cosmos e identifica ciertos cuerpos celestes como masculinos y otros como femeninos. La Luna es femenina, el Sol masculino, y el planeta Tierra es nuestra madre. La vida se desenvuelve dentro del campo magnético creado por los polos masculino y femenino. El universo se manifiesta a través de esta polaridad sexual.

En la vía tántrica, resultan esenciales la sinceridad y humildad para aceptar nuestras limitaciones. Si intentamos ir más allá de nuestras posibilidades, en lugar de descorrer los velos que cubren nuestra auténtica naturaleza, iremos agregando aún más. Así como Kālī puede ayudarnos cortando nuestras cadenas, también puede terminar destruyéndonos si no tenemos en cuenta nuestras limitaciones.

La pasión puede ser utilizada sabiamente para aproximarnos a nuestra verdadera naturaleza. El aspirante debe canalizarla adecuadamente en pos del ideal; tiene que estar dispuesto a utilizar todo medio lícito para manejar y dirigir dicha energía hacia la iluminación. Para ello, resulta imprescindible no solo actuar apropiadamente sino adoptar una actitud adecuada. La moral convencional es impuesta por la sociedad, mientras que la tántrica nace del interior del individuo. La moral ordinaria es mecánica porque es parte del condicionamiento humano, pero la tántrica nace desde lo interior, ya que es fruto de la consciencia.

Más importante que nuestras acciones es la actitud que las motiva. La misma acción puede liberar a una persona y esclavizar a otra, dependiendo de la intención. Se cuenta que dos amigos viajaron desde su pueblo a la capital. Mientras paseaban por la cuidad, vieron un burdel frente a un templo. Uno de ellos decidió visitar a las deidades en el templo y el otro prefirió ir al burdel. Mientras estaba rodeado de hermosas mujeres y bebiendo licor en el burdel, tuvo remordimientos por su elección. No podía dejar de pensar que había tomado la decisión equivocada y que debería estar meditando frente al altar del templo. Por su parte, el que estaba en el templo comenzó a lamentarse por no haber seguido a su amigo al burdel. Trataba de meditar, pero pensaba en las bellas mujeres. De tal manera que aquel que fue al burdel obtuvo los beneficios espirituales de quien asiste al templo. Mientras que aquel que fue al templo, en realidad, estuvo en el burdel. Lo fundamental es la actitud y la consciencia que reside detrás de lo que hacemos más que en las acciones en sí mismas.

Capítulo 2

Los fundamentos del tantra

Los significados del término tantra

Muchos creen erróneamente que el tantra consiste en literatura barata que se ocupa de magia y conjuros. Muy por el contrario, se trata de un sofisticado sistema religioso y espiritual que conduce a sus seguidores a la iluminación gracias al cultivo de su poder interior.

El famosísimo maestro de tantra Rāma-kaṇṭha, que vivió aproximadamente en el año 950-1000 n. e., define tantra de la siguiente manera:

तन्त्रं च परापरपुरुषार्थाधिकारिणं विशिष्टसंस्कार प्रतिपादन पूर्वकमीश्वराराधनाय नियतविधिनिषेधं तदाज्ञात्मकं वाक्यजातम् ।

tantraṁ ca parāpara-puruṣārthādhikāriṇaṁ viśiṣṭa-saṁskāra pratipādana pūrvakam īśvarārādhanāya niyata vidhi niṣedhaṁ tadājñātmakaṁ vākya-jātam.

El tantra consiste en un cuerpo de enseñanzas divinamente reveladas, que explica los requisitos y los obstáculos en la práctica de la adoración a la divinidad; asimismo, describe las ceremonias de iniciación y purificación necesarias para la práctica. Estas enseñanzas se imparten a quienes están cualificados para perseguir los objetivos más altos y bajos de la existencia humana.

(Comentario de Rāma-kaṇṭha sobre
el *Sārdha-triśati-kālottara*, 1.1)

El término sánscrito *tantra* ha sido interpretado de muy diversas maneras: conclusión filosófica, rama de los Vedas, conjunto de deberes (*itikartavyatā*), composición determinada (*prabandha*), cierta escritura (*śāstra* o *śāstra-viśeṣa*), etcétera.

Estos son algunos de los principales significados:

Conclusión filosófica, o *siddhānta*: Kātyāyana y Patañjali, a los que podemos considerar los sucesores de Pāṇini en la disciplina de la gramática sánscrita, utilizan el término *tantra* para referirse a una metodología de estudio o una determinada disciplina. De acuerdo con el diccionario *Amara-kośa*, el término *tantra* significa 'tema principal o parte'. Sin embargo, no se refiere a un texto religioso o a una secta en particular. Algunas personas creen que los tantras no se conocían en la época en que fue compilado el diccionario *Amara-kośa*, y, por lo tanto, el término tenía un significado diferente en ese momento.

En ciertos contextos, el término *tantra* se refiere a un *darśana*, o 'escuela metafísica ortodoxa'. En ese sentido, encontramos expresiones como *Kāpila Tantra* y *Gautama Tantra*, relacionadas con las escuelas atribuidas a Kāpila y a Gautama, respectivamente. Por su parte, Bhāskararāya designa el sistema *mīmāṁsā* como *Jaiminīya Tantra*.

Por último, Bhaṭṭoji se refiere, en su libro *Tantrādhikāri-nirṇaya*, a los sistemas *mīmāṁsā* y *vedānta* como *pūrva tantra* y *uttara tantra*, respectivamente.

***Śāstra* o *śāstra-viśeṣa*:** El vocablo *tantra* se refiere a menudo a determinadas escrituras, o *śāstras*, como vemos en este verso procedente del *Mahābhārata*:

कौसल्ये धर्मतन्त्रं त्वां यद्ब्रवीमि निबोध तत् ॥

kausalye dharma-tantraṁ tvāṁ
yad bravīmi nibodha tat

¡Oh, Kausalya! Te estoy narrando el *dharma-tantra* (*dharma-śāstra*), escúchame.

(*Mahābhārata*, «*Ādi-parva*», 114.72b)

En la escritura *Artha-śāstra* de Kauṭilya, el *Adhikaraṇa* (capítulo) 15 se titula *Tantra-yukti*, lo que significa 'Cánones de proposiciones o principios de exposiciones de un *śāstra*'.

Śaṅkarācārya también utilizó el vocablo *tantra* en su libro *Śārīraka-bhāṣya* para referirse a una lista de *śāstras,* en la que incluye los *smṛtis*.

En el *Mahā-bhāṣya* de Pāṇini y en el *Vārttika* de Kumārila Bhaṭṭa, el término *sarva-tantraḥ* significa 'aquel que ha estudiado todos los tantras', mientras que *dvi-tantraḥ* se refiere a 'quien ha estudiado dos tantras'.

Gobernar: A veces *tantra* significa 'gobernar', 'atender' o 'ocuparse'. Por ejemplo, en el *Abhijñāna-śākuntalam*, Kāli-dāsa utilizó esta expresión:

प्रजाः प्रजाः स्वा इव तन्त्रयित्वा ।

prajāḥ prajāḥ svā iva tantrayitvā.

Habiendo gobernado al pueblo como a sus propios hijos [...].

(*Abhijñāna-śākuntalam,* 5.5)

Tejer: La palabra *tantra* también significa 'tejer'. Al igual que el término *yoga*, o 'unión', se refiere a la acción de armonizar, fusionar o unir, *tejer* sugiere que todo lo que experimentamos está interconectado. Las personas, objetos y situaciones que percibimos consisten en una realidad mucho más amplia que la que vemos a simple vista.

Telar: Los Vedas usan el término *tantra* para referirse a un telar (*Ṛg Veda* 10.71.9, *Atharva Veda* 10.7.42, *Taittirīya Brāhmaṇa* 11.5.5.3). Vemos este uso en el siguiente verso que condena la actitud de algunos *brāhmaṇas*:

इमे ये नार्वाङ्न परश्चरन्ति न ब्राह्मणासो न सुतेकरासः ।
त एते वाचमभिपद्य पापया सिरीस्तन्त्रं तन्वते अप्रजज्ञयः ॥

ime ye nārvāṅna paraś caranti
na brāhmaṇāso na sutekarāsaḥ
ta ete vācam abhipadya pāpayā
sirīs tantraṁ tanvate aprajajñayaḥ

> Los hombres que no retroceden ni avanzan, que no son ni *brāhmaṇas* ni preparadores de libaciones, habiendo alcanzado el *vāk* (habla, recitación) de manera pecaminosa hacen girar su hilo en ignorancia como hiladores.
>
> (*Ṛg Veda*, 10.71.9)

El diccionario *Amara-kośa* sigue la tradición del *Ṛg Veda* de traducir el término *tantra* como 'telar'.

Cuerpo: Algunos eruditos derivan el vocablo *tantra* de *tanu*, o 'cuerpo', ya que el tantra dedica especial atención al cuerpo.

Reducir: De acuerdo con el *paṇḍit* H. P. Śāstrī, *tantra* significa 'acortar' o 'abreviar', y se refiere al proceso de reducir o comprimir.

Procedimiento: El *Āpastamba-śrauta Sūtra* utiliza el término *tantra* como 'un procedimiento que consta de muchas partes', mientras que el *Śāṅkhāyana-śrauta Sūtra* se refiere a *tantra* como 'aquello que se hace una vez sirviendo al propósito de varias acciones'.

Salvar: Otros eruditos creen que la voz *tantra* procede de la raíz *trai*, que significa 'salvar', ya que salva a sus seguidores. El siguiente verso nos muestra este significado:

तनोति विपुलानर्थांस्तत्त्वमन्त्र समाश्रितान् ।
त्राणं च कुरुते यस्मात्तन्त्रमित्यभिधीयते ॥

tanoti vipulān arthāṁs
tattva-mantra-samāśritān
trāṇaṁ ca kurute yasmāt
tantram ity abhidhīyate

> Aquello que expone numerosos significados, que se ocupa de la Verdad y sus mantras, que posee el poder de rescatarnos del peligro, se denomina tantra, porque nos salva.
>
> (*Pūrva-kāmikā Āgama*, 1.29)

De acuerdo con esta definición, el tantra es una sabiduría que nos salva o brinda protección. Mediante la *sādhana*, protege al *tāntrika* de la caída en las garras de la ilusión y lo mantiene enfocado en la realidad última. Asimismo, lo protege tanto de enfermedades físicas como mentales, lo que hace que funcione en ciertos casos incluso como terapia. A modo de ejemplo, podemos traer a colación el *haṭha-yoga* con todo su rico bagaje de prácticas psicofisiológicas.

No podemos negar las raíces tántricas de la medicina hindú. El diccionario sánscrito *Śabda-kalpa-druma* se refiere al término *tantra* como la medicina y la doctrina. Es decir, el tantra salva al *tāntrika* tanto a través del conocimiento como de la terapia, lo cual nos sugiere la íntima unión existente entre la mente y el cuerpo.

Expansión y liberación: Otras fuentes nos recuerdan que el término *tantra* se compone de dos raíces verbales: *tan* (*tanoti*), la cual significa 'ampliar o extender', y *tra* (*trāyate*), que quiere decir 'rescatar o proteger', sugiriendo la liberación de aquello que se encuentra bajo cautiverio. Entonces, el término tantra implica una expansión a nivel de consciencia y una liberación en el aspecto energético, en especial de la *kuṇḍalinī-śakti* o 'la energía divina creativa', la cual se encuentra dormida en el primer chakra. *Kuṇḍalinī* es la *śakti* oculta en el ser humano y representa la evolución de la diosa que todo lo anima en el universo. El *Kāmikā Āgama*, antes mencionado, así como el *Ajita-mahā-tantra*, recogen este significado:

तनोति विलुलानर्तँस्तत्त्वमन्त्रसमाश्रितान् ।
त्राणं च कुरुते पुंसां तेन तन्त्रमिति स्मृतम् ॥

tanoti vipulān ārthaṁs
tatva-mantra samāśritān
trāṇaṁ ca kurute puṁsāṁ
tena tantram iti smṛtam

Dado que se extiende (*tanoti*) en temas abundantes y profundos, especialmente relacionados con los principios de la realidad (*tattva*) y los mantras sagrados, y porque otorga liberación (*trāṇaṁ*) a los humanos, se denomina *tantra*.

(*Ajita-mahā-tantra*, 1.115)

***Tattva* y mantra:** *Tattva* significa 'principios cósmicos' o 'categorías de existencia'. Mantra es el sonido cósmico. Esto indica que el tema principal del tantra es el conocimiento acerca de *tattva* y mantra. Esa sabiduría conlleva una gracia que otorga la autorrealización.

Espiritual y material: El diccionario *Śabda-kalpa-druma-kośa* se refiere al *tantra* como una ciencia que trata acerca de la creación y disolución del universo, las obligaciones de los cuatro *varṇas* (castas sociales) y *āśramas* (etapas de la vida), y los seis poderes sobrenaturales: destruir enemigos mediante ceremonias mágicas (*māraṇa*), erradicar (*uccāṭana*), subyugar (*vaśī-karaṇa*), inmovilizar (*stambhana*), pacificar (*śānti*) e incitar luchas (*vidveṣaṇa*). Esta definición establece claramente que el tantra no es una sabiduría exclusivamente espiritual desconectada de lo terrenal y mundano. Este espiritualismo material del tantra se deja entrever en el diccionario Monier Williams, el cual nos dice:

> El tantra consiste en un tipo de libros que enseñan fórmulas mágicas y místicas, y tratan cinco temas: (1) la creación y (2) la destrucción del mundo, (3) la adoración a los dioses, (4) el logro de todos los objetivos, es decir, las seis facultades sobrehumanas y (5) los cuatro modos de unión con el espíritu supremo mediante la meditación.

Estas palabras dejan claro que la aspiración del tantra incluye el logro de *dharma* (deber), *artha* (riqueza), *kāma* (deseo) y *mokṣa* (liberación). El tantrismo no excluye este mundo a cambio de una meta espiritual, sino que comprende a ambos.

La metafísica tántrica

El tantra ha penetrado de una manera u otra en todas las culturas del mundo, pero solo en el hinduismo desempeña un papel relativamente importante. Aunque enfatiza más la práctica que la teoría y la creencia hipotética, se basa en una metafísica sumamente sólida. Para manifestar nuestro potencial divino oculto, es imprescindible que nos percatemos, en primer lugar, de su existencia. Con ese objetivo, el tantra pone a nuestra disposición un sistema metafísico que ha influido en las corrientes principales del hinduismo: el shaivismo, el vaishnavismo y el shaktismo. Los temas centrales que expone la metafísica tántrica son la realidad última, el universo, el ser individual y la liberación.

1. La realidad última es eterna, ilimitada, omnisciente, omnipresente e infinita. Es el origen y la fuente del universo, y es tanto inmanente como trascendente a él. Cada corriente le asigna su propio nombre. Para la escuela *pāśu-pata* es Pati, o 'el Señor', mientras para la *śaiva-siddhānta* es *kāraṇa,* o 'causa'. Según el vaishnavismo es *Para-brahman*, mientras que el shaktismo la denomina Śakti. Tanto el shaivismo de Cachemira como el shaktismo consideran que la consciencia, o *cit*, es sinónimo de la realidad última.
2. Aunque el universo se origina en el Uno, aparenta ser diverso debido a las tres modalidades de la naturaleza, o *guṇas*: *sattva*, *rajas* y *tamas*. La manifestación cósmica es el resultado del desequilibrio entre estas modalidades. El sistema *pāśu-pata* enseña que la creación del universo objetual no es producto del esfuerzo, sino que es un juego, mientras que el vaishnavismo señala que es un pasatiempo (*līlā*).
3. El ser individual: El tantra reconoce la íntima relación macro-microcósmica existente entre la realidad última y el ser individual. Como parte integral del cosmos, el cuerpo humano se compone de las mismas tres *guṇas*, que están íntimamente relacionadas con los *pañca-mahā-bhūtas*, o 'cinco elementos esenciales' de *prakṛti*. Nuestra salud tanto física como mental depende del equilibrio entre las *guṇas*. El universo es una manifestación de la consciencia, la cual reside en el cuerpo de cada individuo como energía vital, o *prāṇa*. Esta energía vital única se clasifica en cinco funciones. El funcionamiento armónico entre estas se refleja en la salud psicofisiológica, mientras que su desequilibrio da lugar a diferentes enfermedades.

4. La liberación: La metafísica tántrica explica el cautiverio humano y la manera de trascenderlo. Además de impartir conocimiento como medio de liberación, concede importancia a la *sādhana* que prepara la situación propicia para recibir la gracia divina. Es posible superar los deseos y renunciar a estos, pero no sin antes haber tomado consciencia de ellos mediante el esfuerzo de satisfacerlos. En lugar de escapar del deseo, el tantra prescribe explorarlo y afrontarlo.

Dos revelaciones paralelas: védica y tántrica

En el contexto del hinduismo, encontramos dos revelaciones paralelas: la *vaidika* (védica) y la *tāntrika* (tántrica); en lugar de contradecirse, se trata de dos actitudes hacia una misma Verdad. La primera es brahmánica y se basa en los Vedas, mientras que la segunda se fundamenta en los *āgamas*, que son textos sagrados tántricos considerados revelaciones de origen divino, la palabra misma de Dios, o *āpta-vākya*.

La sagrada sabiduría del tantra fue preservada a través de cadenas de sucesiones discipulares, o *paramparās*, originadas en las deidades tántricas. Esto distingue a los linajes tántricos de los védicos y los *smṛti*.

Los veedores tántricos, o *ṛṣis*, transmitieron su experiencia trascendental para beneficio de la humanidad.

La religión védica incluye un sendero dhármicamente permisivo, denominado *pravṛtti-mārga* o *bhoga*, así como otro camino de renuncia absoluta, llamado *nivṛtti-mārga* o *tyāga*. También incluye el sendero de la acción, destinado al funcionamiento adecuado de la sociedad (*karma-kāṇḍa*), y el sendero del conocimiento, que conduce a la renuncia y la iluminación (*jñāna-kāṇḍa*).

El tantra armoniza sabiamente *pravṛtti* y *nivṛtti* acercando la iluminación a aquellos que no han adoptado el sendero de la renuncia y optando por aceptar nuestra naturaleza en lugar de retirarse de esta para evitar sus dificultades. La *sādhana* tántrica comprende tanto el *bhoga*, o 'disfrute', como el *tyāga* o 'renuncia'. Podríamos decir que, dentro del contexto tántrico, el *bhoga* es solo superficial, ya que incluye el *tyāga*. De tal manera, la *sādhana* tántrica comprende los elementos de disfrute del *karma-kāṇḍa*, así como los de renuncia, con conocimiento y comprensión del *jñāna-kāṇḍa*.

En términos generales, la tradición védica considera que el disfrute sensual constituye un obstáculo en el sendero que conduce a la liberación. Pero según el sendero del tantra, el disfrute puede ser dirigido hacia la iluminación. El tantra no considera que *mokṣa* sea un objetivo más allá de la vida humana, o *puruṣārtha*, sino que aspira a la liberación en vida, o *jīvan-mukti*.

Como señala Patañjali Maharṣi en su *Yoga Sūtra*:

प्रकाशक्रियास्थितिशीलं भूतेन्द्रियात्मकं भोगापवर्गार्थं दृश्यम् ॥

prakāśa-kriyā sthiti śīlaṁ
bhūtendriyātmakaṁ
bhogāpavargārtham dṛśyam

La naturaleza, sus tres cualidades y sus categorías derivadas —los elementos y los sentidos— existen para disfrute y emancipación del que ve.

(*Yoga Sūtra*, 2.18)

De ese modo, el tantra es una vía de liberación que ofrece una fusión entre *pravṛtti*, o 'uso positivo de las condiciones materiales', y *nivṛtti*, o 'renuncia a las condiciones materiales'. Dado que armoniza el placer y la renuncia, el tantra es capaz de transformar *bhoga* (disfrute sensual) en yoga (unión), tal como manifiesta este verso:

योगी चन्नैव भोगी स्याद्भोगी चेन्नैव योगवित् ।
भौगयोगात्मकं कौलं तस्मात्सर्वाधिकं प्रिये ॥

yogī cen naiva bhogī syād
bhogī cen naiva yoga-vit
bhoga-yogātmakaṁ kaulaṁ
tasmāt sarvādhikaṁ priye

> ¡Oh, amado!, [en otros sistemas se afirma que] si alguien es un yogui entonces no será un *bhogī* (una persona sensual) y aquel que es un *bhogī* no será un conocedor del yoga. El sistema *kula* brinda tanto disfrute mundano como yoga. Por lo tanto, es superior.
>
> (*Kulārṇava Tantra*, 2.23)

En ese sentido, no se disfruta por el *bhoga* en sí mismo, sino por el yoga, o 'unión con la realidad última'.

भोगो योगायते साक्षात्पातकं सुकृतायते ।
मोक्षायते च संसारः कुलधर्मे कुलेश्वरि ॥

bhogo yogāyate sākṣāt
pātakaṁ sukṛtāyate
mokṣāyate ca saṁsārḥ
kula-dharme kuleśvari

> ¡Oh, Kuleśvarī!, en el *kula-dharma*, los placeres mundanos (*bhoga*) de hecho se convierten en yoga, el pecado pasa a ser mérito, y el mundo se transforma en el estado de liberación.
>
> (*Kulārṇava Tantra*, 2.24)

Según el tantra, todo es divino. Por lo tanto, acepta los diferentes aspectos de nuestra realidad y trata de purificarlos. Así pues, no rechaza este mundo a cambio de otro, ni renuncia a la felicidad aquí con el fin de obtener la felicidad en el más allá, tal como expresa este verso:

नान्यः पन्था मुक्तिहेतुरिहामुत्र सुखाप्तये ।
यथा तन्त्रोदितो मार्गो मोक्षाय च सुखाय च ॥

nānyaḥ panthā mukti-hetur
ihāmutra sukhāptaye
yathā tantrodito mārgo
mokṣāya ca sukhāya ca

No hay otro camino como el mostrado por el tantra, que es causa de liberación y de realización de la felicidad, tanto en este mundo como en el próximo.

(*Mahā-nirvāṇa Tantra*, 2.20)

En su búsqueda de la totalidad, la visión tántrica no rechaza la parte, porque es una sabiduría holística que nos invita a descubrir lo «macro» a través de la observación de lo «micro», lo eterno mediante lo temporal, el Uno desde la diversidad, el océano a través de la gota de agua, el Todo desde lo individual. En el seno de este mundo, encuentra lo trascendental.

Gran parte de las prácticas tántricas incluyen elementos védicos. Incluso escrituras como el *Kulārṇava Tantra* no consideran que el tantra esté separado o desconectado de la *vaidika-dharma*, sino que constituye, según afirma, la mismísima esencia de la religión védica:

मथित्वा ज्ञानदण्डेन वेदागममहार्णवम् ।
सारज्ञेन मया देवि कुलधर्मः समुद्धृतः ॥

mathitvā jñāna-daṇḍena
vedāgama-mahārṇavam
sāra-jñena mayā devi
kula-dharmaḥ sam-uddhṛtaḥ

¡Oh, Devī!, después de revolver el gran océano de los Vedas y *āgamas* con la vara de la sabiduría, el *kula-dharma* fue extraído por mí, el conocedor de la esencia.

(*Kulārṇava Tantra*, 2.10)

एतन्येव कुलस्यापि षडङ्गनि भवन्ति हि ।
तस्माद्वेदात्मकं शास्त्र विद्धि कौलात्मकं प्रिये ॥

etāny eva kulasyāpi
ṣaḍ-aṅgāni bhavanti hi
tasmād vedātmakaṁ śāstraṁ
viddhi kaulātmakaṁ priye

La *kula-śāstra* también cuenta con estos seis miembros (los seis *darśanas* de los Vedas). Por lo tanto, ¡oh, amado!, sabe que las escrituras védicas no son diferentes de las del *kula-śāstra*.

(*Kulārṇava Tantra*, 2.85)

Bhāskararāya Bhāratī, también llamado Bhāsurānanda-nātha (1690-1785 n. e.), es un gran maestro y autoridad indiscutible en la adoración a la Madre Divina dentro del culto de *śrī-vidyā*, el cual sostiene que los tantras comprenden la esencia de los *upaniṣads*. De la misma manera, la famosa y respetada escritura *śākta* tántrica denominada *Tripurā-rahasya* señala:

वैदिकं वैष्णवं शैवं शाक्तं पाशुपतं तथा ।
विज्ञानं सम्यगालोच्य यदेतत्प्रविनिश्चितम् ॥

vaidikaṁ vaiṣṇavaṁ śaivaṁ
śāktaṁ pāśu-pataṁ tathā
vijñānaṁ samyag ālocya
yad etat praviniścitam

Este (texto) es el extracto concentrado de la esencia de la tradición védica, *vaiṣṇava*, *śaiva*, *śākta* y *pāśu-pata*, considerada después del estudio profundo de todas ellas.

(*Tripurā-rahasya*, "*jñāna-khaṇḍa*", 1.4)

Kullūka Bhaṭṭa, el gran comentador de las Leyes de Manu, confirma que ambas tradiciones son ortodoxas y aceptadas como *śruti*, citando el *Hārīta Dharma-śāstra*:

श्रुतिश्च द्विविधा वैदिकी तान्त्रिकी च ।

śrutiś ca dvi-vidhā
vaidikī tāntrikī ca

Los [senderos] védico y tántrico son conocidos como los dos tipos de *śruti*.

(Kullūka Bhaṭṭa, comentario sobre el *Manu Smṛti*, 2.1)

Ambas tradiciones mantuvieron un cierto paralelismo a lo largo de muchas generaciones y comparten la importancia atribuida al cuerpo. Sin embargo, el tantra dejó de considerar el cuerpo como una herramienta del pecado para aceptarlo como un microcosmos que posee las claves para realizar la Verdad, lo que es una actitud sumamente propicia para el desarrollo de sistemas como el *haṭha-yoga*.

El gran maestro del shaivismo de Cachemira, Abhinava-gupta, explica estas diferencias en su libro *Tantrāloka*:

यदार्षे पातहेतूक्तं तदस्मिन्वामशाम्सने ।
आशुसिद्धयै यतः सर्वमार्ष मयोदरस्थितम् ॥

yad ārṣe pāta-hetūktaṁ
tad asmin vāma-śāsane
āśu-siddhayai yataḥ sarvam
ārṣa māyodara-sthitam

Lo que según el Veda es fuente de pecado debido a que conduce a la matriz de la ilusión, de acuerdo con la doctrina de la mano izquierda conduce directamente a la liberación.
(*Tantrāloka*, 37.5 y 37.10b-11a)

Muchos se sorprenderán ante la afirmación de que prácticas como el *haṭha-yoga*, con las *āsanas* y el *prāṇāyāma*, le deben mucho más al tantra que a la tradición *vaidika*. Encontramos numerosos elementos característicos del tantra en los templos, la mitología, el yoga, la medicina, en los rituales y ceremonias del *sanātana-dharma*. Hay quienes incluso se refieren a las escrituras tántricas como el quinto Veda, es decir, una revelación trascendental que prosigue la enseñanza de los cuatro sagrados Vedas tradicionales.

Si bien podemos distinguir entre las tradiciones tántrica y védica, no es posible separar el tantra del hinduismo. Sería incorrecto considerar la tradición tántrica como una religión al margen del hinduismo, que está impregnado de elementos tántricos hasta tal punto que sería imposible concebirlo sin el tantra.

Sin la influencia del tantra, el hinduismo carecería de gurús, iniciaciones, *haṭha-yoga*, deidades y altares. La tradición tántrica también podría definirse como una manera de experimentar el hinduismo.

Las principales corrientes del hinduismo se han visto influenciadas por el tantra. Sin embargo, el tantra no encontró tierra fértil para su desarrollo en el seno de los sistemas ortodoxos controlados por el brahmanismo. Podríamos decir que las ideas y prácticas tántricas sobrevivieron, pero carentes de vitaminas para renovarse. Únicamente el shaktismo ofreció las condiciones favorables para su florecimiento. Como una religión heterodoxa y flexible, el tantra se divulgó entre las castas consideradas inferiores dentro del sistema *varṇāśrama*. Estas castas se impregnaron del culto y la adoración popular, de sus creencias y ceremonias.

El Señor Kṛṣṇa señala en el *Bhāgavata Purāṇa*:

वैदिकस्तान्त्रिको मिश्र इति मे त्रिविधो मखः ।
त्रयाणामीप्सितेनैव विधिना मां समर्चरेत् ॥

vaidikas tāntriko miśra
iti me tri-vidho makhaḥ
trayāṇām īpsitena iva
vidhinā māṁ sam-arcaret

> Uno debe adorarme cuidadosamente eligiendo uno de los tres métodos a través de los cuales yo acepto sacrificios: el védico, el tántrico y el mixto.
>
> (*Bhāgavata Purāṇa*, 11.27.7)

El sendero mixto (*miśra*) se refiere al hinduismo, donde encontramos mezclados tanto elementos védicos como tántricos. La *miśra* es una unidad orgánica, una religión védico-tántrica.

Existe una gran controversia entre los eruditos acerca del origen de la tradición tántrica, ya que algunas de sus prácticas ocultas se oponen al sendero propuesto por los Vedas, en particular las prácticas *cinācāra* mencionadas en el *Yonī Tantra*, el *Kumārī Tantra*, el *Niruttara Tantra* y el *Gupta-sādhana Tantra*. Basándose en esto, casi todos los eruditos piensan que la religión de los tantras difiere de la védica y que, por lo tanto, no es védica.

Lo cierto es que las prácticas que enseñan los tantras se pueden dividir en *āstika*, o 'védicas', y *nāstika*, o 'no védicas'. Ambas tradiciones no difieren en el aspecto filosófico, sino por lo general tan solo en la *sādhana*. Es decir, las diferencias entre ellas están más relacionadas con la actitud y con la práctica que con la esencia filosófica de sus enseñanzas.

En la adoración védica, se ejecutan *yajñas* principalmente en espacios abiertos a la intemperie, sin ídolos ni santuarios. La adoración tántrica recomienda *pūjās*, que son ceremonias realizadas en templos con deidades o iconos. Sin embargo, esto no significa necesariamente que los *āgamas* tántricos y los Vedas se opongan.

El especialista Teun Goudriaan definió el tantrismo como «la búsqueda sistemática de la salvación o de la excelencia espiritual mediante la realización y el fomento de los dos polos y los dos sexos de la divinidad en el interior del propio cuerpo», enumerando una serie de elementos fundamentales en la *sādhana* tántrica:

- El uso de mantras y *maṇḍalas*, o 'diagramas sagrados'.
- Visualización y adoración de las deidades.
- Ceremonias de iniciación distintivas.
- Prácticas yóguicas relacionadas con el cuerpo sutil.

Las tradiciones tántricas de todas las afiliaciones, ya sean budistas o hindúes, se caracterizan por su fuerte enfoque en la práctica ritual y meditativa. El erudito francés Jean Filliozat definió el tantrismo como: «El mero aspecto ritual y técnico del hinduismo». Con el paso del tiempo, la potente práctica tántrica suplantó el antiguo sistema ritual védico, dando nacimiento a la integración védico-tántrica que en la actualidad denominamos *hinduismo*.

Capítulo 3

Śiva-śakti - La polaridad tántrica no dual

En los fundamentos del tantra reside una paradoja mística: la consciencia pura e indivisa, es decir, Brahman, que aparentemente se divide, dando lugar a la polaridad. Pongo especial énfasis en la palabra *aparente* porque dicha dualidad carece de realidad. Captamos la vida a través de esta polaridad ilusoria: él y ella, positivo y negativo, yin y yang, día y noche, vida y muerte, estático y dinámico, esto y aquello. La relatividad que experimentamos nace a partir de la continua relación, armónica y equilibrada, entre estos extremos que nos parecen opuestos, aunque en realidad son complementarios.

En el sagrado *Bhagavad-gītā*, el Señor Kṛṣṇa se refiere a sí mismo como una polaridad masculino-femenina:

पिताहमस्य जगतो माता धाता पितामहः ।
वेद्यं पवित्रमोङ्कार ऋक्साम यजुरेव च ॥

pitāham asya jagato
mātā dhātā pitāmahaḥ
vedyaṁ pavitram-oṁkāra
ṛk-sāma-yajur eva ca

Yo soy el padre y la madre de este universo, el sostén y el abuelo. Yo soy aquel que merece ser conocido; soy el purificador y la sílaba *Oṁ*. Yo soy los Vedas: *Ṛg*, *Sāma* y *Yajur*. (*Bhagavad-gītā*, 9.17)

Al igual que la electricidad, la vida precisa dos polos opuestos. Si deseamos placer, el dolor es inevitable. Esta es una polaridad dialéctica en la cual ambos extremos se atraen y se repelen. Ninguno puede existir por sí solo, dado que ambos se alimentan mutuamente. Nuestra capacidad de sufrir es proporcional a nuestra capacidad de ser felices. Por ende, si intentamos erradicar la tristeza, la alegría también disminuirá.

Muchas tradiciones religiosas nos inducen a reprimir el polo negativo y a cultivar tan solo el polo positivo. El tantra, por otro lado, abandona el intento de erradicar uno en favor del otro porque destruir lo negativo también acarrea la destrucción de lo positivo. El tantra propone invertir tiempo y energía solo en incrementar lo positivo, mientras damos lugar a lo negativo de manera consciente. Cuando ambos coexisten armónicamente, lo negativo adquiere la cualidad y el perfume de lo positivo. Lo positivo sublima lo negativo sin destruirlo: el enojo se despoja del egoísmo; la indignación se vuelve sabia, y la pasión se embellece.

El tantra apunta a la realidad última, en la cual los opuestos dejan de estar en conflicto y se revelan como aspectos complementarios. En la sublimación tántrica, lo positivo se expresa en su infinitud hasta que lo negativo desaparece. La inmensidad de lo divino tiene la capacidad de absorber lo mundano. Así como la luz disipa la oscuridad, la falsedad se esfuma con la Verdad y «lo que es» hace que se desvanezca toda ausencia. El tantra sugiere no temer lo negativo y permitirle ser parte de lo positivo; deja que lo ilusorio forme parte de lo real, porque, finalmente, solo lo verdadero permanecerá.

Esta vía es suficiente para crear la situación propicia para que cobremos consciencia de que estamos inmersos en este juego divino de la relatividad. El tantra nos invita a una apasionante exploración, eludiendo la actitud represiva y condenatoria tan característica de otras religiones y asegurándonos que los opuestos se concilian en la fuente original.

Según la visión tántrica, la fuente del universo objetual consiste en un único principio absoluto, denominado Śiva-Śakti, o el principio consciencia-energía. La aparente separación de la manifestación cósmica está presente en cada ser humano. Por eso, nos esforzamos de manera constante por regresar a la unidad original desde la cual emerge lo aparente. Nos cuesta concebir la idea de dos principios opuestos interactuando de manera armónica. Percibiéndonos a nosotros mismos como partes, nos consideramos limitados y esto nos sume en una constante insatisfacción. El fenómeno egoico emerge desde dicha percepción parcial de nosotros mismos, en la cual creemos estar desconectados de todo y de todos. Mientras dicha fractura permanezca, continuaremos viviendo como partes y percibiendo la vida desde una perspectiva parcial. Es imposible realizar lo absoluto si nuestra experiencia fragmentaria nos muestra un mundo de opuestos.

En el *Skanda Purāṇa*, el Señor Indra pregunta al Señor Viṣṇu acerca de la capacidad de Brahman para desdoblarse como la polaridad masculino-femenina. El Señor Viṣṇu responde que ambos polos están envueltos en el proceso de la creación y que son inseparables, como el oro de la joya o el agua del océano.

पाथोधिपोऽहं वीचिस्त्वं प्रकृतिस्त्वं पुमानहम् ॥
विद्यात्वंवेदितव्योऽहंवात्त्वमार्थोऽपिपार्वती ।
ईश्वरोऽहंमदंशाऽसित्वयैवाज्ञास्वरूपया ॥
सृष्टिस्थित्युपसंहारविधानानुग्रहेश्वरे ।
न भेदोऽतस्त्वया कार्यः पृथग्जनवदावयोः ॥

pāthodhipo 'haṁ vīcis tvaṁ
prakṛtis tvaṁ pumān aham

vidyā tvaṁ veditavyo 'haṁ
vāk tvam artho 'pi pārvatī
īśvaro 'haṁ mad aṁśā 'si
tvayaivājñā svarūpayā

sṛṣṭi sthity upasaṁhāra
vidhānānugraheśvare
na bhedo 'tas tvayā kāryaḥ
pṛthag-janavad āvayoḥ

> Tú eres la ola y yo soy el océano. Tú eres Prakṛti y yo soy Puruṣa. Tú eres el conocimiento y yo soy el conocedor. ¡Oh, Pārvatī! Tú eres la palabra y yo soy su significado. Yo soy el Señor supremo y tú, en virtud de ser el orden encarnado, eres parte de mí, ¡oh, diosa! Eres competente para crear, sostener, aniquilar, organizar debidamente y bendecir. Por lo tanto, no debes considerar ninguna diferencia entre nosotros, tal como hacen las personas no iluminadas.
>
> (*Skanda Purāṇa*, 1.3.21.15b-17)

Dicha polaridad subjetual se denomina Puruṣa y Prakṛti, o Śiva y Śakti. En el nivel no manifestado, ambos aspectos yacen solo como una mera potencialidad y son indiscernibles. En el nivel de la dualidad subjetual, Śiva es lo no manifestado, mientras que Śakti es lo manifestado. Śiva es la consciencia, mientras que Śakti es su aspecto dinámico. Dicha polaridad no se remite solo a una expresión universal, sino que también se manifiesta a nivel individual y microcósmico. Cuando esta polaridad inseparable se manifiesta en el organismo, uno de ambos polos predomina en este según el nivel evolutivo del organismo en cuestión.

El *Skanda Purāṇa* también menciona que Pārvatī, la amada consorte del Señor Śiva, deseaba fundirse para siempre con él. Śiva accedió a través de la manifestación de Ardhanārīśvara, una manifestación andrógina de Śiva y Pārvatī, mitad masculina y mitad femenina. La mitad masculina representa a Śiva, y la femenina a la Devī Pārvatī, o Umā. Ardhanārīśvara representa la unidad de la polaridad masculino-femenina, o Puruṣa y Prakṛti, Śiva y Śakti. El siguiente verso describe dicha fusión:

इत्युक्त्वेशो निषण्णस्तांपार्श्वदेशेन्यवेशयत् ।
गौरीं स्वकीय एवाङ्के गूहमानामिव ह्रिया ।
अङ्गद्वयंतयोरैक्यमगात्प्रेम्णा च लीनयोः ।
अर्थद्वयमिवाऽह्वाय सन्निकर्षोपलम्भतः ।

ity uktveśo niṣaṇṇas tāṁ
pārśva-deśe nyaveśayat

gaurīṁ svakīya evāṅge
gūhamānām iva hriyā

aṅga-dvayaṁ tayor aikyam
agāt-premṇā ca līnayoḥ
artha-dvayam ivā 'hnāya
sannikarṣopalambhataḥ

Después de decir esto, Īśa (Śiva) se sentó e hizo que ella (Pārvatī) se sentara a su lado. Hizo que Gaurī (Pārvatī) se ocultase en su interior como avergonzada. Cuando se fusionaron amorosamente entre sí, ambos cuerpos se unieron en uno.

(*Skanda Purāṇa*, 1.3.21.21a-c)

El gran poeta Kāli-dāsa describió esta relación con gran belleza en el comienzo de su epopeya *Raghu-vaṁśa*:

वागर्थाविव संपृक्तौ वागर्थाप्रतिपत्तये ।
जगतः पितरौ वन्दे पार्वतीपरमेश्वरौ ॥

vāg-arthāviva sampṛktau
vāg-artha pratipattaye
jagataḥ pitarau vande
pārvatī-parameśvarau

Reverencias a los progenitores del universo, Pārvatī y Parameśvara, que son inseparables como la palabra y su significado, para lograr la articulación y el entendimiento.

(Mahā-kavi Kāli-dāsa, *Raghu-vaṁśa*, 1.1)

Este mundo relativo es una expresión de esta polaridad: Śiva es el poder supremo estático paternal, mientras que Śakti es la Madre Naturaleza como fuerza dinámica. En el yoga védico, el lugar central lo ocupa Puruṣa. Sin embargo, en el tantra, Śakti es el poder activo dominante en el universo. La vía tántrica nos dirige hacia la armonía entre la naturaleza, o Śakti, y el principio espiritual, o Śiva; entre el sujeto *aham* (yo soy) y el objeto *idam* (esto).

El shaivismo

La tradición tántrica nació a partir de la devoción hacia Śiva. Para comprender el contexto en el cual emergió el tantra, debemos abordar los principios fundamentales del shaivismo.

El shaivismo es el sendero de devoción al Señor Śiva. Esta antiquísima tradición ha contribuido al hinduismo con algunas de sus más profundas enseñanzas. Śiva es omnipresente, omnipotente, omnisciente, independiente, inmortal, carente de causa y eternamente puro. El tiempo no lo limita. Es inteligencia y dicha infinitas, y la encarnación de *tamas*, o 'la inercia centrífuga'. Es reconocido tanto en su aspecto personal dotado de cualidades como en su aspecto impersonal carente de atributos, siendo Brahman mismo. Él es tanto trascendente como inmanente. Es trascendental a la manifestación cósmica, y al mismo tiempo reside en el corazón de toda entidad viviente.

En el *Śiva Purāṇa* (*Vidyeśvara Saṁhitā*), Brahmā y Viṣṇu alaban al Señor Śiva:

ब्रह्माच्युतावूचतुः
नमो निष्कलरूपाय नमो निष्कलतेजसे ।
नमः सकलनाथाय नमस्ते सकलात्मने ॥
नमः प्रणववाच्याय नमः प्रणवलिंगिने ।
नमः सृष्ट्यादिकर्त्रे च नमः पञ्चमुखायते ॥
पचब्रह्मस्वरूपाय पञ्च कृत्यायते नमः ।
आत्मने ब्रह्मणे तुभ्यमनन्तगुणशक्तये ॥
सकलाकलरूपाय शंभवे गुरवे नमः ।
इति स्तुत्वा गुरुं पद्यैर्ब्रह्मा विष्णुश्च नेमतुः ॥

brahmācyutāvūcatuḥ-

namo niṣkala-rūpāya
namo niṣkala-tejase

namaḥ sakala-nāthāya
namaste sakalātmane

namaḥ praṇava-vācyāya
namaḥ praṇava-liṅgine
namaḥ sṛṣṭy ādi kartre ca
namaḥ pañca-mukhāyate

pañca-brahma-svarūpāya
pañca-kṛtyāyate namaḥ
ātmane brahmane tubhyam
ananta-guṇa-śaktaye

sakalākala-rūpāya
śaṁbhāve gurave namaḥ
iti stutvā guruṁ padyair
brahmā viṣṇuś ca nematuḥ

Brahmā y Viṣṇu dijeron: salutaciones a ti, el de la forma sin cuerpo. Salutaciones a ti, el del brillo sin forma. Salutaciones a ti, el Señor de todo. Salutaciones a ti, el alma universal. Salutaciones a ti, establecido por el *Praṇava* (*Oṁ*). Salutaciones a ti, simbolizado por el *Praṇava* (*Oṁ*). Salutaciones a ti, el autor de la creación y demás. Salutaciones a ti, el de los cinco rostros. Salutaciones a ti, que eres idéntico a la forma Pañca-brahma. Salutaciones a ti, el de las cinco funciones. Salutaciones a ti, el Ātman, el Brahman, de infinitos atributos y poder. Salutaciones a Śiva, el preceptor, que es tanto corpóreo como incorpóreo.

(*Śiva Purāṇa*, 1.10.28-31)

El *Śiva-mahimnaḥ Stotra* afirma:

महेशान्नापरो देवो महिम्नो नापरा स्तुतिः ।
अघोरान्नापरो मन्त्रो नास्ति तत्त्वं गुरोः परम् ॥

maheśān nāparo devo
mahimno nāparā stutiḥ
aghorān nāparo mantro
nāsti tattvaṁ guroḥ param

No existe un Dios más elevado que Śiva. Ningún himno es mejor que el himno sobre la grandeza de Śiva. No existe mantra alguno más poderoso que el nombre de Śiva. Ningún conocimiento es superior al de la verdadera naturaleza del gurú.

(*Śiva-mahimnaḥ Stotra*, 35)

Según la tradición *śaiva*, la sabiduría tántrica proviene del mismo Señor Śiva, quien recibe el nombre de Mahā-kaula, o 'el gran *tāntrika*'. El tratado sobre tantra y espiritualidad llamado *Paraśurāma-kalpa-sūtra* indica que Śiva es el maestro supremo:

भगवान्परमशिवभट्टारकः श्रुत्याद्यष्टादशविद्याः सर्वाणि दर्शनानि लीलया तत्तदवस्थाऽऽपन्नः प्रणीय, संविन्मय्या भगवत्या भैरव्या स्वात्माभिन्नया पृष्टः पञ्चभिः मुखैः पञ्चाम्नायान् परमार्थसारभूतान् प्रणिनाय ॥

bhagavān parama-śiva bhaṭṭārakaḥ śruty ādi aṣṭā-daśa vidyāḥ sarvāni darśanāni līlayā tat tad avasthā ''pannaḥ praṇīya, samvinmayyā bhagavatyā bhairavyā svātmābhinnayā pṛṣṭaḥ pañcabhiḥ mukhaiḥ pañcāmnāyan paramārtha sārabhūtān praṇināya.

El Señor Parama-śiva Bhaṭṭāraka enseña a Pārvatī dieciocho *vidyās* incluyendo los Vedas, que son todas las ramas de la filosofía con un enfoque lógico. Bhairava posee cinco bocas que simbolizan los cinco caminos esenciales para la mejora de la vida de los demás.

(*Paraśurāma-kalpa Sūtra*, *sūtra* 2)

Dentro del hinduismo, todos los aspectos de Dios cuentan con sus correspondientes Śaktis o contrapartes femeninas. Mahādeva entregó sus divinas enseñanzas en diferentes tantras en forma de diálogos con su consorte, la Devī, en su manifestación como Pārvatī.

कैलासशिखरासीनंदेवदेवंजगद्गुरुम् ।
पृच्छति सामहादेवी ब्रूहिज्ञानंमहेश्वरम् ॥

kailāsa śikharāsīnam
deva-devaṁ jagad-gurum
pṛcchati sā mahādevī
brūhi jñānaṁ maheśvaram

En la cima del monte Kailāśa, Mahā-devī preguntó a *Jagat-guru*, el Señor Śiva, «Oh, Maheśvara, por favor ten la bondad de revelarme la sabiduría».

(*Jñāna-saṅkalinī Tantra,* 1)

La *tri-mūrti* o 'trinidad'

नमस्त्रिमूर्तये तुभ्यं प्राक्सृष्टेः केवलात्मने ।
गुणत्रयविभागाय पश्चाद्भेदमुपेयुषे ॥

namas tri-mūrtaye tubhyaṁ
prāk-sṛṣṭeḥ kevalātmane
guṇa-traya-vibhāgāya
paścād-bhedam upeyuṣe

Salutaciones a ti, el de las tres formas, el alma única antes de la creación del mundo, que luego se dividió en las tres *guṇas* (*sattva*, *rajas* y *tamas*) y manifestó una variedad (de formas).

(*Kumāra-sambhava,* 2.4)

De acuerdo con el hinduismo, las funciones cósmicas de creación, mantenimiento y destrucción recaen sobre Brahmā, Viṣṇu y Rudra (Śiva), respectivamente. Ellos conforman la *tri-mūrti*, 'la gran trinidad': tres deidades que representan el nacimiento, el crecimiento y la muerte. Dios se llama Brahmā cuando crea, Viṣṇu cuando sustenta la creación y Śiva cuando la aniquila. Estos no son tres dioses diferentes, sino aspectos de una misma realidad: un único Dios con tres funciones distintas. En el panteón hindú, Śiva es un miembro de esta tríada. Sin embargo, el shaivismo ve en Śiva la realidad última y la deidad suprema que incluye tanto a Brahmā como a Viṣṇu; él mismo es la causa de la creación, el mantenimiento y la disolución del universo.

Podemos ver esta perspectiva reflejada en la forma en que Skanda se acerca al Señor Śiva (Śrī-kaṇṭha) al comienzo del *Śuddhākhya Tantra*:

देवदेव जगन्नाथ सर्वज्ञ त्रिपुरान्तक ।
स्थित्युत्पत्तिलयेशान प्रणतार्तिहर प्रभो ॥

deva-deva jagan-nātha
sarva-jña tri-purāntaka
sthity-utpatti-layeśāna
praṇatārti-hara prabho

¡Oh, Dios de dioses!, Señor de los mundos, omnisciente, destructor de los tres fuertes, Señor de la preservación, emanación y destrucción, disipador de las penas de tus devotos, todopoderoso.

(*Śuddhākhya Tantra*, 1.3)

Desde los más pequeños insectos hasta los mayores dioses, todos los seres nacen y se disuelven en Śiva, la suprema deidad. Su mantra sagrado es el *oṁ-kāra*, o 'el mantra sagrado *Oṁ*'. *Oṁ* está compuesto de los sonidos A, U, M, los cuales representan a la *tri-mūrti*, y nos indican que Śiva ejecuta las tres funciones básicas de la manifestación cósmica.

Śiva destruye el universo. Pero toda muerte deja paso a un renacimiento. El fin del gusano de seda es el principio de la mariposa; allí donde perece la semilla, nace la flor. La manifestación cósmica reposa en Śiva, que él regenera en el siguiente ciclo de creación. Por eso, si bien Śiva destruye, es también el creador Brahmā y el mantenedor Viṣṇu. Las historias de los *purāṇas* relatan cómo Śiva se manifiesta desde la frente de un Viṣṇu furioso o desde un *brāhmaṇa* deseoso de progenie.

Tanto los *śāktas* como los *tāntrikas* adoran a Satī, la divina esposa de Śiva, quien se suicidó después de que su padre ofendiera a su esposo en su ausencia. Posteriormente, Śiva contrajo matrimonio con Pārvatī, que es la reencarnación de Satī, también conocida como Durgā, Dākṣāyaṇī, Kālī, Umā y Bhavani.

Los nombres de Śiva

El nombre Śiva significa en sánscrito 'auspicioso', 'favorable', 'propicio', o 'benevolente'. De acuerdo con Śaṅkarācārya, Śiva quiere decir 'puro' o 'lo que purifica mediante la sola mención de su nombre'.

निस्त्रैगुण्यतया शुद्धत्वाच्छिव ।

nistrai-guṇyatayā śuddhatvāt śiva

Śiva: puro, libre de las tres cualidades.
(Śaṅkarācārya, *Viśṇu-sahasra-nāma Bhāsya*, verso 17)

नाममात्रदग्धसर्वपाप ते नमः शिवाय ।

nāma-mātra-dagdha-sarva-pāpa te namaḥ śivāya

Reverencias a Śiva, la expresión de cuyo nombre quema todos los pecados.
(Śaṅkarācārya, *Śiva-pañcākṣara-nakṣatra-mālā*, verso 5)

El *Tantra Śuddhākhya* también describe:

शुद्धत्वाच्छिवमुद्दिष्टं ।

śuddhatvāt śivam uddiṣṭaṁ

Se le llama Śiva debido a su pureza.
(*Śuddhākhya Tantra*, 1.20a)

El comentario (*tika*) sánscrito sobre este verso, que fue escrito por un autor desconocido, explica:

शुद्धत्वात् शिवमिति शुद्धत्वात् स्वभावतोऽनादिकृत्वा मोहमदरागविषादशोषवैचित्त्य हर्षकाख्यस्सप्तविधमलशक्तिकारणाभावात् मलशून्यत्वात् शुद्धम् । स्वतन्त्रतया स भगवानात्मनां सृष्ट्यादिना मलपरिपाकं विधाय दीक्षादिव्यापारेण परापरमोक्षं प्रयच्छति च इति शुद्धम् । तस्मात् शुद्धत्वात् विशुद्धिकारणत्वाच्च शिवम् । ये चान्ये परापर-मोक्षभाजस्तिष्ठन्ति ते सर्वेऽपि तत्प्रसादात् ध्वस्तकलुषाः । ये चान्ये मुमुक्षवः तानपि स एव शिवं भवति तानपि स एव मोच्यति ।

śuddhatvāt śivam iti. śuddhatvāt svabhāvato 'nādi kṛtvā moha-mada-rāga-viṣāda-śoṣa-vaicittya-harṣakākhya-sapta-vidha-mala-śakti-kāraṇābhāvāt mala-śūnyatvāt śuddham. svatantratayā sa bhagavān ātmanām sṛṣṭy-adinā mala-paripākaṁ vidhāya dīkṣādi-vyāpāreṇa parāpara-mokṣaṁ prayacchati ca iti śuddham. tasmāt śuddhatvāt viśuddhi-kāraṇatvāc ca śivam. ye cānye parāpara-mokṣa-bhājas tiṣṭhanti te sarve 'pi tat prasādāt dhvasta-kaluṣāḥ. ye cānye mumukṣavaḥ tān api sa eva śivaṁ bhavati tān api sa eva mocayati.

«Debido a su pureza, se le llama Śiva (*śuddhatvāt śivam*)»: «A causa de su pureza», es decir, está libre de impureza natural y eternamente. Es puro porque carece de las causas de los siete poderes de impureza (*mala-śakti*), a saber: engaño, intoxicación, pasión, depresión, desecación, trastorno mental y excitación. Este Señor es puro porque, tras realizar la evolución de la impureza (mala) mediante [el proceso de] emanación, y demás, concede independientemente a las almas la liberación superior e inferior, mediante el proceso [que comienza con] la iniciación (*dīksā*). Él es Śiva (puro), puesto que es tanto puro como la causa de la pureza. Todas aquellas otras (almas), que gozan de una liberación superior o inferior, han superado su impureza por su gracia. Y, además, él libera a otras almas que desean la liberación, por lo tanto, él es Śiva, (puro), solo debido a la pureza.

(*Śuddhākhya-tantra-ṭika* sobre el verso 1.20)

Los Vedas lo denominan Rudra, o 'el terrible', por ser una deidad destructora. Sin embargo, el hinduismo prefiere denominarlo de manera eufemística Śiva.

El *Śiva Purāṇa* (capítulo 69) así como el *Mahābhārata*, («*Anuśāsana-parva*», capítulo 17) mencionan 10 008 nombres del Señor Śiva. Estos son los más conocidos:

- Mahā-deva, o 'el gran Dios'.
- Maheśa, o 'el gran Señor'.
- Mahā-kāla, o 'el gran tiempo'.
- Tri-locana y Tryambaka, o 'tres ojos'.
- Tri-purāri, o 'el enemigo de Tripura'.
- Kāma-ghna, o 'el asesino de Kāma-deva (el dios del deseo)'.
- Śambhu, o 'el otorgador de felicidad'.
- Nīla-kaṇṭha, o 'garganta azul'.
- Aghora, o 'el que no es terrible'.
- Bhāgavata, o 'divino'.
- Candra-śekhara, o 'que tiene una luna creciente'.
- Gaṅgā-dhara, o 'el portador del Ganges'.
- Girīśa, o 'el Señor de la montaña'.
- Paśu-pati, o 'el Señor de las bestias (seres vivientes)'.
- Jaṭā-dhara, o 'el que lleva el pelo enmarañado'.
- Mṛtyuñ-jaya, o 'el vencedor de la muerte'.
- Ugra, o 'feroz'.
- Viśva-nātha, o 'el Señor del universo'.

Śiva como el gurú supremo se denomina Dakṣiṇā-mūrti. Es llamado también Śaṅkara, que significa 'hacedor del bien', y Hara o 'removedor de la maldad'. Otro de sus nombres es Tri-netreśvara, o 'Señor de los tres ojos'. Su tercer ojo está en el medio de su frente y denota la capacidad de ver más allá de lo aparente y superficial. Las sagradas escrituras dicen que es el ojo de la sabiduría, capaz de quemar tanto los demonios como los pecados.

Śiva es también conocido como Soma-sundara, o 'tan bello como la luna'. La luna (*soma*) simboliza el poder de las ofrendas sacrificiales. La luna en su quinto día (*pañcamī*) sobre su cabeza representa su control sobre el tiempo.

El nombre Nīla-kaṇṭha quiere decir 'garganta azul'. Su garganta se tornó azulada luego de beber el veneno *kālakūṭa* generado por los dioses cuando batieron el Océano de Leche para obtener el néctar de la inmortalidad. El veneno no lo afectó, debido a que su consorte, Pārvatī, ató una cobra a su cuello que retuvo el veneno en su garganta. Por lo tanto, la cobra alrededor de su garganta representa la inmortalidad, así como la *kuṇḍalinī*.

Las cualidades de Śiva

जटाजूटमध्ये स्फुरद्गाङ्गवारिं ।

jaṭājūṭa-madhye sphurad-gānga-vārim

Medito en él, de cuyos cabellos enmarañados brotan las aguas sagradas del gran río Ganges.

(Śaṅkarācārya, *Veda-sāra Śiva-stava*, 1.3)

Śiva reside en su divina morada en el monte Kailāśa. Su cabello ondulado nos recuerda que es Vāyu, o 'el dios del viento', el cual constituye el aliento vital de todos los seres vivos. Su cabello enmarañado, o *jaṭā,* forma un rizo en punta sobre su frente. En el hueco de su rizo, el sagrado río Ganges se materializa y rebota. Śiva lo intercepta en su eterna caída desde los planetas celestiales para evitar que hunda la Tierra con su fuerza. El río Ganges simboliza la fertilidad y el aspecto creativo de Śiva.

भवं भास्वरं भस्मना भूषिताङ्गं ।

bhavaṁ bhāsvaram bhasmanā bhūṣitāṅgaṁ

Medito en él, que es la existencia misma brillando como la consciencia subyacente, y cuyo cuerpo está adornado con cenizas sagradas.

(Śaṅkarācārya, *Veda-sāra Śiva-stava*, 3.3)

Al igual que sus devotos, Śiva cubre su piel de color azul grisáceo con *bhasma,* o 'cenizas de crematorio', para recordarnos que la vida es muerte en esencia. En su mano sostiene un *ḍamaru*, o 'tamborcito', que representa el origen del verbo que genera toda forma de expresión.

प्रभो शूलपाणे विभो विश्वनाथ ।

prabho śūla-pāṇe vibho viśva-nātha

¡Oh, Señor (Prabhu)!, el que tiene un tridente en la mano (*śula-pāṇi*), el que todo lo impregna (*vibhu*), el Señor del universo (Viśva-nātha).

(Śaṅkarācārya, *Veda-sāra Śiva-stava*, 9.1)

Śiva porta un *triśūla*, o 'tridente', un símbolo que simboliza sus funciones como creador, sustentador y destructor-regenerador. El tridente en su mano muestra que tiene total control de estas tres funciones, así como sobre el tiempo mismo: pasado, presente y futuro. Su collar de calaveras representa la extinción y regeneración de los seres humanos.

विभुं विश्वनाथं विभूत्यङ्गभूषम् ।

vibhuṁ viśva-nāthaṁ vibhūty aṅga-bhūṣam

[Alabo a ese Señor] que es el Señor omnipresente del universo (Viśva-nātha) y cuyo cuerpo está adornado con cenizas sagradas (*vibhūti*).

(Śaṅkarācārya, *Veda-sāra Śiva-stava*, 2.2)

Las tres líneas sobre la frente de Śiva están hechas con ceniza sagrada denominada *vibhūti*. Dado que la ceniza es lo que queda del fuego, el *vibhūti* representa la pureza de nuestra auténtica naturaleza, la cual permanece tras haber quemado las impurezas (*malas*) y los deseos sutiles (*vāsanās*). Es por eso que el *vibhūti* mismo es considerado una forma de Śiva.

व्याघ्राजिनाम्बरधराय मनोहराय ।

vyāghrājināmbara-dharāya mano-harāya

[Reverencias a ese Śiva] que vistiendo la piel de tigre se muestra cautivador (a los devotos).

(Śaṅkarācārya, *Shivāṣṭaka*, 4.3)

Śiva viste una piel de tigre, porque el tigre es el vehículo de la diosa Śakti. Esto representa su supremacía sobre todas las energías y poderes. También viste las pieles de un elefante y de un venado. El elefante representa el orgullo, mientras que el venado simboliza la mente. De esta manera, Śiva es el conquistador de ambos.

El Señor Śiva tiene tres hijos: Ayyappa, Gaṇeśa y Skanda, también llamado Kārtikeya, el dios de la guerra. Ayyappa nació de Mohinī, encarnación femenina de Viṣṇu que mató al demonio Bhasmāsura. Gaṇeśa y Kārtikeya son hijos de Pārvatī. Gaṇeśa dirige a los *pramathas*, los sirvientes sobrenaturales de Śiva que forman ejércitos, o *gaṇas*.

Las manifestaciones de Śiva

Śiva como subjetualidad pura

यदिदंविभवात्मकं भूवनजातमुक्तं गर्भी कृतानन्त विचित्रभोक्तृभोग्यं, तत्र यदनुगतं महाप्रकाशरूपं तत्महासामान्यकल्पं परमशिवरूपम् ।

yad idaṁ vibhavātmakaṁ bhuvana-jāta muktaṁ garbhī-kṛtānanta vicitra-bhoktṛ-bhogyaṁ, tatra yad anugataṁ mahā-prakāśa-rūpaṁ tat-mahā-sāmānya-kalpaṁ parama-śiva-rūpam.

Parama-śiva es la única realidad absoluta que contiene y abarca toda la existencia. Es como la esencia común de toda la existencia fenoménica, y ha sido denominado Parama-śiva, el Dios absoluto.

(Abhinava-gupta, *Tantra-sāra*, 8.1)

Desde la perspectiva absoluta de Parama-śiva, todo lo existente es *aham*, o 'yo soy'. En este estado de pura subjetualidad, comienza la actividad creativa inicial de Parama-śiva. Dos categorías se diferencian en ese 'yo soy': el «yo» como Śiva, o el Ser, y el «soy» como Śakti, o la consciencia de la existencia del Ser. Śiva es subjetualidad pura, o «yo» puro, carente de cualquier vestigio de «esto» o «aquello». Dentro del shaivismo de Cachemira, se le denomina *aham*, o 'seidad'. Este principio puro es distinto de *ahaṅkāra*, o 'el fenómeno egoico', que se manifiesta en una etapa posterior del proceso evolutivo de la manifestación cósmica.

Śiva como Nirguṇa-brahman

En su aspecto *nirguṇa*, o 'carente de cualidades', Śiva es la realidad trascendental, o el mismo Brahman sin cualidades ni atributos: el misterio último mencionado a lo largo de toda la literatura upanishádica.

अद्वैतं परमानन्दं शिवं याति तु कैवलम् ॥

advaitaṁ paramānandaṁ śivaṁ yāti tu kaivalam

> En realidad, todo es Śiva, Advaita, el Uno absoluto. No hay diferencia de ningún tipo.
>
> (*Kaivalya Upaniṣad*, 47)

Las fuentes tántricas utilizan el término *Śiva* para referirse a Dios, la realidad última, también llamada Parama-śiva, Sadāśiva o Parameśvara. Parama-śiva; en tanto que consciencia suprema, es el receptor y conocedor último. Es el soporte, la morada y la base del universo entero. Trasciende el tiempo, el espacio y la causalidad. No reside en ningún lugar en especial, porque todas las cosas y todos los seres descansan en él.

Su naturaleza es definida como *sac-cid-ānanda*, o 'existencia, consciencia y dicha absolutas'. *Sat*, o 'existencia', no se refiere a que Parama-śiva existe, sino que este es la existencia misma. *Cit* (*caitanya* o *parasaṁvid*), o 'consciencia', no implica consciencia de algo o alguien, sino que es la consciencia en sí. *Ānanda* significa 'dicha', pero no es una mera felicidad dual o la ausencia de tristeza, sino la dicha absoluta.

Śiva como Saguṇa-brahman

En su aspecto *saguṇa*, o 'con cualidades', Śiva es el Señor cósmico del universo manifestado. Llamado Maheśvara, este supremo Ser despierto se encarga de las actividades de creación, mantenimiento, destrucción, ocultamiento y liberación.

चितिः स्वतन्त्रा विश्वसिद्धिहेतुः ॥

citiḥ svatantrā viśva-siddhi-hetuḥ

> La consciencia (*citiḥ*), en su libertad (*svatantrā*), provoca la manifestación, el mantenimiento y la disolución (*siddhi*) del universo (*viśva*).
>
> (*Pratyabhijñā-hṛdayam* por Kṣema-rāja, *sūtra* 1)

Cumple dichas funciones mediante sus cinco poderes supremos:

1. *Cic-chakti* (*cit-śakti*), o 'consciencia divina'.
2. *Ānanda-śakti*, o 'dicha absoluta'.
3. *Icchā-śakti*, o 'voluntad divina'.
4. *Jñāna-śakti*, o 'omnisciencia divina'.
5. *Kriyā-śakti*, o 'poder de manifestar'.

A través de su poder dinámico, o *śakti*, proyecta el universo objetual sobre sí mismo, como un reflejo en el espejo. La creación es el sueño consciente de Śiva, una realidad alternativa que no es ni real ni ilusoria. Śiva crea la realidad de nombres y formas en la que se oculta a sí mismo como las *jīvas*, o 'almas individuales'.

En el *Śiva Purāṇa*, Śiva les dice a Brahmā y a Viṣṇu:

अहमेव परं ब्रह्म मत्वरूपं कलाकलम् ।
ब्रह्मत्वादिश्वाहं कृत्यं मेनुग्रहादिकम् ॥

aham eva paraṁ brahma
mat svarūpaṁ kalākalam
brahmatvād īśvaraś cāhaṁ
kṛtyaṁ menugrahādikam

Soy el Brahman supremo. Mi forma es tanto manifestada como no manifestada, dada mi brahmanidad e *īśvaratva*. Mi deber es bendecir y demás.

(*Śiva Purāṇa*, 1.9.36)

अनुग्रहाद्यं सर्गंतं जगत्कृत्यं च पङ्कजम् ॥
ईशत्वादेव मे नित्यं न मदन्यस्य कस्यचित् ।

anugrāhādyaṁ sargām taṁ
jagat-kṛtyaṁ ca paṅkajam
īśvatvād eva me nityaṁ
na mad anyasya kasyacit

Existen cinco actividades en el universo, comenzando con la gracia de la revelación (*anugraha*) y terminando con la creación (*sarga*). Por lo tanto, estas actividades recaen sobre mí y no sobre nadie más porque soy Īśa.

(*Śiva Purāṇa*, 1.9.38b-39a)

Śiva como las almas individuales

जीवः शिवः शिवो जीवः स जीवः केवलः शिवः ।
तुषेण बद्धो व्रीहिः स्यात्तुषाभावेन तण्डुलः ॥
एवं बद्धस्तथा जीवः कर्मनाशो सदाशिवः ।
पाशबद्धस्तथा जीवः पाशमुक्तः सदाशिवः ॥

jīvaḥ śivaḥ śivo jīvaḥ
sa jīvaḥ kevalaḥ śivaḥ
tuṣeṇa baddho vrīhiḥ syāt
tuṣā-bhāvena taṇḍulaḥ

evaṁ baddhas tathā jīvaḥ
karma-nāśo sadā-śivaḥ
pāśa-baddhas tathā jīvaḥ
pāśa-muktaḥ sadā-śivaḥ

El *jīva* (alma) es Śiva. Śiva es *jīva*. Ese *jīva* es solo Śiva. Cubierto de cáscara, es arroz con cáscara; libre de la cáscara, es arroz. Del mismo modo, el *jīva* está atado [por el karma]. Si el karma perece, (*jīva*) es Sadā-Śiva. Mientras el *jīva* esté atado por los lazos del karma, es *jīva*. Si se libera de sus ataduras, entonces es Sadā-śiva.

(*Skanda Upaniṣad*, 6-7)

Las almas individuales, o *jīvas*, son Śiva en su aspecto ilusorio. El alma individual es Śiva cubierto por impurezas, aunque su esencia no se vea afectada por ello. Las *jīvas* y Śiva son una única realidad. Cuando el velo de la ignorancia es apartado mediante la gracia, o *anugraha*, la *jīva* se libera y realiza su auténtica naturaleza en tanto que Śiva, cual ola que descubre que no está separada del mar.

Śiva como entidad iluminada

Śiva adopta diferentes encarnaciones para restaurar el orden en el plano manifestado. Estas entidades iluminadas y despiertas forman parte del panteón *śaiva*, siendo manifestaciones de lo trascendental que aparecen en diferentes fases del proceso creativo para ejecutar la voluntad de Śiva. Entre sus encarnaciones más conocidas, cabe mencionar a Dakṣiṇā-mūrti, Tāṇḍava-mūrti, Bhairava, Vīra-bhadra, Ardha-nārīśvara, Bhikṣāṭana-mūrti, Hanumān, Caṇḍikeśvara y Mahā-kaleśvara. Algunas escuelas del shaivismo creen que Śiva es perfecto, así como su creación. Por consiguiente, consideran que las encarnaciones son almas sumamente evolucionadas que descienden al plano físico para cumplir con labores determinadas al servicio de Śiva.

Śiva como la deidad védica Rudra

Los sacerdotes védicos reconocieron que Rudra era adorado por las tradiciones nativas de la India como Śiva. Así, las deidades védicas Rudra y Śiva se convirtieron en sinónimos puesto que ambos se refieren a la misma deidad. El dios Rudra se menciona por primera vez en el *Ṛg Veda*, que lo alaba en tres de sus himnos y lo considera 'el más poderoso entre los poderosos'. Rudra significa 'el que ruge' y es una deidad terrible y destructiva asociada con el viento, la lluvia, los truenos y la caza. El himno 10.92 se refiere a dos aspectos de Rudra, uno salvaje, agresivo y cruel (Rudra), y otro pacífico (Śiva). La literatura smrítica revela una gran diversidad de aspectos de Śiva. En su aspecto del destructor Rudra, se asemeja más a la naturaleza de Śakti. Śiva es el señor de los yoguis, o Yogeśvara. También recibe el nombre de Kulaśekhara, o 'Señor de los *kaulas*'.

Śiva como nuestra auténtica naturaleza

अहं निर्विकल्पो निराकाररूपो विभूत्वाच्च सर्वत्र सर्वेन्द्रियाणाम् ।
न चासङ्गतं नैव मुक्तिर्न मेयः चिदानन्दरूपः शिवोऽहं शिवोऽहम् ॥

ahaṁ nirvikalpo nirākāra-rūpo
vibhūtvāc ca sarvatra sarvendriyāṇām
na cāsaṅgataṁ naiva muktir na meyaḥ
cid-ānanda-rūpaḥ śivo 'haṁ śivo 'ham

Soy inmutable, sin forma, lo envuelvo todo. Sin ser tocado por los sentidos, soy omnipresente. Insondable, estoy más allá de la libertad. Soy la encarnación del conocimiento y la dicha. Yo soy Śiva, soy Śiva.

(Śaṅkarācārya, *Nirvāṇa-ṣaṭkam*, 6)

Más allá de un ser o una entidad determinada, Śiva es nuestra auténtica naturaleza, o lo que realmente somos. Śiva, al igual que Rudra, es destructor porque simboliza el aniquilamiento del fenómeno egoico con todo lo que este implica. La vida espiritual es destructiva, ya que no está destinada a otorgarnos algo sino a purificarnos de todo. No nos falta nada; solo hemos llegado a una conclusión errónea acerca de nuestra realidad. Toda deidad airada y voraz simboliza la inminente destrucción de lo personal en aras de la realización de lo universal. Dicha destrucción no implica aniquilar lo personal, sino trascenderlo.

El shaktismo

El shaktismo es un sistema religioso y espiritual dedicado por completo a la veneración del aspecto femenino de Dios. Literalmente, el término *śākta* significa, en sánscrito, 'relacionado con la *śakti*', 'la doctrina del poder' o 'la doctrina de la diosa'. Esta corriente del hinduismo se enfoca en la adoración a la Śakti, o Mahādevī, y sus devotos se denominan *śāktas*.

Las diferencias entre el shaktismo y el shaktismo tántrico son mínimas. El shaktismo tántrico considera que la divinidad es una polaridad de aspectos complementarios: Śiva y Śakti. Śiva constituye el aspecto masculino trascendental de lo absoluto, mientras que Śakti es la fuerza, la energía o el poder cósmico divino. En ausencia de la femineidad divina dinámica, el Dios masculino es inactivo e impersonal y, por eso, ocupa un lugar secundario. Constantemente activa, ella crea, mantiene y disuelve mediante su eterna danza divina con Śiva. Dios está incompleto en ausencia de su contraparte femenina, tal como afirma Śaṅkarācārya:

शिवः शक्त्या युक्तो यदि भवति शक्तः प्रभवितुं
न चेदेवं देवो न खलु कुशलः स्पन्दितुमपि ।
अतस्त्वामाराध्यां हरिहरविरिञ्चादिभिरपि
प्रणन्तुं स्तोतुं वा कथमकृतपुण्यः प्रभवति ॥

śivaḥ śaktyā yukto yadi bhavati śaktaḥ prabhavituṁ
na ced evaṁ devo na khalu kuśalaḥ spanditum api
atas tvām ārādhyāṁ hari-hara viriñcādibhir api
praṇantuṁ stotuṁ vā katham akṛta-puṇyaḥ prabhavati

Si Śiva está unido con Śakti, es poderoso. Si no es así, el Dios Śiva es incapaz incluso de moverse. Siendo de este modo, ¿cómo osa aquel que no ha adquirido ningún mérito saludarte o alabarte? ¡Oh, diosa!, eres digna de ser adorada incluso por Hari, Hara, Viriñca y otros.

(*Saundarya-laharī*, 1.1)

Aunque el shaktismo es menos conocido en Occidente, ha tenido una poderosa influencia en todas las tradiciones hindúes. La Madre Divina del universo no es patrimonio exclusivo de sus devotos *śāktas*. Su culto se extendió tanto en el shaivismo como en el vaishnavismo, hasta el punto de que todas las manifestaciones masculinas en el panteón hindú tienen sus respectivas *śaktis* representadas por consortes femeninas. El shaktismo no puede ser catalogado ni de monista ni de dualista, ya que trasciende y abarca a ambos. La realidad absoluta es tanto inmanente como trascendente. Trasciende la materia, aunque siendo esta su manifestación real, obviamente no la niega.

La dimensión universal de la Madre Divina se deja traslucir muy bellamente en el *Devī-māhātmyam*:

या देवी सर्वभूतेषु मातृरूपेण संस्थिता ।
नमस्तस्यै नमस्तस्यै नमस्तस्यै नमो नमः ॥

yā devī sarva-bhūteṣu
mātṛ-rūpeṇa saṁsthitā
namas tasyai namas tasyai
namas tasyai namo namaḥ

Ofrezco mis más humildes y respetuosas reverencias a la Devī, que reside como la madre en cada ser viviente.

(*Devī-māhātmyam*, 5.71-73)

El shaktismo tántrico se basa en el principio de que el universo objetual que percibimos y experimentamos es una manifestación de la energía divina de la diosa, quien crea y mantiene el cosmos y a sus criaturas. Se considera que todas las madres son manifestaciones directas de la Madre Divina, tal como afirma este verso:

विद्याः समस्तास्तव देवि भेदाः
स्त्रियः समस्ताः सकला जगत्सु ।

vidyāḥ samastās tava devi bhedāḥ
striyaḥ samastāḥ sakalā jagatsu

¡Oh, Devī!, todos los tipos de conocimiento son tus diversas formas, y todas las mujeres del mundo tus distintas manifestaciones.

(*Devī-māhātmyam*, 11.6a)

Según las escrituras tántricas, el poder creativo se expresa en especial en la sensualidad del ser humano y en su aspiración a la reintegración de ambos géneros. Es lo universal manifestándose en el plano individual, o lo absoluto en lo relativo.

En esencia, el tantra implica tanto la intención como los medios prácticos destinados a estimular los poderes de la naturaleza. Por lo tanto, está íntimamente relacionado con la adoración a Śakti como el poder vital que subyace a la naturaleza.

El tantra *śākta* se enfoca en los mantras, *bījas*, *mudrās* y *nyāsas*. Si bien el ideal más elevado del shaivismo y el vaishnavismo tántricos estriba en la liberación, el shaktismo tántrico también aspira a controlar los poderes de la naturaleza y a adquirir conocimiento acerca del cosmos. Sin desdeñar *mokṣa*, o la 'liberación', no se conforma únicamente con esta meta. El ideal de este sendero consiste en realizar nuestra unidad con el universo entero y fusionarnos con la diosa.

Todo lo perceptible en el mundo objetual es una expresión de Śakti. Cualquier manifestación a nivel físico, mental, emocional o energético es Śakti, la cual proviene de Śiva, el sustrato. El sistema de los chakras, o 'centros energéticos', son consciencia, o Śiva, que se proyecta desde Śakti. Ella recibe diferentes nombres que indican múltiples aspectos. Es *prāṇa* cuando se ve asociada con la organización y desarrollo de la materia en su gran variedad de formas de vida. Ella es *kuṇḍalinī* cuando se refiere al poder dormido en todas las cosas, el cual puede ser liberado mediante la práctica tántrica. Es denominada Kālī cuando disuelve la manifestación cósmica y hace retornar todo a su matriz al llegar al final de cada *yuga*.

Ella es identificada como Pārvatī, la consorte de Śiva. Es el poder primordial, o Ādya, la Madre universal; es Īśvarī, la consorte de Īśvara, el Señor del universo. Śakti es también Avidyā-rūpiṇī, o 'la forma de la ignorancia', ya que desde ella emana la individualidad. A la inversa, ella es conocida como Vidyā-rūpiṇī, o 'la forma del conocimiento', ya que es el medio para eliminar las ataduras que nos impiden la liberación.

El *Kulārṇava Tantra* dice que «a través de aquello que caemos, podemos levantarnos». Śakti es la mente de cada individuo, la cual puede tanto esclavizar como liberar. Ella es *māyā*, la creadora de la ilusión, ya que su poder nos impide percibir la realidad tal como es. Asimismo, la percepción de la realidad objetual es posible a través del poder de Śakti, mientras que accedemos a la autopercepción gracias a Śiva. El poder y las manifestaciones de Śakti son infinitos, y por ende, es venerada en innumerables formas.

El mundo fenoménico es solo consciencia, percibida como una multiplicidad a través del velo de la ilusión o *māyā*. Aunque captamos nombres y formas que cambian en el tiempo y el espacio, estos no representan un verdadero cambio o transformación en la naturaleza de la consciencia. Gracias al poder de Śakti, se manifiesta el universo fenoménico mientras que Śiva se mantiene inmutable.

El tantra considera que el universo material es una forma o expresión de la totalidad. No cuestiona la realidad de lo no manifiesto o de lo manifiesto, sino que acepta a ambas como diferentes expresiones de una misma realidad, invitándonos a utilizar el cuerpo y todo lo que nos rodea para realizar lo que reside más allá.

La iluminación implica trascender el velo ilusorio de *māyā-śakti*. El ideal máximo del tantra consiste en ir más allá de toda dualidad. Para tal efecto, este sendero persigue una involución, consistente en invertir el proceso de la manifestación cósmica y regresar a la unión original de Śiva y Śakti.

En la experiencia suprema, emerge la realidad de la consciencia pura, libre de la dualidad subjetual trascendental de Śiva y Śakti. En la iluminación solo existe Brahman, 'el Uno sin segundo'. Los polos Śiva–śakti se funden como vemos representado en las esculturas eróticas tántricas donde ambos aspectos se hallan unidos en un estado carente de separación. Solo la pareja divina guarda el secreto de que dos son capaces de ser uno, sin dejar de ser dos.

SECCIÓN II

EL DESARROLLO DEL TANTRA

Capítulo 1

Los orígenes y el desarrollo de la revelación tántrica

En la esencia de todo ser humano yace el ansia por comprender lo que está más allá del plano terrenal. Muchos senderos espirituales mantienen enfoques similares al propuesto por el tantra. Podemos encontrar elementos tántricos en los rituales de las más diversas tradiciones, incluso en tribus indígenas actuales de diferentes continentes. Para alcanzar estados alterados de consciencia, numerosas culturas latinoamericanas acuden a rituales similares al *kaula*, como amuletos, magia blanca o negra, culto al sexo, drogas o vino, y los poderes místicos de ciertas palabras o mantras. Incluso en la mística de las religiones semíticas, podemos reconocer características tántricas. El espíritu tántrico parece remontarse a los orígenes de la religión como fenómeno.

La historia del tantra es el relato de buscadores espirituales fervientes dispuestos a sacrificar su estatus social para encontrar la Verdad. En lugar de sus dioses benévolos y compasivos, optaron por adorar a las diosas feroces que no se conforman con nada menos que con las cabezas de sus devotos. Los receptáculos de esta revelación abandonaron la vida próspera y tranquila para emprender un sendero esotérico guiados por gurús realizados. Al tratar de reconstruir el mosaico del desarrollo tántrico, vamos tras las borradas huellas de aquellas almas valientes que no se conformaban con el paraíso que prometía la religión convencional, y que con un profundo inconformismo espiritual, buscaban senderos que los llevasen a la liberación final.

Para reconstruir la historia del tantra, tenemos que basarnos en las pocas pistas que no logró borrar el tiempo o la penosa destrucción que trajeron consigo los conquistadores carentes de tolerancia religiosa. Estos extranjeros no supieron apreciar el milagro divino que tenía lugar en la antigua India. Por el contrario, creyeron que las imágenes de las *yoginīs* eróticas reflejaban una cultura de exhibicionismo y pecado. No tenían ojos para ver que habían llegado no solo a una tierra lejana, sino a un tiempo futuro; encontraron una cultura con valores morales y espirituales tan avanzados que a Occidente le costaría muchos llegar a comprender.

Debemos tener en cuenta que la revelación tántrica es muy anterior a su literatura. En el principio, esta era transmitida de maestro a discípulo en forma oral. Sin embargo, las cadenas discipulares se cortaron y, lamentablemente, las revelaciones no llegaron intactas hasta nuestros días. Las pruebas son escasas y los académicos deben trabajar arduamente para reconstruir el desencadenamiento de los hechos históricos. Tenemos una profunda deuda con ellos porque recogen las piezas de este rompecabezas y nos ayudan a formar una imagen más completa de cómo se desplegó el milagro tántrico. Y, aunque este libro contenga una sucesión coherente de hechos, revelaciones, escrituras y sectas, la información es a menudo escasa. Siguen apareciendo nuevas pruebas que arrojan luz sobre esta tradición.

Las pistas de que disponemos son inscripciones talladas en paredes de templos, manuscritos pobremente preservados en hojas de palma y referencias de escrituras perdidas y citadas en comentarios muy posteriores. También sabemos de algunas sectas porque sus nombres, apariencias y costumbres se describen en obras de teatro en las que aparecen determinados personajes ascéticos o religiosos.

Aunque comenzamos con el contexto histórico del tantra, nos enfocaremos en las verdades reveladas a aquellos veedores fervientes a quienes la divinidad proporcionó escalas para retornar a su origen. En primer lugar, presentaremos un resumen, y luego, en capítulos posteriores, profundizaremos en las principales corrientes tántricas.

A principios del primer milenio de nuestra era, el bhamanismo védico ya estaba bien establecido en la India. La revelación védica es eterna y sus principios se pierden en los anales de la historia. Los historiadores estiman que comenzó alrededor del año 2 000 a. n. e.

En aquellos tiempos, los sacerdotes realizaban sofisticados rituales públicos llamados *śrauta*, o 'pertenecientes al *śruti*', que se guiaban por la sección *brāhmaṇa* de los Vedas. Estos rituales incluían la adoración a los elementos de la naturaleza —como el fuego y los ríos—, el ofrecimiento de sacrificios a dioses heroicos como Indra y la entonación de himnos del *Ṛg Veda* para exaltarlos. También incluía rituales para la luna, llamada Soma, sacrificios de animales y ofrendas según las estaciones. Los creyentes oraban solicitando riquezas, prosperidad, descendencia, longevidad y la posibilidad de pasar al mundo celestial de los antepasados en el momento de la muerte. El sistema *varṇāśrama* de la sociedad védica reservaba el conocimiento más elevado a la clase brahmánica. Solo los *brāhmaṇas* educados en la tradición oral estaban capacitados para llevar a cabo estas ceremonias.

Entre los años 200 a. n. e. y 400 n. e., la adoración al dios védico Rudra comenzó a ganar popularidad. El *Śvetāśvatara Upaniṣad*, que se estima fue recogido por escrito entre el 400 y el 200 a. n. e., es el primer texto en exponer la filosofía *śaiva* de manera sistemática, revelando que el dios védico Rudra es el supremo Ser trascendente y el creador, preservador y destructor de la manifestación cósmica. El dios Śiva fue identificado con Rudra y así se elevó en el panteón védico hasta convertirse en el Ser supremo. El sendero del shaivismo se centraba en el *bhakti-yoga* y las prácticas devocionales: ofrecer servicio a Śiva, recordarle en todo momento y escuchar historias acerca de él. Estas prácticas se desarrollaron en tradiciones de adoración a Śiva. De esta manera, entre los años 200 a. n. e. y el 100 n. e. la religión del shaivismo puránico se desarrolló durante el reinado de la dinastía Gupta. Los *purāṇas* fueron recogidos por escrito entre los siglos VI y XI n. e. Muchos *brāhmaṇas* aumentaron la popularidad de esta corriente difundiendo oralmente por toda la India las historias puránicas acerca de Śiva.

El *ati-mārga śaiva* pretántrico o 'el sendero supremo o directo'

Entre los siglos II y V n. e. se desarrolló una tradición devocional ascética que recibió posteriormente el nombre de *ati-mārga*, es decir, 'el sendero supremo o directo'. Los seguidores laicos de Śiva con aspiraciones a la liberación final, o *mokṣa*, solicitaban ser iniciados y adoptaban una vida ascética de penitencia extrema. Las sectas tántricas posteriores recogieron sus prácticas, y por ese motivo se deduce que el *ati-mārga śaiva* es el origen de la tradición tántrica. Se cree que se desarrolló en las regiones occidentales de la India y se expandió hasta Orissa al este, Tamil Nadu al sur y Cachemira al norte.

Podemos identificar tres sectas atimárgicas predominantes que se explicarán con más detalle en capítulos posteriores: *pāñcārthika pāśu-patas*, *lākulas* (*kāla-mukhas*) y *kāpālikas* (también llamadas *mahā-vratas* y *soma-siddhāntas*). En sus inicios, solo los miembros de las castas inferiores eran admitidos, pero luego la elevada meta de la liberación comenzó a atraer a *brāhmaṇas* educados que también elegían la vida ascética. Su *sādhana* era de naturaleza antinómica y antibrahmánica. Practicaban la absorción meditativa en la deidad, vivían en crematorios y consumían sustancias consideradas impuras, como carne y alcohol. En su afán por trascender el condicionamiento social, adoptaban símbolos externos y comportamientos transgresores rechazados por la sociedad; vivían de limosnas y comían en tazas hechas de cráneos humanos. Adoraban el aspecto masculino de Śiva en su manifestación feroz, Bhairava, que está asociada con la aniquilación.

El *mantra-mārga śaiva* o 'el sendero del mantra'

Alrededor del siglo V n. e., surgieron las primeras sectas que podemos considerar tántricas en torno a una corriente denominada *mantra-mārga*, o 'sendero del mantra'. La evidencia más temprana del *mantra-mārga* es la escritura *Niśvāsa-mūla*, cuya antigüedad estimada es del 450-550 n. e. Durante los siguientes siglos, esta corriente se difundió por toda la India, heredando muchas de las prácticas adoptadas por los *lākulas* y los *kāpālikas*. A diferencia del sendero 'directo' a la liberación expuesto por el *ati-mārga*, el *mantra-mārga* proponía, para alcanzar *mokṣa*, ayudarse de la experiencia de los placeres celestiales (*bhoga*) y el dominio de la naturaleza por medio de poderes sobrenaturales (*siddhis*).

La vida ascética, considerada el medio indispensable para obtener la liberación, se vio reemplazada por la práctica ritual. Además, ahora también personas casadas de todas las castas podían recibir iniciación y aspirar a la realización máxima en esta vida. Incluso las mujeres fueron aceptadas, aunque solo como beneficiarias pasivas de la iniciación.

El *mantra-mārga* heredó la meditación y el ascetismo del *ati-mārga*, pero puso el énfasis en el ritual y los mantras, y en especial en el ritual de iniciación. La ceremonia *dīkṣā* era muy elaborada y Śiva mismo actuaba a través del gurú, quien era su representante consagrado. Solo el gurú podía llevar a cabo el ritual, durante el cual Śiva destruía las ligaduras de las almas maduras para la liberación.

Esta corriente incluía dos ramas: la *saiddhāntika*, que significa 'relacionada con la verdad establecida' y la no *saiddhāntika*. La primera era más conservadora y se atenía a las reglas de pureza del brahmanismo, respetaba el sistema de castas y se centraba en rituales públicos para beneficio de la sociedad. La segunda eliminaba toda diferencia de clases e incorporaba cultos —que incluían el consumo de sustancias prohibidas— realizados en el dominio privado y que beneficiaban solo a sus participantes.

Con la intención de preservar el orden socio-religioso brahmánico, los *saiddhāntikas* eliminaron los elementos contraculturales de sus predecesores y se adhirieron a las ofrendas y prácticas según los criterios de pureza establecidos. Por su parte, los sistemas *śākta-śaiva* no *saiddhāntikas* mantuvieron las prácticas del *ati-mārga*, y, cuanto más *śākta* era la secta, más utilizaba los elementos transgresores. Los seguidores védicos ortodoxos rechazaban los textos del tantra, pero los *tāntrikas* incorporaron las ideas védicas y consideraron que los *āgamas* eran una revelación posterior y más refinada. Esta actitud hizo del hinduismo una fe viva y dinámica.

A diferencia de las tradiciones semíticas, en las cuales la palabra original revelada es la máxima autoridad, el hinduismo considera que la religión es un organismo vivo que va evolucionando con el tiempo, introduciendo nuevas revelaciones que se adaptan a la época, las circunstancias, las metas y las inclinaciones de diferentes tipos de persona. Así, los *tāntrikas* atribuyeron a sus propios textos mayor autoridad. Creían que se debía respetar la tradición original, pero si surgía una contradicción, la nueva revelación era considerada más elevada y relevante.

La visión védica acentúa la división entre materia y espíritu; por lo tanto, considera que el cuerpo es un obstáculo para la pureza. Pero la visión tántrica enfatiza el Dios inmanente y percibe la divinidad en la manifestación cósmica. Dado que el cuerpo es un templo sagrado, sus componentes no son impuros, sino magníficos instrumentos para alcanzar la liberación en esta misma vida, o *jīvan-mukti*.

La filosofía *saiddhāntika* es dualista y adora al benévolo Sadā-śiva. Aunque su consorte Umā aparece ahora en el panteón, la adoración aún se dirigía al aspecto masculino. La corriente no *saiddhāntika* era monista, y, como veremos más adelante, contaba con dos ramas: *mantra-pīṭha*, que adoraba a Bhairava, el aspecto masculino feroz de Śiva, y *vidyā-pīṭha*, que veneraba a la divinidad femenina.

El *kula-mārga śakta* o 'el sendero de los clanes'

En torno al siglo IX n. e., el linaje *kaula* originado en el legendario Macchanda-nātha (o Matsyendra-nātha) reformó el culto anterior de las *yoginīs*, que son entidades femeninas semidivinas. Al refinar los rituales y eliminar los elementos mortuorios, los popularizó más allá de los crematorios. Matsyendra hizo accesible el ritual *kāpālika* al público formado por personas casadas. El sendero del *kaula* aspiraba a unir la deidad masculina y la femenina que residen en nuestro propio cuerpo, proponiendo un ritual de copulación entre hombre y mujer que reconstruyese la unión de Śiva con su esposa Śakti.

Las sectas tántricas del *mantra-mārga*, especialmente del *vidyā-pīṭha*, influenciadas por los poderosos rituales *kaula*, fueron el origen de las sectas del *kula-mārga*. Esta fusión del *tantra* con el *kaula* recibió el nombre de *kula-mārga*, o 'sendero de los clanes'. Este nombre parece referirse a los clanes (*kula*) de *yoginīs* en los que el adepto masculino iniciado, o *vīra* (héroe), buscaba ser aceptado. Su orientación predominante es *śākta*, centrada en la adoración a la Devī; pero, en realidad, las tradiciones *śaiva* y *śākta* siempre se han superpuesto, por lo que cuesta definirlas por separado.

El adepto *kaula* aspiraba al poder (*siddhi*) *kaulika* que le permitiría la identificación con la consciencia universal en el cuerpo físico. Al igual que el *mantra-mārga*, el *kula-mārga* ofrecía la liberación, pero sus medios tenían más en común con las prácticas de los *ati-mārga kāpālikas*. Los eruditos sugieren que el *kula-mārga* se desarrolló directamente a partir de la secta *kāpālika* y preservó sus rasgos distintivos, pero de forma más intensificada y pura. Los *kaulas* mostraban respeto hacia la tradición brahmánica como la fuente de la cual emerge la revelación, pero consideraban que no era un sendero que pudiese conceder la liberación. Una vez que los aspirantes obtenían acceso a las prácticas y la literatura esotérica del *kaula*, debían seguir respetando la validez del brahmanismo para aquellos que aún no habían sido iniciados.

Es difícil determinar con precisión los comienzos del *kula-mārga*, pero las evidencias disponibles sugieren que alcanzó mayor popularidad en el siglo IX n. e., aunque puede haber emergido al menos un siglo antes. Entre los siglos IX y XII n. e., este sendero estuvo muy bien establecido en Cachemira, en el norte de la India.

Su práctica ofrece dos tipos de ritual: uno que se guía por los textos de orientación *śākta* pertenecientes al *mantra-mārga*, y otro considerado superior y basado en sus propios textos, llamados *kula-śāstras*. En lugar del ritual elaborado y el largo proceso de iniciación con oblaciones (*hautrī-dīkṣā*), estos textos posteriores introdujeron la iniciación a través de la inducción de posesión (*āveśa*) por parte de la diosa y el consumo de sustancias sacramentales (*caru-prāśanam*, *vīra-pāna*). Los cultos secretos y místicos reservados para iniciados incluían relaciones sexuales con una consorte consagrada (*dūtī*), sacrificios de sangre y ritos orgiásticos colectivos. Sin embargo, al igual que los no *saiddhāntikas* del *mantra-mārga*, los adeptos del *Kaula* también concedían importancia a los rituales públicos realizados para la protección de la sociedad y el estado.

El *kula-mārga* era un sendero ampliamente inclusivo. Daba la bienvenida a buscadores serios, ascetas y cabezas de familia de todas las castas, incluyendo a los «intocables». También aceptaba iniciadas femeninas, quienes eran animadas a practicar e incluso a asumir el papel de gurú. Argumentaba que la noción de castas no provenía de la naturaleza, sino que era una construcción cultural, y, por lo tanto, debía ser ignorada. Aquellos que mostraban signos de segregación, eran expulsados del grupo.

La actitud hacia las deidades femeninas que caracterizaba a los *tantras vidyā-pīṭha* se desarrolló más aún en este 'camino final' de la práctica tántrica, con lo que la diosa ocupaba el lugar central por encima de sus consortes masculinos, e incluso siendo adorada por sí sola. Este sendero era rico en prácticas eróticas y transgresoras con el objeto de romper los tabúes y las normas sociales, y así superar la mente y alcanzar la liberación. El sacrificio (*yajña*) *kaula* pasó a ser un acto interno. De hecho, cualquier esfuerzo por evocar la realidad suprema se consideraba sacrificio. Sin embargo, los adeptos también ejecutaban rituales sencillos en lugares sagrados para no excluir el aspecto externo del sacrificio.

Según los primeros tantras, como el *Kubjikā-mata*, el *Ciñciṇī-mata-sāra-samuccaya* y el *Manthāna-bhairava*, el *kula-mārga* incluye cuatro subtradiciones (*āmnāyas*) que fueron denominadas según los puntos cardinales. La transmisión oriental, llamada *pūrvāmnāya*, se centraba en el culto de Kuleśvara y Kuleśvarī y dio nacimiento a la tradición *trika kaula* con el trío de diosas: Parā, Parāparā y Aparā. La transmisión norteña, *uttarāmnāya*, adoraba a diferentes manifestaciones de la diosa terrible Kālī y dio nacimiento a la tradición *krama-kaula*, que fue la única en adorar exclusivamente a la diosa femenina como Kālī. La transmisión occidental, *paścimāmnāya*, reverenciaba a la diosa jorobada Kubjikā como su deidad principal, mientras que la transmisión sureña, llamada *dakṣiṇāmnāya*, se centró en la bella y benevolente diosa Kāmeśvarī, dando lugar más adelante a la adoración a Tripura-sundarī.

Escrituras posteriores, como el *Sat-sahasrika-saṁhitā* y el *Kulārṇava Tantra*, describen transmisiones adicionales como la *anuttarāmnāya*, también llamada *Śrī-vidyā*, que adora a la diosa Tripura Sundarī. Posteriormente, elaboraremos sobre las seis diferentes *āmnāyas*.

El shaivismo *trika* no dual de Cachemira

Los seguidores del *kula-mārga* eran mayormente analfabetos y estaban más interesados en la práctica que en la filosofía. Pero a comienzos del siglo x n. e., las sectas tántricas, en especial el *trika* y el *krama*, comenzaron a incorporar iniciados altamente educados. Estos refinados y brillantes estetas comenzaron a elaborar un vasto cuerpo de comentarios sobre las escrituras relativas a sus cultos. Mientras se consideraba que los *āgamas* eran revelaciones divinas recibidas de Śiva o de la Devī, estas exégesis provenían de autores humanos. Sin embargo, ya que eran seres iluminados, sus palabras contenían la vibración de su experiencia directa. Por lo tanto, constituían las explicaciones más exactas de la realidad y eran veneradas de igual modo que la revelación.

Estos brillantes maestros llevaron el tantra *śaiva* a una nueva época de florecimiento, en la que las antiguas prácticas eróticas y transgresoras fueron trasladadas al mundo interno del practicante. Veían a las diosas feroces como expresiones de las diversas energías de la mente y el cuerpo humano, mientras que los símbolos mortuorios pasaron a representar la muerte del ego.

Así, estos exégetas dieron expresiones sofisticadas a los elementos transgresores del tantra *śaiva*. Purificaron los aspectos impactantes del culto a las diosas y reinterpretaron los elementos externos como símbolos de la experiencia espiritual interna. Dado que eran refinados estetas, consideraban que el estado más elevado de la consciencia es el rapto estético: una percepción trascendental de belleza en la existencia encarnada. De esta manera, interpretaron las prácticas mortuorias como parte de la totalidad divina. Las supuestas impurezas fueron consideradas facetas de la belleza inclusiva de la existencia.

En el siglo x n. e., la escena del *śaiva* tantra estaba dominada por dos escuelas diametralmente opuestas: las tradiciones *śāktas* no dualistas, principalmente el *trika* y el *krama*, y el movimiento dualista *śaiva-siddhānta* que era parte del *mantra-mārga saiddhāntika*. La escuela no dual *trika* del shaivismo de Cachemira integraba elementos procedentes de las tradiciones transgresoras con elementos ortodoxos del *śaiva-siddhānta*.

Dado que en esta nueva tradición no dual los elementos transgresores fueron interiorizados, resultaban menos ofensivos para la ortodoxia, y así, el movimiento se fue popularizando en toda la India.

Esta escuela se hizo popular en el Occidente como el Shaivismo de Cachemira porque los comentaristas de las escrituras eran mayormente de esta región del norte de India. Sin embargo, este término moderno no describe bien a esta escuela, porque no se limitaba a esta región. Los nombres asignados en su propia época fueron *Pratyabhijñā-darśana* (escuela del reconocimiento) y *trika-śāsana* (sistema de la tríada), entre otros. Este sofisticado sistema filosófico combinaba elementos de las cuatro escuelas que describiremos en detalle más adelante: *Pratyabhijñā*, *kula*, *krama* y *spanda*.

El objetivo soteriológico del iniciado *trika* era fusionar su consciencia individual con la consciencia trascendental. El ritual diario era muy exigente, ya que seguía el patrón del *śaiva-siddhānta*. La *sādhana* incluía formas de práctica lógica llamadas *upāya* y también el *kuṇḍalinī-yoga*. El iniciado usaba mantras para purificar su cuerpo, visualizaba cultos mentales en los que el tridente de Śiva impregnaba su cuerpo, y realizaba la adoración externa con un diagrama simbólico llamado *maṇḍala*. La secta aceptaba hombres y mujeres de todas las castas. Adoraban diferentes formas de Śiva y la diosa Kālī. Los iniciados, de hecho, formaban una sola «casta»: la de los amantes de Dios.

El *vaiṣṇava pāñca-rātra*

El vaishnavismo, también llamado bhagavatismo, ya era una corriente bien establecida en India en la época en que el tantrismo floreció en la corriente *śaiva*, la cual contaba con el apoyo de los reyes, especialmente entre los siglos IV y VII n. e. El vaishnavismo, al igual que el shaivismo, nació de las profundidades de la revelación védica. Es un sendero que desde su fundación se basó en la devoción (*bhakti*) a un Dios personal, denominado Viṣṇu, Kṛṣṇa, Vāsudeva o Nārāyaṇa. En el seno del vaishnavismo, encontramos gran número de escuelas, linajes y sectas, cada una de ellas centrada en una de las diferentes encarnaciones de Viṣṇu.

Durante la segunda mitad del primer milenio, el shaivismo tántrico fue ganando popularidad y seguidores. La visión tántrica del cuerpo, la aceptación de todas las castas, sus metas soteriológicas y un sofisticado sistema de culto y mantras atrajeron a numerosos adeptos.

La tradición *vaiṣṇava*, por otro lado, estaba mucho más comprometida con el aspecto devocional de la práctica védica y, por consiguiente, era menos receptiva a la emergente actitud tántrica. Sin embargo, el viento fresco de la revelación tántrica alcanzó a la secta *vaiṣṇava pāñca-rātra*, la cual adoraba a Nārāyaṇa, aunque hoy día ya no se la identifica como una secta tántrica. La influencia del tantrismo en esta tradición dio lugar a nuevas escrituras, conocidas colectivamente como *āgamas pāñca-rātra*, que probablemente fueron compuestas en los alrededores de Cachemira. Es difícil estimar cuándo esta revelación fue recogida por escrito, pero probablemente fue entre los siglos VIII y XIV n. e.

La literatura *pāñca-rātra* incluye escrituras *vaiṣṇavas* agámicas en sánscrito que glorifican al Señor Viṣṇu y a su consorte Lakṣmī como la suprema pareja divina. Su contenido deriva del canon *mantra-mārga śaiva*, aunque asume un tono más moderado y ortodoxo. En torno a mediados del siglo IX n. e., el sistema ritual del *pāñca-rātra* fue reformado según los modelos del shaivismo *mantra-mārga saiddhāntika*, que eran muy populares en aquella época. La tradición *pāñca-rātra* afirma haber tenido un canon de 108 textos revelado por Viṣṇu en su forma de Vāsudeva o Nārāyaṇa, la mayoría de los cuales parecen haberse perdido.

Pāñca-rātra significa cinco (*pañca*) noches (*rātra*). Existe una variedad de explicaciones concernientes al nombre de esta escuela. Una de las más aceptadas señala que la rutina diaria de sus seguidores se divide en cinco secciones: la asistencia al templo para el culto matinal (*abhigamana*), la adquisición de materiales necesarios para el culto (*upādāna*), la adoración a la deidad (*ijyā*), el estudio de las escrituras (*svādhyāya*) y la meditación en la divinidad (*yoga*). La meta de esta práctica estribaba en alcanzar los pies gloriosos y supremos de Viṣṇu. Cuando las *jīvas* experimentan a Dios, parecen fusionarse con él pero aun así mantienen una distinción sutil.

El vaishnavismo incorporó la adoración hacia el aspecto femenino de Dios como la consorte del Señor Viṣṇu. A su vez, el shaivismo también adaptó algunos elementos transgresores del vaishnavismo, como por ejemplo el culto a Narasiṁha. Las escrituras tántricas *pāñca-rātra* fueron adoptadas como manuales oficiales de adoración en las escuelas *vaiṣṇavas* posteriores, comenzado con Rāmānujācārya.

Además del *pāñca-rātra vaiṣṇava*, otras sectas *vaiṣṇavas* también se vieron influidas por el tantra. Cabe mencionar la secta *vaikhānasa*, que produjo sus propios *āgamas*.

Entre los siglos XV y XIX n. e., la región de Bengala fue escenario de un renacimiento tántrico, especialmente en el seno de los círculos brahmánicos. Estas sectas posteriores combinaron la adoración a Kṛṣṇa con la de la diosa terrible Kālī, que asumió el aspecto de madre protectora. A partir del siglo XVI n. e., la secta *bhakti sahajiyā* adoptó prácticas tántricas hindúes y budistas dentro del marco teológico del vaishnavismo, entre las que se incluyen la veneración del amor de la pareja divina Kṛṣṇa y Rādhā mediante rituales sexuales entre los devotos.

La influencia del tantra en otras religiones

El tantra ha influido de manera significativa en el desarrollo de otras religiones de la India, así como en el jainismo y el budismo. Las mencionaremos brevemente, ya que nuestro enfoque recae en el desarrollo del tantra dentro del hinduismo.

Las tradiciones tántricas budistas comenzaron a formarse a mediados del siglo VII n. e. En el budismo *mahāyāna* durante los siglos anteriores, ya había un interés creciente por la magia y los poderes místicos. En torno al siglo V n. e., los budistas compusieron varias obras que contenían fórmulas mágicas (*dhāraṇī*) y explicaciones sobre los rituales que ejecutaban para obtener varios fines mundanos. No es coincidencia que este también fuese el tema central de los *tantras śaivas*, escritos en la misma época. Hacia el siglo VIII n. e., emergieron tradiciones tántricas budistas más sofisticadas que incluían prácticas de unión con la deidad y métodos secretos para el rápido logro de la budeidad. Estas tradiciones se enfocaron en las escrituras que más tarde fueron clasificadas como *yoga*, *mahā-yoga* y *yoginī tantras*.

Los *yoginī tantras* budistas adoraban a las diosas femeninas conocidas como *yoginīs* o *ḍākinīs* y sugirieron prácticas antinómicas inspiradas en las escrituras del *mantra-mārga śaiva* en su rama *vidyā-pīṭha*. Esta nueva literatura tántrica se consideraba la más elevada porque enseñaba las prácticas yóguicas de 'la etapa de perfección'. Incluía la manipulación del cuerpo sutil, compuesto de *prāṇas* (energías vitales), *bindu* (semen), *nāḍīs* (canales sutiles) y chakras (centros de energía). Estas nuevas tradiciones tibetanas afirmaban que lograr manipular el cuerpo sutil mediante estas prácticas yóguicas era un requisito indispensable para el completo despertar.

Este nuevo budismo tántrico se difundió rápidamente dentro y fuera de la India. Llegó al Tíbet durante el siglo VIII n. e. y luego se expandió en el este y el sudeste asiático. Tanto las tradiciones tántricas hindúes como budistas influyeron en otras religiones, incluyendo el jainismo, el islam y el sijismo en el sur de Asia, y el taoísmo y el Shintō en el este de Asia. La tradición Bön del Tíbet fue transformada completamente por el budismo tántrico.

Por su parte, la tradición *saura* del hinduismo, centrada en el dios del sol Sūrya, produjo varios textos tántricos, como el *Saura Saṁhitā*, también conocido como el *Saura Tantra*. Muy pocas copias de este trabajo han sobrevivido. Esta tradición entró en decadencia durante el período medieval y desapareció para pasar a formar parte del shaivismo, con *pūjās* a Sūrya agregadas antes de la adoración a Śiva.

El jainismo también se vio influenciado por el tantra, y sus textos secundarios sugieren la existencia de un corpus sustancial de tantras basados en la tradición de Sūrya, que se desarrolló en la India occidental. Lamentablemente, estos manuscritos no han sobrevivido. En la actualidad, el jainismo no se autoidentifica como tántrico, pero varios autores jainas describen meditaciones y rituales tántricos en textos escritos a partir del 800 n. e. El tantra despertó mucho interés entre los jainas, aunque censuraban los elementos que eran contrarios a su tradición, como, por ejemplo, rituales transgresores que implicaban sexo o violencia. Los jainas comenzaron a adorar a diosas de la tradición *mantra-mārga śaiva*. La adoración a estas diosas fue adaptada a las reglas morales del jainismo, y el ritual se limitaba a ofrendas vegetarianas y excluía sacrificios de animales.

El tantra hasta la actualidad

La mayoría de las sectas tántricas han dejado de ser tradiciones vivas. Solo nos quedan algunas escrituras y los relatos de tiempos gloriosos cuando las almas elevadas visitaron nuestro planeta y revelaron los secretos de este sendero hacia la liberación. Sin embargo, los colores del tantra siempre teñirán el panorama espiritual del hinduismo de nuestros días. Dentro del hinduismo, ya no podemos separar las diferencias existentes entre la tradición védica y la tántrica. Ambas se han fundido hasta borrar sus propios límites. ¿Qué sería del hinduismo, por ejemplo, sin los chakras, los mantras y las deidades?

El periodo clásico del tantra culminó alrededor del año 1 200 n. e. Lamentablemente, fue seguido por siglos de ocupación musulmana que interrumpió abruptamente el fascinante milagro tántrico. Desprovistos del apoyo estatal, las instituciones tántricas *śaivas* con sus templos y monasterios se fueron desmantelando. La antorcha del tantra pasó a manos de las sectas con estructuras menos formales, influidas por los linajes del *kaula*. Las personas casadas, que financiaban a las tradiciones tántricas, dejaron de seguir estas prácticas. La revelación quedó ahora en manos de los ascetas. Estos *sādhus* nómadas, generalmente analfabetos, no documentaron muchos de sus descubrimientos yóguicos: estaban más ocupados en la práctica y en las austeridades que en la filosofía.

En el periodo posclásico, a partir del año 1300 n. e., el tantra afrontó una serie de transformaciones. Las prácticas tántricas se incorporaron a las tradiciones del *haṭha-yoga*, que luego se convertirían en la inspiración para los sistemas de yoga modernos que hoy enriquecen la vida de millones de personas, tanto en India como en Occidente. Las influencias del tantra en el *haṭha-yoga* podrían llenar un libro entero. Hoy en día, los académicos buscan más evidencias de los orígenes del *haṭha-yoga* para entender los factores que influyeron en su desarrollo. Nuevos textos son traducidos al inglés por primera vez, arrojando más luz sobre aspectos aún desconocidos de la cuestión.

Ante todo, es necesario clarificar que, a diferencia de lo que creen muchas personas, Patañjali no es el fundador del *haṭha-yoga*. No existe una conexión histórica directa entre el yoga pretántrico presentado por Patañjali y el sistema del *haṭha-yoga* posterior. Patañjali (c. 100 n. e.) fue un santo, nativo de Cachemira, que seguía el sistema *sāṁkhya*. Compiló una serie de aforismos, conocidos como el *Yoga Sūtra*, que describen un método de yoga, compuesto de ocho miembros, llamado *aṣṭaṅga*. Es un sistema de *rāja-yoga* que culmina en *samādhi*. Su tercer miembro es *āsana* y el cuarto es *prāṇāyāma*, por lo que Patañjali es considerado el fundador de la práctica que luego se llamaría *haṭha-yoga*. Sin embargo, dado que este sistema tiene que ver principalmente con la meditación, Patañjali se refiere a la postura sentada, confortable y estática, apropiada para la práctica meditativa. Su intención no es la misma que la de los *haṭha-yogīs* posteriores, quienes utilizaron diferentes posturas corporales como parte de su proceso retroprogresivo.

Las sectas tántricas adoptaron el *aṣṭaṅga-yoga* y lo mencionaron en diferentes escrituras. Sin embargo, incorporaron solo el aspecto práctico de este sistema, porque la filosofía que subyace al *Yoga Sūtra* es el dualismo *sāṁkhya* que incide en la división entre materia y espíritu. Aunque los *tāntrikas* abrazaron esta práctica meditativa, conservaron su propia filosofía monista de unidad y divinidad de la materia. El shaivismo de Cachemira adoptó las veinticinco *tattvas* del *sāṁkhya* y completó su descripción de la realidad con once *tattvas* más, que se describen más adelante. El sistema de *aṣṭaṅga* se enriqueció con tantos elementos tántricos que sería más correcto decir que el *haṭha-yoga* se originó en el tantra.

Después del siglo XII n. e., surgió una nueva tradición, originada en el *kula-mārga*, que posteriormente se llamaría *nātha-sampradāya*. Sus adeptos alegaban descender de Gorakṣa-nātha, quien de hecho puede considerarse el padre del *haṭha-yoga*. Su maestro fue el legendario Matsyendra-nātha, quien propagó el *kula-mārga* durante la era actual de *Kali*. Gorakṣa-nātha recogió por escrito la tradición del *haṭha-yoga* que hasta entonces era transmitida oralmente entre ascetas. En sus enseñanzas, incluyó materiales *kaula* de los cultos de Tripura-sundarī y Kubjikā.

También utilizó terminología y conceptos *kaulas*, aunque tendían a rechazar el *kaula* externo para transformarlo en una práctica interna. En esta nueva síntesis «domesticada», las prácticas transgresoras, como el consumo de flujos sexuales, se internalizaron como técnicas de visualización. De esta manera, los miembros de la sociedad brahmánica convencional podían experimentar su verdadera identidad como Bhairava sin violar las normas conformistas seguidas por las castas elevadas.

Obras como el *Jayad-ratha Yāmala* y el *Netra Tantra* comenzaron a transformar los *pīṭhas* (montículos) y los templos circulares de la práctica de las *yoginīs* en un sistema de chakras (círculos) de diosas. En los siglos siguientes, en obras como la *Kubjikā-mata Tantra* y *Rudra Yāmala*, estos se convirtieron en el sistema estándar del *haṭha-yoga* de seis chakras más uno adicional. Todo el proceso se vio integrado dentro del cuerpo del practicante, para sustituir a los ofrecimientos externos de componentes corporales o de semen en relaciones sexuales con *yoginīs*. Ubicando con eficacia su *śakti* enteramente dentro del cuerpo, el sistema de chakras permitía sublimar el ritual sexual convirtiéndolo en una práctica de visualización. Con el tiempo, las múltiples diosas y *yoginīs* se sintetizaron en una sola *śakti* llamada *kuṇḍalinī*. Esta energía femenina duerme en la parte inferior del abdomen con su boca situada sobre un *liṅga* sutil. Despertada a través del control de la respiración y otras técnicas, asciende a través del *suṣumṇā-nāḍī* y va atravesando los chakras hasta unirse con el Śiva masculino en la bóveda craneal. Esta unión culmina el proceso involutivo y expande la consciencia del practicante.

Con el advenimiento del *haṭha-yoga*, según consta en obras como el *Gorakṣa-śataka* y el *Viveka-mārtaṇḍa* (siglo XII n. e.; atribuidas a Gorakṣa-nātha), estas prácticas se transformaron aún más. El yogui, encarnaba autónomamente ambos polos de la sexualidad tántrica. Manipulaba su flujo masculino (blanco como el semen) y femenino (rojo como la sangre menstrual) mediante el control de sus canales de respiración: hembra (*iḍā*, lunar) y macho (*piṅgalā*, solar). Mediante un proceso hidráulico y termodinámico interno, elevaba los flujos hasta su bóveda craneal, llenándola de semen (*bindu*). El *bindu* se convertía en néctar y le brindaba tanto poderes sobrenaturales (*siddhis*) como inmortalidad (*amṛta*).

Estas transformaciones yóguicas del cuerpo perdieron todo rastro de la práctica tántrica de las *yoginīs*. Probablemente dieron lugar a un nuevo grupo de prácticas, registradas por primera vez en el siglo x n. e., que utilizan el cuerpo como laboratorio. El alquimista hindú visualizaba cómo el semen de Bhairava (Śiva) y la sangre uterina de Bhairavī (Śakti) alcanzaban la unión masculina-femenina en su propio cuerpo. Los principales textos clásicos del *haṭha-yoga* explican que el objetivo de practicar *āsanas* es elevar el poder latente de la diosa Kuṇḍalinī, presentando el sistema de chakras y anatomía sutil que heredaron del tantra.

En la actualidad, el interés académico que estas tradiciones esotéricas promueve la ayuda a redescubrir estos tesoros, restaurando la verdadera imagen del tantrismo y reconstruyendo su historia.

Diagrama y cronograma de la revelación tántrica

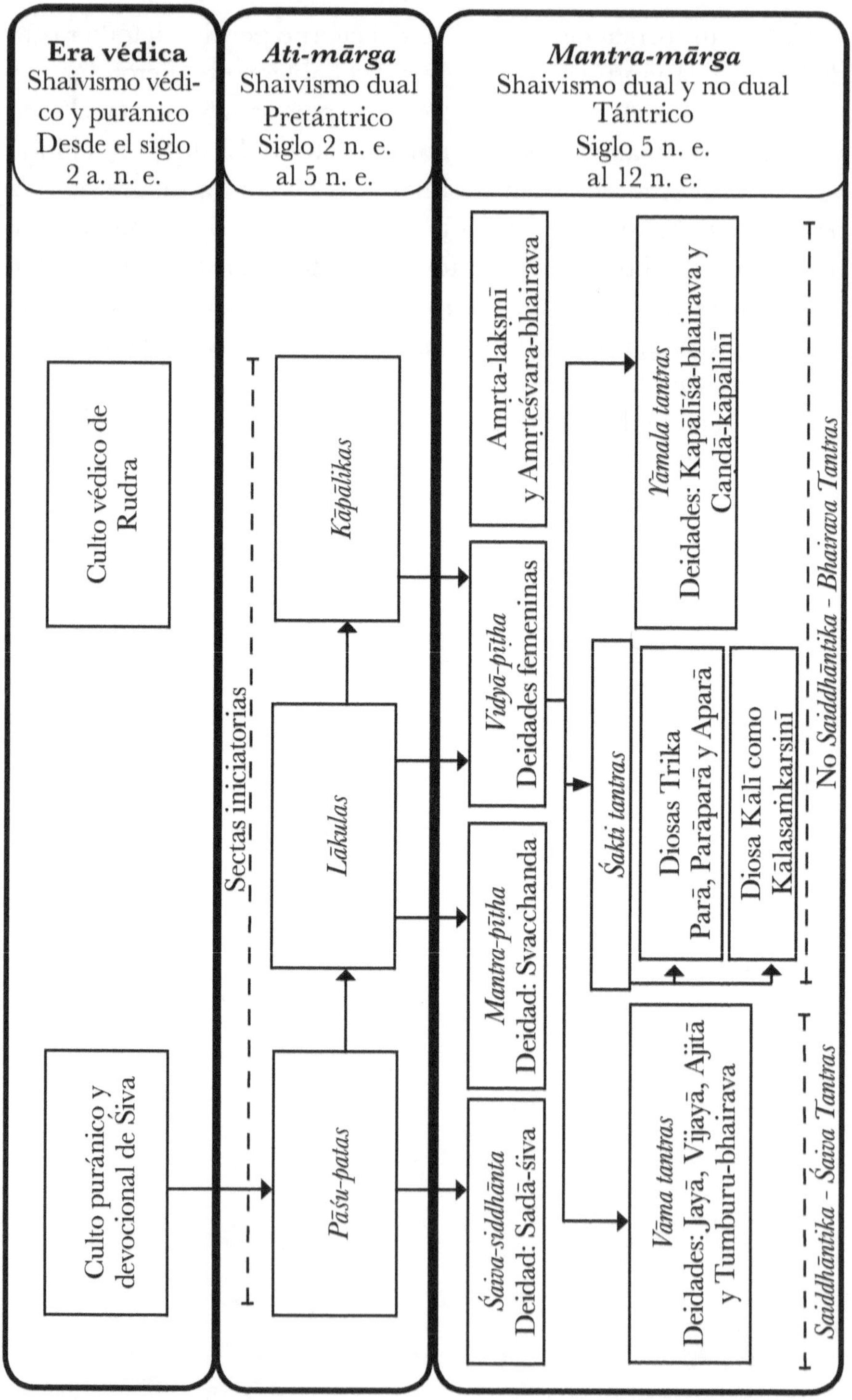

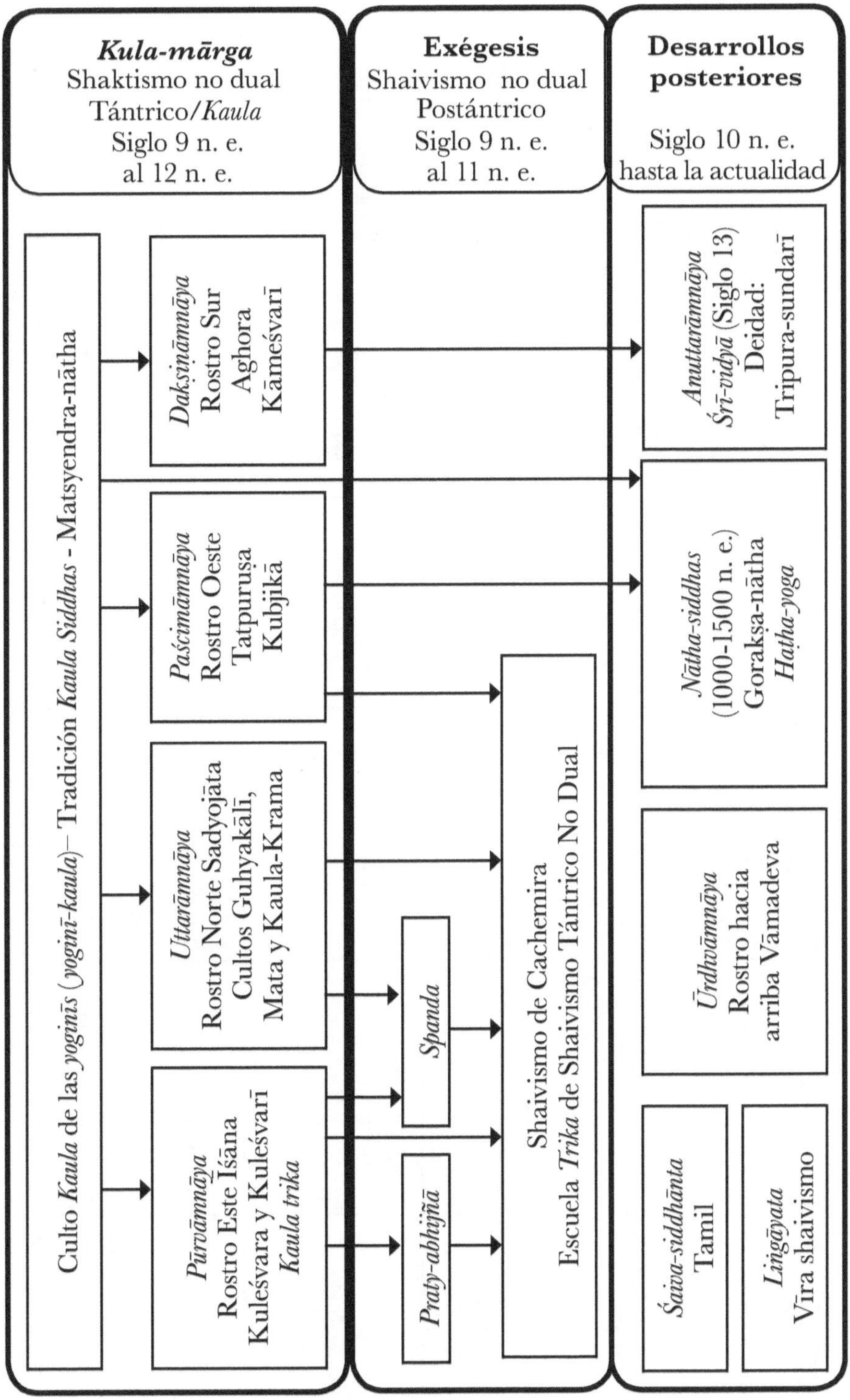

Kula-mārga
Shaktismo no dual
Tántrico/*Kaula*
Siglo 9 n. e.
al 12 n. e.
Exégesis
Shaivismo no dual
Postántrico
Siglo 9 n. e.
al 11 n. e.
Desarrollos posteriores
Siglo 10 n. e.
hasta la actualidad
Culto *Kaula* de las *yoginīs* (*yoginī-kaula*)– Tradición *Kaula Siddhas* - Matsyendra-nātha
Dakṣiṇāmnāya Rostro Sur Aghora Kāmeśvarī
Paścimāmnāya Rostro Oeste Tatpuruṣa Kubjikā
Uttarāmnāya Rostro Norte Sadyojāta Cultos Guhyakālī, Mata y Kaula-Krama
Pūrvāmnāya Rostro Este Īśāna Kuleśvara y Kuleśvarī *Kaula trika*
Spanda
Praty-abhijñā
Shaivismo de Cachemira
Escuela *Trika* de Shaivismo Tántrico No Dual
Anuttarāmnāya *Śrī-vidyā* (Siglo 13) Deidad: Tripura-sundarī
Nātha-siddhas (1000-1500 n. e.) Gorakṣa-nātha *Haṭha-yoga*
Ūrdhvāmnāya Rostro hacia arriba Vāmadeva
Śaiva-siddhānta Tamil
Liṅgāyata Vīra shaivismo

Tradición	*Ati-mārga śaiva*	*Mantra-mārga śaiva*	*Kula-mārga śākta*	El shaivismo *trika* no dual de Cachemira	*Pāñca-rātra vaiṣṇava*
Traducción nombre	Sendero supremo o directo.	Sendero del mantra.	Sendero de los clanes.	También llamado *Praty-abhijñā-darśana* (escuela del reconocimiento) y *Trika-śāsana* (el sistema de la tríada).	El vaishnavismo de las cinco (*pañca*) noches (*rātra*).
Primera evidencia	Entre los siglos II y V n. e.	La escritura *Niśvāsamūla* del 450-550 n. e.	El siglo IX n. e.	Comienzos del siglo X n. e.	Entre los siglos VIII y XIV n. e.
Sectas	*1. Pāñcārthikas* o *Pāśu-patas* *2. Lākulas* o *Kāla-mukhas* *3. Kāpālikas* o *Soma-siddhāntas*	*1. Saiddhāntika* 2. No *saiddhāntika.*	*1. Pūrvāmnāya* *2. Dakṣiṇāmnāya* *3. Paścimāmnāya* *4. Uttarāmnāya*	*1. Praty-abhijñā* *2. Kula* *3. Krama* *4. Spanda*	*1. Pañca-rātra vaiṣṇava* *2. Bhakti-sahajiyā*
Ubicación	Regiones occidentales de la India y se expandió, en el este, hasta Orissa, Tamil Nadu al sur y Cachemira hacia el Norte.	Difundidas por toda la India durante la segunda mitad del primer milenio de nuestra era.	Cachemira.	Cachemira.	Cachemira y posteriormente Bengala.

Tradición	*Ati-mārga śaiva*	*Mantra-mārga śaiva*	*Kula-mārga śākta*	El shaivismo *trika* no dual de Cachemira	*Pāñca-rātra vaiṣṇava*
Descripción y desarrollo	Sectas pretántricas. Dentro de los seguidores laicos de Śiva, aquellos con aspiraciones espirituales más elevadas se iniciaban en la secta y adoptaban una vida ascética de penitencias extremas.	Primeras sectas tántricas. Heredó muchas de las prácticas de la segunda y tercera secta del *ati-mārga*.	Sus medios compartían más elementos con las prácticas de la tercera secta del *ati-mārga*.	Síntesis de las prácticas del *kula-mārga* con el ritualismo *śaiva-siddhānta*.	Los vientos de la revelación tántrica llegaron a la secta *vaiṣṇava pāñca-rātra*, que adoraba a Nārāyaṇa.
Meta	Liberación final, o *mokṣa*.	Liberación (*mokṣa*) mediante la experiencia de placeres celestiales (*bhoga*) y el dominio de la naturaleza por medio de poderes sobrenaturales (*siddhis*).	Poder (*siddhi*) *kaulika* que permitiría la identificación con la consciencia universal en el cuerpo físico.	El objetivo soteriológico del iniciado *trika* era fusionar la consciencia individual con la consciencia trascendental.	Alcanzar los pies gloriosos y supremos de Viṣṇu.
Práctica	Sus prácticas eran de naturaleza antinómica y antibrahmánica y practicaban la absorción meditativa en la deidad.	El *mantra-mārga* heredó la meditación y el ascetismo, pero poniendo el énfasis en el ritual y los mantras, y en especial en el ritual de iniciación de los miembros.	Prácticas eróticas y transgresoras con el objeto de romper los tabúes y las normas impuestas por la sociedad.	Prácticas lógicas llamadas *upāyas* y *kuṇḍalinī-yoga*.	Práctica de cinco elementos: *abhigamana, upādāna, ijyā, svādhyāya* y yoga.

Tradición	*Ati-mārga śaiva*	*Mantra-mārga śaiva*	*Kula-mārga śākta*	Shaivismo *trika* no dual de Cachemira	*Pāñca-rātra vaiṣṇava*
Deidad	El aspecto masculino de Śiva en su manifestación feroz Bhairava, asociada con la aniquilación.	*Saiddhāntikas*: Sadā-śiva. No *saiddhāntikas*: Bhairava y divinidad femenina Bhairavī.	Śiva en unión con su esposa, Śakti.	Formas de Śiva y la diosa Kālī.	Viṣṇu, Kṛṣṇa, Vāsudeva o Nārāyaṇa y sus consortes femeninas.
Miembros	*Brāhmaṇas* educados que se incorporaron a la vida ascética. En la secta predominaban, siendo casi exclusiva para ellos, los hombres *brāhmaṇas*.	Personas casadas de todas las castas. Todas las castas podían recibir iniciación y aspirar a la realización máxima en esta vida. Aceptaron en la secta incluso a mujeres, aunque solo como beneficiaras pasivas de la iniciación.	Buscadores serios, ascetas o casados de todas las castas. Los miembros eran tanto hombres como mujeres, a las cuales animaban a practicar e incluso a asumir el papel de gurús.	Hombres y mujeres de todas las castas. Los iniciados formaban una sola 'casta': amantes de Dios.	Hombres y mujeres de todas las castas. El *bhakti* es un movimiento inclusivo que acepta miembros de todas las clases sociales. La secta *sahajiyā* incluso aceptaba textos del budismo.
Ritual	Rituales en crematorios. Ofrendas y consumo de sustancias impuras según el bhamanismo.	*Saiddhāntikas*: ofrendas y prácticas según los criterios de pureza establecidos. No *saiddhāntikas*: rituales atimárgicos con rituales sexuales y el consumo de carne y alcohol.	Dos tipos de rituales: los basados, en el *mantra-mārga* y rituales más elevados basados en el *kula-śāstras*.	El sacrificio (*yajña*) *kaula* pasó a ser un acto interno.	Rituales devocionales con espíritu tántrico a Viṣṇu y su consorte.

CAPÍTULO 2

EL *ATI-MĀRGA* O 'EL SENDERO DIRECTO'

Las evidencias más tempranas de la tradición *śaiva* datan del siglo II a. n. e. Aunque no existían sectas o escuelas organizadas, tenemos pruebas del culto al Señor Śiva y los nombres de sus devotos. Queda claro que a partir del siglo V n. e., el shaivismo emerge como la tradición dominante en India y en parte del sudeste asiático, dando lugar a partir de entonces a una gran variedad de corrientes.

Durante la dinastía Gupta (320-500 n. e.), la literatura puránica se popularizó por todo el continente indio. Basándose en dichos textos, se desarrollaron diversas formas de culto brahmánico, denominadas *smārta* o *paurāṇika*. Cuando los Guptas entraron en decadencia, la adoración *smārta* ya se hallaba bien establecida. Luego, India fue testigo de un incremento significativo de cultos esotéricos. Algunos elementos de dichos cultos fueron absorbidos por la adoración brahmínica. Sin embargo, la mayoría de los seguidores de la ortodoxia rechazaron los nuevos sistemas, considerándolos una amenaza para la pureza védica. De esta manera, los seguidores de Śiva se dividieron en dos grupos: los iniciados y los no iniciados.

Śaivas iniciados y no iniciados

Los no iniciados, que se adhirieron al sistema *varṇāśrama*, eran *brāhmaṇas* casados que adoraban manifestaciones ortodoxas del Señor Śiva mediante la *pūjā* puránica, con mantras védicos y dentro del contexto general de los ritos domésticos ortodoxos. Por su parte, los primeros adeptos iniciados optaban por una vida ascética, iniciándose formalmente en el seno de alguna de las sectas *śaivas*. Estos *brāhmaṇas* iniciados se comprometían a una vida de completo celibato.

Las primeras evidencias pertenecen a devotos iniciados en el linaje *pāśu-pata* y datan del 450-550 n. e. Los devotos iniciados consideraban la vida ascética superior a las cuatro etapas del sistema *āśrama*, denominando a esta quinta etapa *siddha āśrama*, o 'el *āśrama* perfeccionado'. A diferencia de escuelas y sectas posteriores, los *pāśu-patas* no rechazaban la tradición *vaidika*, sino que veían sus propias enseñanzas como su culminación.

La iniciación estaba reservada solo a los *sādhakas* con aspiraciones elevadas que estaban dispuestos al sacrificio y la entrega. Tras haber sido iniciados, se les permitía el acceso a la literatura y las prácticas esotéricas, prohibidas a los no iniciados.

Nunca existió competencia entre ambos grupos, porque la iniciación era considerada un peldaño más elevado en el proceso de aproximación a lo trascendental. Los *śaivas* no iniciados se enfocaban principalmente en el *bhakti-yoga*, el sendero devocional hacia el Señor Śiva, mientras que los iniciados enfatizaban más el sendero yóguico. A partir del shaivismo tántrico, emergió una gran diversidad de sectas, lo cual dio lugar a diferentes prácticas. La *sādhana* de la mano izquierda era de naturaleza transgresora e incluía rituales sexuales y el consumo de carne y alcohol. Por su parte, las prácticas de la mano derecha se enfocaban en mantras, *yantras* y rituales. Con el paso del tiempo, las prácticas correspondientes a la mano izquierda se fueron internalizando, proponiendo un despertar interior de nuestros propios aspectos femeninos y masculinos.

El *śiva-dharma* se fundamenta en un amplio canon literario. Sus escrituras ofrecen información y guía para el sendero de la devoción al Señor Śiva. Las principales obras que podemos citar son *Umā-maheśvara-saṁvāda*, *Śiva Upanishad*, *Śiva-dharma-saṅgraha*, *Vṛṣa-sāra-saṅgraha*, *Lalita-vistara*, *Uttarottara-mahā-saṁvāda*, *Dharma-putrikā* y *Śiva-dharmottara*. También se basa en ciertos *purāṇas*, en especial *Skanda Purāṇa*, así como *Liṅga Purāṇa*, *Śiva Purāṇa*, *Vāyu Purāṇa* y *Devī Purāṇa*, y un gran número de breves composiciones. Pero las escrituras esotéricas, accesibles solo a los iniciados, son los *tantras*, considerados como revelados por Śiva para beneficiar a una elite dentro de la comunidad *śaiva*. Se clasifican en *śaiva tantras*, *rudra tantras* y *bhairava tantras*, así como todas las escrituras posteriores reveladas en el marco del *kula-mārga*.

El sendero devocional *śaiva* propiciaba la adoración al Śiva védico, denominado Rudra. Otros devotos *śaivas* cultivaban la devoción hacia aspectos furiosos de Śiva como Bhairava. Las sectas con inclinación *śākta* enfocaban su devoción en el aspecto femenino de la divinidad.

Aunque todas las sectas tenían carácter devocional, diferían en sus rituales. El shaivismo puránico se inclinaba por el ritualismo público en los templos, mientras que los iniciados tántricos preferían la práctica privada en su hogar o la residencia del gurú, con rituales de carácter más interno y menos elementos materiales. A los seguidores tántricos les bastaba un pequeño *liṅga* o una mala de *Rudrākṣa-mālā.*

La rutina cotidiana de los *śaiva-bhaktas* se desarrollaba dentro del contexto familiar e incluía la asistencia al templo para celebrar los numerosos festivales, tal como se recomienda en las sagradas escrituras. Donaban un tercio de sus ingresos como mínimo para el mantenimiento de la comunidad y la construcción de templos. Por su parte, los discípulos iniciados residían durante prolongados periodos en el hogar de su gurú. En un entorno más familiar, tenían la oportunidad de relacionarse con su maestro de manera más íntima y aplicar las enseñanzas en la vida cotidiana. Allí, recibían constante instrucción y educación espiritual, así como una práctica intensa. Esta cercanía permitía a los discípulos vibrar a tono con la presencia del maestro, hasta lograr una comunión imposible de alcanzar en la distancia.

Los discípulos que optaban por el matrimonio residían en sus respectivos hogares, pero visitaban con suma frecuencia la casa de su maestro, donde organizaban encuentros con su gurú llamados *sat-saṅgas*, o 'encuentros con la Verdad'. Solo los discípulos iniciados formalmente podían asistir a estas reuniones. Por lo general, consistían en un ritual, un discurso informal en el cual el gurú transmitía sus enseñanzas, y finalmente, en una celebración. Por su parte, las *sat-saṅgas* de las sectas *kaulas*, llamadas *melāpas*, eran de carácter más sensual, llegando incluso a situaciones orgiásticas. En dichos *melāpas,* se trascendían las barreras culturales y los tabúes sociales, y se intentaba superar el condicionamiento psicológico. El esfuerzo estaba destinado a alcanzar una expansión de consciencia que permitiese percibir lo sagrado en el mundo objetual.

Aunque ambos grupos compartían la devoción al Señor Śiva, diferían en sus aspiraciones. Los *śaivas* laicos buscaban éxito y seguridad, tanto en términos mundanos como en la vida después de la muerte, donde anhelaban acceder a *Śiva-loka* o *Rudra-loka*, el paraíso de la deidad adorada. Sin embargo, les quedaba claro que después de agotados los méritos acumulados en el plano terrenal, debían asumir encarnaciones terrenales de nuevo. Por su parte, los discípulos iniciados lograban poderes místicos o *siddhis*, como *śānti* (alivio de las calamidades) y *abhicāra* (destrucción de enemigos), aunque el anhelo principal era *mokṣa* (liberación) de la insatisfacción mundana.

	Śaivas no iniciados	*Śaivas* iniciados
Iniciación	Los devotos *śaivas* no iniciados eran conocidos como *Śiva-bhaktas* o *upāsakas*. Practicaban la tradición *śaiva* devocional, pero no tenían acceso a las prácticas tántricas.	Los seguidores de Śiva con aspiraciones espirituales más elevadas que tomaban la iniciación que les daba acceso a la literatura esotérica reservada para iniciados.
Primera evidencia	Entre los siglos II a. n. e. y IV n. e.	Comenzó probablemente con el linaje *pāśu-pata* que se inició alrededor del siglo II n. e.
Práctica	Disciplina devocional, o *bhakti-yoga*. Devoción inquebrantable a Dios. Prácticas: servicio a Śiva, recordándolo en todo momento y escuchando sus historias.	Se enfocan más en el conocimiento ritual y yóguico. Su *sādhana* varía desde prácticas antinómicas, que incluyen rituales sexuales y el consumo de carne y alcohol, hasta prácticas que se centran en mantras, *yantras* y rituales.
Literatura	La literatura principal del shaivismo laico es el *śaiva-dharma*, que significa 'la religión de Śiva' y enseña cómo vivir de acuerdo con sus principios.	*Śaiva Tantras*, *Rudra Tantras*, *Bhairava Tantras* y toda la literatura posterior desarrollada en el marco del *Kula-mārga*.
Deidad	La deidad védica Rudra.	Bhairava, el aspecto furioso de Śiva. Sectas posteriores adoraron también el aspecto femenino de la divinidad.
Rituales	El mundo del culto público y la celebración de festivales.	Rituales privados efectuados en el propio hogar o en la casa del gurú. La práctica tántrica era más interna y no requería demasiados elementos materiales.
Estilo de vida	Por lo general, llevaban vida matrimonial, acudían al templo, celebraban los numerosos festivales y donaban un tercio de sus ingresos.	Las primeras sectas llevaban una vida ascética. En las sectas tántricas posteriores, las personas casadas también recibían la iniciación.
Meta	Éxito y seguridad en esta vida y después de la muerte; aspiran a ascender al paraíso de la deidad que adoran (*Śiva-loka*, *Rudra-loka*).	Poderes sobrenaturales (*siddhis*), pero principalmente la liberación (*mokṣa*) de la rueda de nacimientos y muertes.

Ati-mārga śaiva

Ati-mārga significa 'sendero directo o más elevado' y se refiere a las sectas *śaivas* pretántricas. Hay quienes traducen esta denominación como 'alejados del sendero', porque muchas de sus prácticas resultaban discordantes con la tradición védica. Las evidencias prueban la existencia de esta tradición al menos cuatro siglos antes de la sistematización del shaivismo tántrico. Se han propuesto diversas teorías sobre el comienzo y los orígenes de la revelación tántrica. Sin embargo, a la luz de las evidencias existentes, no cabe duda de que el *ati-mārga* pavimentó el sendero del tantrismo. Queda claro que no existe ninguna otra tradición tan similar doctrinal y culturalmente al tantra como esta. Es obvio que ambas tradiciones comparten la misma fuente.

Entre los elementos presentes, tanto en sectas tántricas como en la tradición *ati-mārga*, encontramos: 1) la *sādhana* yóguica como medio para acceder a *mokṣa*; 2) las prácticas transgresoras incompatibles con la religión ortodoxa, la sociedad y la moral convencional; y 3) un sistema de elevación a través de diferentes niveles de realidad hasta lograr la identidad con la divinidad. Otros temas similares son la aspiración a trascender tanto el fenómeno egoico como el apego al cuerpo físico y el temor a la muerte; la utilización de *Brahma-mantras*; y la anatomía espiritual que considera que el cuerpo es un microcosmos sagrado. Dentro de dicho paralelismo, encontramos la adoración a Bhairava, que es la deidad más popular en el seno de la tradición tántrica.

Sin embargo, puesto que difieren en algunos puntos esenciales con el tantra, el *ati-mārga* se considera una revelación diferente. Por ejemplo, la tradición *ati-mārga* mantuvo un carácter exclusivamente masculino, en la que el ascetismo era obligatorio y donde la mayoría de las sectas exigían el voto de celibato. Su aspiración era únicamente *mokṣa*, excluyendo objetivos considerados mundanos como la obtención de poderes místicos.

Las tres sectas principales que podemos distinguir dentro de la tradición *ati-mārga* son los *pāśu-patas* o *pāñcārthikas*, los *lākulas*, en ocasiones llamados *kāla-mukhas* o *mahā-vratas*, y los *kāpālikas* o *soma-siddhāntas*.

Yamunācārya (principios del siglo x n. e.), el gran maestro del *viśiṣṭādvaita*, en su obra *Āgama-prāmāṇya* estableció los *Pañca-rātra Āgamas vaiṣṇavas* como un medio de conocimiento autorizado, mencionando cuatro grupos que se atienen a los tantras *śaiva*, que son las tres sectas principales del *ati-mārga*, siendo la cuarta quizás los *śaivas* laicos.

यथा माहेश्वरे तन्त्रे विरुद्धं बहु जल्पितम् ।
चतुर्विधा हि तत्सिद्धचर्यामार्गानुसारिणः ॥
यथा कापालिकाः कालामुखाः पाशुपतास्तथा ।
शैवास्तत्र च कापालं मतमेवं प्रचक्षते ॥

yathā māheśvare tantre
viruddhaṁ bahu jalpitam
catur-vidhā hi tat siddha
caryā-mārgānusāriṇaḥ

yathā kāpālikāḥ kālā-
mukhāḥ pāśupatās tathā
śaivās tatra ca kāpālam
matam evaṁ pracakṣate

Porque hay cuatro tipos de seguidores de las formas de vida establecidas en los *Maheśvara tantras*: los *kāpālikas*, los *kāla-mukhas*, los *pāśu-patas* y los *śaivas* (tal vez refiriéndose a los *śaiva-siddhāntas* del *mantra-mārga*).

(*Āgama-prāmāṇya*, 83)

तानि च शास्त्राणि पञ्चविधानि लौकिकम्, वैदिकम्, आध्यात्मिकम्, अतिमार्गम्, मान्त्रं चेति । ...अतिमार्गं तु शास्त्रं रुद्रप्रणीतानि पाशुपतकापालमहाव्रतानि ।

tāni ca śāstrāṇi pañca-vidhāni — laukikaṁ, vaidikam, ādhyātmikam, ati-mārgam, māntraṁ ceti.
...ati-mārgaṁ tu śāstraṁ rudra-praṇītāni pāśupata-kāpāla-mahā-vratāni.

Y hay cinco tipos de enseñanzas. Estas son *laukika*, *vaidika*, *ādhyātmika*, *ati-mārga* y *mantra-mārga*. En cuanto a las enseñanzas del *ati-mārga*, son los [tres cuerpos de enseñanza] promulgados por Rudra, llamados *pāśu-pata*, *kāpālika* y el *mahā-vrata* (*lākula/kāla-mukha*).

(*Siddhānta-prakāśikā* de Sarvātma-śambhu, capítulo 2, *pañca-vidhāni śāstrāṇi*)

लौकिकं वैदिकं चैव तथाऽध्यात्मिकं एव च ॥
अतिमार्गं च मन्त्राख्यं तन्त्रमेतदनेकधा ।

laukikaṁ vaidikaṁ caiva
tathā 'dhyātmikaṁ eva ca
ati-mārgaṁ ca mantrākhyaṁ
tantram etad anekadhā

Laukika, *vaidika*, *adhyātmika*, *ati-mārga* y *mantra-mārga*, de esta manera la revelación (*śaiva*) se hizo múltiple.

(*Kāmika Āgama*, 1.17b-18a)

1. *Pāśu-pata* o *pāñcārthika*

अतिमार्गत्रयमुच्यते । [तत्र] पाशुपतशास्त्रेण तु प्रतिपाद्यमानोऽर्थः—आत्मानो बहवो व्यापका नित्याः कार्यकारणसंयोग जातास्तु परस्परभिन्नाश्च । एतेषामाणवमलं नास्ति । मायामलेन कर्मपाशेन च सांसारिकाः सुखदुःखान्यनुभवन्ति । वैराग्योत्पत्तौ शास्त्रोक्तक्रमेण दीक्षिते परमेश्वरस्य ज्ञानगुणः संक्रान्तो भवति । पुत्रेषु कुटुम्बधुरं निधाय संन्यासवन्त इव आत्मसु ज्ञानं संक्रमय्य ईश्वरः स्वाधिकारादुपरतो भवति ।

ati-mārga-trayam ucyate. [tatra] pāśupata-śāstreṇa tu pratipādyamāno 'rthaḥ— ātmāno bahavo vyāpakā nityāḥ kārya-kāraṇa-saṁyoga jātāstu paraspara-bhinnaś ca. eteṣām āṇava-malaṁ nāsti. māyā-malena karma-pāśena ca sāṁsārikāḥ sukha-duḥkhāny anubhavanti.
vairāgyotpattau śāstrokta-krameṇa dīkṣite parameśvarasya jñāna-guṇaḥ saṁkrānto bhavati. putreṣu kuṭumba-dhuraṁ nidhāya saṁnyāsavanta iva ātmasu jñānaṁ saṁkramayya īśvaraḥ svādhikārād uparato bhavati.

> Se dice que hay tres tipos de *ati-mārga*. Uno de ellos es el *Paśu-pata-śāstra*, que propone: Ātman (el Ser) es infinito, omnipresente y eterno. Estas (cualidades de Ātman) son diferentes entre sí debido a la conjunción de causa y efecto. No hay *āṇava-mala* (impureza que surge debido a la ilusión) en este (el Ser). Puesto que los mortales están atados por la impureza de la ilusión y la impureza de las acciones, experimentan felicidad y tristeza. Tras la renuncia (*vairagya*), *jñāna-guṇa* (cualidad del conocimiento) de Parameśvara se transforma en el buscador (*jīvātma*), según el orden descrito en las escrituras (*śāstras*). Cuando un buscador, tras ceder sus responsabilidades de la carga familiar a su hijo, y tomar la renuncia, Parameśvara le otorga su *jñāna-guṇa* y su autoridad sobre él, y entonces el buscador se desapasiona por sí mismo.
>
> (*Siddhānta-prakāśikā* de Sarvātma-śambhu, *ati-mārga-traye pāśupata-śāstram*)

Los primeros monjes ascetas *śaivas* pertenecían a la secta *pāśu-pata*. Estos gigantes del espíritu florecieron en la turbulenta India del siglo II n. e. Habiendo renunciado a sus posesiones, hogares y familias, deambulaban sin rumbo fijo, portando tridentes de hierro y robustas mazas. Su apariencia resultaba repugnante para los seguidores del *vaidika-dharma*, quienes eran extremadamente sensibles a la diferencia entre puro e impuro, sagrado y profano, convencional y transgresor, moral y amoral, socialmente aceptable y antisocial.

Cubiertos con pieles de venados, embadurnados con cenizas, cabello graso con rizos atados en un moño, estos ascetas deambulaban con su corazón colmado de intensa devoción, viendo a su amado Śiva tras una variedad de nombres y formas. Estos hechiceros benignos y apasionados devotos de Śiva se preocupaban más por la pureza interior que por las apariencias superficiales. Despertaban el desprecio público, pero sabían que su ganancia no pertenecía a este mundo pasajero. Rechazando el reconocimiento público, solo anhelaban el aprecio de la divinidad. Recorrían los caminos del mundo con la profunda aspiración de desembarazarse del condicionamiento humano. Para acceder a lo trascendental, se desarraigaban de lo terrenal.

Este sendero era como un ácido corrosivo para el fenómeno egoico de los practicantes que aspiraban a recibir *kāruṇya* o la 'compasiva gracia' del Señor Śiva. Liberarse de la aprobación social era una forma de contrarrestar el condicionamiento psicológico y de acercarse a lo trascendental o al amado Señor Śiva. Estos gigantes espirituales renunciaban a su orgullo, respeto público y vanidad para aceptar, en su lugar, lo que el mundo no podía ofrecerles.

Más preocupados por la liberación del *saṁsāra* que por sus relaciones públicas, reservaban sus prédicas a los iniciados dignos de la revelación. Por eso, la información que poseemos sobre ellos proviene principalmente de sus detractores. Si queremos reconstruir objetualmente el sendero de estos *sādhus*, debemos examinar con escepticismo las críticas que la sociedad y los comentaristas han solido dedicarles.

Miembros

Originalmente, los *pāśu-patas* eran devotos *śaivas* alejados de una sociedad védica dominada por el brahmanismo ortodoxo. Sin embargo, la secta fue adquiriendo popularidad dentro de la comunidad brahmínica. Gradualmente, un gran número de *brāhmaṇas*, deseosos de adorar a Śiva en completa renuncia, comenzaron a incorporarse a ella. En cierto momento, el Sadguru Lakulīśa, quien era reformista por naturaleza, restringió el ingreso solo a las tres castas más elevadas: *brāhmaṇas*, *kṣatriyas* y *vaiśyas*.

Luego, en sus esfuerzos por armonizar la secta con la ortodoxia védica, se admitió solo a seguidores masculinos pertenecientes a la casta brahmínica, aquellos que estaban dispuestos a abandonar su posición social para aceptar una vida ascética.

El *Pāśu-pata Sūtra* declara lo siguiente:

अनेन विधिना रुद्रसमीपं गत्वा ॥

anena vidhinā rudra-samīpaṁ gatvā

Acercándose a Rudra con este comportamiento.

(*Pāśu-pata Sūtra,* 4.19)

न कश्चिद्ब्राह्मणः पुनरावर्तते ॥

na kaścid brāhmaṇaḥ punar āvartate

Ningún *brāhmaṇa* regresa al mundo.

(*Pāśu-pata Sūtra*, 4.20)

El gran comentarista Kauṇḍinya explica en su *Pañcārtha-bhāṣya*:

आह— अत्रैवं विध्याचरणं समीपगमनं च कस्योपदिश्यते? । उच्यते— न तीर्थयात्रादिधर्मवत् सर्वेषाम् । किन्तु संस्कारवद्ब्राह्मणस्यैव ।
यस्मादाह—
न कश्चिद्ब्राह्मणः पुनरावर्तते ॥
...गृहस्थो ब्रह्मचारी वानप्रस्थो भिक्षुरेकवेदो द्विवेदस्त्रिवेदश्चतुर्वेदो गायत्रीमात्रसारो वानेन विधिना रुद्रसमीपं प्राप्तः सन्न कश्चिद्ब्राह्मणः पुनरावर्तत इत्यर्थः । ब्राह्मणग्रहणं ब्राह्मण्यावधारणार्थं ब्राह्मण एव नान्य इत्यर्थः ।

āha– atraivaṁ vidhyā-caraṇaṁ samīpa-gamanaṁ ca kasyopadiśyate? ucyate – na tīrtha-yātrādi-dharmavat sarveṣām. kintu saṁskāra-vad brāhmaṇasyaiva.
yasmād āha–
na kaścid brāhmaṇaḥ punar āvartate.
…gṛhastho brahmacārī vānaprastho bhikṣur eka-vedo dvi-vedas tri-vedaś catur-vedo gāyatrī-mātra-sāro vānena vidhinā rudra-samipaṁ prāptaḥ san na kaścid brāhmaṇaḥ punar āvartata ity arthaḥ. brāhmaṇa-grahaṇaṁ brāhmaṇy āvadhāraṇārthaṁ brāhmaṇa eva nānya ity arthaḥ.

Ahora bien, ¿para quién es aconsejable esta práctica de reglas de conducta y acercamiento a Rudra? La respuesta es: no es como el acto meritorio de ir a lugares de peregrinación, que es para todos. Más bien es como el sagrado sacramento solo para un *brāhmaṇa*. Porque él dice: «Ningún *brāhmaṇa* regresa al mundo (*na kaścid brāhmaṇaḥ punar āvartate*)».

.... Ningún *brāhmaṇa*, padre de familia, estudiante, ermitaño, o asceta que lea uno, dos, tres o cuatro Vedas, o que se recluya solo en el *gāyatrī*, regresa al ciclo de muerte y renacimiento (*saṁsāra*) si se acerca a Rudra mediante esta conducta. El término *brāhmaṇa*, usado aquí, es para restringir la condición de *brāhmaṇa*, es solamente el *brāhmaṇa* y nadie más.

(*Pañcārtha-bhāṣya* de Śrī Kauṇḍinya
sobre *Pāśu-pata Sūtra*, 4.20)

De acuerdo con la tradición védica, la vida del *brāhmaṇa* se divide en cuatro etapas o *āśramas*: *brahmacārī*, *gṛhastha*, *vānaprastha* y *sannyāsa*. *Brahmacārī* es la etapa del estudiante célibe. *Gṛhastha* es la época en que se contrae matrimonio, convirtiéndose en cabeza de familia. *Vānaprastha* es la etapa de la vida en la cual dos personas casadas aceptan la renuncia juntos y viven en el bosque. *Sannyāsa* es el término que designa la vida como monje renunciante. Dentro del contexto *pāśu-pata*, todo candidato era elegible para la membresía desde cualquier etapa de la vida. Ser aceptado como un *pāśu-pata* implicaba trascender la clasificación brahmánica ortodoxa, para acceder a una quinta etapa, denominada *siddhāśrama* o 'etapa perfeccionada'. A diferencia de otras sectas tántricas, los *pāśu-patas* no rechazaban por completo los valores básicos de la tradición védica. Sus enseñanzas no pretendían negar la vía védica, sino perfeccionarla y trascender todo sufrimiento. Ellos consideraban que su mensaje era la versión más depurada de la revelación védica. Śrī Kauṇḍinya escribió en su comentario, titulado *Pañcārtha-bhāṣya*, que el yogui *pāśu-pata* «debe hacerse pasar por loco, por mendigo, cubrir su cuerpo con suciedad, dejarse crecer la barba, las uñas y el cabello sin ocuparse de su cuerpo. Él se desprende de las clases (*varṇas*) y de las etapas de la vida (*āśramas*), obteniendo el poder del desapasionamiento».

प्रेतवच्चरेत् ॥

preta-vac caret

Debería deambular como una persona muerta.

(*Pāśu-pata Sūtra*, 3.11)

Kauṇḍinya explica este verso:

अत्र पुरुषाख्यः प्रेतः न मृताख्यः । कस्मात्? । आचरणोपदेशात् । वदिति किञ्चिदुपमा । उन्मत्तसदृशदरिद्रपुरुषस्नातमलदिग्धाङ्गेन रूढश्मश्रुनखरोम-धारिणा सर्वसंस्कारवर्जितेन भवितव्यम् । अतो वर्णाश्रमव्युच्छेदो वैराग्योत्साहश्च जायते । प्रयोजननिष्पत्तिश्च भवति अवमानादि । चरेदित्याज्ञामधिकुरुते। धर्मार्जने नियोगे च । संशयान्यत्वाच्चापुनरुक्तोऽयं चरशब्दो द्रष्टव्यः ॥

atra puruṣākhyaḥ pretaḥ, na mṛtākhyaḥ. kasmāt? ācaraṇopadeśāt. vad iti kiñcid upamā. unmatta-sadṛśa-daridra-puruṣa-snāta-mala-digdhāṅgena rūḍha-śmaśru-nakha-roma-dhāriṇā sarva-saṁskāra-varjitena bhavitavyam. ato varṇāśrama-vyucchedo vairāgyotsāhaś ca jāyate. prayojana-niṣpattiś ca bhavati avamānādi. cared ity ājñām adhikurute. dharmārjane niyoge ca. saṁśayānyatvāc cāpunar ukto 'yaṁ cara-śabdo draṣṭavyaḥ.

Preta o 'muerto': El término *preta* (muerto) significa un tipo particular de hombre, no una persona muerta. ¿Por qué? Porque da consejos para este modo de vida.

Vat o 'semejante': Significa cierta semejanza. Su cuerpo debe estar untado de cenizas y sucio como una persona pobre o un lunático, debe tener barba, uñas largas, así como vello corporal, y debe deshacerse de todo refinamiento. De este modo comienza a disociarse de las clases (*varṇas*), las etapas de la vida (*āśramas*) y el interés por la aversión. Insultos y demás serán el logro de la meta.

Caret o 'él debe moverse': La palabra *caret* es una orden para adquirir mérito y compromiso.

(*Pañcārtha-bhāṣya* de Kauṇḍinya sobre *Pāśu-pata Sūtra*, 3.11)

Nombre de la secta

Los *pāśu-patas* mantenían celosamente sus prácticas devocionales adorando a Rudra o Śiva como Paśu-pati, o 'Señor de las bestias', de quien deriva la nomenclatura de esta secta. Este nombre está compuesto de dos palabras: *Paśu* que significa 'bestia o animal' y *pati*, 'maestro o señor'. Toda criatura nace condicionada por su karma y el deseo sensual. El alma condicionada se denomina *pāśu*. Śiva es considerado Paśu-pati, o 'el amo y señor de las bestias', a quien todos retornan. Únicamente Paśu-pati se encuentra al final del sendero. Un ser completamente iluminado trasciende el nivel instintivo. El *jīvan-mukti*, o 'liberado en vida', puede ser considerado dueño y soberano de sus inclinaciones bestiales.

Yāmunācārya, al exponer la doctrina de los *pāśu-patas*, nos brinda una breve explicación de su nombre:

जीवाः पशव उच्यन्ते तेषामधिपतिश्शिवः ।

jīvāḥ paśava ucyante teṣām adhipatiś śivaḥ.

Las almas individuales (*jīvas*) se denominan *paśus*, (ganado, bestias), y su señor supremo (*adhi-pati*) es Śiva.

(Yāmunācārya, *Āgama-prāmāṇya*, pasaje 84)

Maestros

La secta *pāśu-pata* nació del Señor Śiva mismo, quien reveló sus enseñanzas a un grupo de sabios veedores, o *maharṣis*. Alrededor del 200 n. e., nació Lakulīśa, *avatāra* de Śiva, *sad-guru* y líder indiscutible de la secta. Su advenimiento ocurrió en el territorio de lo que en la actualidad es Gujarat. Fue discípulo de Śrīkaṇṭha y contemporáneo de Patañjali Maharṣi. El impacto de Lakulīśa sobre el *paśupatismo* fue tan profundo que, a partir de su muerte, el sistema fue denominado *lakulīśa pāśu-pata*. Se dice que Lakulīśa o 'Señor de la maza', era un anacoreta *brāhmaṇa* que falleció y fue resucitado por el Señor Paśu-pati mismo, quien penetró en su cuerpo para entregar el *pāśu-pata-dharma* a la humanidad. El lugar donde ocurrió este hecho se denomina Kāyāvarohaṇa o 'encarnar el cuerpo de otro', donde el milagro sigue celebrándose con grandes festividades hasta la actualidad. En el pueblo, se encuentran dos inscripciones grabadas en piedra que honran los nombres de los cuatro discípulos principales de Lakulīśa: Kuśika, Gārgya, Maitreya y Kauruṣa. El *Liṅga Purāṇa* lo describe como la encarnación número 28 del Señor Śiva:

Bhagavān Śiva dijo:

तदा षष्टेन चांशेन कृष्णः पुरुषसत्तमः ।
वसुदेवाद्यदुश्रेष्ठो वासुदेवो भविष्यति ॥

tadā ṣaṣṭena cāṁśena
kṛṣṇaḥ puruṣa-sattamaḥ
vasudevād yadu-śreṣṭho
vāsudevo bhaviṣyati

En la vigésimo octava edad de Dvāpara, Kṛṣṇa, Vāsudeva, el mejor entre los hombres y el mejor entre la dinastía Yadu nacerá como el hijo de Vasudeva.

तदाप्यहं भविष्यामि योगात्मा योगमायया ।
लोकविस्मयनार्थाय ब्रह्मचारि शरीरकः ॥

tadāpy ahaṁ bhaviṣyāmi
yogātmā yoga-māyayā
loka-vismayanārthāya
brahmacāri śarīrakaḥ

Entonces yo [Śiva] también naceré por medio de *yoga-māya* con el cuerpo de un *brahmacārī* y el alma de un yogui para gran sorpresa de los mundos.

शमशाने मृतमुत्सृष्टं दृष्ट्वा कायमनाथकम् ।
ब्राह्मणानां हितार्थाय प्रविष्टो योगमायया ॥

śamaśāne mṛtam utsṛṣṭaṁ
dṛṣṭvā kāyam anāthakam

brāhmaṇānāṁ hitārthāya
praviṣṭo yoga-māyayā

Al ver un cadáver abandonado en el crematorio, entraré en él y lo liberaré de dolencias por medio de *yoga-māya.*

दिव्यां मेरुगुहां पुण्यां त्वया सार्धं च विष्णुना ।
भविष्यामि तदा ब्रह्मंल्लकुली नाम नामतः ॥

divyāṁ meru-guhāṁ puṇyāṁ
tvayā sārdhaṁ ca viṣṇunā
bhaviṣyāmi tadā brahmaṁl
lakulī nāma nāmataḥ

Entonces, en la cueva divina y meritoria de Meru, junto a Viṣṇu y a ti mismo, ¡oh, Brahma!, me reencarnaré y recibiré el nombre de Lakulī.

कायावतार इत्येवं सिद्धक्षेत्रं च वै तदा ।
भविष्यति सुविख्यातं यावद्भूमिर्धरिष्यति ॥

kāyāvatāra ity evaṁ
siddha-kṣetraṁ ca vai tadā
bhaviṣyati suvikhyātaṁ
yāvad bhūmir dhariṣyati

[Mi] encarnación física y el sagrado *siddha-kṣetra* (el lugar de mi encarnación) serán muy renombrados mientras la tierra perdure.

(*Liṅga Purāṇa*, 1.24.126-130)

El *Liṅga Purāṇa* lo considera el último *avatāra* en exponer el sistema del yoga. Lakulīśa descendió para restaurar las prácticas olvidadas de tantra y el *haṭha-yoga* y presentar la cosmología dual del *sāṁkhya.*

सिंहं मृगाणां वृषभं गवां च मृगाधिपानां शरभं चकार ।
सेनाधिपानां गुहमप्रमेयं श्रुतिस्मृतीनां लकुलीशमीशम् ॥

siṁhaṁ mṛgāṇāṁ vṛṣabhaṁ gavāṁ ca
mṛgādhipānāṁ śarabhaṁ cakāra
senādhipānāṁ guham aprameyaṁ
śruti-smṛtīnāṁ lakulīśam īśam

Él (el Señor Brahmā) convirtió al león en señor de los animales; al toro en señor de las vacas y a Śarabha (bestia fabulosa de ocho patas) en señor de los leones; al incomprensible Guha en señor de todos los comandantes, y a Lakulīśa en señor de los *śrutis* y *smṛtis*.

(*Liṅga Purāṇa*, 1.58.13)

आचन्द्रतारकं ज्ञानं ततो लब्ध्वा विमुच्यते ।
यः कुर्याद्देवदेवेशं सर्वज्ञं लकुलीश्वरम् ॥
वृतं शिष्यप्रशिष्यैश्च व्याख्यानोद्यतपाणिनम् ।
कृत्वा भक्त्या प्रतिष्ठाप्य शिवलोकं स गच्छति ॥
भुक्त्वा तु विपुलास्तत्र भोगान् युगशतं नरः ।
ज्ञानयोगं समासाद्य तत्रैव च विमुच्यते ॥
पूर्वदेवामराणां च यत्स्थानं सकलेप्सितम् ।
कृतमुद्रस्य देवस्य चिताभस्मानुलेपिनः ॥
त्रिपुण्ड्रधारिणस्तेषां शिरो मालाधरस्य च ।
ब्रह्मणः केशकेनैकम् उपवीतं च बिभ्रतः ॥
बिभ्रतो वामहस्तेन कपालं ब्रह्मणो वरम् ।
विष्णोः कलेवरं चैव बिभ्रतः परमेष्ठिनः ॥

ācandra-tārakaṁ jñānaṁ
tato labdhvā vimucyate
yaḥ kuryād deva-deveśaṁ
sarva-jñaṁ lakulīśvaram

vetan śisya-praśisyaiś ca
vyākhyānodyata pāṇinam
kṛtvā bhaktyā pratiṣṭhāpya

śiva-lokaṁ sa gacchati

bhuktvā tu vipulās tatra
bhogān yugaśataṁ naraḥ
jñāna-yogaṁ samāsādya
tatraiva ca vimucyate

pūrvad evāmarāṇāṁ ca
yat sthānaṁ sakalepsitam
kṛta mudrasya devasya
citā bhasmānulepinaḥ

tri-puṇḍra-dhāriṇas teṣāṁ
śiro mālā-dharasya ca
brahmaṇaḥ keśakenaikam
upavītaṁ ca bibhrataḥ

bibhrato vāma-hastena
kapālaṁ brahmaṇo varam
viṣṇoḥ kalevaraṁ caiva
bibhrataḥ parameṣṭhinaḥ

Aquel que hace un ídolo del omnisciente señor de los jefes de los *devas*, Lakulīśvara, que está rodeado de discípulos, y de sus discípulos, y que ha levantado la mano para exponer los principios y luego los instala con devoción, se dirige al mundo de Śiva. Su morada es del agrado de todos los *devas* y *asuras*. Al hacer un ídolo del señor de la siguiente manera e instalarlo, uno se libera del océano de la existencia mundana. El señor hace gestos. Tiene las cenizas de la pira funeraria para su ungüento, posee la marca triple de Tripuṇḍra, lleva una guirnalda hecha de calaveras y porta un único hilo sagrado constituido por los cabellos de Brahmā; con su mano izquierda sostiene el excelente cráneo de Brahmā; como Parameśvara, adopta el cuerpo de Viṣṇu.

(*Liṅga Purāṇa*, 1.76.38-43)

El *Mahābhārata* afirma que el mismo hijo del Señor Brahmā descendió para enseñar el sistema *pāśu-pata*. Existen inscripciones de los siglos X y XIII n. e. que mencionan al gran maestro Lakulīn o Lakulīśa, considerado por sus seguidores una encarnación del Señor Śiva.

En su *Tantrāloka*, Abhinava-gupta declara que Lakula es una de las dos autoridades en la doctrina de Śiva:

एतद्विपर्ययाद्ग्राह्यमवश्यं शिवशासनम् ।
द्वावाप्तौ तत्र च श्रीमच्छ्रीकण्ठलकुलेश्वरौ ॥

etad viparyayād grāhyam
avaśyaṁ śiva-śāsanam
dvāvāptau tatra ca śrīmac
chrīkaṇṭha-lakukeśvarau

Las dos autoridades máximas del Śiva-śāsana (doctrina de Śiva) se llaman Śrīkaṇṭha y Lakuleśvara.

(*Tantrāloka*, 37.14)

Hay quienes proponen que Lakulīśa se incorporó a la secta *pāśu-pata* previamente existente, mientras que en opinión de otros fue quien la fundó, trayendo consigo la revelación de Śiva con sus enseñanzas y reformas. Parece haber sido el primero en recoger la doctrina por escrito en los *Pāśu-pata Sūtra*, que estuvieron perdidos durante siglos y fueron redescubiertos milagrosamente en el año 1930, iluminando algunos de los misterios de esta secta, a partir de la cual posteriormente se desarrollaría el tantra.

Cronología y ubicación geográfica

La evidencia más temprana de la tradición *pāñcārthika* o *pāśu-pata* se remonta al año 380 n. e. Esta fecha aparece en la inscripción en la pilastra de Mathura que señala un linaje de varias generaciones, de lo cual deducimos que la tradición se habría originado alrededor del siglo II n. e. Un viajero chino llamado Hiuen Tsiang recorrió el continente indio en el siglo VII n. e. y escribió un diario de viaje que se conserva hasta la actualidad. De acuerdo con sus anotaciones, vio a 10 000 *pāśu-patas* en Varanasi.

Durante el siglo VIII n. e., la tradición *pāśu-pata* se extendió a Nepal. El famoso templo Paśu-pati-nātha fue erigido allí y se convirtió en el principal centro de peregrinación hasta la actualidad. Encontramos templos con inscripciones referentes a Lakulīśa principalmente en las regiones occidentales de la India donde se originó la secta, pero también en Orissa en el este, Cachemira en el norte y Tamil Nadu en el sur. En su cenit medieval, la secta se expandió en la India occidental, noroccidental y sudoriental, donde recibió el patrocinio real. En el siglo XV n. e., se retiró a Gujarat, Nepal y el Himalaya.

Escrituras principales

La mención más antigua de los *pāśu-patas* aparece en el *Mahābhārata*, donde se afirma que dicha doctrina fue difundida por Śrī-kaṇṭha, el maestro de Lakulīśa. Lamentablemente, la literatura *pāśu-pata* más temprana no ha sobrevivido. La escritura principal parece haber sido el *Pāśu-pata Sūtra*, atribuido al venerable Lakulīśa, aunque el nombre del autor no aparece ni en el texto ni en sus comentarios. Esta escritura formaliza varios cánones previos y explica su teología básica. El santo Kauṇḍinya compuso dos comentarios: el *Pañcartha-bhāṣya* y el *Mṛgendra Āgama* escritos aproximadamente en el siglo IV n. e. Los *Pāśu-pata Sūtra* y *Pañcārtha-bhāṣya* fueron redescubiertos en el año 1930. Otras escrituras importantes son el *Gaṇakārikā* y su comentario *Rāśikara-bhāṣya*.

Iniciación

La *pāñcārthika* o *pāñcārthika-dīkṣā* es el ritual que daba acceso a la práctica religiosa y a las revelaciones esotéricas. Los iniciados aceptaban el voto denominado *pāśu-pata-vrata*, o 'voto *pāśu-pata*', que requería observar las prácticas durante el resto de la vida. Los que llegaban al nivel de *ācāryas* debían iniciar y guiar a nuevos *sādhakas*, pero no aceptar cargos sacerdotales en los templos. Al igual que la mayoría de las escuelas tántricas posteriores, los *pāśu-patas* consideraban que el mismo Rudra sembraba en el corazón del aspirante el deseo de ser iniciado y de asumir una vida ascética de entrega total. Era tarea del maestro identificar la sinceridad del *sādhaka* y los signos de la intención divina, algo denominado en la tradición tántrica *śakti-pāta* o 'descenso del poder divino'. Lamentablemente, la escasa literatura que ha llegado hasta nuestros días no ofrece descripciones detalladas de esta ceremonia de iniciación.

व्यक्ताव्यक्तं जयच्छेदो निष्ठा चैवेह पञ्चमी ।
द्रव्यं कालः क्रिया मूर्त्तिः गुरुश्चैवेह पञ्चमः ॥

vyaktāvyaktaṁ jayac chedo
niṣṭhā caiveha pañcamī
dravyaṁ kālaḥ kriyā mūrttiḥ
guruś caiveha pañcamaḥ

Los cinco requisitos para la iniciación en el sistema *Pāśu-pata* son *dravya* (substancia), *kāla* (tiempo), *kriyā* (consagración de la imagen y del discípulo), *mūrti* (el lugar justo al sur de la imagen de Śiva) y el gurú que lo conduce a uno al éxito espiritual.

(*Gaṇa Kārikā*, 5)

El comentario *Rāśikara-bhāṣya* al *Gaṇa-kārikā* indica que los detalles prácticos de la *pāñcārthika-dīkṣā* se mencionan en el *Saṁskāra Kārikā*, un texto desaparecido. El comentario *Kauṇḍinya* al *Pāśu-pata Sūtra* afirma que el aspirante debe ayunar durante tres días como parte del proceso purificatorio. La sagrada ceremonia de iniciación se divide en tres partes. Primero, el aspirante debe situarse de pie ante la cara derecha de la deidad del Señor Mahā-deva (*Dakṣiṇasyam mūrti*), luego aplicar a su cuerpo las cenizas que han sido consagradas con los cinco *Brahma-mantras*; y posteriormente, eliminar las marcas de su identidad socio-religiosa por nacimiento (*utpatti-liṅga*), hasta que por último se le entregan los cinco *Brahma-mantras* del culto (*mantra-śravaṇam*).

Cada Brahma-mantra emana de una de las cinco caras de Śiva. Tanto en la tradición védica como en la tántrica se recitan estos mantras. El más conocido es el *gāyatrī-mantra* de Rudra.

ॐ तत्पुरुषाय विद्महे महादेवाय धीमहि तन्नो रुद्रः प्रचोदयात् ॥

oṁ
tat puruṣāya vidmahe
mahā-devāya dhīmahi
tanno rudraḥ pracodayāt

Oṁ. Invoquemos a las tres esferas: la tierra (*bhūr*), el viento (*bhuvaḥ*) y el fuego (*svāhā*). *Oṁ*. Invoquemos el superlativo (*tad*) masculino (*puruṣa*) y el Señor omnisciente (*vidmahe*). Meditemos y concentrémonos en (*pracodayāt*) el Señor (*devāya*) supremo (*mahā*). Pidámosle a Śiva (Rudra) que nos proporcione inspiración y guía (*pracodayāt*) en nuestro sendero espiritual.

Rituales y prácticas

El propósito del ritual *pāñcārthika* era obtener méritos. A diferencia de los rituales védicos, los adeptos bailaban y cantaban frente a la deidad del Señor Śiva o el *Śiva-liṅga*. Ante todo, el pashupatismo es un sendero ascético que rechaza la lógica dialéctica y aprecia el *sādhana* como medio para merecer la *kāruṇya* (compasión) del Señor Śiva. Sin embargo, las prácticas espirituales estaban reservadas exclusivamente a los iniciados. Comenzaban con un estricto código de restricciones (*yamas*) y observancias (*niyamas*), el cual incluía celibato (*brahmacarya*), no violencia (*ahiṁsā*) y austeridades o ascetismo (*tapas*). Otras prácticas eran la *pūjā*, las penitencias, la repetición de los nombres de Śiva, untarse con ceniza sagrada y expresar amor pasional por Śiva. Las escrituras detallan las etapas claramente definidas de esta disciplina:

En la primera etapa, el renunciante residía en un templo de Śiva. Debía cubrir su cuerpo con cenizas tres veces por día, adorar a la deidad mediante bailes y cantos devocionales, meditar en los cinco *Brahma-*

mantras del *Yajur Veda* y repetir el mantra *Oṁ*. Reír a carcajadas, sacudir el cuerpo y meditar eran componentes importantes de su práctica.

En el segundo periodo, dejaba el templo y vivía de incógnito en la sociedad regular. Llevaba a cabo actos escandalosos para suscitar deliberadamente la censura pública: balbuceaba, resoplaba, caminaba como un lisiado, decía tonterías y hacía gestos salvajes o provocativos. De esta manera, se purificaban de la necesidad de ser aceptados por el público y establecían en el subconsciente que solo el amor del Señor Śiva es suficiente. Si la aspiración era liberarse del condicionamiento social, dichas actitudes aseguraban el rechazo social. Estos *brāhmaṇas* tan respetados en su vida laica, se liberaban de las ataduras a la sociedad humana que les fueron inculcadas desde su nacimiento.

Los *pāśu-patas* creían que cuando una persona estaba asentada en la virtud y era capaz de aceptar con ecuanimidad cualquier insulto, se hallaba bien establecida en el camino del ascetismo. Ellos provocaban el desprecio de los transeúntes, porque creían que al ser vilipendiados, recibirían el buen mérito de sus detractores, quienes, a su vez, les transmitían su propio mal karma. Este era un sofisticado sistema de purificación karmática.

En la tercera etapa, los *pāśu-patas* se recluían en una remota cueva en un lugar solitario para repetir los *Brahma-mantras* y así lograr la cercanía perpetua a Śiva.

En la cuarta etapa, cuando lograban la consciencia ininterrumpida de Rudra, abandonaban sus ermitas para trasladarse a un campo crematorio. En este nivel, dejaban de mendigar su alimento para alimentarse solo de lo que podían conseguir allí.

La quinta etapa consistía en descuidar las necesidades del cuerpo hasta la muerte. Al abandonar el cuerpo, por la gracia divina de Rudra, el asceta *pāśu-pata* experimentaba directamente la infusión de las divinas cualidades de Rudra.

Doctrina

Los *pāśu-patas* eran monoteístas, y como tales, adoraban al Señor Śiva como el Dios único. Su panteón era exclusivamente masculino. El aspecto femenino de la divinidad, que revelaron posteriormente las sectas tántricas, no formaba parte de la tradición *ati-mārga*. La filosofía *pāśu-pata* anterior a Lakulīśa era de carácter dualista. Aunque carecemos de textos *pāśu-patas* más antiguos que los del *Pāśu-pata Sūtra*, muchos eruditos han concluido, apoyándose en comentaristas anteriores, que consideraban a Śiva como la causa eficiente, aunque no material, del universo. Fue Lakulīśa quien, al revelar a Śiva como la causa material, transformó el dualismo en *bhedābheda*, o 'dualismo y no dualismo'. Tal como afirma el *Kauṇḍinya-bhāṣya* y menciona Śaṅkarācārya en sus comentarios a los *Brahma Sūtra* (2.2.37), los *pāśu-patas* reconocían estas cinco categorías fundamentales de existencia: *kāraṇa* (causa); *kārya* (efecto); yoga (unión como estado de consciencia); *vidhi* (prescripciones, normas y ceremonias); y *duḥkhānta* (fin del sufrimiento y el dolor, liberación).

एवमेते पञ्च पदार्थाः कार्यकारणयोगविधिदुःखान्ताः समासविस्तरविभाग-
विशेषोपसंहार निगमनतश्च व्याख्याताः ।

evam ete pañca padārthāḥ kārya-kāraṇa-yoga-vidhi-duḥkhāntāḥ samāsa-vistara-vibhāga-viśeṣopasaṁhāra nigamanataś ca vyākhyātāḥ.

Por lo tanto, se explican estas cinco categorías: *kārya*, *kāraṇa*, *yoga*, *vidhi* y *duḥkhānta*, en resumen y en detalle, clasificadas y especializadas, con terminaciones y con conclusiones.

(*Pañcārtha-bhāṣya* de Śrī Kauṇḍinya, 5.47)

I. *Kāraṇa*, o 'causa': Se refiere a Īśvara primordial o Maheśvara, la causa original de toda causa y el factor original de toda creación o aniquilación. Este se identifica con el nombre de *Pati*, que denota su conocimiento y su poder infinitos.

अत्र भव इति विद्याकलापशूनाम् एव ग्रहणम् । तस्योत्पत्तिकर्ता भगवानित्यतो भवोद्भव इति । अत्रोत्पादकानुग्राहकतिरोभावकधर्मि कारणम्, उत्पाद्यानुग्राह्यतिरोभाव् यधर्मि कार्यमित्येतत् कार्यकारणयोर्लक्षणम् । एतस्मिन्कारणे प्रपत्त्यादि क्रमोपयोगि द्रष्टव्यम् ॥

atra bhava iti vidyā-kalā-paśūnām eva grahaṇam. tasyotpatti kartā bhagavān ity ato bhavodbhava iti. atrotpādakānugrāhaka-tirobhāvaka-dharmi kāraṇam, utpādyānugrāhya-tirobhāvya-dharmi kāryam ity etat kārya-kāraṇayor lakṣaṇam. etasmin kāraṇe prapatty ādi kramopayogi draṣṭavyam.

Aquí *bhava* significa el mundo creado: *vidyā*, *kalā* y *paśu*. Dios es la fuente de *bhava* y se denomina *bhavodbhava*. En este caso, la causa (*kāraṇa*) tiene el poder de producir, preservar y disolver, mientras que el efecto (*kārya*) posee la cualidad de ser producido, preservado y disuelto. Esta es la distinción entre *kāraṇa* y *kārya*. Deberíamos considerar el curso gradual del acercamiento a esta causa (con un espíritu de autoentrega y demás).

(*Pañcārtha-bhāṣya* de Śrī Kauṇḍinya, 1.44)

क्रीडावानेव स भगवान्विद्याकलापशुसंज्ञकं त्रिविधमपि कार्यमुत्पादयन् अनुगृह्णाति तिरोभावयति चेत्यतो देवः ॥

krīḍāvān eva sa bhagavān vidyā-kalā-paśu-saṁjñakaṁ tri-vidham api kāryam utpādayan anugṛhṇāti tirobhāvayati cet yato devaḥ.

Este Señor es jugador. Produce, cambia y disuelve tres tipos de *kāryas*: *vidyā*, *kalā* y *paśu*, y por eso se le llama *Deva*.

(*Pañcārtha-bhāṣya* de Śrī Kauṇḍinya, 2.2)

II. *Kārya*, o 'efecto': Es todo lo que depende de la causa. Incluye *vidyā* (el conocimiento, cognición, animación), *kalā* (lo conocido, inerte o inanimado: los órganos) y *paśu* (el conocedor, lo viviente o animado: las almas individuales).

(1) Cognición (*vidyā*): La cognición es una propiedad del individuo (*paśu*), siendo de dos tipos:

(1.1) Ignorancia (*abodha*: falta de comprensión)

(1.2) Conocimiento (*bodha*: comprensión). El *bodha* puede ser, a su vez, de dos clases:

(1.2.1) *Viveka-pravṛtti* (con discernimiento): Ocurre cuando el poder cognitivo (*citta*) recibe conocimiento de una fuente válida. De esta manera, el *paśu* (ser consciente) por medio de *citta* (poder cognitivo) y con la ayuda de *caitanya* (consciencia), adquiere consciencia (*cetayate*) del ambiente que lo rodea.

(1.2.2) *Aviveka-pravṛtti* (sin discernimiento): Es conocimiento, pero sin la capacidad de reflexionar, comprender o ser consciente.

(2) *Kalā* (inerte): Los órganos en sí mismos son inertes y dependen del individuo cognoscitivo para funcionar. Son de dos tipos:

(2.1) Efectos: Los efectos *kalā* son de diez categorías: *pañca-tan-mātras* (cinco elementos sutiles) y *pañca-mahā-bhūtas* (cinco grandes elementos).

(2.2) Causas: Las causas *kalā* son de trece tipos: *pañca-jñānendriyas* (cinco órganos de acción), *pañca-jñānendriyas* (cinco órganos cognitivos) y tres *antaḥ-karaṇas* (órganos internos): *buddhi* (inteligencia), *ahaṅkāra* (ego) y *manas* (mente), cuyas funciones son la determinación de la voluntad, la consciencia del yo y la concepción de planes, respectivamente.

(3) *Paśu* (ser viviente): es el que tiene individualidad (*paśutva*). Es de dos tipos:

(3.1) *Sañjana*: Con cuerpo y sentidos.

(3.2) *Nirañjana*: Carente de cuerpo y sentidos.

III. Yoga, o 'unión': Consiste en la unión del alma (*ātma*) con Dios (Īśvara).

योगी ॥

yogī

Aquel que se ha unido a Maheśvara.

(*Pāśu-pata Sūtra*, 5.2)

अत्र योगो नाम – आत्मेश्वरसंयोगो योगः प्रत्येतव्यः ।

atra yogo nāma – ātmeśvara-saṁyogo yogaḥ praty etavyaḥ.

Aquí *yoga* significa una unión estable del alma con Dios.

(*Pañcārtha-bhāṣya* de Śrī Kauṇḍinya
sobre el *Pāśu-pata Sūtra*, 5.2)

Existen dos tipos de yoga:

- *Kriyātmaka*: Es el yoga activo, se refiere a la *sādhana*.
- *Kriyoparama*: Conocido también como *saṃvid-gati*, se refiere al cese de toda actividad.

De acuerdo con este sistema, el yoga consiste en la realización de *paramaiśvarya*, o 'el poder supremo' acompañada por *duḥkhānta* o 'cesación del dolor y el sufrimiento'.

IV. *Vidhi* o 'prescripciones': Designa una función orientada a *dharma* y *artha*, que se divide en votos (*vrata*) y medios (*dvāras*).

यद्येवं विधिः कस्मात्? विधायकत्वाद्विधिः । उपायोपेयभावाच्च । विधिमिति कर्म ।

yady evaṁ vidhiḥ kasmāt? vidhāyakatvād vidhiḥ. upāyopeya-bhāvāc ca. vidhim iti karma.

> Si es así, ¿por qué se denomina *vidhi*? Porque une y sugiere la idea de un medio y un fin. *Vidhim* se utiliza en el sentido de la acción.
>
> (*Pañcārtha-bhāṣya* de Śrī Kauṇḍinya en *Pāśu-pata Sūtra*, 1.1).

Los votos (*vrata*) incluyen: *Bhasma-snāna-śayyā* (bañarse y acostarse en cenizas) y *upahāra* (júbilo), que consta de seis componentes:

1. *Hasita*, 'carcajada'.
2. *Gīta*, 'cantar', significa glorificar al Señor Śiva a través del canto de himnos.
3. *Nṛtya*, 'bailar', siguiendo las guías e indicaciones del *Nātya-śāstra.*
4. *Huḍūp-kāra*, 'enroscar la lengua y emitir el sonido *huḍūp* con estruendo como el de un toro'.
5. *Japa*, 'repetición de mantras'.
6. *Namaskāra*, 'ofrecer respetuosas reverencias'.

Los medios (*dvāras*) incluyen:

1. *Krāthana*, o 'fingir estar dormido'.
2. *Spandana*, o 'temblor de las extremidades'.
3. *Mandana*, o 'cojear'.
4. *Śṛṅgāraṇa*, o 'movimientos eróticos'.
5. *Avitat-kāraṇa*, o 'llevar a cabo acciones criticadas por la sociedad'.
6. *Avitad-bhāsaṇa*, o 'hablar sin sentido como una persona ignorante'.

V. *Duḥkhānta*, o 'fin del sufrimiento': La liberación final o la destrucción de la miseria, y el logro de la elevación del espíritu, con plenos poderes de conocimiento (*dṛk-śakti*) y acción (*kriyā-śakti*).

अप्रमादी गच्छेद्दुःखानामन्तमीशप्रसादात् ॥

apramādī gacched duḥkhānām antam īśa-prasādāt

El que es cuidadoso obtiene el fin de los dolores por la gracia de Īśa (Śiva).

(*Pāśu-pata Sūtra*, 5.40)

एवं कुर्वन्सर्वज्ञोऽस्यासंमोहं ज्ञापयति ।

evaṁ kurvan sarvajño 'syāsaṁmohaṁ jñāpayati.

De este modo, la persona se vuelve omnisciente y esto refleja su propia consciencia.

(*Pañcārtha-bhāṣya* de Śrī Kauṇḍinya sobre *Pāśu-pata Sūtra*, 5.40)

अत्र येषां साधिकारत्वादनतिप्रसन्नस्तेषामशिवत्वं दृष्ट्वा दुःखान्तं गतेषु च शिवत्वं दृष्ट्वा आह— शिवो मे अस्तु इति ।

atra yeṣāṁ sādhikāratvād anati-prasannas teṣām aśivatvaṁ dṛṣṭvā duḥkhāntaṁ gateṣu ca śivatvaṁ dṛṣṭvā āha— śivo me astu iti.

Y aquellos que han llegado al final de las penas han alcanzado a Dios (Śiva).

(*Pañcārtha-bhāṣya* de Śrī Kauṇḍinya sobre *Pāśu-pata Sūtra*, 5.45)

El *pāśu-pata* se libera de todo sufrimiento, el cual, de acuerdo con las sagradas escrituras, puede ser clasificado en tres categorías:

दुःखानाम् इत्यत्र प्रसिद्धानि दुःखान्याध्यात्मिकाधिभौतिकाधिदैविकानि ।

duḥkhānām ity atra prasiddhāni duḥkhāny ādhyātmikādhi-bhautikādhi-daivikāni.

El término *duḥkhānām* se refiere a las aflicciones bien conocidas: personales, naturales y sobrenaturales.

(*Pañcārtha-bhāṣya* de Śrī Kauṇḍinya sobre *Pāśu-pata Sūtra*, 5.40)

1. *Adhyātmika* (humano): Se refiere a molestias y enfermedades del propio cuerpo a nivel físico, debido a diversos trastornos mentales y psicológicos causados por pereza, celos, envidia, codicia, ira, rabia, odio, etcétera.
2. *Adhibhautika* (cósmico): Se refiere a las aflicciones que provienen de los *pañca-bhūtas*, o 'los cinco elementos básicos de la naturaleza' y de la interacción de las tres *guṇas*, o 'las tres modalidades de la naturaleza material'. También incluye incomodidades y aflicciones causadas por otras entidades como personas envidiosas, microorganismos, reptiles, fieras o seres humanos.
3. *Adhidaivika* (divino): Sufrimientos por motivos de carácter «sobrenatural» (aunque, al fin y al cabo, todo es natural), así como el enojo de dioses o *devas*, de poderosas entidades superiores, y a causa de ignorar los principios de la religión.

El alma no solo a deja de sufrir, sino que también realiza el señorío supremo (*pāramaiśvarya*), que se compone de *dṛk-śakti* (también llamada *jñāna-śakti*, el poder de la consciencia o el conocimiento) y *kriyā-śakti* (poder de la acción).

अत्र प्रमादशब्दोऽनागतानवधानगतत्वं पारतन्त्रयं च ख्यापयतीत्यर्थः । तदङ्कुरपरिरक्षणवदनागतकालप्रतीकारकरणेन चैवायम् अप्रमादिशब्दो द्रष्टव्यः । तस्माद्युक्तेनैवाप्रमादिना स्थेयम् । तथा वर्तमानेन माहेश्वरमैश्वर्यं प्राप्तमेवेत्युक्तम् ।

atra pramāda-śabdo 'nāgatān avadhānagatatvaṁ pāratantrayaṁ ca khyāpayatīty arthaḥ. tad aṅkura-parirakṣaṇa-vadanāgata-kāla-pratīkāra-karaṇena caivāyam apramādi-śabdo draṣṭavyaḥ. tasmād yuktenaivāpramādinā stheyam. tathā vartamānena māheśvaram aiśvaryaṁ prāptam evety uktam.

Aquí la palabra *pramāda* indica despreocupación por los acontecimientos futuros y por la dependencia de los demás (es decir, objetos sensoriales). Por ello, uno debe permanecer solamente unido y despreocupado. Y se dice que, permaneciendo así, se obtiene la excelencia de Maheśvara.

(*Pañcārtha-bhāṣya* de Śrī Kauṇḍinya
sobre *Pāśu-pata Sūtra*, 5.40)

सिद्धः, गच्छेद्दुःखानामन्तम् (अध्याय ५, सूत्र २०, ३९) इत्येवमाद्यो विभागः । ज्ञानशक्तिः क्रियाशक्तिश्च । तत्र ज्ञानशक्तिः मनोजवित्वाद्या ।

siddhaḥ, gacched duḥkhānām antam (adhyāya 5, sūtra 20, 39) ity evam ādyo vibhāgaḥ. jñāna-śaktiḥ kriyā-śaktiś ca. tatra jñāna-śaktiḥ mano-javitvād yā.

Y el *sādhaka* transciende todas las penas (5.20,39) y demás. Esto constituye la siguiente clasificación (del proceso del yoga): el poder del conocimiento (*jñāna-śakti*) y el poder de la acción (*kriyā-śakti*). El poder del conocimiento es oír, etcétera. El poder de la acción es ser rápido como la mente y demás.

(*Pañcārtha-bhāṣya* de Śrī Kauṇḍinya
sobre *Pāśu-pata Sūtra*, 5.47)

Dṛik-śakti tiene cinco componentes: 1) *Darśana,* o 'conocimiento de todo lo susceptible a la vista y al tacto sutil, distante y cerrado' 2) *Śravaṇa,* o 'conocimiento de cada *śabda* (sonido)' 3) *Manana,* o 'conocimiento de todo pensamiento'. 4) *Vijñāna,* o 'conocimiento del significado de la literatura (*śāstra*)' 5) *Sarvajñatva,* o 'conocimiento de las *tattvas* (categorías de existencia) en lo que respecta a todo lo mencionado o no mencionado, resumido o detallado'.

Kriyā-śakti posee tres componentes: 1) *Mano-javita,* o 'movilizarse a la velocidad de la mente' 2) *Kāma-rūpitva,* o 'ejercer control sobre cualquier forma' 3) *Vikaraṇa-dharmitva,* o 'hacer o saber algo sin utilizar ningún órgano como medio'.

El fin del dolor puede ser *anātmaka* o *sātmaka. Anātmaka* es la completa cesación de cualquier dolor y sufrimiento. *Sātmaka* consiste en la realización del poder que reside en *dṛik-śakti.*

Se afirma que el Señor es *vāg-viśuddha,* es decir, no tiene relación alguna con nada que pueda ser expresado con palabras. El Señor es trascendental al lenguaje. El lenguaje proviene de la mente; al hablar estamos verbalizando ideas, conceptos y conclusiones. El estado trascendental se encuentra más allá de la mente. Por eso, el asceta debe relacionarse con lo divino como carente de forma, meditar en él como *niṣkala* o 'sin forma'. Al separarse de las experiencias del mundo de formas y nombres y fijar la atención en Śiva, experimenta *niṣkriya*, o 'el espíritu supremo'. Entonces, trasciende el dolor y el sufrimiento.

वाग्विशुद्धः ॥

vāg-viśuddhaḥ

Completamente libre de palabras.

(*Pāśu-pata Sūtra*, 5.27)

अत्रापि वाग्विशुद्ध इत्यपि भगवतो नामधेयम् । न अमी इत्यन्यो भगवान् । स यथा ह्यथो हित्वा वाणीं मनसा सह रूपरसगन्धविद्यापुरुषादिपरो निष्कलो ध्येयः ।
यस्मादुक्तम्—
"आकृतिमपि परिहृत्य ध्यानं नित्यं परे रुद्रे ।
येन प्राप्तं योगे मुहूर्तमपि तत्परो योगः ॥"
परमयोगः इत्यर्थः ।

atrāpi vāg-viśuddha ity api bhagavato nāmadheyam. na amī ity anyo bhagavān. sa yathā hy atho hitvā vāṇīṁ manasā saha rūpa-rasa-gandha-vidyā-puruṣādi-paro niṣkalo dhyeyaḥ.
yasmād uktam—
"ākṛtim api parihṛtya dhyānaṁ nityaṁ pare rudre
yena prāptaṁ yoge muhūrtam api tat paro yogaḥ".
parama-yogaḥ ity arthaḥ.

En este *sūtra*, *vāg-viśuddhaḥ* es otro nombre del Señor. Dios es distinto de «aquellos» (es decir, no tiene cualidades ni atributos). Se debe meditar en él en su aspecto sin forma (*niṣkala*), no asociado con nada que pueda expresarse mediante el habla, más allá del alcance de la mente, y no relacionado con la forma, el sabor, el olor, el conocimiento, *puruṣa*, y demás. Porque se dice: «Ese es el yoga más elevado, por cuya unión, uno alcanza el [estado de] meditación continua sobre el Rudra Supremo, aunque sea por un momento, evitando incluso una forma». Esto significa que este es el yoga supremo.

(*Pañcārtha-bhāṣya* de Śrī Kauṇḍinya en *Pāśu-pata Sūtra*, 5.27)

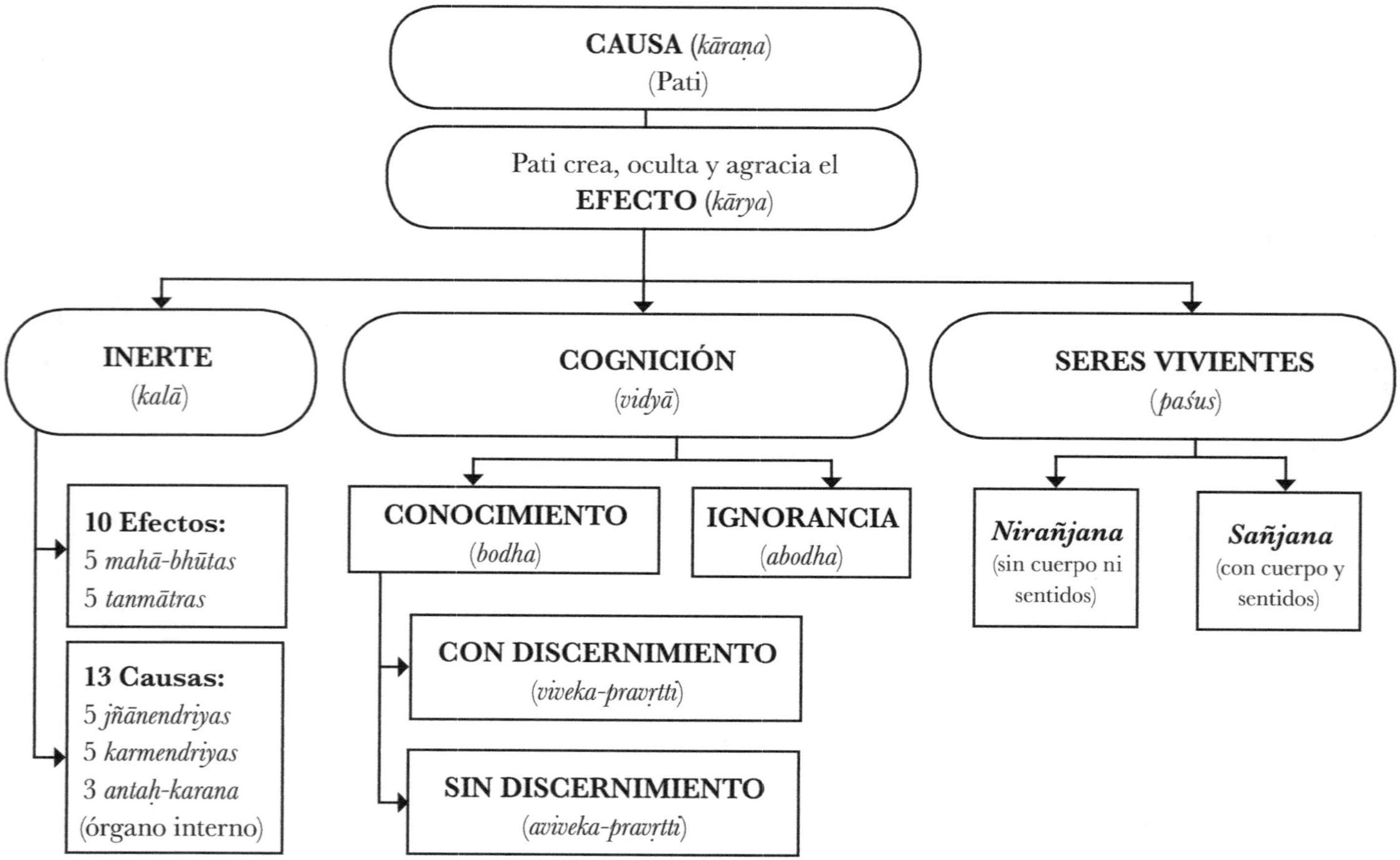
CAUSA (kāraṇa)
(Pati)
Pati crea, oculta y agracia el
EFECTO (kārya)
INERTE
(kalā)
COGNICIÓN
(vidyā)
SERES VIVIENTES
(paśus)
10 Efectos:
5 mahā-bhūtas
5 tanmātras
13 Causas:
5 jñānendriyas
5 karmendriyas
3 antaḥ-karana
(órgano interno)
CONOCIMIENTO
(bodha)
IGNORANCIA
(abodha)
CON DISCERNIMIENTO
(viveka-pravṛtti)
SIN DISCERNIMIENTO
(aviveka-pravṛtti)
Nirañjana
(sin cuerpo ni sentidos)
Sañjana
(con cuerpo y sentidos)

Meta final

De acuerdo con la visión *pāśu-pata*, al abrir nuestros ojos a este mundo encontramos dolor y sufrimiento. El alma (*paśu*) no puede aproximarse a Śiva (*Pati*) a causa de sus ataduras (*pāśa*). Este sendero invita a conocer, entender y tomar consciencia de las ataduras, para finalmente trascenderlas. Su mensaje es que Dios puede cambiar el destino de los seres humanos según su propia voluntad, más allá del karma de la persona. Aun así, el *pāśu-pata* tiene que hacer esfuerzos por despertar la gracia de Śiva siguiendo las observancias (*vrata*) y la práctica espiritual (*sādhana*).

अप्रमादी गच्छेद्दुःखानामन्तमीशप्रसादात् ॥

apramādī gacched duḥkhānām antam īśa-prasādāt

Por la gracia de Īśa (Śiva o Paśu-pati), aquel que no es descuidado alcanzará el fin de todo sufrimiento.

(*Pāśu-pata Sūtra*, 5.40)

Los *pāśu-patas* aspiraban a la perfección divina al equiparar la omnisciencia y la omnipotencia de Rudra, que ocurría en el momento de la muerte. En su estado liberado (*sāyujya*), el alma se acerca a Dios, pero no desaparece por completo. La liberación no es la completa fusión del alma, sino un estado libre de todo sufrimiento (*duḥkhānta*).

पाशुपताः सङ्क्रान्त्या साम्यमुपगच्छन्ति । तथा हि— कस्तूरिकाद्यामोदः पटादाविवेश्वरस्यं सार्वज्ञ्यादिकं मुक्तपुरुषे सङ्क्रामति । तस्माच्छिवगुण-सङ्क्रान्त्या साम्यमिति ॥

pāśupatāḥ saṅkrāntyā sāmyam upagacchanti. tathā hi— kastūrikādy āmodaḥ paṭādāviveśvarasyaṁ sārva-jñyādikaṁ mukta-puruṣe saṅkrāmati. tasmāc chiva-guṇa-saṅkrāntyā sāmyam iti.

Los *pāśu-patas* aceptan *Śiva-sāmya* (como *mokṣa*) mediante la transferencia de las cualidades de Śiva, como la omnisciencia, al alma liberada de la misma manera que el aroma de *kastūrikā*, y demás, se transfiere a la tela. Mediante la transferencia de las cualidades de Śiva, ocurre *Śiva-sāmya*.

(*Śaiva-paribhāṣā* de Śivāgra-yogin, 5.31)

En el *Āgama-prāmāṇya*, Yāmunācārya sintetiza toda la filosofía Pāśu-pata de la siguiente manera:

तत्रैषा पाशुपतप्रक्रीया-
जीवाः पशव उच्यन्ते तेषामधिपतिश्शिवः ।
स तेषामुपकाराय पञ्चाध्यायीमचीक्लृपत् ॥
तत्र पञ्चपदार्थास्तु व्याख्याताः कारणादयः ।
कारणं कार्यं विधिर्योगो दुःखान्त इति ।
उपादानं निमित्तं च व्याख्यातं कारणं द्विधा ।
निमित्तकारणं रुद्रः, तत्कला कारणान्तरम् ॥
मह्यन्तं महदादि कार्यमुदितं, तद्वद्विधिर्गीयते गूढाचारमुख स्मशान भसित
स्नानावसानः, परः।
'योगो' धारणमुच्यते हृदि धियाम् ओंकारपूर्वं, तथा
'दुःखान्तो' हि मतो ऽपवर्ग इति ते पञ्चापि संकीर्तिताः ॥
आत्यन्तिकी दुःखनिवृत्तिः 'दुःखान्त' शब्देनोक्ता । तामेव निश्शेषवैशेषिकात्म-
गुणोच्छेदलक्षणां मुक्तिं मन्यन्ते । इयमेव च ईश्वरकल्पना शैवानामन्येषां च ।

tatra īṣā pāśu-pata-prakrīyā-

jīvāḥ paśava ucyante teṣām adhipatiś śivaḥ
sa teṣām upakārāya pañcādhyāyīm acīklṛpat

tatra pañca-padārthās tu vyākhyātāḥ kāraṇādayaḥ
kāraṇaṁ kāryaṁ vidhir yogo duḥkhānta iti
upādānaṁ nimittaṁ ca vyākhyātaṁ kāraṇaṁ dvidhā
nimitta-kāraṇaṁ rudraḥ, tat-kalā kāraṇāntaram

mahy antaṁ mahad ādi kāryam uditaṁ, tad vat vidhir gīyate
gūḍhācāra-mukha smaśāna bhasita-snānāvasānaḥ, paraḥ.
'yogo' dhāraṇam ucyate hṛdi dhiyām oṁ-kāra-pūrvaṁ, tathā
'duḥkhānto' hi mato 'pavarga iti te pañcāpi saṁkīrtitāḥ.

ātyantikī duḥkha-nivṛttiḥ 'duḥkhānta' śabdenoktā. tām eva niśśeṣa-vaiśeṣikātma-guṇoccheda-lakśaṇām muktiṁ manyante. iyam eva ca īśvara-kalpanā śaivānām anyeṣāṁ ca.

El sistema *Pāśu-pata* es como sigue: hay almas individuales, llamadas *paśus* (ganado), y su señor Śiva (el Señor del ganado). Para ayudar a las almas, Śiva compuso el *pañcādhyāyī*, donde explica las cinco categorías: causa, efecto, prescripciones, yoga y cese del sufrimiento. Hay dos tipos de causas, materiales e instrumentales. Rudra es la causa instrumental, mientras que una decimosexta parte de él es la causa material. El efecto comprende todos los elementos, desde *mahat* (el gran principio) hasta *pṛthivī* (tierra). Las prescripciones incluyen principalmente una serie de ritos, prácticas secretas, baños, tumbarse en las cenizas, y demás. Se dice que el yoga es la concentración, la repetición del mantra *Oṁ*, y demás. El cese del sufrimiento significa estar liberado. Las cinco categorías están numeradas. El término 'cese del sufrimiento' supone el final total y definitivo del sufrimiento. Este sistema afirma que esta cesación o liberación se define por la aniquilación de todas las cualidades del alma diferenciada.

(*Āgama-prāmāṇya* de Yāmunācārya, 84, «*Siddhānte matāntara-parīkṣā*», «*pāśupata-mata-paripādanam*»)

2. *Lākula, Kālā-mukha* o *Mahā-vratins*

Mientras la secta *pāśu-pata* continuaba incrementando su popularidad, ocurrió otro fenómeno que contribuiría a crear las circunstancias para el florecimiento del tantra. A medida que los *pāśu-patas* se extendían por la India, recibían el apoyo de los *śaivas* laicos e incorporaban más y más *brāhmaṇas* en sus linajes, un grupo de sus ascetas llevó las prácticas ascéticas a un nivel más exigente. Ellos fueron los *lākulas*, también llamados *kālāmukhas*, que aceptaron las doctrinas de los *Pāśu-pata Sūtra*, aunque eran más extremos en sus prácticas ascéticas y en su rechazo de las prescripciones védicas. Mientras deambulaban por campos crematorios y lugares de peregrinación, la gente los miraba con repugnancia. Pero estos valientes del espíritu daban la espalda a la aceptación social y avanzaban hacia la trascendencia. Dentro de esta diversidad pasajera y efímera, solo aspiraban al Uno sin segundo, Śiva.

Relatan los *purāṇas* que el Señor Brahmā se sintió atraído hacia su bella hija. Śiva, en su aspecto Bhairava, lo castigó cortándole su quinta cabeza con la uña del pulgar. El cráneo de Brahmā se pegó a la mano de Śiva. La única expiación posible para un *brahma-hatya* (asesinato de *brāhmaṇas*) era adoptar el voto *mahā-vrata*, o la 'gran penitencia': peregrinar por la tierra desnudo mendigando y llevando la calavera de su víctima.

ब्रह्मोवाच-
तदा निरपराधस्य शिरश्छिन्नं त्वया मम ॥
तस्माच्छापसमायुक्तः कपाली त्वं भविष्यसि ।
ब्रह्महन्याकुलो भूत्पारचरतीर्थानि भूतले ॥

brahmovāca-
tadā niraparādhasya śiraś chinnaṁ tvayā mama

tasmāc chāpa-samāyuktaḥ kapālī tvaṁ bhavisyasi
brahma-hanyākulo bhūt pāracara-tīrthāni bhūtale

Entonces, Brahmā dijo: «Me has decapitado sin motivo, y por mi maldición llevarás una calavera como insignia del pecado de infligir daño a un *brāhmaṇa* y deambularás por los lugares sagrados».

(*Matsya Purāṇa*, 183.85-86)

Bhairava descendió a la Tierra y, después de mucho deambular, logró expiar su pecado cuando arribó a Varanasi. Ese lugar se llamó *kapāla-mocana-tīrtha* (liberado del cráneo), donde Śiva fue liberado del pecado de haber matado a un *brāhmaṇa*.

El *mahā-vrata* se detalla en los libros de leyes, *dharma-śāstras*: la sentencia para una persona que ha matado a un sacerdote *brāhmaṇa* involuntariamente es vivir fuera de la sociedad védica durante doce años. Para expiar el crimen, el asesino debe cargar con el cráneo de la persona asesinada como un estandarte (*khaṭvāṅga*), mendigar con una taza hecha de cráneo, adornarse con una guirnalda de huesos humanos, cubrirse con cenizas de muertos y llevar el pelo enmarañado o la cabeza afeitada.

वने पर्णकुटीं कृत्वा वसेत् । त्रिषवणं स्नायात् । स्वकर्म चाचक्षाणो ग्रामे ग्रामे भैक्षमाचरेत् । तृणशायी च स्यात् । एतन्महाव्रतम् । ब्राह्मणं हत्वा द्वादश-संवत्सरं कुर्यात् ।

...

सर्वेषु शवशिरो ध्वजी स्यात् ।

vane parṇa-kuṭīṁ kṛtvā vaset. triśa-vaṇaṁ snāyāt. sva-karma cācakṣāno grāme grāme bhaikṣam-ācaret. tṛṇa-śāyī ca syāt. etan mahā-vratam. brāhmaṇam hatvā dvādaśa-saṁvatsaraṁ kuryāt.

...

sarveṣu śava-śiro dhvajī syāt.

Que un hombre haga una choza de hojas en un bosque y habite en él, que se bañe (y realice sus oraciones) tres veces al día, que recoja limosnas, vaya de un pueblo a otro y proclame sus propias obras, y que duerma sobre la hierba. Esto se llama *mahā-vrata* (la gran observancia). El que ha matado involuntariamente a un *brāhmaṇa* debe realizar esto durante doce años. El que realiza cualquiera de estas penitencias debe llevar el cráneo de la persona asesinada como una bandera en su bastón.

(*Viṣṇu-smṛti*, 50.1-6 y 15)

Los *lākulas* asumieron el castigo de Bhaivara y adoptaron el *mahā-vrata*, pagando ellos mismos por un pecado que no cometieron, solo para armonizarse con el Señor Śiva. Estos *sādhus*, inocentes de todo crimen, voluntariamente adoptaban este modo de conducta en su búsqueda de trascendencia. Siendo ellos mismos *brāhmaṇas*, eligieron descender de la posición más elevada a la más deplorable, en un acto de pasión espiritual sin precedentes. Asumieron un 'camino directo' (*ati-mārga*) hacia la pureza interna.

Siguiendo el destino de Śiva Bhairava, los *lākulas* finalizaban su peregrinación en Varanasi y así expiaban sus pecados. Ellos no anhelaban ninguna otra cosa en el mundo más que la liberación. En lugar de defender la reputación, buscaban limpiarse del karma acumulado y trascender el sufrimiento. Consideraban que si con doce años de *mahā-vrata* era posible limpiar el karma por haber asesinado a un *brāhmaṇa*, el efecto purificador de este *vrata* debía ser inconmensurable.

En el plano relativo, todo es temporal. Nuestro paso por el mundo es corto y doloroso. En lugar de ignorar esta cruda realidad buscando seguridad y éxito, los *lākulas* optaron por confrontarla, estando presentes en todo momento y dando la espalda a la supuesta felicidad que ofrece el mundo. En lugar de las cenizas de estiércol de vaca, eligieron cenizas de cadáveres incinerados; en lugar de hilo de algodón, prefirieron hacer un hilo de cabellos de cadáveres; su hogar era el crematorio donde todos llegan tarde o temprano. Ellos aceptaban la realidad, de la cual todos intentan escapar buscando placeres pasajeros. Aquellos gigantes espirituales optaban por vivir con la Verdad constantemente ante a sus ojos.

Los *lākulas* establecieron templos y monasterios en lo que actualmente es Karnataka, así como en otros lugares del subcontinente indio. Al igual que los *pāśu-patas*, fueron víctimas de la condena, el desprestigio y los comentarios hostiles. Sus enseñanzas y prácticas les acarrearon gran número de detractores.

Lamentablemente, sus escrituras desaparecieron con el transcurso del tiempo; por lo tanto, su filosofía puede ser conocida solo a través de medios indirectos. Si estos revolucionarios espirituales obtuvieron alguna estima de círculos más abiertos, fue por su valentía, sinceridad y su sendero sin concesiones. Dicho aprecio queda reflejado para la posteridad en una inscripción del año 1162 n. e. encontrada en uno de sus templos:

Este es un lugar dedicado a las observancias de los santos de Śiva que llevan perpetuamente la vida de *brahmacārīs* religiosos célibes, un lugar para el silencioso estudio de los cuatro Vedas... los *yoga-śāstras* y los otros tipos de aprendizaje; un lugar donde la comida siempre se da a los pobres, a los indefensos... a los músicos y los trovadores cuyo deber es despertar a sus maestros con música y canciones... y para los mendicantes y todos los mendigos... un lugar donde muchos enfermos desamparados son abrigados y tratados, un lugar de seguridad para todos los seres vivientes.

Miembros

La gran mayoría de los miembros de esta secta eran *brāhmaṇas* que elegían la vida del asesino de *brāhmaṇas*. Estos elevados buscadores espirituales llevaban una vida de criminales, seguros de que quien es degradado en el mundo aparente se eleva en el plano de la realidad. A través de dicha penitencia, inocentes de todo crimen, lograban una gran elevación y la liberación del condicionamiento mental. Santos y sabios permanecían unidos en armonía con su Señor Śiva, acompañándolo en su penitencia.

Nombre de la secta

Esta secta ha recibido diversas denominaciones. Uno de sus nombres más populares es *lākula*, el cual deriva de Sad-guru Lakulīśa. También se les denomina *kālāmukhas*, o 'cara negra', debido a que se pintaban la frente con una marca negra en señal de renuncia, aunque hay eruditos que objetan que los *kālāmukhas* constituyen una subdivisión dentro de los *lākulas*. Los *kālāmukhas* son conocidos por el gran número de inscripciones del sur de India, fechadas entre los siglos IX y XIII n. e.

Cronología y ubicación geográfica

Los *lākulas* pueden ser considerados reformadores religiosos, quienes lograron establecer una fuerte estructura social. Su desarrollo ocurrió en la gran meseta Deccan del sur de India en los primeros siglos de nuestra era, alcanzando su punto álgido aproximadamente entre los años 600 y 1000 n. e. Sus primeros monasterios se establecieron en Mysore. Dentro de los *lākulas* existían subdivisiones, como los *śakti-pariṣad* y los *siṁha-pariṣad*. Los *sādhus* que seguían el *śakti-pariṣad* deambulaban por un área más amplia, mientras que los del *siṁha-pariṣad* se encontraban principalmente en los distritos de Dharwar y Shimoga. Hay especialistas que piensan que la escuela posterior *Vīra-śaiva* se desarrolló a partir de esta secta y, finalmente, substituyó a los *lākulas* en el siglo XIII n. e., al parecer utilizando sus mismos templos y *āśramas*.

Escrituras principales

La literatura religiosa *lākula* no ha llegado hasta nuestros días; por lo tanto, los detalles acerca de sus prácticas y su filosofía resultan oscuros y confusos. La escasa información que poseemos procede de las menciones recogidas en otros textos y de las inscripciones que podemos encontrar en antiguos templos de la secta. Se sabe que aceptaban la autoridad del *Pāśu-pata Sūtra* revelado por Śiva, además de su escritura propia, *Pramāṇas*, de la cual solo conocemos su título y una cita breve. Los *lākulas* siguieron el sendero de los *pāśu-patas*, su literatura sagrada, los mantras y sus prácticas, aunque añadieron una *sādhana* más austera. Las enseñanzas *lākula* sirvieron de puente, constituyendo una transición entre los *pāśu-patas* y el shaivismo agámico.

Iniciación

La iniciación *lākula* constituye el requisito esencial para ser aceptado en la práctica del *mahā-vrata*. El oficiante comienza la iniciación (*dīkṣā*) tocando al aspirante con los cinco *Brahma-mantras*. Luego, se le describen los votos (*vratas*) y se le revela el conocimiento de la jerarquía cósmica formada por once niveles (*prakriyā*). Durante su proceso involutivo, el asceta ascenderá por la escalera de los mundos de Rudras hasta alcanzar la liberación (*bhuvanādhvā*). Después, el oficiante medita en esta jerarquía e inicia al candidato a través del 'descenso de la palabra *atha*' (*atha-śabda-nipātah*). Como resultado de su descenso, el iniciado será liberado (*vimucyate*). La iniciación de los *pāśu-patas* era esencialmente un rito de paso que autorizaba a la práctica de los votos, pero para los *lākulas*, al igual que para el shaivismo agámico posterior, el rito confiere la liberación (*ātma-samskāraḥ*), la cual se consumará en el momento de la muerte, siempre y cuando complete el proceso con ascetismo y gnosis de la jerarquía cósmica. Al visualizar la ascensión por la escalera de principios (*tattvas*) o mundos, el *lākula* cruza la barrera (*granthi*) y accede a los mundos espirituales.

Rituales y Prácticas

Dentro de sus rituales, los *lākulas* parecen no incluir el *hautrīdīkṣā*, que es el *dīkṣā* mediante la colocación de ofrendas en un fuego consagrado. Los sistemas agámicos iniciaban a gente casada y les instruían para satisfacer a sus deidades con ofrendas en el fuego y mantras. Pero los *lākulas* eran ascetas que vivían fuera de la sociedad y sus rituales no incluían el fuego.

Esta fue la primera secta en practicar el *mahā-vrata*, u 'observancia de los grandes votos', también llamada *kapāla-vrata* (observancia del cráneo), *lokātita-vrata* (observancia que trasciende el mundo) y *mahā-pāśu-pata-vrata* (gran observancia del *pāśu-pata*). El *Yoga Sūtra* de Patañjali prescribe cinco abstenciones (*yamas*): *ahimsā* (no violencia), *satya* (veracidad), *asteya* (no robar), *brahmacarya* (celibato, contención de los sentidos) y *aparigraha* (desapego). En conjunto, se llaman *mahā-vrata*, o 'gran penitencia'. Dado que sabemos que los *pāśu-patas* practicaban los *yamas*, algunos eruditos objetan que el *mahā-vrata* de los *lākulas* eran los *yamas* y no la penitencia descrita en los *dharma-śāstras*.

La *Niśvāsa-mukha-tattva-saṁhitā*, que es una parte introductoria del *tantra śaiva* más antiguo que se ha conservado llamado *Niśvāsa-tattva-saṁhitā*, describe la *sādhana* de los *lākulas*:

अत्याश्रमव्रतं ख्यातं लोकातीतञ्च मे शृणु ॥
आलब्धः पञ्चभिर्गुह्यैर्दीक्षितश्चैव सो भ्रमेत् ।
खट्वाङ्गी च कपाली च स जटी मुण्डमेव वा ॥
बालयज्ञोपवीती च शिरोमुण्डैश्च मण्डितः ।
कौपीनवासो भस्माङ्गी दिव्याभरण भूषितः ॥
जगद्रुद्रमयम्मत्वा रुद्रभक्ति दृढव्रतः ।
सर्वादस्सर्वचेष्टश्च रुद्रध्यानपरायणः ॥
रुद्रं मुक्त्वा न चान्यो ऽस्ति त्राता मे देवतम्परम् ।
विदित्वैकादशाध्वानं निर्विशङ्कः समाचरेत् ॥

atyāśrama-vrataṁ khyātaṁ
lokātītañ ca me śṛṇu

ālabdhaḥ pañcabhir guhyair
ddīkṣitaś caiva so bhramet
khaṭvāṅgī ca kapālī ca
sa jaṭī muṇḍam eva vā

bāla-yajñopavītī ca
śiro muṇḍaiś ca maṇḍitaḥ
kaupīna-vāso bhasmāṅgī
divyābharaṇa bhūṣitaḥ

jagad-rudra-mayam matvā
rudra-bhakti dṛḍha-vrataḥ
sarvādas sarva-ceṣṭaś ca
rudra-dhyāna-parāyaṇaḥ

rudraṁ muktvā na cānyo 'sti
trātā me devatam param
viditvaikādaśādhvānaṁ
nirviśaṅkaḥ samācaret

Oye ahora el *lokātīta*. Tocado con los cinco *Brahma-mantras*, el iniciado debe andar errante, portando un bastón con cabeza de cráneo (*khaṭvāṅga*) y [una taza de limosna hecha

> con] un cráneo humano (*kapālam*). Debe llevar las mechas enmarañadas (*sajaṭaḥ*) o afeitarse la cabeza (*muṇḍaḥ*). Debe usar un hilo sagrado (*yajñopavītam*) confeccionado con pelo [de muertos] y debe adornarse con una guirnalda hecha de huesos humanos. No puede usar otra cosa que una tira de tela para cubrir sus partes íntimas, debe untarse con cenizas y adornarse con ornamentos celestiales. Considerando que todas las cosas son, en esencia, Rudra, debe mantenerse fiel a su observancia como devoto de Rudra. Puede comer y beber cualquier cosa. No se le prohíbe ninguna acción. Él debe permanecer inmerso en la contemplación de Rudra, pensando «Solo Rudra puede salvarme. Él es la deidad suprema». Siempre que haya comprendido primero la jerarquía cósmica constituida por once [niveles], el [*lākula*] debe practicar esta observancia, quedando libre de toda inhibición (*nirviśaṅkaḥ*).
>
> (*Niśvāsa-mukha-tattva-saṁhitā*, 4.88b-92)

Los *lākulas* se adornaban con huesos humanos: un collar, aretes, pulseras o brazaletes, y una joya en el pelo (*śikhā-maṇi*). Los cuatro ornamentos de hueso, junto con el hilo sagrado, fueron llamados los *pañca-mudrā* (cinco insignias), a los que se agregaron, como sexto elemento, las cenizas.

Estos ascetas se distanciaron más aun de las nociones convencionales védicas de pureza ritual. Intensificaron su nivel de impureza, pero, al parecer, sin trascender la convención del celibato como lo hicieron los *kāpālikas* posteriores. Parte de su *sādhana* consistía en bañarse en cenizas de cadáveres incinerados, tragar dichas cenizas y consumir bebidas alcohólicas en adoración a Rudra. A pesar de que sus prácticas se oponían a la ortodoxia, ellos se consideraban parte integral de la tradición védica.

Los votos (*vratas*) de los *lākulas* están estrechamente relacionados con la *sādhana* de cinco etapas de los *pāśu-patas* descritos en el *Pāśu-pata-śāstra*. La práctica *lākula* menciona cuatro de estas etapas:

1. La etapa manifiesta (*vyakta*): Práctica sedentaria.
2. La etapa no manifiesta (*avyakta*): Deambular en la sociedad provocando el desprecio (*dveṣa-utpādaya*).
3. La etapa de la victoria (*jaya*): que implica retirarse a una cueva o vivienda desierta, no era parte de la práctica *lākula*.
4. La etapa de corte (*cheda*): Traslado a un crematorio.
5. La etapa de terminación (*niṣṭhā*): Abandonar el cuerpo mediante el suicidio yóguico.

Las sectas del *ati-mārga* poseían una devoción monoteísta hacia Dios como el Señor Śiva. Para algunas de ellas, existen numerosas manifestaciones divinas —encarnaciones inferiores de Śiva denominadas Rudras— que dominan diferentes dimensiones de la realidad. Meditar en esta cosmología con niveles jerárquicos de existencia era una *sādhana* central para los *lākulas*. Al abandonar el cuerpo, el conocimiento de cada plano es de ayuda para acceder a la dimensión de la realidad de Śiva. El shaivismo agámico posterior desarrolló esta concepción: mientras que el ascenso a través de los mundos Rudra (*bhuvanādhvā*) que se conserva en los textos *śaiva* agámicos, se aplica solo en los rituales de iniciación. En la práctica, los ascensos yóguicos se experimentan de manera directa y no en el contexto de rituales. Además, los *Rudravratas* se han alejado de la jerarquía de Rudras como señores de los mundos (*bhuvaneśaḥ*) a la jerarquía de los principios o niveles de la realidad (*tattvas*). Las visualizaciones son totalmente impersonales o de deidades distintas de los Rudras, tanto femeninas como masculinas.

Doctrina

Los *lākulas* adoraban al Señor Śiva en su aspecto feroz como Bhairava. Esta secta adoptó en gran medida concepciones de la filosofía *sāṁkhya*. Negaban la independencia del alma y, para ellos, la agencia pertenecía exclusivamente a *prakṛti*. Los *paśus*, o seres individuales, incluían no solo a las personas no iniciadas, sino también a las iniciadas mientras aún estaban en el cuerpo, e incluso a las diversas almas Rudra que gobiernan los niveles de la jerarquía cósmica (*prakriyādhvā*).

La jerarquía de los mundos se divide en dos partes: un universo inferior e impuro (*aśuddho-mārga*), y un universo superior y puro (*śuddho-mārga*). Una gran barrera denominada *granthi* separa ambos universos. Solo la iniciación, el cultivo de la gnosis y observancia después de la iniciación permitirán al *lākula* ir más allá y alcanzar los universos puros.

Meta final

La liberación otorga al alma la omnisciencia divina (*jñāna-śakti*), pero no la omnipotencia (*kriyā-śakti*), ya que todas las almas están atadas o dominadas (*paśavaḥ*). El alma puede acceder a la liberación, pero nunca a la omnipotencia. Si los seres liberados fueran omnipotentes como Dios, podrían estar en desacuerdo con él en el orden de la creación y, en consecuencia, no habría creación. En todos los sistemas *śaivas*, el alma liberada adopta las cualidades de Dios, pero según los *lākulas*, los seres liberados solo adquieren omnisciencia, porque únicamente Śiva es omnipotente.

Dios está más allá del universo y abarca todo con su omnisciencia, pero es el único que tiene la capacidad de activar su creación para permitir que las almas bajo su control se encarnen, actúen y reciban los resultados de sus acciones. Antes de la liberación, el ser humano está inactivo pero es consciente, ya que la consciencia es una cualidad innata. En el estado de la liberación, todos los factores que limitan la consciencia desaparecen, y el ser se vuelve omnisciente, aunque permanece inactivo.

शिवसांयामपि न मोक्षः । तच्च साम्यां उत्पत्तिसङ्क्रान्ति-समावेशाभिव्यक्तिभिश्चतुर्धा सम्भवति । तत्र महाव्रतिनः उत्पत्त्या साम्यमुपगच्छन्ति । तथा हि— मुक्तौ तावच्छिवसाम्यमस्ति । तच्च सर्वज्ञत्वादिरूपम् । तच्च तदैवोत्पद्यते । अन्यथा पूर्वमपि तत्प्रसङ्गात् । तस्माच्छिवगुणसदृशगुणोत्पत्त्यैव शिवसाम्यमिति ॥

śiva-sāmyām api na mokṣaḥ. tac ca sāmyām utpatti-saṅkrānti-samāveśābhivyaktibhiś caturdhā sambhavati. tatra mahā-vratinaḥ utpattyā sāmyam upagacchanti. tathā hi— muktau tāvac chiva-sāmyam asti. tac ca sarva-jñatvādi-rūpam. tac ca tadaivotpadyate. anyathā pūrvam api tat prasaṅgāt. tasmāc chiva-guṇa-sadṛśa-guṇotpatyaiva śiva-sāmyam iti.

> La igualdad con Śiva (*Śiva-sāṁya*) tampoco es liberación (*mokṣa*). Esta igualdad se produce de cuatro maneras: mediante el origen, la transferencia, la posesión o el surgimiento. De estas [cuatro formas], los *mahā-vratins* sostienen que la igualdad con Śiva (*Śiva-sāṁya*) se produce a través del origen. Es de la siguiente manera: en la liberación, existe la igualdad en la forma de las cualidades de Śiva (omnisciencia, omnipotencia y omnipresencia), que se origina solo entonces. De lo contrario, existiría la contingencia de su ocurrencia incluso antes. Por lo tanto, la igualdad con Śiva ocurre solo a través del origen de cualidades similares a las de Śiva.
>
> (El *Śaiva-paribhāśa* de Śivāgrayogin, 5.32)

3. *Kāpālika* o *Soma-siddhānta*

Los *kāpālikas*, o 'portadores del cráneo', eran la tercera secta de ascetas peregrinos del *ati-mārga*. Ellos constituyen el eslabón entre el shaivimo pretántrico y la emergente revelación tántrica. En esta secta, se acuñaron las prácticas y doctrinas antinómicas que florecerán luego en las sectas tántricas. Estas almas apasionadas fueron aún más lejos en sus esfuerzos por liberarse de los condicionamientos sociales. Mientras que los *pāśu-patas* y los *lākulas* eran célibes estrictos, los *kāpālikas* quisieron superar por completo la dualidad de puro-impuro, o santo-profano, e incorporaron prácticas que incluían rituales de carácter sexual y el consumo de sustancias prohibidas como carne y vino.

Cubiertos con cenizas de muertos, decorados con huesos humanos y portando un bastón de cráneo (*khaṭvāṅga*), estos ascetas deambulaban por los crematorios. Conscientes de la realidad temporal, dedicaban su vida a superar el miedo a la muerte. Tenían una apariencia repugnante, pero los ojos inocentes de los seres que aceptaban el voto de veracidad de por vida. Con las más pulcras aspiraciones, asumían una apariencia que contaminaba a las personas con solo mirarlos. Residían en los bosques y solo entraban en los pueblos a mendigar su comida con un tazón hecho de cráneo.

No se han preservado textos de la secta y sabemos de ellos por las obras de teatro de la época en la que se describen protagonistas *kāpālikas*. Por ejemplo, de la obra teatral satírica *Matta-vilāsa Prahasana* del rey de Pallava, llamado Mahendra Varman, sabemos que los *kāpālikas* distribuían sus posesiones (*saṁvibhāga*) y solo se quedaban con un taparrabos (*kaupīna*) y algunos objetos sagrados (*bhairavas*), como el cráneo humano (*kapāla*), para comer y beber, aros en las orejas, piel de serpiente como el hilo brahmínico, un tambor *ḍamaru*, una *mṛdaṅga* y un tambor más grande llamado *kāhala*.

La obra se burla del *kāpālika* al poner en sus labios las siguientes palabras:

कपाली— प्रिये! पश्य पश्य । एष सुरापणो यज्ञवाट विभूतिमनुकरोति । अत्रहि ध्वजस्तम्भो यूपः, सुरा सोमः, शौण्ड ऋत्विजः, चपकाश्चमसाः शूल्यमांसप्रभृय उपदंशा हविर्विशेषाः मत्तवचनानि यजूंषि, गीतानि सामानि, उदङ्काः स्रुवाः, तर्पोऽग्निः, सुरापणाधिपतिर्यजमानः ।

kapālī— priye! paśya paśya. eṣa surāpaṇo yajña-vāṭa vibhūtim anukaroti. atra hi dhvaja-stambho yūpaḥ, surā somaḥ, śauṇḍa ṛtvijaḥ' capakāś camasāḥ śūlya-māṁsa-prabhṛya upadaṁśā havir viśeṣāḥ matta-vacanāni yajūṁṣi, gītāni sāmāni, udaṅkāḥ sruvāḥ, tarpo 'gniḥ, surāpaṇādhipatir yajamānaḥ.

Kāpālika (a su mujer): Mira, mira querida, esta tienda de licores emula la gracia de un altar de sacrificio. Aquí el cartel es el poste del sacrificio. El licor es el jugo de *Soma*, los borrachos son los sacerdotes, las copas son los cuencos, los condimentos de las carnes asadas son las oblaciones, las conversaciones de los intoxicados son los mantras de *Yajur*, sus canciones son los himnos de *Soma*, las bolsas de cuero son los cucharones de los sacrificios que avivan el fuego, y el encargado de la tienda es el patrón del sacrificio.

(*Matta-vilāsa Prahasana*)

Aunque eran serios buscadores de la trascendencia, la gente los veía como simples hedonistas, dedicados al disfrute de los sentidos. Los *sādhus* sabían que lo mejor para superar el orgullo era elegir el sendero más elevado y directo a Dios, mientras que eran acusados de entregarse el disfrute del mundo. Lo cierto es que el público ignoraba los motivos soteriológicos de sus prácticas. El ritual sexual era una recreación de las relaciones íntimas entre Śiva y su esposa, la diosa Pārvatī o Umā. La felicidad de esta unión se compara con la bienaventuranza de la liberación, o *mokṣa*. Los adeptos tántricos recrearán esta bendición divina en sus propios actos de relación ritual. La escritura posterior *Kulārṇava Tantra* revela algunos de estos secretos:

सुरा शक्तिः शिवो मांसं तद्भोक्ता भैरवः स्वयम् ।
तयोरैक्यसमुत्पन्न आनन्दो मोक्ष उच्यते ॥
आनन्दं ब्रह्मणो रूपं तच्च देहे व्यवस्थितम् ।
तस्याभिव्यञ्जकं मद्यं योगिभिस्तेन पीयते ॥

surā śaktiḥ śivo māṁsaṁ
tad bhoktā bhairavaḥ svayam
tayor aikya-samutpanna
ānando mokṣa ucyate

ānandaṁ brahmaṇo rūpaṁ
tac ca dehe vyavasthitam
tasyābhivyañjakaṁ madyaṁ
yogibhis tena pīyate

El vino (*surā*) es Śakti, la carne (*māṁsa*) es Śiva. El disfrutador de los dos es el propio Bhairava. El placer que surge de su unión [Śiva y Śakti] se llama *mokṣa*. Este placer, que es la forma (*rūpa*) de Brahman, reside en el cuerpo [del devoto]. El vino lo hace manifiesto. Por eso, los yoguis beben vino.

(*Kulārṇava Tantra*, 5.79-80)

Ārya Kṣemīśvara, autor de la obra en sánscrito llamada *Caṇḍa-kausika*, describe la sabiduría y las verdaderas aspiraciones de estos ascetas.

El acto 4 de su drama tiene lugar en un crematorio, cuando Dharma, el dios de la justicia, aparece disfrazado de *kāpālika*, frente al rey Hariścandra. Cuando el Rey ve al asceta, lo describe de la siguiente manera:

खट्वाङ्गधृग्भस्मकृताङ्गरागो नरास्थिभूषोज्ज्वलरम्यकान्तिः ।
कपालपाणिर्नृकरङ्कमौलिराभाति साक्षादिव भूतनाथः ॥

khaṭvāṅga-dhṛg-bhasma-kṛtāṅga-rāgo
narāsthi-bhūṣojjvala-ramya-kāntiḥ
kapāla-pāṇir nṛkaraṅka-maulir
ābhāti sākṣād iva bhūta-nāthaḥ

Sosteniendo un bastón con una calavera en su extremo superior, ungido con cenizas, dotado de una encantadora belleza resplandeciente por el adorno de huesos humanos, y portando una calavera en la mano y un esqueleto humano en la cabeza, parece como si fuera el mismísimo Śiva en persona.
(*Caṇḍa-kauśika*, acto 4, verso 25)

El *kāpālika* entonces dice:

अयाचितोपस्थित भैक्ष्य वृत्तिर्निवृत्त-पञ्चेन्द्रियनिस्तरङ्गः ।
व्यतीत्य संसारमहाश्मशानं चरामि बिभत्समिदं श्मशानम् ॥
(विचिन्त्य)। स्थाने स खलु रुद्रो भगवान् महाव्रतं चचार । परः किलायं प्रकर्षः कामचारिणाम् ।
किन्तु भैक्ष्याद्वैतं तपौद्वैतं क्रियाद्वैतं च तत्परम् ।
सुलभं सर्वमेवैतदात्माद्वैतं तु दुर्लभम् ॥

ayācitopasthita bhaikṣya vṛttir
nivṛtta-pañcendriya nistaraṅgaḥ
vyatītya saṁsāra-mahā-śmaśānaṁ
carāmi bibhatsam idaṁ śmaśānam
(vicintya). sthāne sa khalu rudro bhagavān mahā-vrataṁ cacāra. paraḥ kilāyaṁ prakarṣaḥ kāma-cāriṇām.
kintu bhaikṣyādvaitaṁ tapaudvaitaṁ kriyādvaitaṁ ca tatparam
sulabhaṁ sarvam evaitad ātmādvaitaṁ tu durlabham

Viviendo de tales limosnas que se dan sin pedirlas y calmo por la restricción de los cinco sentidos, transcendiendo el crematorio de la existencia transmigratoria (*saṁsāra*), ahora vago por este repugnante terreno de cremación.

[Reflexionando]. Es muy adecuado que el divino Rudra realizara el gran voto (*mahā-vrata*). Suprema es en verdad esta excelencia de [los que] vagan a voluntad. Pero, dedicándose solo a recoger limosnas, penitencias y ritos, todo esto es fácil de obtener. Sin embargo, la realización del Ser es un estado difícil de obtener.

(*Caṇḍa-kauṣika*, acto 4, versos 26-27)

Similar al *Caṇḍa-kausika*, el drama *Mālatī-mādhava*, del famoso escritor Bhavabhūti, da un rol central a los *kāpālikas*. La quinta escena de esta obra también ocurre en un crematorio, donde la mujer *kāpālika* llamada Kapāla-kuṇḍalā y su maestro Aghora-ghaṇṭa están realizando *pūjā*.

Kapāla-kuṇḍalā entra en escena. Después de ofrecer glorias al Señor Śiva, Śakti-nātha, se describe a sí misma:

नित्यं न्यस्तषडङ्गचक्रनिहितं हृत्पद्ममध्योदितं
पश्यन्ती शिवरूपिणं लयवशादात्मानमभ्यागता ।
नाडीनामुदयक्रमेण जगतः पञ्चामृताकर्षणा-
दप्राप्तोत्पतनश्रमा विघटयन्त्यग्रे नभोम्भोमुचः ॥
अपि च ।
उल्लोलस्खलितकपालकण्ठमाला-
सङ्घट्टक्वणितकरालकिङ्कणीकः ।
पर्यस्तं मयि रमणीयडामरत्वं
संधत्ते गगनतलप्रयाणवेगः ॥
तथा हि ।
विष्वग्वृत्तिर्जटानां प्रचलति निबिडग्रन्थिनद्धोपि भारः
संस्कारक्वाणदीर्घं पटु रटति कृतावृत्तिखट्वाङ्गघण्टा ।
उर्ध्वं धूनोति वायुर्विवृतशवशिरः श्रेणिकुञ्जेषु गुञ्ज-
न्नुत्तालः किङ्किणीनामनवरतरणत्कारहेतुः पताकाम् ॥

nityaṁ nyasta-ṣaḍaṅga-cakra-nihitaṁ hṛt-padma-madyoditaṁ
paśyantī śiva-rūpiṇaṁ laya-vaśād ātmānam abhyāgatā
nāḍīnām udaya-krameṇa jagataḥ pañcāmṛtākarṣaṇād
aprāptotpatana-śramā vighaṭayanty agre nabhombho-mucaḥ

api ca-
ullola skhalita kapāla-kaṇṭha-mālā
saṅghaṭṭa kvaṇita karāla-kiṅkaṇīkaḥ
paryaptaṁ mayi ramaṇīyaḍamaratvaṁ
saṁdhatte gagana-tala-prayāṇa-vegaḥ

tathā hi-
viṣvag-vṛttir-jaṭānāṁ pracalati nibiḍa-granthinaddhopi bhāraḥ
saṁskāra-kvāṇa-dīrghaṁ paṭu raṭati kṛtā-vṛtti khaṭvāṅga-ghaṇṭā
urdhvaṁ dhūneti vāyur vivṛta-śava-śiraḥ śreṇi-kuñjeṣu guñjan
nuttālaḥ kiṅkiṇī-nāma-navarata-raṇat-kāra-hetuḥ patākām

Libre de todas las ataduras perecederas, veo al alma eterna encarnada en Dios, forzado por mis hechizos a recorrer el laberinto místico, y elevarse en esplendor entronizado sobre mi corazón. Por lo tanto, a través de las muchas venas canalizadas que dibujo, los elementos más burdos de este cuerpo mortal, y se elevan incansables por el aire, dividiendo las nubes que derraman agua. Horrendos honores me esperan en mi vuelo. Los cráneos huecos que cuelgan de mi cuello emiten una música feroz cuando chocan entre sí o golpean las placas temblorosas que ciñen mis lomos. Mis largos mechones trenzados caen sueltos a mis costados; sobre mi pesado bastón, la cuerda de campanas, ligera ondulando de un lado a otro, tintinea incesantemente; mi estandarte flota sobre la brisa quejumbrosa, cuyo tono se profundiza por los ecos que despierta, entre las cavernas de cada cráneo descarnado que cuelga a mi alrededor en espantosa formación.

(*Mālatī-mādhava*, acto 5)

Una de las obras más informativas, en términos de detalles acerca de los *kāpālikas*, es el drama alegórico vedánico *Prabodha-candrodaya* por Kṛṣṇa Miśra.

En esta trama alegórica, un *kāpalika* llamado Soma-siddhānta juega un papel importante. Aunque, al igual que el *Matta-vilāsa*, esta obra presenta al asceta de una manera un tanto cómica, aun así, hay muchos detalles y descripciones que pueden ayudarnos a entender a los *kāpālikas* y su enfoque espiritual.

Por ejemplo, en el acto 3, Soma-siddhānta entra, alabando sus propias virtudes de la siguiente manera:

नरास्थिमालाकृतचारुभूषणः
श्मशानवासी नृकपालभोजनः ।
पश्यामि योगाञ्जनशुद्धचक्षुषा
जगन्मिथो भिन्नमभिन्नमीश्वरात् ॥

narāsthi-mālā-kṛta-cāru-bhūṣaṇaḥ
śmśāna-vāsī nṛ-kapāla-bhojanaḥ
paśyāmi yogāñjana-śuddha-cakṣuṣā
jagan-mitho bhinnam-abhinnam īśvarāt

Mis hermosos adornos están hechos de guirnaldas de huesos humanos. Vivo en el terreno de cremación y como mi comida de un cráneo humano. Con ojos purificados por el ungüento del yoga, veo el mundo como simultáneamente separado y no separado de Dios (Īśvara).

(*Prabodha-candrodaya*, acto 3, verso 12)

Un monje jainista, que se encuentra en la escena con un monje budista, se acerca al *kāpālika*:

क एष कापालिकं व्रतं पुरुषो धारयति? तदेनमपि पृच्छामि । अरेरे कापालिक, नरास्थिमण्डमालाधारक, कीदृशस्तव धर्मः कीदृशस्तव मोक्षः?

ka eṣa kāpālikaṁ vrataṁ puruṣo dhārayati? tad enam api pṛcchāmi arere kāpālika, narāsthi-maṇḍa-mālā-dhāraka, kīdṛśas tava dharmaḥ kīdṛśas tava mokṣaḥ?

¿Quién es este hombre que sigue el modo de vida *kāpālikā*? También le preguntaré a él: «¡Oh, *kāpālika*, decorado con una guirnalda de huesos y cráneos humanos! ¿Qué clase de religión es la tuya y cuál es la naturaleza de tu liberación?»

(*Prabodha-candrodaya*, acto 3, verso 13)

Finalmente, el monje jaina pregunta al *kāpālika* cuál es la naturaleza de la felicidad y la liberación según su religión.

El *kāpālika* responde:

शृणु—
दृष्टं क्वापि सुखं विना न विषयैरानन्दबोधोज्झिता
जीवस्य शितिरेव मुक्तिरुपलावस्था कथं प्रार्थ्यते ।
पार्वत्याः प्रतिरूपया दयितया सानन्दमालिङ्गितो
मुक्तः क्रीडति चन्द्रचूडवपुरित्यूचे मृडानिपतिः ॥

śṛṇu-
dṛṣṭaṁ kvāpi sukhaṁ vinā na viṣayair ānanda-bodhojjhitā
jīvasya śitir eva muktir upalāvasthā kathaṁ prārthyate
pārvatyāḥ pratirūpayā dayitayā sānandam āliṅgito
muktaḥ krīḍati candra-cūḍa-vapur ity ūce mṛḍāni-patiḥ

¡Oíd! En ninguna parte se ve la felicidad sin objetos de placer. Si la liberación es un estado en el que el ser no experimenta placer, ¿cómo puede ser deseado un estado igual al de una piedra? Mṛḍānīpati (Śiva) ha dicho que el liberado que tiene un cuerpo [igual al de Śiva cuyo cuerpo está decorado] con el adorno de la cresta de la luna, disfruta del agradable abrazo de su amada, que es una imagen de Pārvatī.

(*Prabodha-candrodaya*, acto 3, verso 16)

Miembros

Los *pāśu-patas* y los *lākulas* solo aceptaban a varones y preferentemente *brāhmaṇas*. Pero los *kāpālikas* manifiestaron los primeros destellos de libertad de clase y género que se desarrollarán en las sectas tántricas. Hombres y mujeres sin diferencia de casta o clase social podían ser iniciados. Como ya hemos dicho, encontramos descripciones de una mujer *kāpālika* llamada Deva-somā en la obra *Matta-vilāsa*, escrita por el rey Pallava, llamado Mahendra Varman, a principios del siglo VII n. e. en Tamil Nadu. En esta obra, el *kāpālika* Satya-soma está acompañado por la encantadora Deva-somā, que es su pareja sexual y que atrae las miradas lujuriosas de los otros protagonistas, como, por ejemplo, el monje budista y el asceta *Pāśu-pata*. Satya-soma y Deva-somā disfrutan de la carne que reciben como limosnas en el tazón de cráneo y también del licor que beben del mismo recipiente.

Nombre de la secta

El término *kapāla* significa 'cráneo' y la palabra *kāpālika* quiere decir 'hombre del cráneo'. La secta también es conocida como *soma-siddhānta*, que significa 'doctrina del néctar'. El *soma-siddhānta* parece ser el sistema metafísico *kāpālika* que se menciona en diferentes textos e inscripciones, aunque no han sobrevivido explicaciones de sus fundamentos. En el *Jayad-ratha Yāmala* (3.35.33), vemos la combinación *soma-jana-kāpāli*, o '*kāpālika* del pueblo de Soma'. También los llamaban *Mahā-vratīs* porque asumían los votos del *mahā-vrata* (gran penitencia).

Cronología y ubicación geográfica

Esta línea parece haberse originado en el sur de India durante los primeros siglos de nuestra era. El astrónomo y matemático Varāha-mihira, que vivió en Ujjain en los años 500-575 n. e. aproximadamente, se refiere en reiteradas ocasiones a los *kāpālikas*, de lo que deducimos que ya estaban bien establecidos en el siglo VI n. e. En adelante, muchos textos sánscritos harán alusión a estos ascetas.

Una mención en el *Maitrī Upaniṣad*, probablemente compuesto a finales del primer milenio a. n. e., podría sugerir que los *kāpālikas* se remontan al periodo de los *upaniṣads*:

> कषायकुण्डलिनः कापालिनः... परिस्थातुमिच्छन्ति ।
>
> *kaṣāya-kuṇḍalinaḥ kāpālinaḥ... paristhātum icchanti.*
>
> Y además, hay otros que desean aparecer con la túnica roja, aretes y calaveras.
>
> (*Maitrī Upaniṣad*, 7.8)

Escrituras principales

Más que una doctrina, los *kāpālikas* eran una orden monástica. No ha sobrevivido ningún texto perteneciente a esta secta. Reconstruimos sus doctrinas y fundamentos a partir de las numerosas referencias que los mencionan, aunque son muchos los que los critican y ridiculizan, por lo que tenemos que analizar las fuentes con cuidado. También se han encontrado inscripciones que registran donaciones dadas a *kāpālikas* o recibidas de ellos.

Iniciación

Como todas las sectas esotéricas *śaivas*, la iniciación era un requisito para acceder a las enseñanzas y los votos como el *mahā-vrata*. Carecemos de información sobre los detalles del ritual de iniciación (*dīkṣā*) pero se estima que, al igual que sus preceptores y las sectas tántricas posteriores, la iniciación confería liberación, la cual se consumaba al abandonar el cuerpo físico.

Rituales y prácticas

Al igual que los *lākulas*, los *kāpālikas* asumían el voto *mahā-vrata*. Rāmānujācārya describe la adoración del *kāpālika* en su comentario a los *Brahma Sūtra* (*Śrī-bhāṣya*):

यथाहुः कापालाः ।
मुद्रिकाषट्कतत्वज्ञाः परमुद्राविशारदः ।
भगासनस्थमात्मनं ध्यात्वा निर्वाणमुच्छति ॥
कण्टिका रुचकं चैव कुण्डलं च शिखामणिः ।
भस्म यज्ञोपवीतं च मुद्राषटकं प्रचक्षते ॥
आभिर्मुद्रितदेहस्तु न भूयः इह जायते ।

yathāhuḥ kāpālāḥ-
mudrikā-ṣaṭka-tatva-jñāḥ
para-mudrā-viśāradaḥ
bhagāsana-stham ātmanaṁ
dhyātvā nirvāṇam ucchati

kaṇṭikā rucakaṁ caiva
kuṇḍalaṁ ca śikhā-maṇiḥ
bhasma yajñopavītaṁ ca
mudrā-ṣaṭakaṁ pracakṣate

ābhir mudrita-dehas tu
na bhūyaḥ iha jāyate

El *kāpālika* declara: "Aquel que conoce la esencia de las seis *mudrās* (*mudrikā-ṣaṭka*), que es experto en la *mudrā* más elevada (*paramudrā-viśarada*), que medita en el Ser como sentado en la vulva femenina (*bhagāsana-stha*), logra el *nirvāṇa*". Definen las seis *mudrās* como *kaṇṭhikā* (collar), *rucaka* (adorno del cuello), *kuṇḍala* (aros), *śikhāmaṇi* (joya de la cresta), cenizas y el hilo sagrado. Una persona que lleva estas *mudrās* no nace de nuevo en este mundo.

(*Brahma Sūtra Śrī-bhāṣya* por Rāmānujācārya, 2.2.35)

Yāmunācārya indica que también llevaban dos distintivos secundarios (*upa-mudrās*): cráneo (*kapāla*) y maza (*khaṭvāṅga*).

No mantenían restricciones alimentarias, ya que consumían incluso carne o restos de comida dejados por extraños. Desde el punto de vista brahmínico, eran considerados impuros hasta tal punto de que todo *brāhmaṇa* que fuera tocado por un *kāpālika* debía tomar un baño ritual de purificación.

Adoraban a Bhairava, que exigía de sus devotos tanto propiciación como imitación. La propiciación tenía lugar a través de diferentes sacrificios de animales, y probablemente de humanos. La imitación se producía mediante la recreación ritual de las hazañas mitológicas de Bhairava. El *mahā-vrata* es a su vez propiciación e imitación al recrear la penitencia de Śiva. En los rituales de comunión, el devoto se unía a la divinidad a través de comida, bebida, sexo o éxtasis mental. Para acceder a estos rituales, los devotos debían purificarse mediante actos propiciatorios.

Es en esta secta donde comenzó la práctica de las cinco emes (*pañca-ma-kāra*), que fue popularizada en las prácticas tántricas de la mano izquierda. El adepto incluía en el ritual cinco elementos prohibidos según los Vedas cuyos nombres empiezan con la letra eme: *madya* (licor), *māṁsa* (carne), *matsya* (pescado), *mudrā* (grano seco) y *maithuna* (relaciones sexuales). La pareja sexual femenina suele describirse como una mujer de casta baja que no es la propia esposa del adepto masculino. Sin embargo, ese comportamiento tenía lugar en el contexto de un ritual controlado, no como un simple disfrute hedonista. En la obra teatral *Vidyā-pariṇayana* de *Ānanda-rāya Makhī*, el *kāpālika soma-siddhānta* explica que el uso del vino y de la carne es recomendado por sus escrituras:

> वयं यथा भैरवागमानुरोधेन वेदप्रामाण्यवादिनो वेदविरुद्धमधुमांसादि-निषेवणाभिर्वेदबाह्यतया पाषण्डेषु गण्यामहे तद्वदिमेऽपि पाञ्चरात्रागमानुरोधेन वेदप्रामाण्यवादिनो वेदविरुद्धैराचारैः पाषण्डा एव ।
>
> *vayaṁ yathā bhairavāgamānurodhena veda-prāmāṇya-vādino veda-viruddha-madhu-māṁsādi niṣevaṇābhir veda-bāhyatayā pāṣaṇḍeṣu gaṇyāmahe tad vad ime 'pi pāñcarātrāgamānurodhena veda-prāmāṇya-vādino veda-viruddhair ācāraiḥ pāṣaṇḍā eva.*
>
> Somos considerados herejes porque nos apartamos del Veda debido a la adicción al vino (*madhu*), la carne (*māṁsa*), y demás, que están prohibidos por los Vedas. Pero, de hecho,

respetamos la doctrina autorizada de los Vedas siempre que esté de acuerdo con los *Bhairava Āgamas.*

(*Vidyā-pariṇayana*, acto 4.33)

El *kāpālika* Unmana-bhairava, que debatió con Śaṅkarācārya, declara con orgullo que su padre y su abuelo eran fabricantes de licores y adoptaban un código de conducta completamente hedonista. En la obra *Matta-vilāsa*, el *kāpālika* también defiende el vino y las mujeres como el camino a la salvación recomendado por Śiva; y el *kāpalika*, en la obra *Prabodha-candrodaya*, describe el vino como el remedio contra la existencia (transmigratoria) prescrito por Bhairava.

कापालिकः : (पीत्वा शेषं भिक्षुक्षपणकयोरर्पयति ।)
इदं पवित्रममृतं पीयतां भवभेषजम् ।
पशुपाशसमुच्छेदकारणं भैरवोदितम् ॥

kāpālikaḥ: (pītvā śeṣaṁ bhikṣu-kṣapaṇakayor arpayati.)
idaṁ pavitram amṛtaṁ
pīyatāṁ bhava-bheṣajam
paśu-pāśa-samuccheda
kāraṇaṁ bhairavoditam

El *kāpālika* (bebe el vino y luego ofrece el restante al mendigo y al monje jaina):

Bebe este néctar puro que es la medicina para la existencia mundana; Bhairava ha dicho que este es el instrumento para eliminar la esclavitud del alma.

(*Prabodha-candrodaya*, acto 3.20)

El ritual de comunión sexual tántrica era fundamental para los *kāpālikas*. Los participantes se identificaban mentalmente con Śiva y Śakti. En la felicidad causada por la unión sexual, la pareja experimentaba la dicha divina de la unión de Śiva y Śakti. En este contexto, la liberación final (*mukti*) no consistía tan solo en extinguir el ciclo de nacimientos y muertes, sino en experimentar el orgasmo perpetuo.

Doctrina

La fe *kāpālika* se basa en la devoción (*bhakti*) a un Dios personal identificado generalmente con Śiva en su encarnación terrorífica de Bhairava. En la biografía de Śaṅkarācārya, escrita por Ānanda-giri, se describe un encuentro con *kāpālikas*. Śaṅkarācārya les pregunta cuáles son sus observancias (*ācāra*) y preceptos (*vidhi*), ante lo cual ellos responden:

> स्वामिन्!
> अस्मदाचारः सर्वप्राणिसन्तोषकरः कर्महीनः, कर्मणा न मुक्तिरिति वचनात् ।
> मदुपास्यो भैरव एक एव जगत्कर्ता । ततः प्रलयो भवतीति यो व प्रलयकर्त्ता । स एव स्थित्युत्पत्त्योरपीति ।
> उपसंहारबले नैव नीयतां स उपक्रम इति शास्त्रवृत्तिः उपसंहारबलान्निश्चारित उपक्रामोऽपि चेति शास्त्रवृत्तेः तदंशा एव सर्वे देवाः तत्तदधिकारसम्पन्नाः श्रीमद्भैरवाज्ञां शिरसा धृत्वा तदुक्ति प्रत्यासन्न शक्तयः तत्तत्कार्य्यपराः बभूवुः ।
>
> *svāmin!*
> *asmad ācāraḥ sarva-prāṇi-santoṣa-karaḥ karma-hīnaḥ, karmaṇā na muktir iti vacanāt.*
> *mad upāsyo bhairava eka eva jagat-kartā. tataḥ pralayo bhavatīti yo va pralaya-karttā. sa eva sthity utpattyor apīti.*
> *upasaṁhāra-bale naiva nīyatāṁ sa upakrama iti śāstra-vṛttiḥ upasaṁhāra-balān niścārita upakrāmo 'pi ceti śāstra-vṛtteḥ tad aṁśā eva sarve devāḥ tat tad adhikāra-sampannāḥ śrīmad-bhairavājñāṁ śirasā dhṛtvā tad ukti pratyāsanna śaktayaḥ tat tat kāryyaparāḥ babhūvuḥ.*
>
> ¡Oh, Swami! Nuestra observancia, que está libre de *karman*, causa satisfacción a todos los seres, ya que se dice: "No hay salvación con (o por medio del) karma." Yo debo adorar solo a Bhairava, el creador del mundo, que después se convierte en la [causa de] la destrucción. Él que es la causa de la destrucción es también la causa de la preservación y la creación. Todos los dioses, cada uno dotado de una autoridad particular, son solo partes de él. Ellos portan la orden de

Bhairava sobre sus cabezas, y cada uno de sus poderes, que asisten a su palabra, está dirigido a un deber particular.

(*Ānanda-giri-viracita Śaṅkara-vijaya*, capítulo 23)

Rāmānujācārya y otros comentaristas del *Brahma Sūtra* opinan que la expresión 'creador del mundo' (*jāgat-kartṛ*) sugiere que los *kāpālikas* distinguían entre la causa material y la causa eficiente del universo. En esta misma biografía, Bodholbana-nityānanda y sus seguidores *kāpālikas* continúan con la presentación de su doctrina:

एकोऽपि भैरवो ह्यष्टमूर्त्तिधरः असिताङ्गो रुरुश्चण्डः क्रोधश्चोन्मत्तभैरवः। कापाली भीषणश्चैव संहारश्चाष्ट भैरवाः ॥ इति वचनात् ॥ आसिताङ्गो विष्णुरूपः । रुरुर्ब्रह्मरूपः । चण्डः सूर्यः । क्रोधो रुद्रः । उन्मत्तः इन्द्रः । कापाली चन्द्रः । भीषणोयमः । संहारः स्वयं । एतद् ह्यतिरिक्त देवाः तत्तदंशाः सृष्टिकर्तारः सर्वेऽपि रुद्रांशाः । स्थितिकर्तारः सर्वेऽपि असिताङ्गांशाः । संहारकर्त्तारः सर्वेऽपि क्रोधांशा इति । एवं जगत्सृष्ट्यादिकं कृत्वा प्रलयानन्तरं निज सप्तमूर्त्ति सङ्कोचं कृत्वा एकः शाश्वतः संहारभैरवः परमात्मा वर्त्तते ।

eko 'pi bhairavo hy aṣṭa-mūrtti-dharaḥ asitāṅgo ruruś caṇḍaḥ krodhaś conmatta-bhairavaḥ. kāpālī bhīṣaṇaś caiva saṁhāraś cāṣṭa bhairavāḥ. iti vacanāt. āsitāṅgo viṣṇu-rūpaḥ rurur brahma-rūpaḥ caṇḍaḥ sūryaḥ krodho rudraḥ. unmattaḥ indraḥ kāpālī candraḥ bhīṣaṇo yamaḥ saṁhāraḥ svayaṁ. etad hy atirikta devāḥ tat tad aṁśāḥ sṛṣṭi-kartāraḥ sarve'pi rudrāṁśāḥ. sthiti-kartāraḥ sarve 'pi asitāṅgāṁśāḥ. saṁhāra-karttāraḥ sarve 'pi krodhāṁśā iti. evaṁ jagat-sṛṣṭy ādikaṁ kṛtvā pralayānantaraṁ nija sapta-mūrtti saṅkocaṁ kṛtvā ekaḥ śāśvataḥ saṁhāra-bhairavaḥ paramātmā varttate.

Bhairava posee ocho formas principales: Asitāṅga, Ruru, Caṇḍa, Krodha, Unmattha, Kapāla, Bhīṣaṇa y Saṁhāra. Las primeras siete formas se identifican con los dioses Viṣṇu, Brahmā, Sūrya, Rudra, Indra, Candra y Yama, respectivamente. La octava, Saṁhāra-bhairava, es Bhairava mismo. Los dioses restantes son meramente sus porciones y se distinguen además como hacedores de la creación (*sṛṣṭi-kartṛs*), creadores de la preservación (*sthiti- kartṛs*) y destructores (*saṁhāra-kartṛs*). Tomados en conjunto, los creadores de la creación son porciones de Rudra (Ruru-Brahmā), los fabricantes de la preservación son porciones de Asitāṅga (Viṣṇu), y los creadores de la destrucción son porciones de Krodha (Rudra). Los *kāpālikas* concluyen: "Habiendo causado la creación del mundo, etcétera, y después la disolución, él lleva a cabo una contracción de siete de sus formas y un Saṁhāra-bhairava eterno permanece, que es el *paramātma*".

(*Ānanda-giri-viracita Śaṅkara-vijaya,* capítulo 23)

Meta final

La liberación consistía en la posesión del aspirante por parte de su deidad amada. El objetivo de sus rituales era la comunión mística del adorador y su dios. Mediante el voto *mahā-vrata*, los ascetas se igualaban ritualmente con Śiva y obtenían algunos de sus atributos divinos, especialmente los ocho poderes mágicos (*siddhis*).

कापालिकाः समावेशेन साम्यमुपगच्छन्ति । तथा हि— यथा ग्रहाः पुरुषेष्वाविशन्ति
तथेश्वरगुणा मुक्तेष्वाविशन्ति । तस्माच्छिवगुणसमावेशेन साम्यमिति ॥

kāpālikāḥ samāveśena sāmyam upagacchanti. tathā hi— yathā grahāḥ puruṣeṣvāviśanti tatheśvara-guṇā mukteṣvāviśanti. tasmāc chiva-guṇa-samāveśena sāmyam iti.

Los *kāpālikās* aceptan *Śiva-sāṁya* (mismidad con Śiva) [como *mokṣa*] mediante la posesión. Es de la siguiente manera: así como los planetas poseen a la persona, del mismo modo, las cualidades de Dios poseen a las almas liberadas. Por lo tanto, por la posesión de las cualidades de Śiva se produce *Śiva-sāṁya*.

(El *Śaiva-paribhāṣa* de Śivāgrayogin, 5.32)

En el plano mundano, el devoto obtenía poderes mágicos sobrehumanos, mientras que, en el plano trascendental, alcanzaba la liberación final de la existencia transmigratoria (*mukti*) y habitaba en un cielo de felicidad sexual perpetua. Esto lo conseguían mediante los rituales de comunión o lo recibían como un regalo de la deidad por las penitencias y sacrificios realizados.

En el capítulo 15 del comentario *Ḍiṇḍima* de Dhana-pati-sūri sobre el *Śaṁkara-vijaya* de Mādhava Vidyāraṇya, el *kāpālika* Unmatta-bhairava explica:

> आनन्दो यो व्यक्तिमायाति सङ्गात्तद्रूपो ऽसौ भैरवो देहपाते ॥ तस्य प्राप्तिर्मोक्ष इत्येव तत्त्वमित्युक्तः ॥
>
> *ānando yo vyaktim āyāti saṅgāt tad rūpo 'sau bhairavo deha-pāte tasya prāptir mokṣa ity eva tattvam ity uktaḥ.*
>
> La dicha que se manifiesta a través de la unión sexual es la (verdadera) forma de Bhairava. El logro de la (dicha) al morir es *mokṣa*. Esta es la Verdad definitiva.
>
> (Dhana-pati-sūri, comentario *Ḍiṇḍima*, 15.28, verso 22)

Nombre	*Pāñcārthika pāśu-pata*	*Lākulas* o *kālā-mukhas*	*Kāpālikas* o *soma-siddhāntas*
Traducción	Adoraban a Śiva en su aspecto Paśu-pati, el 'Señor de los animales'.	'Cara negra' porque portaban marcas negras en la frente. El término *lākula* significa 'maza' y proviene del nombre del Satguru Lakulīśa.	El término *kapāla* significa 'cráneo' y la palabra *kāpālika* quiere decir 'hombre del cráneo'.
Descripción	La secta *śaiva* más antigua. Ascetas renunciantes devotos de Śiva.	Un grupo de ascetas dentro de los *pāśu-patas* que llevó las prácticas ascéticas a un nivel más exigente.	Los *kāpālikas* quisieron superar por completo la dualidad de puro-impuro, e incorporaron prácticas que incluían rituales sexuales y consumo de sustancias prohibidas como carne y vino.
Miembros	Solo aceptaban *brāhmaṇas* masculinos dispuestos a abandonar su estatus a cambio de una vida ascética.	*Brāhmaṇas*, ascetas *pāśu-patas.*	Hombres y mujeres de todas las castas.
Maestros	Lakulīśa.	Lakulīśa.	Desconocido.
Tiempo	Alrededor del siglo II n. e.	Los primeros siglos de nuestra era.	Los primeros siglos de nuestra era.
Ubicación	Se originó en las regiones occidentales de la India y se expandió hasta Orissa en el este, Cachemira en el norte y Tamil Nadu en el sur.	La secta se desarrolló en la gran meseta Deccan del sur de India.	Originado en el sur de India.

Nombre	*Pāñcārthika pāśu-pata*	*Lākulas* o *kālā-mukhas*	*Kāpālikas* o *soma-siddhāntas*
Meta	Liberación de todo sufrimiento (*duḥkhānta*).	La omnisciencia divina (*jñāna-śakti*) pero no la omnipotencia (*kriyā-śakti*). Llegar a los universos puros.	Alcanzar la liberación final de la existencia transmigratoria (*mukti*) y habitar en un cielo de felicidad sexual perpetua.
Deidades	Monoteístas. Adoraban al Señor Śiva como el dios único y todopoderoso sin consorte femenina.	Los *lākulas* adoraban al Señor Śiva en su forma extrema de Bhairava, el feroz.	Devoción (*bhakti*) y un dios personal identificado generalmente con Bhairava, el aspecto terrorífico de Śiva.
Dualismo	En el comienzo dualismo (*dvaita*) y luego dualismo con no dualismo (*bhedābheda*).	Dualismo.	Dualismo.
Escrituras	*Pāśu-pata Sūtra* y su comentario *Pañcārtha-bhāṣya*.	*Pāśu-pata Sūtra* revelado por Śiva, al que añadieron una escritura propia, *Pramāṇas* (autoridades).	Sus escrituras no han sobrevivido.
Iniciación	Rito de iniciación daba acceso a las revelaciones esotéricas.	La iniciación confiere la liberación (*ātma-saṁskāra*), la cual se consumaba en el momento de la muerte siempre que se completase el proceso con ascetismo y gnosis de la jerarquía cósmica.	La iniciación era un requisito para acceder a las enseñanzas y los votos. Desconocemos los detalles del ritual.

Nombre	*Pāñcārthika pāśu-pata*	*Lākulas* o *kālā-mukhas*	*Kāpālikas* o *soma-siddhāntas*
Rituales	No incluían fuego, sino que bailaban y cantaban frente a la deidad Śiva o el *Śiva-liṅga.*	Los *lākulas* eran ascetas que vivían fuera de la sociedad y sus rituales no incluían el fuego.	Rituales de propiciación, imitación y unión.
Práctica	*Yama* (restricciones) y *niyama* (observancias), las cuales incluían *brahmacarya* (celibato), estricto *ahiṁsā* (no violencia) y *tapas* (austeridades o ascetismo), *pūjā*, penitencia, repetición de los nombres de Śiva, untarse con ceniza sagrada y expresar amor pasional por Śiva.	Celibato. Ascetismo. *Mahā-vrata* o 'la gran observancia'. *Sādhana* extremadamente austera. Meditación en la jerarquía cósmica.	Ascetismo sin celibato. Voto *mahā-vrata.* El ritual incluía cinco elementos prohibidos según los Vedas cuyos nombres empiezan con la letra eme: *madya* (licor), *māṁsa* (carne), *matsya* (pescado), *mudrā* (grano seco) y *maithuna* (relaciones sexuales).
Filosofía	Las cinco categorías que discute este sistema son *kāraṇa* (causa); *kārya* (efecto); yoga (unión como estado de consciencia); *vidhi* (prescripciones, normas y ceremonias); y *duḥkhānta* (el fin del sufrimiento y el dolor, liberación).	Esta secta adoptó concepciones de la filosofía *Sāṁkhya.* Sostenía que las almas nunca actúan de manera independiente. Creían que la agencia pertenece exclusivamente a *prakṛti.*	Rāmānujācārya señala que los *kāpālikas* distinguían entre la causa material y la causa eficiente del universo.

CAPÍTULO 3

EL *MANTRA-MĀRGA* O 'EL SENDERO DE LOS MANTRAS'

Dos movimientos: devocional y tántrico

El antiguo hinduismo védico estaba en manos de la clase sacerdotal ortodoxa. Los *brāhmaṇas* tenían la responsabilidad de memorizar la revelación védica y transmitirla de maestro a discípulo. También debían aprender a llevar a cabo la compleja práctica ritual expuesta en los Vedas. Estos rituales, que incluían ofrendas a los dioses en el fuego sacrificial (*homa*), podían ir desde simples ofrendas de comida vegetariana en pequeños fuegos en casas particulares (*gṛhya*) hasta grandes ritos públicos solemnes con el sacrificio de animales (*śrauta*).

Durante el primer milenio de nuestra era, nuevas revelaciones tuvieron lugar en la tradición védica, que dieron lugar a notables transformaciones. Dos movimientos importantes se desarrollaron: el devocional y el tántrico. El primero se caracterizaba por la devoción, y el segundo por prácticas yóguicas y meditativas.

El movimiento devocional ofrecía rituales a un solo Dios supremo. La práctica tántrica, por su parte, sugería visualizarse uno mismo como una deidad y ponía más énfasis en el proceso interno del ritual.

Estos movimientos readaptaron muchas prácticas védicas. Por ejemplo, el ritual védico de consagración real, *rājyasūya*, fue transformado en el rito tántrico de iniciación *abhiṣeka*. El sistema de sacrificios védicos *śrauta* fue perdiendo popularidad a partir del siglo V n. e., a medida que los buscadores de la Verdad se sintieron más atraídos hacia los nuevos sistemas rituales.

El hinduismo moderno es una fusión de las actitudes tántricas y devocionales hacia la práctica que se desarrollaron durante el primer milenio de nuestra era.

La emergencia de la revelación tántrica

El tantra no es una filosofía inventada por una mente humana imperfecta, sino que se trata de una revelación divina cuyo principio no puede ser localizado en el espacio y el tiempo. La revelación tántrica fue transmitida a sabios receptivos a lo largo de la historia de la humanidad. Dichos maestros, a su vez, la transmitieron en forma oral a sus discípulos a través de *paramparās*, o 'las líneas de sucesión discipular'. Al debatir sobre los comienzos históricos del fenómeno tántrico, en realidad nos referimos a cuándo fue puesto por escrito y las sectas concretas comenzaron a seguir sus doctrinas.

Debido a la escasez de evidencia histórica, el comienzo de la tradición tántrica es un enigma. Algunos eruditos sostienen que sus inicios están irrevocablemente cubiertos por la bruma del tiempo. Otros creen que el tantra se deriva de prácticas tribales o chamánicas ajenas al brahmanismo de la India. Incluso ha habido intentos de remontarla mucho antes, a la época de los antiguos sabios hindúes, o a la civilización del valle del Indo. La escasa evidencia disponible sugiere que las primeras tradiciones tántricas distintivas surgieron entre *śaivas* hindúes no ortodoxos en torno al siglo V n. e., durante la dinastía Gupta (320-550 n. e.).

La única evidencia escrita de que disponemos consiste en algunos manuscritos e inscripciones en las paredes de los templos. El texto tántrico más antiguo que tenemos es el *Niśvāsatattva Saṁhitā*, cuya antigüedad se remonta al 450-550 n. e. Su nombre significa 'colección de principios espirados por Dios'. Este voluminoso texto, compuesto en alguna zona del norte de la India, es tan extenso y detallado en su cosmología que es probable que se basara en una tradición oral anterior.

El tantra se popularizó en una época especialmente turbulenta en la historia de la India, en la que el gran Imperio Gupta se había desmoronado y numerosos reinos pequeños luchaban entre sí. La incertidumbre era tal, que nadie tenía un lugar de residencia o un ingreso seguro. En esos momentos, la gente solo anhelaba encontrar modos de fortalecerse. El tantra colmó esta necesidad ofreciendo métodos nuevos y más eficaces para transformar la mente, el cuerpo y el entorno. Aunque el tantra prometía algunos beneficios mundanos, lo que en última instancia ofrecía era la posibilidad de determinar el propio estado interior, con independencia de las circunstancias externas, y en última instancia, alcanzar la liberación.

Además, el sistema religioso ortodoxo brahmánico predominante, que seguía las severas reglas, leyes y regulaciones de los *smṛtis*, no lograba incluir a la clase trabajadora. Para un padre de familia que trabajaba la mayor parte del día con el fin de mantener a su esposa e hijos era prácticamente imposible dedicar el mismo tiempo y energía a su vida espiritual que un *brāhmaṇa*. El tantra ganó popularidad porque era un sendero enseñado por personas de su misma clase social, con culto simple y menos formal a las deidades, que ofrecía la guía de un gurú, con una actitud respetuosa y liberal hacia la mujer, y una indiferencia hacia el sistema de castas *varṇāśrama*. El espíritu liberal de la revelación tántrica no consideraba necesarios el patriarcado, la etiqueta y las formalidades de los asuntos espirituales.

La tolerancia tántrica contribuyó a popularizar el tantra entre las castas inferiores desde las cuales florecieron grandes maestros, como los cinco *ādi-siddhas*, como los bautiza la tradición *nātha*. Por ejemplo, tanto Macchanda-nātha como Gorakṣa-nātha eran pescadores y Hāḍi barría establos. Los maestros tántricos no excluían a ningún miembro debido a su casta o género, sino que impartían sus enseñanzas tanto a ascetas como a trabajadores, artesanos y agricultores de las castas inferiores.

La tradición *mantra-mārga* señala el comienzo del shaivismo tántrico y data de los años 400-800 n. e. aproximadamente, continuando la transformación que comenzó en las sectas del *ati-mārga*. *Mantra-mārga* significa 'sendero del mantra', no solo porque utiliza mantras en su ritual y práctica, sino porque enseña que la progresión escalonada hacia la liberación se produce a través del dominio de los *mantra-siddhis*. A diferencia del *ati-mārga*, o 'sendero directo', el *mantra-mārga* promulga un camino de *siddhis* (poderes sobrenaturales) y *bhoga* (disfrute); es decir, a medida que el aspirante obtiene poderes sobrenaturales, se va elevando a niveles superiores de existencia hasta alcanzar la liberación.

Las sectas del *mantra-mārga* comenzaron a otorgar iniciación no solo a ascetas, sino también a personas casadas, de manera que hombres y mujeres de todas las castas tenían acceso a la liberación. A diferencia del *ati-mārga*, el requisito no eran las prácticas ascéticas sino los rituales. En el ritual de iniciación, Śiva destruye las ataduras del alma, y la liberación se completa en el momento de la muerte. En el shaivismo tántrico, los beneficios de la iniciación pueden ser otorgados a mujeres, ancianos, niños pequeños y monarcas, que no pueden emprender las disciplinas que siguen a la iniciación. Así pues, había iniciados activos e inactivos. Tras la iniciación, los adeptos inactivos debían expresar su devoción como los *śiva-bhaktas* no iniciados y contribuir con ofrendas económicas al desarrollo del movimiento. Fue de este modo cómo muchos monarcas se vieron atraídos por esta tradición y efectuaron generosas donaciones (*dakṣiṇā*) que sufragaron la construcción de templos y monasterios. El resultado fue que el movimiento se popularizó rápidamente hasta expandirse por toda la India. Fundaron monasterios (*maṭhas*) y asumieron el papel de preceptores de reyes (*rāja-gurus*) a los que ofrecían los beneficios de la iniciación. Consagraban a los reyes en sus funciones mediante una variación *śaiva* de la ceremonia brahmánica de consagración real (*rājābhiṣeka*), considerada vital para el bienestar de la sociedad.

En el *mantra-mārga*, la iniciación no simbolizaba la aceptación de una nueva religión o un estilo de vida como en el *ati-mārga*, sino que implicaba una verdadera transformación en todos los niveles. La iniciación tradicional del *ati-mārga* señalaba el inicio de un sendero de austeridades y prácticas que permiten alcanzar la liberación. Por su parte, el *mantra-mārga* sostenía que, mediante mantras específicos pronunciados cuidadosamente durante el ritual de iniciación por parte del maestro espiritual, Śiva cortaba los lazos que unían al aspirante con el mundo.

Aunque en el *ati-mārga* tenía una iniciación, usaba los mantras y promovía la liberación, estos elementos se vieron reconfigurados en el *mantra-mārga*: los mantras (con excepción de los cinco *Brahma-mantras*) no eran de origen védico, la iniciación se convirtió en un ritual de transformación, y la liberación no requería una larga práctica de austeridades accesible solo a *brāhmaṇas* masculinos, sino que personas procedentes de todos los *varṇas* y de ambos sexos podían trascender el sufrimiento y lograr la omnipresencia y omnipotencia. Estas innovaciones hicieron que el *mantra-mārga* resultase atractivo y que muchas personas comenzasen a seguir esta revelación.

Saiddhāntika y no *saiddhāntika*

El *mantra-mārga* se bifurcó en dos ramas principales según la manifestación de Śiva que se adoraba: la *saiddhāntika*, o 'seguidores de la verdad establecida' y la no *saiddhāntika*. La primera adoraba principalmente al benevolente Sadā-śiva, comúnmente representado por el *Śiva-liṅga*. La segunda veneraba al feroz Bhairava o varias configuraciones de diosas, culminando en los cultos femeninos de Kālī.

Esta bifurcación fue heredada de las dos ramas del *ati-mārga*. Se cree que la tradición *saiddhāntika* se desarrolló de la tradición más conservadora de los *pāśupatas*, mientras que la tradición no *saiddhāntika* se desarrolló de las prácticas transgresoras de los *lākulas* y los *kāpālikas*.

La rama no *saiddhāntika* se dividió en dos tipos de linajes:

- ***Mantra-pīṭha***: Linajes que adoraban con mantras de deidades masculinas y enseñaban el culto a Śiva en su forma de Svacchanda.
- ***Vidyā-pīṭha***: Linajes que adoraban con mantras de las deidades femeninas y enseñaban la adoración a Śakti, la Madre del Universo.

En paralelo, se desarrolló otro linaje llamado *Amṛteśvara*, el cual era un sistema ecléctico que ofrecía rituales especializados, aplicables a ambas divisiones.

Escrituras

La revelación *śaiva* tántrica fue recogida por escrito entre los años 400 y 800 n. e. Estos *śāstras* de origen divino contienen valiosa sabiduría espiritual acerca de rituales (*kriyā*), observancias (*cārya*), prácticas (*yoga*) y conocimiento o gnosis (*jñāna*). La información que poseemos acerca del *ati-mārga* es mínima, pero afortunadamente, se ha preservado una vasta literatura sánscrita concerniente al *mantra-mārga*:

***Saiddhāntika*:** Es un canon bien definido y relativamente homogéneo que constituyó la autoridad de esta tradición; cuenta con 10 *Śaiva Āgamas*, 18 *Rudra Āgamas* y varias escrituras complementarias.

No *Saiddhāntika*: Escrituras diversas y numerosas llamadas colectivamente *Bhairava Āgamas*, o 'enseñanzas de Bhairava' (*Bhairava-śāstra*). Los 64 *Āgamas* se clasifican en:

***Mantra-pīṭha*:** Incluye doce mil mantras repartidos en ocho *āgamas* principales: *Svacchanda*, *Caṇḍa*, *Krodha*, *Unmatta*, *Asitava*, *Ruru*, *Jhaṅkara* y *Kapālīśa*.

***Vidyā-pīṭha*:** Extenso cuerpo doctrinal cuyas *āgamas* principales son *Sarva-vīra-samā-yoga*, *Siddha-yogeśvarī-mata*, *Pañcāmṛta*, *Viśvādya*, *Yoginī-jāla-śaṁvara*, *Vidyā-bheda*, *Śiraś-cheda*, *Mahā-saṁmohana*, *Nayottara* y *Mahā-raudra*.

Ambas ramas produjeron varios cientos más de *āgamas* secundarias (*upāgamas*), así como comentarios escritos por *ācāryas*.

Rituales

Los rituales *saiddhāntika* y no *saiddhāntika* son variantes de un único sistema. Difieren en los siguientes criterios:

Saiddhāntika: Es un sistema ritual conservador que sigue los criterios de pureza de la tradición brahmánica mediante ofrendas exclusivamente lacto-vegetarianas. Respeta la separación de castas de los participantes del ritual. Aunque se basa en el *ati-mārga*, se deshizo de los elementos transgresores y se adaptó a las reglas védicas. Las ceremonias tenían lugar generalmente en el dominio público para beneficio de toda la sociedad. Adoraban el aspecto masculino de la divinidad como Sadā-śiva, en la forma de *liṅga* o en imágenes en altares, con o sin su consorte. El aspecto femenino no era central, sino que representaba la potencia (*śakti*) de Śiva. La diosa era una abstracción metafísica: el poder creativo de la deidad masculina. Por su parte, Rudra era adorado sin una consorte femenina.

No *saiddhāntika*: Este sistema ritual llevaba las ofrendas transgresoras del *ati-mārga* a un nivel más extremo que incluía ofrendas de licor, sangre y carne. La adoración no tenía lugar en el templo para beneficio del público, sino que los ritos propiciatorios eran efectuados por individuos en privado para su propio beneficio. En la rama no *saiddhāntika*, existía una bifurcación adicional entre *mantra-pīṭha* y *vidyā-pīṭha*:

Mantra-pīṭha: Esta tradición enseñaba el culto de propiciación de Bhairava en su aspecto Svacchanda-bhairava. Él es considerado una forma más elevada de Śiva y representado en ocasiones como estando de pie sobre Sadā-śiva, lo que nos transmite su superioridad. Se adoraba junto con su consorte Aghoreśvarī, o Bhairavī.

Vidyā-pīṭha: Este era un culto *śākta* transgresor de propiciación, centrado en la adoración a deidades femeninas iracundas, en ocasiones representadas con un pie sobre Bhairava.

Doctrina

Saiddhāntika: Esta corriente aboga por el dualismo y define tres categorías de existencia: Dios, la manifestación cósmica y las almas individuales. La *jīva*, que está oculta en el cuerpo material es cualitativamente igual a Dios, aunque es una entidad separada. El alma debe buscar a un auténtico gurú y aceptar la iniciación. Solo la gracia divina puede liberarla. La liberación consiste en la manifestación plena del potencial del alma, la cual realiza su naturaleza cualitativa divina, si bien permanece separada. Esta doctrina, aunque dualista, es tántrica en esencia, ya que su metafísica se basa en escrituras tántricas, utiliza mantras tántricos y desarrolla modalidades de yoga tántrico.

No *saiddhāntika*: Estos sistemas son no dualistas (*advaita*) y se decantan por una práctica que no distingue entre lo sagrado y lo profano (*advaitācāra*). Dado que todo es divino, nada es impuro.

Aunque ambas ramas mantienen diferencias filosóficas y ontológicas, gran parte de la doctrina fundacional es la misma. Están unidas inseparablemente bajo un conjunto de principios teológicos centrales, como la creencia en la unidad absoluta de Śiva-śakti.

Práctica

Saiddhāntika: Esta tradición era dualista en su práctica, es decir, preservaba las distinciones entre lo permitido y lo prohibido según el *smṛti* brahmánico.

No *saiddhāntika*: Poderosas experiencias espirituales se alcanzaban mediante el cultivo de los rituales sexuales y el yoga.

En ambas ramas, la liberación (*mukti*) y el disfrute de los poderes sobrenaturales (*bhukti*) se lograban gracias al poder de los mantras, la propiciación y los complejos rituales que solo se podían realizar después de la iniciación (*dīkṣā*).

Nombre	*Saiddhāntika*	No *saiddhāntika*
Traducción	Seguidores de la verdad establecida.	No seguidores de la verdad establecida.
Descripción	La tradición *pāśu-pata* era más conservadora y se desarrolló posteriormente en la corriente *saiddhāntika*.	La tradición no *saiddhāntika* se desarrolló de las prácticas transgresoras de los *lākulas* y *kāpālikas*.
Tiempo	Siglo V n. e.	Siglo V n. e.
Ubicación	Se originó en Cachemira y se trasladó a Tamil Nadu donde se fusionó con el movimiento *bhakti*.	Cachemira.
Deidades	La deidad era el benevolente Sadā-śiva, comúnmente adorado en el *Śiva-liṅga*. La diosa era una abstracción metafísica; ella era el poder creativo de la deidad masculina. Rudra es adorado sin una consorte femenina.	El airado Bhairava y la adoración a la diosa.
Doctrina	Dualismo en tres categorías: Dios, la manifestación cósmica y las almas individuales.	No dualismo.
Escrituras	28 *śaiva āgamas* (10 Śiva y 18 Rudra).	64 *bhairava āgamas*.
Rituales	Los rituales se enfocaban en el aspecto masculino de la divinidad mediante rituales públicos y se limitaban a las ofrendas lacto-vegetarianas, de acuerdo con las leyes de pureza brahmánica.	Los rituales tenían que ver con aspectos masculinos y femeninos de la divinidad. Rituales privados propiciatorios se llevaban a cabo con ofrendas de licor, sangre y carne.
Práctica	Poder de los mantras, la propiciación, complejos rituales.	Poderosas experiencias espirituales se alcanzaban mediante el cultivo de los rituales sexuales y el yoga.

1. *Saiddhāntika - Śaiva-siddhānta Āgamas*

En la corriente *saiddhāntika*, emergió la tradición *śaiva-siddhānta*. El significado del término *siddhānta* es 'conclusión final'. Por lo tanto, *śaiva-siddhānta* significa 'conclusión final del shaivismo'. Se refiere a un sistema de shaivismo que se originó en Cachemira, en el norte de India, y que gradualmente se trasladó a Tamil Nadu, donde ha prevalecido durante los últimos trescientos años. El término proviene de Sadyo-jyoti en el siglo IX n. e. quien se refirió a este sistema en su *Bhoga Kārikā*:

रुरुसिद्धान्तसंसिद्धौ भोगमोक्षौ ससाधनौ ।
वचामि साधकबोधाय लेशतो युक्तिसंस्कृतौ ॥

ruru-siddhānta-saṁsiddhau
bhoga-mokṣau sasādhanau
vacāmi sādhaka-bodhāya
leśato yukti-saṁskṛtau

Para el propósito de los adeptos, estoy describiendo brevemente tanto la experiencia mundana como la liberación, junto con sus medios, tal como se describen en las enseñanzas de Ruru (*Ruru-siddhānta*) y se establecen mediante una perfecta argumentación lógica.

(*Bhoga Kārikā*, 2)

Y en la *Ratna-traya* de Bhaṭṭa Śrī-kaṇṭha con el comentario de Aghoraśivācārya se explica:

सिद्धान्तशब्दः ... योगरूढ्या शिवप्रणितेषु ।
कामीकादिषु दशाष्टादशसु तन्त्रेषु प्रसिद्धः ॥

siddhānta-śabdaḥ... yoga-rūḍhyā śiva-praṇīteṣu
kāmīkādiṣu daśāṣṭā-daśasu tantreṣu prasiddhaḥ

> El término *siddhānta* se aplica al shaivismo basándose en dieciocho y diez (veintiocho) tantras, como el *Kāmika Āgama*, compuestos por Śiva.

Más que una filosofía especulativa, el *śaiva-siddhānta* es un sendero dualista devocional. Su visión se basa en un canon de 28 *āgamas* (10 *Śiva Āgamas* y 18 *Rudra Āgamas*), gran parte de los cuales está dedicada a la descripción de templos, *liṅgas* y formas iconográficas de dioses y diosas, así como a rituales de adoración.

Su teología dualista diferencia entre Dios, las almas individuales y el universo que mantiene a las almas en cautiverio. Su liturgia conserva el carácter personal de los *āgamas* dualistas. La fusión con la tradición devocional sureña con los 63 *nāyanārs*, que son los famosos santos *śaivas*, transformó al *śaiva-siddhānta* en una religión tamil. La cultura tamil se expresó en la poesía de la literatura *Caṅkam* anterior al siglo III n. e.

Este sistema es parte integral del hinduismo porque acepta los Vedas como revelación divina. Sus sagradas escrituras son los *Tirumurai* (poemas devocionales compuestos por los *nāyanārs*), los Vedas, los *Śaiva Āgamas* y los *siddhānta śāstras*. El *śaiva-siddhānta* se diferencia del culto védico al Señor Śiva porque se adhiere a los *āgamas*, que permiten a las cuatro castas acceder al culto.

De acuerdo con la tradición, el primer maestro *śaiva-siddhānta* fue Kadamba-guhādhivāsī, cuyo nombre significa 'aquel que reside en la cueva de Kadamba'. Se creía que este maestro *siddha* era una encarnación de Śiva. Kadamba-guhādhivāsī fue seguido por Śaṅkha-maṭhādhipati, o 'superintendente del monasterio Śaṅkha'. El sucesor de Śaṅkha-maṭhādhipati fue Tirambipāla, cuyo nombre puede ser traducido como 'protector de la aldea de Terambi'. El sucesor de Tirambipāla fue Āmardakatīrtha-nātha, o 'Señor del brillo de Āmardaka'. Se trata de una tradición rica en grandes maestros, quienes comentaron los textos tántricos; algunos de los maestros más importantes fueron Sadyo-joti (siglo VII n. e.) de Cachemira, y del sur Bhoja-deva (siglo XI n. e.) y Aghoraśiva (siglo XII n. e.).

Desde la época de Āmardaka, alrededor del 775 n. e., el *śaiva-siddhānta* comenzó a fundar las órdenes monásticas que difundieron su mensaje. El fundador de la orden de Āmardaka fue Rudraśambhu. La orden de Mātta-mayūra fue fundada por Purandara y la orden Mādhu-mateya por Pavanaśiva. Utilizando el apoyo de reyes piadosos, como Cālukya Avani-varman (siglo IX n. e.) muchos ascetas se entregaron a la enseñanza del sistema en los reinos vecinos, especialmente en el sur. Comenzando con Mātta-mayūra, establecieron monasterios en Mahārāṣṭra, Koṅkan, Karnāṭaka, Āndra y Kerala. El *śaiva-siddhānta* floreció en todo lugar donde fue enseñado. Cuando los musulmanes invadieron India, se detuvo la difusión del sistema y se popularizaron otras modalidades de hinduismo. El *śaiva-siddhānta* sobrevivió en el territorio de Tamil, debido a lo cual el sistema adoptó una forma tradicional Tamil.

Las diferentes etapas de la literatura *śaiva-siddhānta*

La historia de la literatura *śaiva-siddhānta* refleja la evolución de una visión. Para entender mejor esta afirmación, podemos dividir la secuencia en cuatro etapas: el *siddhānta* temprano, los poetas devocionales tamiles, el *siddhānta* sánscrito y los teólogos sistemáticos tamiles.

En todas las etapas, nunca hubo ninguna duda de que Śiva ocupaba el puesto central; el dilema se producía en lo que concierne al sendero que conduce a él. En los comienzos, el sendero del conocimiento se erigía como el más indicado. Sin embargo, con el paso del tiempo la devoción fue revelada como el camino a Dios.

I. El *siddhānta* temprano

Este periodo demarca los orígenes del *siddhānta,* que nos conduce a los *āgamas śaivas*. Estos textos se clasifican en cuatro grupos: los dualistas pastoralistas, los lunares, los monistas pastoralistas y los *śaivas*. Los *āgamas śaivas* se dividen en tres grupos: el *vāma* (izquierdo), el *dakṣiṇa* (derecho) y los *siddhānta*. El *śaiva-siddhānta* acepta 28 *āgamas* como acreditados y los clasifica en: 10 *śaiva āgamas* dualistas y 18 *rudra āgamas* monista-dualistas. Cada uno de los *āgamas* tiene cuatro *pādas* (pies), o 'secciones':

1. Conocimiento, o *jñāna*: Explicaciones acerca de metafísica y epistemología.
2. Ritualismo, o *kriyā*: Reglas de la liturgia.
3. Prescripciones icónicas, o *caryā*: Leyes de arquitectura y de la creación de deidades, o *mūrtis*.
4. Disciplina, o yoga: Crear la situación adecuada para la aproximación a la divinidad.

II. Los poetas devocionales tamiles

La etapa de los poetas devocionales, los 63 *nāyanārs*, perduró desde el siglo VII hasta el X n. e. En esta época, la supremacía del conocimiento como medio para acceder a Dios encontró gran resistencia por parte de los *bhaktas* tamiles, quienes consideraban que la devoción es la única puerta hacia Śiva.

Uno de los principales santos tamiles fue Tirumūlar Nāyanār, también llamado Mūlar. Fue uno de los ocho discípulos del maestro Tirumandi Devar, así como uno de los dieciocho *siddhars*. Su lugar de residencia era una montaña llamada Potiyān. Su deseo de visitar al gran maestro Agastya lo llevó a viajar al sur. En una aldea a las orillas del río Kāveri, se topó con un rebaño de vacas, las cuales lloraban amargamente por la muerte de su pastor Mūlan. Tirumūlar se compadeció mucho de ellas y mediante un poder místico llamado *parakāya-praveśa* entró dentro del cuerpo muerto del pastor. Mientras tanto, abandonó su propio cuerpo escondido dentro de la cavidad de un árbol hueco. La gente se dio cuenta de que había ocurrido una profunda transformación en el Mūlan que ellos conocían: el anterior era un hombre ordinario, mientras que este último era un ser completamente iluminado. En cierto momento, Tirumūlar se dio cuenta de que su cuerpo original había desaparecido y se vio obligado a permanecer en el cuerpo del pastor.

Su contribución literaria más importante es el *Tirumandhiram*, uno de los textos claves del *śaiva-siddhānta*. Permanecía en estado de *samādhi* por largos periodos y solo escribía cuando su estado de consciencia se lo permitía. El sabio Tirumūlar proponía un teísmo monista en el cual todo era Śiva. Su obra presenta el *siddhānta* como un camino que incluía una forma moral de vida, la adoración en el templo y la adoración interna del Señor Śiva a través de la gracia del maestro espiritual. Sostiene que después de la iluminación, el cuerpo espiritual continúa su proceso de desarrollo hasta que el alma emerge en Śiva.

III. El *siddhānta* sánscrito

El período de teólogos sánscritos sistemáticos duró desde el siglo IX hasta el XI n. e. y comprende las obras de Bhoja, Śrī-kumāra y Aghora-śiva. Śrī-kumāra afirma en su comentario *Tātparya-dipikā* que Śiva es uno, y se refiere a *Pati*, *paśu* y *pāśa* como uno y lo mismo.

Al igual que maestros anteriores, Bhoja, brillante en el *siddhānta*, deja sin explicar la relación entre lo trascendental y lo fenoménico, o la relación que mantiene Śiva con *paśu* y *pāśa*. La carencia de una postura clara sobre el tema dio lugar al dilema del *siddhānta*: postular o no la autodiferenciación o la emanación en Dios mismo en forma de categorías como los cinco *tattvas*, o 'principios puros', de la doctrina *śaiva-siddhānta*. La autoindiferenciación divina implicaba un autovaciamiento divino y la caída de la trascendencia en lo fenoménico, mientras que la ausencia de autodiferenciación significaba eliminar las cinco *tattvas* o relegarlas al inconsciente. Armonizar el emanacionismo con el *bheda*, o 'la teología de la diferencia', ha sido quizás el mayor problema metafísico de este sistema.

Aghora-śiva, que vivió alrededor del año 1100 n. e., se refirió a la teología de la diferencia y estableció los fundamentos de la doctrina *śaiva-siddhānta*. Esta gran figura era del monasterio Āmardaka en Chidambaram y era discípulo de Bhaṭṭa Rāmakaṇṭha (1100–1130 n. e.). Él conectó entre la tradición sánscrita y la tamil. Sus escritos fueron determinantes para establecer las bases del sistema. Veía a Śiva como lo supremo trascendental, tanto el *śaktimat* (energético) como la *śakti* (energía). Incluyó en la categoría *pāśa* (vínculo) a los cinco primeros *tattvas* (categorías): *nāda*, *bindu*, *sadā-śiva*, *īśvara* y *śuddha-vidyā*, es decir, afirmaba que el universo comprende todo fenómeno material y mental. Aghoraśiva desarrolló la doctrina del *śaiva-siddhānta* y la alejó de la doctrina original, surgida en el norte.

Lo único que quedaba por revelar es si Śiva era accesible a través del conocimiento o la devoción.

Aghora-śiva estableció los fundamentos del *śaiva-siddhānta* basándose en una irrefutable teología de la diferencia. Rechazar su postulado habría significado adoptar el monismo vedántico, lo que eliminaría la identidad *siddhānta*.

IV. Los teólogos sistemáticos en lengua tamil

El periodo de los teólogos sistemáticos en lengua tamil sucede entre los siglos XIII y XVIII n. e. Durante este periodo, el *siddhānta* optó por el tamil como el idioma para su teología. Comenzó cuando el maestro Aghoraśiva resolvió el gran dilema de la dualidad versus el monismo. Doctrinas previas al *siddhānta*, que aparentaban negar el sometimiento del alma a Dios, como la *Śiva-samavāda*, perdieron popularidad y fueron rechazadas. Ocurrió un despertar renovador del no dualismo puro, hasta tal punto que el *siddhānta* tamil se describió a sí mismo como *śuddhādvaita.*

El no dualismo implica una relación inseparable entre las almas y Dios, pero no la identidad de su sustancia. Como parte de un retorno a los orígenes agámicos, los siddhantistas sánscritos fueron gradualmente abandonados. El sistema de Bādarāyaṇa se mantuvo por encima de todas las demás doctrinas. Este sendero de la devoción se expandió en el sur de India.

V. La sistematización del *śaiva-siddhānta* devocional

No podemos ignorar la contribución de Meykaṇḍār, quien sistematizó el *siddhānta* devocional en la primera mitad del siglo XIII n. e. Meykaṇḍa-deva, cuyo nombre significa 'descubridor de la Verdad', fue discípulo de Parañjoti-muni, siendo considerado el más importante dentro de los *santānācāryas*, un grupo que también incluía a su discípulo Aruḷnandi Śivācārya y a Marai-jñāna Sambandhar con su discípulo Umāpati Śivācārya. Su metodología se encuentra contenida en una colección de catorce trabajos conocidos como los *Meykaṇḍa-śāstras*, o 'disciplinas de Meykaṇḍa'. Sus dos primeros tratados son *Tiruvunthiār* o 'El sagrado esfuerzo del maestro' y *Tirukkalirruppadiar*. Su mayor contribución es una obra en lengua tamil de doce poemas titulada el *Śiva-jñāna-bodham*, o 'comprensión del conocimiento de Śiva'. Este es un comentario sobre los doce *kārikās*, o *sūtras*, del *Rauravāgama*, que contiene la explicación clásica del *śaiva-siddhānta* tamil. El *Śivajñānabodham* está compuesto de doce *sūtras*, divididos en cuatro grupos de tres *sūtras* cada uno. Los doce aforismos de esta importantísima obra tratan los siguientes temas:

1. Śiva, quien provoca la disolución del universo manifestado, es también su causa.
2. Cómo el universo vuelve a crearse.
3. La existencia del alma.
4. La distinción entre alma y cuerpo.
5. La ayuda divina a las almas.
6. Lo real y lo irreal.
7. El alma no es real ni irreal.
8. De qué modo el alma obtiene conocimiento.
9. La purificación del alma.
10. La purificación de la triple contaminación.
11. Cómo el alma logra alcanzar los sagrados pies de Dios.
12. De qué manera Śiva, que se encuentra más allá de la percepción de nuestros sentidos, puede ser adorado como algo perceptible para nuestros sentidos.

Esta obra, junto a otros trabajos de importantes maestros, sentó las bases de la Meykaṇḍār *sampradāya*, la cual propone un realismo pluralista en el que coexisten las almas, Śiva y la manifestación cósmica. Nos habla, pues, de una unidad-dual eterna, sin comienzo ni final, que tiene tres categorías de existencia: *Pati* (la suprema divinidad), *paśu* (el alma) y *pāśa* (la manifestación cósmica).

La visión del sabio Meykaṇḍār fue desarrollada posteriormente por Aruḷnandi (que vivió alrededor del año 1253 n. e.) en su tratado, *Śiva-jñāna-siddhiyār*, o 'La prueba del conocimiento de Śiva'. Este texto consta de dos partes: *supakkam*, o 'las doctrinas adecuadas', y *parapakkam*, o 'las doctrinas ajenas'. *Supakkam* describe la doctrina, mientras que *parapakkam* refuta las enseñanzas que entran en conflicto con el *siddhānta.*

El sucesor de Arulṇandi, llamado Umāpati (que vivió alrededor del año 1306 n. e.), prosiguió su labor con dos tratados importantes: *Śiva-pirakāśam,* o 'la luz de Śiva', que describe la filosofía y *Śaṅkalpa-nirākaraṇam* o 'El repudio de las dudas', que refuta las enseñanzas opuestas al *siddhānta.* Umāpati escribió cuatro tratados más sobre el tema de la gracia, un comentario sobre el *Pauṣkarāgama* y el *Śata-ratna-saṅgraha,* o 'La colección de cien gemas'.

Esta doctrina culminó con dos autores: Śivāgra-yogin, en el siglo XVI n. e., y Śiva-jñāna-yogin, en el XVIII n. e. La obra *Śivāgrābhāṣyam,* o 'La exposición de Śivāgra', trata de abarcar el no dualismo de Śrīkaṇṭha hasta donde es coherente con la metafísica de la diferencia del *siddhānta.* Tal como lo vemos en su comentario sobre el *Pauṣkarāgama,* Śivāgra-yogin criticó algunas opiniones de Umāpati y no estuvo siempre en total acuerdo con los maestros tamiles del *siddhānta* que lo precedieron. Śivāgra-yogin también escribió el *Kriyā-dipikā* ('La lámpara de las acciones'), *Śaiva-sannyāsa-paddhati* ('El manual de los ascetas *śaivas*') y *Śivaneri-pirakāśam* ('El impacto de la iluminación de Śiva').

Las obras de Śiva-jñāna-yogin fueron, en su mayoría, escritas en tamil. En obras como *Cirrurai,* o 'El pequeño comentario', y *Drāviḍa-māpāḍiam,* o 'La exposición del gran dravidian', trata de conciliar los puntos de vista contradictorios entre los comentaristas de Meykaṇḍār.

En el *śaiva-siddhānta, bhakti* significa el servicio al Señor y la amistad íntima con él. En su obra *Bhakti-karma-samuccaya,* Śrīkaṇṭha, el celebrado maestro *śaiva,* presenta el *bhakti* como un sendero que conduce a la liberación. Él fue el primer maestro *śaiva* que reconcilió la tradición védica con la agámica.

El sistema *śaiva-siddhānta* floreció hasta el siglo XI n. e. al principio de las invasiones musulmanas. Ha sobrevivido hasta nuestros días en el sur del subcontinente indio usando la lengua sánscrita en lugar del tamil.

2. No *saiddhāntika* - *Bhairava Tantras*

Los *bhairava tantras*, que contienen las enseñanzas de Bhairava a su consorte, han sido clasificados de diferentes maneras. Un enfoque divide las enseñanzas en dos categorías: *mantra-pīṭha*, o 'el asiento de los mantras' y *vidyā-pīṭha*, o 'el asiento de los *vidyās*'. Mantra y *vidyā* son sinónimos que significan en sánscrito 'fórmulas de sonidos sagrados': mantra es un sustantivo masculino y *vidyā* es femenino. En este contexto, *pīṭha* significa 'corpus'. Por lo tanto, las escrituras *mantra-pīṭhas* se enfocan en la adoración del aspecto masculino de la divinidad, mientras que las *vidyā-pīṭha* se centran en el femenino.

La colección de tantras *vidyā-pīṭha* se subdivide a su vez en *vāma tantras* (tantras de la izquierda), *yāmala tantras* (tantras de la unión) y *śakti tantras* (tantras de la energía). Los *śakti tantras* incluyen tantras del *trika* y textos relacionados con los cultos de Kālī.

2.1 *Mantra-pīṭha*

Deidades

Los *āgamas* clasificados como *mantra-pīṭha* instruyen sobre la adoración a Śiva como Svacchanda-bhairava, o 'Bhairava autónomo', conocido eufemísticamente como Aghora, o 'el no terrible'. Tiene dieciocho brazos y cinco rostros de tez blanca que encarnan cada uno de los cinco *Brahma-mantras*. Su aspecto es tanto travieso como poderoso, dos cualidades que reflejan su esencia natural de autonomía radical. Permanece de pie sobre el cadáver postrado de Sadā-śiva, la forma adorada en el *śaiva-siddhānta*, trascendido ahora por esta nueva revelación. Sadā-śiva era adorado de manera independiente, pero en el *mantra-pīṭha*, la consorte femenina se incorpora como la personificación de Śakti. Bhairavī, o Aghoreśvarī, está rodeada de Bhairavas inferiores dentro de un recinto circular en los campos crematorios. Ella tiene la misma apariencia que Svacchanda-bhairava, aunque está subordinada a él. Primero son adorados juntos y luego él es adorado por separado.

Svacchanda-bhairava o "Bhairava autónomo"

Enseñanzas

El texto principal, el *Svacchanda-bhairava Tantra*, ofrece extensas explicaciones sobre la práctica y la cosmología tántricas, pero muy poco acerca de su filosofía. Las tradiciones de los *bhairava tantras* desarrollaron las prácticas de los *kāpālikas*, de los cuales proceden. Por lo tanto, la forma básica de su observancia ascética era el *kapāla-vrata*, o *mahā-vrata*. La influencia *kāpālika* en el *mantra-mārga* es evidente en la iconografía de la pareja divina. Adorados dentro de una cámara de cremación, están decorados con ornamentos de huesos y portan el báculo de cráneo (*khaṭvāṅga*) de la tradición *kāpālika*. Svacchanda-bhairava tiene elementos más suaves que lo convierten en una deidad transicional entre el benevolente dios del *śaiva-siddhānta* y los dioses del *vidyā-pīṭha*, que enfatizan más la apariencia *kāpālika*. El *Svacchanda-bhairava Tantra*, el texto que rige este culto, también guía sobre los rituales con ciertas formas secundarias de Svacchanda-bhairava, como Koṭa-rakṣā (el ojo hueco) y Vyādhi-bhakṣa (el devorador de las enfermedades), que son temibles y se asemejan a los Bhairavas de la tradición *kāpālika* clásica.

Dado que la tradición *mantra-pīṭha* no parece haber tenido una filosofía claramente definida, los comentaristas de otras corrientes se sintieron libres para incorporar sus prácticas rituales y ofrecer su propia interpretación a la luz de sus doctrinas. Hay comentarios tanto de los dualistas *saiddhāntikas* como de los no dualistas *kaulas*. Parece que los no dualistas fueron más populares, ya que solo se ha preservado su comentario (*Svacchanda-tantra-uddyota* por Kṣemarāja). Svacchanda-bhairava siguió recibiendo culto en Cachemira y Nepal hasta el siglo XX n. e.

Escrituras

Los 64 *bhairava tantras* son las escrituras principales de esta categoría. Sabemos por citas contenidas en obras posteriores, que había otros textos secundarios significativos como *Aghoreśvarī-svacchanda*, *Dvādaśa-sāhasra*, *Mantra-pīṭha-svacchanda* y *Rasa-svacchanda*. El *Svacchanda-bhairava Tantra* era evidentemente el más importante porque han sobrevivido muchas copias en diferentes zonas de India. Muchos manuales de adoración (*paddhatis*) se derivan de este texto, que parece ser la fuente de las instrucciones del ritual de iniciación *saiddhāntika* explicados por Bhojadeva en su obra *Siddhāntasārapaddhati*.

Práctica

Esta tradición incorporó elementos tanto del *siddhānta* como del *kaula*. Es decir, el culto a la diosa comienza a emerger, pero aún se encuentra subordinada a Bhairava. El culto incluía algunos elementos ligeramente transgresores, como vino o cerveza de arroz, pero solo se ofrecían a la Deidad y los adeptos no los consumían.

2.2 *Vidyā-pīṭha*

Las quince escrituras del *vidyā-pīṭha* se dividen en tres subgrupos, cada uno de los cuales representa un nivel de esoterismo y feminización más elevado: los tres *vāma tantras* (tantras de la izquierda) o *guhya tantras* (tantras secretos), los cinco *yāmala tantras* (tantras de unión) y los siete *śakti tantras* (tantras de energía). Las diosas son cada vez más predominantes. Al principio se tornan superiores a Bhairava, hasta que posteriormente son completamente autónomas, como en los cultos exclusivos de diosas terribles (*eka-vīrā*) como Kālī.

En estas escrituras, la cultura *kāpālika* de los campos crematorios se vuelve prominente. Los adeptos podían acceder a los poderes de estas deidades mediante la iniciación y el voto de los *kāpālikas*. Los ascetas se intoxicaban con alcohol y pasaban periodos de vagabundeo nocturno (*niśāṭana*), seguidos de periodos de adoración (*pūjā*) durante los cuales invocaban y satisfacían a las deidades del *maṇḍala* elegida para su iniciación.

Llevaban las insignias de este voto: el cabello enmarañado, los adornos de huesos humanos, el cuerpo cubierto de cenizas de muertos, el hilo sagrado hecho de pelo de cadáveres, un estandarte de cráneo, un tambor (*ḍamaru*) y un tazón de calavera para mendigar. En sus rituales, participaba una *dūtī*, consorte consagrada, con la que producían los flujos sexuales que propiciaban a las deidades.

En el *ati-mārga* y algunas sectas del *mantra-mārga*, la jerarquía de los niveles cósmicos (*bhuvanādhvā*) estaba gobernada por Rudras. Pero desde el *vidyā-pīṭha*, la jerarquía masculina se vio reemplazada por categorías de *yoginīs* salvajes que beben sangre y están decoradas con cráneos. Ellas emanaban desde el corazón de la deidad y formaban una red omnipresente de poder (*yoginī-jāla*). Poblaban este orden vertical de la jerarquía cósmica e irradiaban un sagrado espacio, enviando emanaciones consagradas y veneradas en asientos de poder (*pīṭhas*) conectados con los campos crematorios en toda la India.

Los *kāpālikas* del *vidyā-pīṭha* aspiraban a fusionarse con las *yoginīs* (*yoginī-melaka*) mediante un proceso de invocación visionario en el que las atraían del cielo, las gratificaban con la ofrenda de su propia sangre y ascendían con ellas al cielo como líderes de su grupo. Las 64 *yoginīs* ocupaban un lugar prominente en todas las tradiciones *vidyā-pīṭha*. Ellas emanaban externamente desde ocho diosas madres (*mātṛ*): Brāhmī, Māheśvarī, Kaumārī, Vaiṣṇavī, Indrāṇī, Vārāhī, Cāmuṅḍā y Mahā-lakṣmī. Estaban divididas en ocho clanes o familias (*kulas*) de ocho *yoginīs*. En el momento de la consagración, el adepto se sentaba enfrente de un *maṇḍala* entronando a estas ochos Madres. Entraba en trance, y el poder de posesión de la deidad hacía que su mano arrojara una flor sobre el *maṇḍala*. El sector en que caía indicaba con qué Madre tenía más afinidad y pasaba a formar parte de su familia (*kula*). En las noches propicias para el ritual de dicha Madre, el devoto debía buscar a una *yoginī* de su *kula* y ofrecerle adoración con la aspiración de recibir la bendición de la Madre en forma de poderes sobrenaturales y conocimiento oculto.

2.2.1 *Vāma tantras* (tantras de la izquierda) o *guhya tantras* (tantras secretos)

Descripción

No tenemos mucha información sobre esta tradición. Parece que su influencia fue mínima. Emergió de una cultura orientada a lo masculino, siendo una de las primeras tradiciones en adorar a las diosas femeninas. Además, fue una de las primeras tradiciones transgresoras en las que el avance de los adeptos dependía de su grado de ruptura de las normas sociales y los condicionamientos mentales.

Cronología y ubicación geográfica

Esta tradición se difundió a principios de la revelación tántrica. El erudito budista Dharma-kīrti la menciona ya en el año 600 n. e. Antes de que la cultura tántrica alcanzase su cúspide, la tradición de los *vāma tantras* ya había desaparecido.

Deidades

Las hermanas Jayā, Vijayā, Ajitā (también llamada Jayantī) y Aparājitā eran las deidades de esta tradición. Eran adoradas junto con su hermano Tumburu-bhairava, una forma del Señor Śiva con cuatro rostros visualizados como los de sus hermanas. El *Vīṇāshikhā Tantra* señala que las cuatro diosas eran visualizadas como blanca, roja, dorada y negra, respectivamente, y sus vehículos eran un cadáver, un búho, un caballo y un vehículo volador. Parece que originalmente eran adoradas para atraer la victoria en la batalla.

Escrituras

Las fuentes literarias de Cachemira mencionan tres *vāma tantras*: *Nayottara*, *Mahā-raudra* y *Mahā-saṁmohana*, pero lamentablemente, no se han preservado. La inscripción Sdok Kak Thom hecha en Camboya en el año 1052 n. e. agrega a la lista el *Vīṇāśikha*, indicando que el canon completo de esta tradición estaba compuesto de cuatro escrituras *vāmas* emanadas de las cuatro caras de Tumburu. Podemos deducir de la inscripción que el *Vīṇāśikha* fue el último texto revelado. No se menciona en el *Jayad-ratha Yāmala* y el *Picumata* porque no formaba aún parte del canon. El *Vīṇāśikha* es el único texto que sobrevivió escrito en hojas de palmas que se estiman del siglo XII o XIII n. e.

Rituales

Los *vāma tantras* describen rituales que usan magia contra los enemigos y pacifican los demonios.

2.2.2 *Yāmala tantras* - Tantras de la unión

Nombre

El término *yāmala* significa 'pareja en unión' y, en general, se refiere a la unión de Dios con su consorte. En este contexto, *yāmala* adquiere un significado especial como la unión de mantra y *vidyā*. Es decir, esta tradición une las acciones con los rituales dedicados a los dioses (como mantras) y las diosas (como *vidyās*).

Descripción

En el espectro del *mantra-mārga*, la tradición *yāmala* se situaría a la izquierda de la *dakṣiṇa*. La deidad femenina era superior a la masculina. En comparación con otras sectas de la mano izquierda, tenía más imágenes mortuorias y más prácticas transgresoras en los terrenos de cremación.

Cronología

El *Skanda Purāṇa* del siglo VI n. e. menciona la tradición *yāmala* y enumera siete *Mātṛ-tantras* con títulos que incluyen la palabra *yāmala*, comenzando con el *Brahma Yāmala*. Parece que esta tradición no sobrevivió hasta el periodo clásico de la revelación tántrica (900-1100 n. e.).

Deidades

Las escrituras instruyen sobre el culto de Kapālīśa-bhairava, o 'Señor del cráneo', y su furiosa consorte Caṇḍā-kāpālinī. Vemos aquí los primeros indicios de la superioridad y autonomía de la Śakti. En el *mantra-pīṭha*, las deidades en torno a Svacchanda-bhairava y Bhairavī en el *maṇḍala* eran masculinas y solitarias. Pero, en este caso, las mujeres son superiores a sus consortes masculinos. Bhairava es el que otorga energía (*śakti-pāta*) a estas deidades secundarias, pero es trascendido por Śakti en la iconografía.

Escrituras

Según los registros de escrituras como el *Jayadratha Yāmala*, esta tradición cuenta con ocho textos. Los cinco principales son *Brahma Yāmala, Viṣṇu Yāmala, Rudra Yāmala, Skanda Yāmala y Umā Yāmala*. Los tres restantes reciben nombres diferentes en distintas menciones. A pesar de que cada tantra de unión fue revelado por un Bhairava, sus consortes fermeninas disfrutaban de mayor autonomía y el séquito que rodeaba a la pareja divina estaba compuesto de *yoguinīs* femeninas.

El *Brahma Yāmala*, también llamado *Picumata* y *Ucchuṣma*, fue el *yāmala* más importante, y sus 12 000 versos han sobrevivido, preservados durante siglos en hojas de palma. Este *yāmala* desciende directamente del Señor Śiva a través de una cadena de sucesión discipular formada por varios maestros. Dicho *paramparā* incluye a Bhairava, quien lo entregó a Krodha, Kapila y Pādma. Pādma lo enseñó a Devadatta, quien a su vez lo transmitió a sus catorce discípulos.

इच्छा नामेन सञ्जाता तया बिन्दुः प्रबोधितः ॥
प्रबुद्धस्य ततो बिन्दोर्ज्ञानौघं निष्कलं ततः ।
अभिव्यक्ति महादेवि अकस्मान्मन्त्रविग्रहः ।
ज्ञानसंपूर्णदेहस्तु सदाशिवपदे स्थितः ॥
तस्मत्सदाशिवानुज्ञा ततः सृष्टिरभूत्पुनः ।
हूहुकान्तावधूतस्था तत्त्वमाला स्वभावतः ॥
लोकस्य हितकाम्यायाममृताख्येन सुव्रते ।
निबद्धं तु समासेन ज्ञानौघं विमलात्मकम् ॥

icchā nāmena sañjātā
tayā binduḥ prabodhitaḥ

prabuddhasya tato bindor
jñānaughaṁ niṣkalaṁ tataḥ
abhivyakti mahā-devi
akasmān mantra-vigrahaḥ
jñāna-saṁpūrṇa-dehas tu
sadā-śiva-pade sthitaḥ

tasmat sadā-śivānujñā
tataḥ sṛṣṭir abhūt-punaḥ
hūhu-kāntāvadhūta-sthā
tattva-mālā svabhāvataḥ

lokasya hita-kāmyāyām
amṛtākhyena suvrate
nibaddhaṁ tu samāsena
jñānaughaṁ vimalātmakam

Del inconcebible Śiva, el Ser supremo, surgió la suprema Śakti, llamada *icchā*. Por ella, *bindu* fue despertado. Entonces, del *bindu* despierto [surgió] la masa indiferenciada de la sabiduría escritural. De ella, ¡oh Mahā-devī!, repentinamente se manifestó un cuerpo de mantras al nivel del Sadā-śiva [*tattva*], su cuerpo completamente lleno de sabiduría escritural.

A partir de esto, con la autorización de Sadā-śiva, la creación volvió entonces a tener lugar, según su naturaleza, como la serie de *tattvas* situadas en el [supremo Śakti] avadhūta hasta [el Rudra] Huhuka.

Para el bien de la gente, ¡oh, piadosa señora!, la gran masa de sabiduría escritural, consistente en el *Vimala*, fue establecida en forma abreviada con el nombre de Amṛta. Y el Dios Parāparā [Sadā-śiva], además, presentó a Śrī-kaṇṭha [la escritura], consistente en mantra, doctrina y ritual, tras emerger del estado más allá de las observancias, por haber visto ambos caminos [el puro y el impuro].

(*Brahma Yāmala*, 1.34b-37)

Este *yāmala* describe diferentes rituales y contiene una vasta colección de métodos de magia y encantamientos con mantras, diagramas místicos, *mudrās* y demás. Este texto es de carácter *kāpālika* y desarrolla la cultura antinómica y sanguinaria en el *mantra-mārga*. El *Rudra Yāmala* contiene una de las primeras referencias a los chakras.

Es importante mencionar tres textos secundarios: *Mahā-bhairava-maṅgalā*, *Piṅgalā-mata* y *Mata-sāra*, que instruyen sobre la adoración al mismo panteón que el *Picu-mata*, pero con sus propias peculiaridades. El *Piṅgalā-mata* menciona una gran variedad de *sādhanas* y se refiere a dos clases de tantras: *Kāma-puri* y *Uḍḍiyāṇa*. En el centro del *maṇḍala* están Kapalesa, Bhairava y Caṇḍā-kāpālinī. Todas las demás deidades son femeninas, e incluso los principales mantras de adoración pertenecen a Caṇḍā-kāpālinī. Los mantras de su consorte son secundarios.

El *Jayad-ratha Yāmala*, un suplemento del *Brahma Yāmala* dedicado a Kālī, cuenta con cuatro mil versos. Menciona numerosas sectas como *Kāla-saṁkarṣaṇī*, *Carcikā* y *Siddhi-lakṣmī*, entre otras. Los *yāmalas* suplementarios representan en la literatura tántrica una evolución hacia una nueva orientación.

Doctrina

La antigua tradición *yāmala* se dirigía principalmente al asceta que buscaba poder. Aquí encontramos las raíces chamánicas del tantra: un mundo de poderes mágicos. Sus rituales convocaban poderes espirituales utilizando cráneos y principalmente tenían lugar, en campos crematorios, en noches de luna nueva.

Los *yāmalas* son importantes porque describen una variedad de tradiciones. Amplían el panteón tántrico e instruyen en la adoración a nuevos dioses y diosas. Los tantras de unión constituyen la principal fuente de información acerca del ritualismo *kaula* temprano incluyendo iniciaciones, rituales sexuales, prácticas esotéricas y posesión espiritual inducida por las *yoginīs*. Con una profusa imaginería *kāpālika*, contienen conversaciones secretas entre la pareja divina, *yāmala*, por lo que la doctrina lleva este nombre.

Práctica

En las prácticas de esta tradición, el aspirante se encuentra solo en el universo con entidades femeninas. En los rituales, se rodea exclusivamente de *yoginīs* y se visualiza a sí mismo colmado de cualidades femeninas a todos los niveles.

Rituales

Mediante los rituales y el *sādhana*, los aspirantes aspiran a expandir su consciencia y trascender toda dualidad, lo que les permitirá realizar la auténtica naturaleza *advaita* de Bhairava.

यो ऽसौ अचिन्त्यमित्याहुः शिवः परमकारणः ।
निःसंज्ञो निर्विकारश्च व्यापी शान्तस्तथैव च ॥
निःस्वभावो महादेवि क्रियाकारणवर्जितः ।
निष्कलो निर्विकल्पस्त्वरूपो गुणवर्जितः ॥
निर्ममो निरहङ्काराद्वैतपदसंस्थितः ।
योगिनां ध्यानगम्यो ऽसौ ज्ञानरूपो महायशे ॥
निराचारपदावस्थः संज्ञामात्रः प्रभुः परः ।
तस्यापराज्योतिरूपं सर्वानुग्रहकारकः ॥
व्यापी ह्यव्यक्तरूपी चामनस्को महात्मनः ।

yo 'sau acintyam ity āhuḥ śivaḥ parama-kāraṇaḥ
niḥsaṁjño nirvikāraś ca vyāpī śāntas tathaiva ca

niḥsvabhāvo mahādevi kriyā-kāraṇa-varjitaḥ
niṣkalo nirvikalpas tvarūpo guṇa-varjitaḥ

nirmamo nirahaṅkārādvaita-pada-saṁsthitaḥ
yogināṁ dhyāna-gamyo 'sau jñāna-rūpo mahā-yaśe

nirācāra-padāvasthaḥ saṁjñā-mātraḥ prabhuḥ paraḥ
tasyāparā-jyoti-rūpaṁ sarvānugraha-kārakaḥ

vyāpī hy avyakta-rūpī ca amanasko mahātmanaḥ

Śiva, aquel que es llamado inconcebible, es la causa suprema, sin apelativo ni transformación, omnipresente e inactivo, sin naturaleza inherente. ¡Oh, Mahādevī! Él está desprovisto de acción y causa, es indiferenciado, libre de conceptualización, forma, *guṇas* y nociones de «mío» y «yo», y está situado en el estado de no dualidad. Solo los yoguis pueden acercarse a él a través de la meditación, y su forma es la sabiduría. ¡Oh, mujer de gran fama!, el Señor Supremo mora solo en el estado más allá de la actividad como consciencia (*saṁjñā*). Él, el agente de la gracia para todos, tiene la forma de la suprema refulgencia. Es omnipresente, con forma inmanifestada y está más allá de la mente de las grandes almas.

(*Brahma Yāmala*, 122-126ab)

2.2.3. *Śakti tantras* - Tantras de la energía

Los *śakti tantras*, o 'tantras de la energía', son la tercera colección del *vidyā-pīṭha*. El *Jayad-ratha Yāmala* enumera los siete textos principales de esta tradición: *Sarva-vīra-samā-yoga*, *Siddha-yogeśvarī-mata*, *Śiraś-cheda*, *Pañcāmṛta*, *Viśvādya*, *Vidyā-bheda* y *Yoginī-jāla-śaṁbara*. Solo dos escrituras han sobrevivido hasta la actualidad: una versión resumida del *Siddha-yogeśvarī-mata* original y el *Jayad-ratha Yāmala* o *Śiraś-cheda*, que en ese momento tenía solo una parte (*ṣaṭkam*). Tres más se agregaron luego. Estos tantras son la autoridad de los cultos esotéricos de las diosas Trika y también de Kālī, que se describen por separado.

2.2.3.1 *Śakti tantras - Trika*

Nombre

La secta recibió el nombre *Trika,* o 'tríada', debido a que adoraba a tres diosas: Parā, Parāparā y Aparā, con sus consortes Bhairava o sin ellos.

Descripción

Esta es una de las sectas que practicaba transgresión social como aceptar mujeres y darle acceso a la totalidad de la práctica. Las mujeres podían aspirar a su propia liberación espiritual en lugar de acumular el mérito de sus esposos. El texto más antiguo especificaba que su mantra más poderoso estaba reservado para las mujeres y solo se transmitía entre ellas.

Ubicación geográfica

Trika se expandió por toda la India. Probablemente comenzó en Mahārāṣṭra y luego se estableció en Orissa. Dado que su mayor exponente, Abhinava-gupta, es de Cachemira, algunos creen que se originó en esa zona.

Deidades

Más que a una teología, el término *trika* se refiere a una entidad presente en el ritual.

यावन्त्यः प्रथिताः काश्चिद्योगेश्वर्या महाबलाः ।
तासां योनिः समाख्याता रुद्रशक्तिर्वरानने ॥
तयैवोद्बलिताः सत्त्वाः क्रीडन्ते ते ऽविशङ्किताः ।
सा परापररूपेण व्याप्य सर्वमिदं स्थिता ॥
योगेश्वरीति विख्याता तस्या मूर्तिस्त्रिधा प्रिये ।

yāvantyaḥ prathitāḥ kāścid yogeśvaryā mahā-balāḥ
tāsāṁ yoniḥ samākhyātā rudra-śaktir varānane

tayaivodbalitāḥ sattvāḥ krīḍante te 'viśaṇkitāḥ
sā parāpara-rūpeṇa vyāpya sarvam idaṁ sthitā

yogeśvarīti vikhyātā tasyā mūrtis tridhā priye

¡Oh, hermosa!, la fuente de todas las poderosas *yoginīs* (*mahā-balāḥ*) en su forma manifestada (*prathitāḥ*) se llama Rudra-śakti (el Poder de Rudra). Todas las criaturas están empoderadas por ella. Ellas ejecutan sus pasatiempos sin inhibición, mientras que ella impregna todo el universo con su forma trascendental y no trascendental. Ella se llama Yogeśvari y su forma es triple, ¡Oh, amada! Ahora les contaré acerca de estas divisiones tal como existen en este mundo.

(*Siddha-yogeśvarī-mata*, 2.21-23a)

Parā es la diosa central: blanca, hermosa y benevolente. Está dotada de rostro y dos brazos. En una mano sostiene un texto sagrado y con la otra hace el gesto *cin-mudrā*, que representa la autorrealización. Parāparā y Aparā son deidades *kāpālikas* feroces que portan el estandarte de cráneo (*khatvāṅga*). Parāparā está a la derecha de Parā y es roja; Aparā está a su izquierda y es negra.

1. La diosa Parā

Parā tiene dos aspectos. En su aspecto inferior es una de las tres deidades; en su aspecto superior, llamado Mātṛ-sad-bhāva, o la 'Esencia de las Madres', es la suma de las tres diosas. Ella es la cúspide de la jerarquía de las potencias femeninas que pueblan el culto de las *yoginīs*, que son los espíritus femeninos feroces, sangrientos y decorados con cráneos. Más tarde, el culto recibió una interpretación mística. Mātṛ-sad-bhāva se entendió como la esencia de los seres conscientes y las tres diosas como las tres potencias fundamentales de un universo que es solo consciencia. Parā era la potencia del sujeto (*pramātṛ*), Aparā era la potencia del objeto (*prameya*) y Parāparā era el campo o medio cognitivo (*pramāṇa*) que permitía la relación entre Parā y Aparā. Mātṛ-sad-bhāva era la unidad última de estos tres, que se revelaba al adorador que se liberaba de la ilusión dual.

La escritura *Parā-triṁśikā-tātparya-dīpikā* invocaba a Parā de la siguiente manera:

अकलङ्कशशाङ्काभा त्र्यक्षा चन्द्रकलावती ।
मुद्रापुस्त लसद्वाहा पातु वः परमा कला ॥

akalaṅka-śaśāṅkābhā
tryakṣā candra-kalāvatī
mudrā-pusta-lasad-vāhā
pātu vaḥ paramā kalā

Que el poder supremo (Parā) te proteja, [que es tan brillantemente blanca] como una luna sin marcas, tiene tres ojos, está adornada con la luna creciente [sobre su cabello], y cuyas manos gesticulan (*mudrā*) y sostienen un libro.

(*Parā-triṁśikā-tātparya-dīpikā*, 2)

Un verso del himno *Parā-stuti* de Sahajānanda-nātha describe a Parā de la siguiente manera:

भक्तजनभेदभञ्जनचिन्मुद्राकलितदक्षपाणितलं ।
पूर्णहन्ताकारणपुस्तकवर्येण रुचिरवामकरम् ॥

bhakta-jana-bheda-bhañjana-cin-mudrākalita-
dakṣa-pāṇi-talaṁ
pūrṇa-hantākāraṇa-pustaka-varyeṇa
rucira-vāma-karam

Su mano derecha muestra el gesto de consciencia, que destruye la dualidad en [la mente de] sus devotos, mientras que su mano izquierda muestra [un manuscrito encuadernado de] la escritura suprema que es el medio de alcanzar el estado [de liberación], el estado de unidad que incluye todo.

(*Parā-stuti*, *Nityotsava*, 196.5)

Parā es de color blanco y se asocia con la elocuencia y el aprendizaje. Estas características, así como los gestos de sus manos, nos indican que Parā era el aspecto tántrico de la diosa Sarasvatī como la encarnación de la palabra (Vāgīśvarī) o del alfabeto (Mātṛkā-sarasvatī, Lipi-devī). En la escritura *Siddhayogeśvarīmata*, Parā y Mālinī, la deidad del alfabeto, se presentan como dos aspectos de una misma palabra absoluta. El adorador instala a Parāparā en la punta izquierda del tridente, Aparā en la derecha, Mālinī en la central y luego a Parā por encima de Mālinī.

Abhinava-gupta explicaba que Mālinī y Mātṛka son idénticas a Parā. Parā es la consciencia última, la *tattva* número 37, que es la unidad y la totalidad más allá de los 36 *tattvas* reconocidos generalmente en la tradición *śaiva*. Parā es la abreviatura de *parā-vāk*, o 'la Palabra Suprema', que es la estructura profunda de la realidad, es decir, el patrón orgánico de la consciencia.

La práctica del *trika* era un complejo y bello sistema de misticismo lingüístico: el idioma sánscrito está compuesto de fonemas que son concreciones de vibraciones de energía divina sutil. Son la base del pensamiento y los bloques fundamentales del universo manifiesto. La separación de las palabras (significado) y los objetos (significantes) es aparente, ya que ambos se originan en una única matriz no dual de vibración sutil, que es la Palabra Suprema encarnada como la diosa Parā.

La diosa Parā

2. Parāparā y Aparā

Los iconos de Parāparā y Aparā tienen un carácter *kāpālika*. Desafortunadamente, disponemos de escasa información acerca de los detalles de su iconografía y su significado simbólico. El *Siddha-yogeśvarī-mata* nos ofrece la descripción visual más completa, describiendo a Parāparā de la siguiente manera:

दक्षिणे तत्र शूलाग्रे न्यसेद्देवीं परापराम् ।
अष्टात्रिंशांस्तथा वर्णाञ्ज्वलत्पावकसंनिभाम् ॥
कपालमालाभरणां नेत्रत्रितयभासुराम् ।
विद्युज्जिह्वां महाकायां महासर्पविभूषिताम् ॥
विकरालां महादंष्ट्रां महोग्रां भ्रुकुतीक्ष्णाम् ।
महापन्नगसंवीतां शवमालाविभूषिताम् ॥
महाशवकराम्भोजचारुकर्णावतंसकाम् ।
प्रलयाम्बुदनिर्घोषां ग्रसन्तीमिव चाम्बरम् ॥

dakṣiṇe tatra śūlāgre
nyased devīṁ parāparām
aṣṭā-triṁśāṁs tathā varṇāñ
jvalat pāvaka-saṁnibhām

kapāla-mālābharaṇāṁ
netra-tritaya-bhāsurām
vidyuj-jihvāṁ mahā-kāyāṁ
mahā-sarpa-vibhūṣitām

vikarālāṁ mahā-daṁṣṭrāṁ
mahogrāṁ bhruku-tīkṣaṇām
mahā-pannaga-saṁvītāṁ
śava-mālā-vibhūṣitām

mahā-śava-karāmbhoja-
cāru-karṇāvataṁsakām
pralayāmbuda nirghoṣāṁ
grasantīm iva cāmbaram

> Allí, en la punta derecha, debes colocar a la diosa Parāparā, las treinta y ocho sílabas [como un mantra], [roja] como llama de fuego, con una guirnalda de cráneos, con tres ojos brillantes, se sienta con tridente y un estandarte de cráneo en sus manos sobre [los hombros del Sadā-śiva] 'el gran trascendido'. Su lengua aletea y entra y sale como un rayo. Su cuerpo burdo está adornado con serpientes grandes. Su bostezo es amplio y en sus costados tiene garras terribles. Feroz, con sus cejas en rabia, usa un hilo de rosca sagrado en forma de una serpiente enorme, adornada con una cadena de cadáveres humanos alrededor de su cuello, con las manos [cortadas] de un cadáver humano como lotos para adornar sus oídos. Su voz es como el trueno de las nubes en el fin del mundo, y ella parece tragarse el espacio mismo.
>
> (*Siddha-yogeśvarī-mata*, 6.19-22)

Esta escritura afirma que Aparā tiene el mismo aspecto, pero es roja-negra (*kṛṣna-piṅgalā*) en lugar de roja. El *Piṅgalā-mata* instruye sobre cómo pintar a las tres diosas: Parā debe ser blanca, Parāparā es negra y Aparā amarilla. Las tres tienen tres caras, portan un tridente y permanecen sentadas sobre tronos de lotos.

La diosa Parāparā

La diosa Aparā

Doctrina

La doctrina del *trika* incluye dualismo, no dualismo y un estado más allá de ambos. Parā es la unidad, Parāparā es la unidad en la diversidad, y Aparā es la diversidad. El gran maestro Abhinavagupta consideraba que este amplio espectro hace del *trika* el culto ideal para unificar la tradición entera del shaivismo tántrico. Él adoptó la versión no dualista del ritual, conocida como *kaula trika*, que es una internalización considerada superior y de carácter más esotérico.

Escrituras

Siddha-yogeśvarī-mata es la escritura que enseña el culto de las tres diosas, el cual ha llegado hasta nuestros días. Esta escritura dio nacimiento a la *Mālinī-vijayottara*, que llegó a convertirse en el fundamento del sistema *śākta trika*. El *Mālinī-vijayottara* forma parte de un cuerpo más extenso que incluye el *Bhairava-kula*, *Devyā-yāmala*, *Tantra-sad-bhāva*, *Tri-śiro-bhairava*, *Trika-kula-ratna-mālā*, *Trika-sāra*, *Vīrāvalī* y *Yoga-saṁcāra*.

Tres escrituras adicionales —*Bīja-bheda*, *Bhairavodyāna* y *Trika-sārottara*— indican en sus colofones que son parte de la tradición del *Siddha-yogeśvarī-mata*.

El *Parā-triṁśikā*, o *Anuttara-triṁśikā*, enseñaba un culto *trika* llamado *Anuttara* o *Parā-krama*. Se centraba en la esencia y adoraba solo a Parā. Por último, estimamos que la escritura *Vijñāna-bhairava* está relacionada con el culto *trika*, aunque solo enseña 112 meditaciones llamadas *nistaraṅgopadeśa*.

Rituales

Las tres diosas eran adoradas externamente con ofrendas que incluían bebidas alcohólicas y carne roja. Sus tronos se representaban con un *maṇḍala*: dibujado sobre un cuadrado de tierra (*sthaṇḍila*), una imagen pintada sobre tela (*paṭa*) o tallada en un cráneo humano (*tūra*).

Práctica

Encontramos el culto de las *yoginīs* en todas las escrituras *trika*, especialmente la red de *yoginīs* (*yoginījāla*) como la jerarquía cósmica, desde el nivel más sutil al más burdo de la manifestación cósmica. El ritual del *trika* apunta hacia la liberación pasando por las etapas del despliegue de la consciencia en dirección opuesta: desde el nivel más burdo hasta el más sutil, en el que la consciencia individual se fusiona con la universal.

Las tres diosas Parā, Parāparā y Aparā se visualizan sentadas en tronos de loto situados en las tres puntas de un tridente. El meditador imagina que el tridente es su columna vertebral y visualiza el mapa de la realidad sagrada de los 36 *tattvas* dentro de su propio cuerpo. El meditador asciende desde los elementos (*tattvas*) burdos al núcleo de la tríada de diosas dentro de los circuitos de *yoginīs* inferiores. Al arribar a los tres lotos, se trascienden el universo, el tiempo y el espacio. En este nivel, el meditador percibe las tres potencias representadas por las tres diosas fusionándose en una misma esencia en el corazón de su propia consciencia. El meditador reposa en el Ser y desaparece toda diferencia entre adorador y adorado. Las tres diosas del *trika* son, en realidad, expresiones de una gran diosa Mātṛ-sad-bhāva. Este cuarto poder invisible es la doctrina secreta del *trika* (*trika-rahasya*). Mātṛ-sad-bhāva es la naturaleza superior o interna de Parā. Esta es la naturaleza fundamental y eterna, la esencia de todo lo que es.

La meditación Trika

2.2.3.2 *Śakti tantras* - Kālī

Nombre

Esta división de los *śakti tantras* contiene instrucciones sobre la adoración a Kālī como la 'Destructora del tiempo' (Kāla-saṁkarṣiṇī). En este culto extremo de la mano izquierda, la diosa tiene autonomía suprema.

Escrituras

La escritura principal es el *Jayad-ratha Yāmala Tantra*, también conocida como el *Śiraś-cheda*. Sus 24 000 estrofas describen más de cien manifestaciones de la feroz diosa Kālī. Está dividida en cuatro partes (*ṣaṭkam*) de 6 000 versos cada una. La primera es la más antigua y se dedica exclusivamente al culto de Kālī. Las tres partes posteriores describen la adoración a numerosas encarnaciones esotéricas de la diosa Kālī. Estas adiciones probablemente procedían de Cachemira y agregaban material relacionado con la tradición posterior llamada *kālī-kula* o *krama* que analizaremos más adelante.

Deidades

1. Kāla-saṁkarṣaṇī

La diosa Kāla-saṁkarṣaṇī se describe en la primera *ṣaṭkam* del *Jayad-ratha Yāmala Tantra*. Tiene cinco caras de diferentes colores. El rostro frontal es de color negro. Su apariencia es a la vez bella y feroz y cuenta con veinte brazos. Sostiene símbolos *kāpālikas* como el *khaṭvāṅga* (bastón de cráneo) y el *muṇḍa* (cabeza decapitada). Una piel de tigre manchada de sangre cubre su cuerpo. Está de pie sobre el cuerpo de Kāla (tiempo) y abraza a Bhairava con dos de sus brazos. Ellos están en el centro de varios círculos concéntricos de diosas rodeadas por sus guardianes. Un círculo de campos crematorios rodea este *maṇḍala* de diosas. En el ritual elaborado, las diosas y los guardianes abrazan a sus consortes. Este ritual se asemeja al culto de *yāmala* de unión entre Kapālīśa-bhairava y Caṇḍā-kāpālinī, pero Bhairava ha sido reemplazado por Kālī y está completamente ausente del ritual en el resto de los *ṣaṭkams*. A diferencia las diosas hermosas del *yāmala*, Kālī se muestra como una destructora terrible. Es la encarnación del absoluto (*anuttaram*) que devora el ego de sus devotos.

En la doctrina del *mantra-pīṭha*, Bhairava permanece de pie sobre Sadā-śiva. En la del *vidyā-pīṭha*, la diosa está de pie encima de Bhairava. Con esta declaración de superioridad, el panteón se vuelve completamente femenino.

2. Vīrya-kālī

Vīrya-kālī significa 'Kālī del poder de cinco partes'. La segunda *ṣaṭkam* la describe en detalle. Tiene seis caras de tez oscura y es tan delgada como un moribundo; está rodeada de luz resplandeciente y su pelo está en llamas. Su cuerpo está adornado con collares de cabezas decapitadas y con partes de los cuerpos de deidades inferiores. Sostiene con sus doce manos instrumentos musicales como el tambor *ḍamaru* y una campana; armas, como un aguijón, una espada y un escudo; y elementos *kāpālikas* como el tridente de cráneo (*khaṭvāṅga*), una cabeza cortada y un corazón sangrante.

Ella monta sobre los hombros del horrífico Kālāgni-rudra, 'El dios del fuego de la destrucción final'. La mitad del cuerpo de este Rudra es roja y la otra negra, lo que representa la inspiración y la espiración, respectivamente. Vemos los principios del *kuṇḍalinī* en esta escritura, la cual explica que cuando ambos polos se funden en el eje central, se manifiesta el estado de consciencia supremo más allá de la mente.

Vīrya-kālī

Doctrina

Ella encarna el poder quíntuple (*vīrya*) como la esencia de todo el *vidyā-pīṭha*. Sus poderes se despliegan en cinco fases:

1. *Bhāsā*: Es la Luz pura (*bhāsā*) dentro del vacío de Śiva (*śiva-yoma*).
2. *Avatāra*: Se encarna (*avatāra*) como el primer paso hacia la manifestación.
3. *Sṛṣṭi*: Emite (*sṛṣṭi*) el contenido de la manifestación cósmica que parece estar separado de la consciencia.
4. *Kālī-krama*: Reabsorbe el contenido que emitió.
5. *Mahā-saṁhādra*: En el gran retiro (*mahā-saṁhādra*), resplandece una vez más en su estado inicial como la Luz pura.

Práctica y Rituales

El devoto de Kālī medita en esta secuencia (*krama*) con el fin de experimentar este proceso en su propia consciencia: proyecta la realidad desde su propia consciencia y luego la reabsorbe, retornando a su estado inicial. Este movimiento cíclico es la pulsación de la consciencia momento a momento, y es la misma pulsación que crea y destruye la manifestación cósmica. El devoto visualiza a Kālī rodeada de luz cegadora y la contempla como la vibración más profunda (*spanda*) de la consciencia.

3. Mahā-kālī

Doctrina

El cuarto *ṣaṭkam* del *Jayad-ratha Yāmala Tantra* explica que la versión final del culto es la adoración a Mahā-kālī, que significa 'gran Kālī'. Ella es adorada en un círculo negro con borde bermellón. Un anillo de doce círculos lo rodea. Cada uno contiene una Kālī que tiene nombre diferente, pero la misma apariencia que Mahā-kālī.

En este culto, vemos la revelación completa de no dualidad. Hasta ahora, los rituales presentaban una jerarquía de la fuente y sus emanaciones. Por el contrario, este *maṇḍala* representa la identidad perfecta en esencia (*sāma-rasya*) del absoluto y sus manifestaciones. Es decir, que no hay diferencia entre el estado de consciencia liberada (*nirvāṇa*) trascendental y su proyección finita como el estado de la existencia transmigratoria (*saṁsāra*).

Práctica y Rituales

Las trece Kālīs se adoran externamente con ritos orgiásticos. Pero estas diosas deben revelarse en la experiencia mística interna. Durante la unión sexual con la *dūtī*, el practicante experimenta el vacío carente de ego (*nirahaṅkarā*) a través del vacío de los sentidos. Este sistema, llamado *kālī-krama* o *kālī-kula*, conecta este culto con el *krama* que se desarrollará más adelante.

Mahā-kālī

4. Culto Kālī-trika

Los cultos *trika* y *kālī* se influyeron mutuamente. El *Jayad-ratha Yāmala Tantra* describe sectas que incorporaron el *trika* de Parā, Parāparā y Aparā. El *trika* también se vio influenciado por cultos más esotéricos, incorporando en una etapa posterior la adoración a Kāla-saṁkarṣaṇi por encima de las tres diosas del tridente (*Devyā-yāmala Tantra*). Más adelante, las deidades adoradas en los rituales de Kālī como encarnaciones de las diferentes fases de cognición se agregaron al culto *trika* avanzado. En este, las tres diosas se unen y emergen como un cuarto poder místico. Alrededor del punto donde las tres diosas se unen, se colocan las doce Kālīs del *kālī-krama* en círculo.

LA *MAṆḌALA TRIKA* DE LOS TRES TRIDENTES

2.3 Amṛteśvara-bhairava y Amṛta-lakṣmī

Nombre

La deidad de este culto era Amṛteśvara, que es Śiva como el 'Señor del imperecedero néctar', junto con su consorte Amṛta-lakṣmī. La naturaleza de Amṛteśvara es otorgar, a todos sus devotos, bendiciones en forma de néctar.

Descripción

Aunque este culto estaba arraigado en la tradición *mantra-pītha*, se consideraba universal y no sectario. Ofrecía un culto básico que podía adaptarse a contextos tanto *saiddhāntikas* como no *saiddhāntikas*. Era un sistema ecléctico que brindaba rituales especializados aplicables a cada una de las tradiciones del *mantra-mārga*. Era un culto Bhairava domesticado e inofensivo. Su ritual notablemente flexible le permitió expandirse más allá de los *ācāryas* tántricos hasta el marco védico.

Cronología y ubicación geográfica

El texto de esta tradición fue escrito entre los años 700 y 850 n. e., aunque lo más probable es que fuese escrito después del año 800. Este linaje de shaivismo tántrico prosperó en Cachemira. Aunque no atrajo la devoción exclusiva de numerosos seguidores, fue muy influyente porque no era sectario.

Deidades

Amṛteśvara se visualiza de color blanco brillante. Tiene un rostro con tres ojos muy abiertos que representan los tres poderes que manifiestan el universo: deseo (*icchā-śakti*), conocimiento (*jñāna-śakti*) y acción (*kriyā-śakti*). Con dos de sus cuatro brazos sostiene una jarra de néctar, símbolo del éxito que otorga, y una luna llena, que representa la eliminación del temor y el despliegue de la verdadera naturaleza del Ser. Con los otros dos hace gestos de bendición (*varada-mudrā*) y de protección (*abhaya-mudrā*). Está sentado sobre el disco lunar en el centro de un loto blanco y acompañado de su consorte Lakṣmī.

Escrituras

La escritura central que contiene la revelación divina de este culto es la *Netra Tantra*, que significa el 'Tantra del ojo central del Señor'. También se denomina *Amṛteśavidhāna* y *Mṛtyujit*.

Doctrina y Práctica

El mantra de Amṛteśvara es *Oṁ Juṁ Saḥ*. El *Netra Tantra* reconoce que todas las deidades son emanaciones de lo divino e indica que este mantra puede adaptarse a cualquier forma de la divinidad que se desee honrar. El mantra de Gaṇeśa, por ejemplo, sería *Oṁ Juṁ Saḥ Gaṇeśaya namaḥ*. Esta escritura también indica que este mantra puede animar a deidades de linajes antiguos que han desaparecido y perdido su potencia.

Kṣemarāja, discípulo de Abhinava-gupta, escribió un extenso comentario sobre el *Netra Tantra* alrededor del siglo XI n. e. Siguiendo el ejemplo de su maestro, incluyó muchas enseñanzas no duales, como su interpretación de la visualización de Amṛteśvara. Explica que el macrocosmos se refleja en forma de microcosmos en el individuo. Los *tāntrikas* deben visualizar los poderes de la deidad y experimentarlos en sí mismos. Afirma que, cuando el *Netra Tantra* nos instruye a visualizar al Señor de los dioses en la esencia propia, se refiere a que debemos contemplar su propia forma como blanca y translúcida, como la luz pura y dichosa de la consciencia ilimitada.

Rituales

El *Netra* enseña el culto a Amṛteśvara-bhairava y Amṛta-lakṣmī. Describe una forma de adoración para el uso de los oficiantes reales que podría adaptarse a cualquier secta tántrica.

Amṛteśvara-bhairava y Amṛta-lakṣmī

Nombre	*Mantra-pīṭha*	*Vāma tantras*	*Yāmala tantras*	*Śakti-Trika*	*Śakti-Kālī*	Amṛteśvara
Traducción	Trono de mantras.	Tantras de la izquierda.	Una pareja en unión.	Tríada.	Destructora del tiempo.	Señor del imperecedero néctar.
Deidades	Deidad masculina: Svacchanda-bhairava, o el 'Bhairava autónomo'.	Las hermanas Jayā, Vijayā, Ajitā y Aparājitā junto con su hermano Tumburu-bhairava.	Kapālīśa-bhairava, o 'el Señor del cráneo', y su furiosa consorte Caṇḍā-kāpālinī.	Parā, Parāparā y Aparā.	La diosa Kāla-saṁkarṣaṇī, Vīrya-kālī y Mahā-kālī.	Amṛteśvara y su consorte Amṛta-lakṣmī.
Escrituras	Había ocho tantras. La principal era *Svacchandra-tantra*.	*Nayottara*, *Mahāsaṁmohana* y *Mahāraudra*.	Había ocho textos. Los cinco principales eran *Brahma Yāmala*, *Viṣṇu Yāmala*, *Rudra Yāmala*, *Skanda Yāmala* y *Umā Yāmala*.	*Siddhayogeśvarīmata* enseña el culto de las tres diosas y ha llegado a nuestros días.	La escritura principal era el *Jayad-ratha Yāmala Tantra*, también conocida como *Śiraś-cheda*.	La escritura central de origen divino era la *Netra Tantra*.
Doctrina	No parece haber tenido una filosofía claramente definida.	Parece que originalmente fueron adoradas para atraer la victoria en la batalla.	A través del ritualismo y la *sādhana*, los adeptos intentan expandir su consciencia, trascender toda dualidad, y realizar su auténtica naturaleza Bhairava no dual.	La doctrina del *trika* incluye dualismo, no dualismo y un nivel más allá de ambos. Aparā es la diversidad, Parāparā es la unidad en diversidad y Parā es la unidad.	El culto a Mahā-kālī incluía la revelación completa de no dualidad.	El macrocosmos se refleja en el individuo como microcosmos. Los *tāntrikas* debían visualizar los poderes de la deidad y experimentarlos internamente en sí mismos.

Nombre	*Mantra-pīṭha*	*Vāma tantras*	*Yāmala tantras*	*Śakti-Trika*	*Śakti-Kālī*	Amṛteśvara
Rituales	La adoración a la diosa comienza a tener lugar, pero ella estaba aún subordinada a Bhairava.	Los *vāma tantras* describían rituales para usar magia contra enemigos y pacificar demonios.	Los rituales se dirigen al asceta que busca poderes. Había un mundo de poderes mágicos y rituales con cráneos que convocaban poderes espirituales en terrenos de cremación en noches de luna nueva.	Las tres diosas eran adoradas externamente con ofrendas que incluían licor y carne roja. Sus tronos estaban representados por una *maṇḍala*.	Las trece Kālīs eran adoradas externamente con ritos orgiásticos, pero estas diosas debían ser reveladas a través de las experiencias místicas internas.	El *Netra Tantra* enseña el culto a Amṛteśvara-bhairava y Amṛta-lakṣmī. Describe una modalidad de adoración para el uso de los oficiantes reales que podría adaptarse a cualquier secta tántrica.
Práctica	Prácticas *kāpālikas*.	Prácticas transgresoras para romper normas sociales y condicionamientos mentales.	Incluyen diferentes iniciaciones, rituales sexuales, prácticas esotéricas y posesión espirituales inducidas por las *yoginīs* con una profusa imaginería *kāpālika*.	El meditador imaginaba que el tridente era su columna vertebral y visualizaba todo el mapa de la realidad sagrada de 36 *tattvas* dentro de su propio cuerpo.	Durante la unión sexual con la *dūtī*, se experimentaba el vacío sin ego (*nirahaṇkarā*) a través del vacío de los sentidos.	Los adeptos tenían que contemplar su propia forma como blanca y translúcida, como la luz pura y dichosa de la consciencia ilimitada.

Capítulo 4

El *kula-mārga* o 'el sendero del kaula'

La tradición *kula-mārga*, la cual se consolidó dentro del shaivismo tántrico, tenía una orientación predominantemente *śākta*. Las tradiciones *śaivas* adoran principalmente a la deidad masculina, mientras que las tradiciones *śāktas* adoran a la femenina; sin embargo, estas siempre se han superpuesto y no pueden ser separadas por completo. Las tradiciones no duales presentan a la deidad masculina Śiva en unión con su esposa Śakti. La aspiración de este sendero involutivo es lograr la unión entre ambos polos en el interior del cuerpo humano.

Kula-mārga significa el 'sendero de los clanes'. Una de las numerosas explicaciones que recibe este nombre es que proviene de los clanes (*kulas*) de *yoginīs*. El adepto masculino, o *vīra* (héroe), era iniciado en el *kaula* para obtener el poder (*siddhi*) *kaulika* que le permitiría identificarse con la consciencia universal en el cuerpo físico.

Al igual que el *mantra-mārga*, el *kula-mārga* ofrecía la liberación, pero sus medios tenían más elementos en común con las prácticas de los *kāpālikas*. Los estudiosos sugieren que este sendero se desarrolló directamente de la tradición *kāpālika* y preservó casi todos sus rasgos distintivos, pero de forma más intensificada y pura. Los seguidores del *kula-mārga* mostraban respeto a la tradición brahmánica como la fuente de la cual ha emergido la revelación, pero la consideraban un sendero incapaz de conceder la liberación, señalando que una vez que los miembros obtenían acceso a las prácticas y la literatura esotérica del *kaula*, debían seguir respetando al brahmanismo como un sendero válido para los no iniciados.

Es difícil determinar con precisión los comienzos del *kula-mārga*. Las evidencias recientes sugieren que alcanzó mayor popularidad en el siglo IX n. e., aunque puede haber emergido al menos un siglo antes. Entre los siglos IX y XII n. e., este sendero ya estaba bien establecido en Cachemira, en el norte de la India.

Esta corriente ofrece dos tipos de rituales: uno que se guía por los textos del *mantra-mārga* con orientación *śākta*, y otro, considerado superior, que se encuentra en los textos propios del *kula-mārga* llamados *kula-śāstras*. En lugar del elaborado ritual de iniciación que incluía las oblaciones (*hautrī-dīkṣā*), estos textos revelaban la iniciación propiciando la posesión por parte de la diosa (*āveśa*) y el consumo de sustancias sacramentales (*caru-prāśanam*). Los cultos secretos y místicos reservados para iniciados incluían relaciones sexuales con una consorte consagrada (*dūtī*), sacrificios sanguinarios y ritos orgiásticos colectivos. Sin embargo, al igual que los no *saiddhāntikas* del *mantra-mārga*, también se llevaban a cabo rituales públicos para la protección de la sociedad y el Estado.

El sendero *kula-mārga* era ampliamente inclusivo. Daba la bienvenida a buscadores serios, ya fuesen ascetas o casados procedentes de todas las castas, incluso a los así llamados intocables. Las mujeres eran animadas a practicar e incluso a asumir el papel de gurús. Los *kaulas* argumentaban que la noción de castas no provenía de la naturaleza, y dado que es una construcción cultural, debía ser ignorada. Aquellos que discriminaban a otros miembros eran expulsados del grupo.

La actitud hacia las deidades femeninas que caracterizaba a los tantras *vidyā-pīṭha* se desarrolló más aún en este 'camino final' de la práctica *śaiva* tántrica. Las diosas se ubicaron por encima de los consortes masculinos e incluso eran veneradas aisladamente. Este sendero era rico en prácticas eróticas y transgresoras cuyo objetivo era romper los tabúes y las normas impuestas por la sociedad y así ir más allá de la mente y alcanzar la liberación. El sacrificio (*yajña*) *kaula* pasó a ser un acto interno. De hecho, cualquier esfuerzo por evocar la realidad suprema se consideraba un sacrificio. Sin embargo, con el fin de no excluir el aspecto externo, los adeptos ejecutaban ceremonias sencillas en lugares sagrados.

El *kula-mārga* se compone de cuatro subtradiciones principales, emanadas de las cuatro bocas de Śiva y llamadas según los puntos cardinales hacia los cuales sus rostros estaban orientados: *pūrvāmnāya* (oriental), *uttarāmnāya* (norteña), *paścimāmnāya* (occidental), *dakṣiṇāmnāya* (sureña).

Descripción

El *kula-mārga* incluía cuatro tradiciones que adoptaron el culto *kaula* fundado por Macchanda-nātha. Él fue el primer gurú del *Navanātha-sampradāya*, un linaje de nueve gurús que, según se cree, se origina en el *ṛṣi* Dattātreya, una encarnación de la trinidad hindú Brahmā, Viṣṇu y Śiva. El nuevo sistema ritual propuesto por el kaulismo influyó sobre varias tradiciones existentes del *mantra-mārga*, las cuales desarollaron luego dos versiones: *kaula* y no *kaula*. De esta manera, en ciertas tradiciones, el aspirante podía elegir entre la iniciación *tantra-prakriyā* y la *kula-prakriyā*.

La tradición *tantra* original y la *kaula* posterior presentaban muchas diferencias. Al principio, el tantra se atenía al ritual prescrito por los tantras, que purificaba una jerarquía de *tattvas*, o 'mundos', a través de ofrendas en un fuego consagrado (*hautrī dīkṣā*). El *kaula* posterior proponía una iniciación sin fuego ritual que se enfocaba en la esencia, en lugar de elaboradas ceremonias externas. El temprano shaivismo tántrico del *mantra-mārga* se caracterizaba por la adoración a Śiva, el ritualismo controlado y una teología centrada en la trascendencia. El *kaula*, por su parte, era el shaktismo por excelencia, caracterizado por la transgresión centrada en Śakti, los ritos chamánicos de posesión y una teología centrada en lo inmanente. Dado que las versiones *kaulas* de las sectas tántricas sobrevivieron, mientras que las formas no *kaulas* desaparecieron, la palabra *tantra* se utiliza popularmente para denotar prácticas que son de hecho de origen *kaula*.

Los estudiosos argumentan que la tradición *kaula* derivó de los ascetas *kāpālikas*, o *soma-siddhānta* del *ati-mārga*, conservando algunas de sus características distintivas. En realidad, una evolución en tres etapas fue la que condujo a la formación del *kula-mārga*:

1. Secta *ati-mārga* de los *kāpālikas*: El culto *kula* comenzó con las prácticas de los ascetas *kāpālikas* en los crematorios, centradas en la adoración al aspecto terrible de Śiva como Bhairava, junto con su

consorte, poniendo especial énfasis en la feroz diosa Cāmuṇḍā, rodeada de ocho Madres, cada una con su clan de *yoginīs*. Las *yoginīs* eran el séquito de las diosas y las mensajeras del conocimiento esotérico.

La cultura ascética de los crematorios se refleja en la iconografía *kaula* de la pareja divina. La diosa Kuleśvarī y el dios Kuleśvara, que estaban decorados con ornamentos confeccionados con huesos humanos y cráneos, eran adorados dentro de un recinto de cremación.

Para aplacar a sus deidades airadas, el asceta *kāpālika* les ofrecía sangre, carne, alcohol y flujos sexuales. La actividad sexual en la sociedad védica se regía según el código de conducta del *varṇāśrama*. Los *kāpālika* rompieron los tabúes sociales al introducir los ritos sexuales en su adoración y ofrecer los líquidos sexuales a sus deidades para obtener poderes sobrenaturales (*siddhis*).

Mientras que el tantra de la mano derecha, como el *śaiva-siddhānta*, modeló su religión según el prototipo védico antiguo, el *kaula* fue una corriente de la mano izquierda que se alimentó de un estrato igualmente antiguo pero más difundido de la religión de India: un fascinante mundo visionario chamánico de propiciación de las diosas de la naturaleza y de *yoginīs* con cabeza de animales. Este trasfondo cultural proporcionaba una serie de rituales que causaba rechazo y repugnancia entre los *brāhmaṇas*. El asceta practicante realizaba estos rituales en lugares aterradores con elementos mortuorios, como cráneos humanos y cenizas de muertos, invocando a un grupo de diosas salvajes y feroces, a menudo concebidas como espíritus de la naturaleza (*apsaras*, *ḍakinīs*, *mātṛs*, *grāhis*, etcétera), quienes eran dirigidas por una diosa principal o por Bhairava mismo. Según la mitología, si el ritual tenía éxito, el *sādhaka* era aceptado por las diosas en su clan (*kula*) y se elevaba al cielo con ellas como el líder de su grupo salvaje; en otras palabras, se volvía Bhairava mismo.

2. La tradición *kaula* o el culto de las *yoginīs* de Macchanda-nātha: El culto de las *yoginīs*, al igual que los principales cultos de iniciación del *vidyā-pīṭha*, era la especialidad de los ascetas *kāpālikas* portadores de cráneos y apartados de la sociedad convencional. Si no fuera por la reforma de Macchanda-nātha (o Matsyendra-nātha), que ocurrió posiblemente alrededor del siglo IX n. e., este culto no se hubiera popularizado más allá de los crematorios. Matsyendra reconfiguró

el ritual *kāpālika* para hacerlo más accesible a la gente casada. Este movimiento dentro del shaivismo esotérico descontaminó el misticismo de los *kāpālikas* y, entre otras reformas, eliminó algunos de sus aspectos mortuorios, poniendo mayor énfasis en el elemento erótico del culto a las *yoginīs*. En esta fase, Bhairava era adorado como Kuleśvara junto con su consorte Kuleśvarī y las ocho Madres como las matriarcas de las familias o clanes (*kulas*) de *yoginīs*. En este ritual salvaje y visionario, el practicante buscaba el contacto (*melāpa*) con las *yoginīs* en forma desencarnada, o encarnada como una *dūtī*, o 'consorte sexual'. Las *yoginīs* tomaban posesión de algunas mujeres y así podían conectar más íntimamente con sus devotos. Estas salvajes y sangrientas *yoginīs* reemplazaron a la jerarquía masculina de la tradición *mantra-mārga*, irradiando desde el corazón de la deidad y formando una red omnipresente de poder (*yoginī-jāla*). Repoblaban el orden ascendente del cosmos *śaiva* e irradiaban el espacio sagrado, enviando emanaciones consagradas y veneradas en asientos de poder (*pīṭhas*) relacionadas con los terrenos de cremación en todo el subcontinente indio.

El énfasis del ritual se ponía menos en alimentar a esas deidades voraces, y más en la relación erótico y mística con ellas. Estas deidades femeninas —a menudo representadas como híbridos entre humanos, animales, pájaros y plantas— eran a la vez divinas y demoníacas, terribles y benignas. Los humanos tradicionalmente las adoraban con ofrendas de sangre y sacrificios de animales. Si se sentían satisfechas por dichas ofrendas, se encarnaban en mujeres jóvenes y atractivas para gratificar a sus devotos humanos y otorgarles poderes sobrenaturales (*siddhis*), como, por ejemplo, la capacidad de volar.

La fase de *kaula* condujo a la domesticación y la esencialización del *kula*. Aunque los estudiosos consideran que el kaulismo es parte de la tradición tántrica, de hecho, es marcadamente distinta de las sectas tántricas porque rechaza el ritual externo, tanto el *homa* como la adoración al *liṅga*, y cuestiona el significado básico y el propósito de los actos rituales.

3. *Kula-mārga*: En la tercera etapa de su evolución, esta nueva revelación transformó algunas tradiciones ya existentes en el *mantra-mārga*, en especial la del *vidyā-pīṭha*, dando nacimiento a nuevas tradiciones puramente *kaulas*. El kaulismo no era sectario, ya que no adoraba a una deidad en particular. Kuleśvara y Kuleśvarī podían identificarse con cualquier otra deidad, y así cualquier culto tántrico podía ser reformulado en una versión *kaula* y reinterpretado en estos nuevos términos.

El *kaula* consiste en un cuerpo de técnicas para controlar a diferentes seres, especialmente a las *yoginīs*, que eran las consortes rituales femeninas del practicante masculino.

Los practicantes de *kaula* aspiraban a alcanzar poderes sobrenaturales (*siddhis*), inmortalidad física (*jīvan-mukti*), disfrute sobrenatural (*bhukti*) y liberación del ciclo de nacimientos y muertes (*mukti*). Las principales herramientas eran:

- Mantras: Fonemas capaces de controlar a estos seres si se pronuncian de manera adecuada y con las condiciones propicias.
- Posesión: Técnicas que permiten que estos seres actúen en el cuerpo de los practicantes.
- Sacrificios y ofrendas: Gratificación de estos seres mediante la ofrenda de los constituyentes corporales del propio practicante, lo cual simboliza la entrega de la propia persona a los pies de la deidad. Los flujos sexuales eran generados e ingeridos por los participantes del ritual.

El kaulismo se desarrolló en cuatro sistemas principales, conocidos como las cuatro transmisiones (*āmnāyas*): oriental, occidental, septentrional y meridional. Cada una de ellas contaba con su propio conjunto distintivo de deidades, mantras, *maṇḍalas* y santos. El kaulismo se posicionó como una versión más elevada y refinada de la práctica tántrica, que reemplazó al ritualismo meticuloso en favor de sus formas visionarias y subversivas. Los eruditos de Cachemira formularon una respetable metafísica y soteriología basada en el ritual *kaula*, proponiendo una versión más sutil y esencial del camino.

El shaktismo de este esquema cuádruple de *āmnāyas* adquirió gran popularidad después del periodo del tantra clásico (c. 800-1200 n. e.). Las prácticas *kaula* sobrevivieron, mientras que muchas prácticas puramente tántricas se extinguieron.

El desarrollo del kaulismo

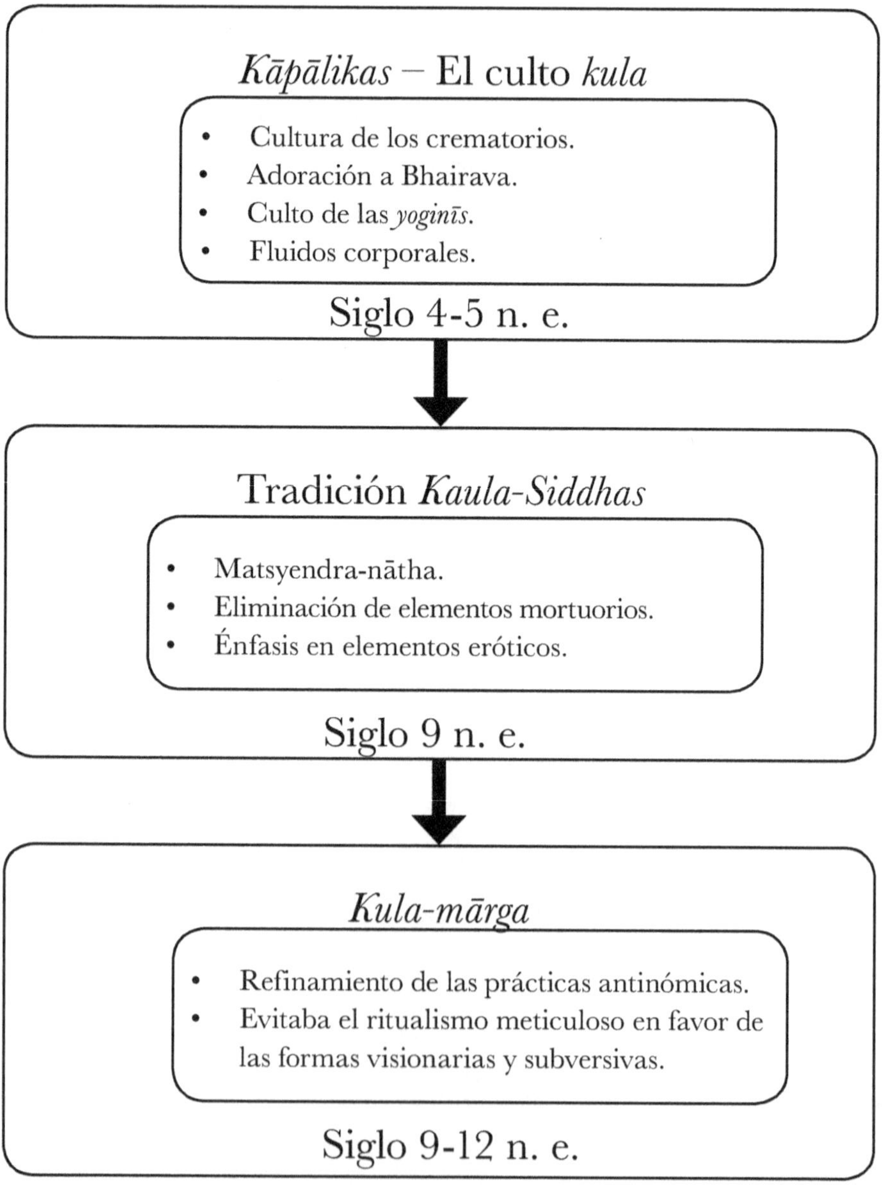
Kāpālikas – El culto *kula*
• Cultura de los crematorios.
• Adoración a Bhairava.
• Culto de las *yoginīs*.
• Fluidos corporales.
Siglo 4-5 n. e.
Tradición *Kaula-Siddhas*
• Matsyendra-nātha.
• Eliminación de elementos mortuorios.
• Énfasis en elementos eróticos.
Siglo 9 n. e.
Kula-mārga
• Refinamiento de las prácticas antinómicas.
• Evitaba el ritualismo meticuloso en favor de las formas visionarias y subversivas.
Siglo 9-12 n. e.

Nombre

No es tarea sencilla traducir la palabra *kula* o *kaula*. Estos términos son sinónimos y se usan de manera intercambiable, aunque en esta exposición llamamos *kula* a la etapa temprana y *kaula* a la etapa posterior. Literalmente, *kula* significa una unidad autónoma, grupo, clan o familia y se refiere al culto de las ocho diosas Madres y sus encarnaciones en los 'clanes' de *yoginīs*. En el momento de la iniciación, el adepto era poseído (*āveśa*) y lanzaba una flor al *maṇḍala* que representaba los ocho clanes de *yoginīs*. El lugar donde caía la flor indicaba el clan con el que su alma tenía afinidad. El adepto pasaba entonces a formar parte de la familia elegida (*kula-sāmanyatā*). Los poderes que las *yoginīs* otorgaban a cambio del culto recibido se denominaban *kaulikī-siddhiḥ*.

En una etapa posterior, la tradición *kaula* introdujo un nuevo nivel de esoterismo basado en un sinónimo del término *kula*. *Kula* también significa 'cuerpo' y se refiere al 'cuerpo de poder (*śakti*)', que implica al universo e incluye la totalidad de los fenómenos. Como término teológico, *kula* representa a la *śakti*, mientras que *akula* representa a Śiva. Este cuerpo cósmico incluye los poderes de las ocho familias de las Madres. Filosóficamente hablando, denota una conexión unificadora trascendental a la multiplicidad de nombres y formas de la manifestación cósmica. Otro significado es 'grupo de personas' comprometidas con la práctica de esta disciplina espiritual.

Circunstancias de su surgimiento

La cronología de estas tradiciones no puede determinarse con excesiva precisión. Lo único que podemos decir con seguridad es que el *mantra-mārga* y *kula-mārga* surgieron después del *ati-mārga*. El texto más temprano del *mantra-mārga* es el *Niśvāsa-mūla*, fechado entre el 450 y el 550 n. e. Las enseñanzas del *mantra-mārga* basadas en este corpus se establecieron antes del siglo VIII n. e. El *mantra-mārga* y el *kula-mārga* probablemente alcanzaron su apogeo entre los siglos IX y XII n. e. La evidencia inequívoca del *kula-mārga* se encuentra en el texto *Haravijaya* escrito por Ratnākara de Cachemira a comienzos del siglo IX n. e. Es posible que estos acontecimientos fuesen contemporáneos y que la división entre tantra y *kaula* tuviese un carácter geográfico, con el *kaula* ubicado en la franja central de Vindhya, y el tantra concentrado en el norte y el sur.

Tanto el *kula-mārga* como el *vidyā-pīṭha* heredaron el patrimonio de los *kāpālikas* y tenían idénticos objetivos, si bien desarrollaron metodologías diferentes. Aunque sus ofrendas y observancias eran antibrahmánicas, la escuela *kaula* domesticó y descontaminó las enseñanzas de los ascetas. Entre otros cambios, el *kaula* rechazaba el prejuicio sectario de los pioneros *kāpālikas* y prohibió el *kapalā-vrata*. Más aun, censuraba todos los signos externos de afiliación sectaria, transfiriendo el ritual desde la vida ascética en los bosques y crematorios, hasta el estilo de vida del respetable cabeza de familia que practica en su hogar o en reuniones *kulas* privadas.

En la fase de *kaula*, el ritual se vio intensificado para conducir a la iluminación súbita. Las iniciaciones *kaula* (*kula-prakriyā*) condensaban la versión mantra márgica (*tantra-prakriyā*); se eliminó el *homa* y agregaron tres elementos centrales para el *kaula*: (1) el consumo de sustancias transgresoras, como licor consagrado, que eran la prueba de la consciencia no dual; (2) el requisito para la iniciación era la posesión (*āveśa*) del aspirante por parte de Bhairava o la diosa; (3) la presencia del gurú iluminado, que domina el estrato espiritual y puede iniciar a alguien con una mirada, sin la necesidad de laboriosos rituales.

Otras características del *kula-mārga* eran los rituales eróticos con una compañera (*ādya-yāga*), los rituales orgiásticos (*vīrā-melāpa*), las prácticas sanguinarias para la propiciación de las diosas iracundas con sacrificios de animales y quizás de seres humanos, y la idea de que los poderes sobrenaturales pueden ser alcanzados extrayendo los fluidos vitales de los seres vivos por procedimientos yóguicos.

El ritual *kaula* no pertenecía a una secta en particular; proponía una metodología que ponía el énfasis en la esencia del ritual, ofreciendo la liberación no solo para ascetas sino para cualquier aspirante sincero, sin diferencia de *varṇa* y *āśrama*. Esta corriente alcanzó tal popularidad que con el tiempo influyó en las tradiciones del *vidyā-pīṭha*, como el culto *trika* y el culto de Kālī, creando nuevas corrientes que adoptaron la reforma *kaula* y formaron parte del *kula-mārga*.

A pesar de sus elementos transgresores, no solo se incorporaron al *kula-mārga* los grupos marginales. Dado que estos rituales estaban libres de elementos mortuorios y apariencias *kāpālikas*, atrajeron la atención de los miembros de la corte real, en donde se desarrolló una versión más refinada y estética.

Deidades

Los textos del *kula-mārga*, también llamados *kulaśāsanam* o *kulāmnāyaḥ* (enseñanzas del *kula*), se enfocaban en la propiciación de la diosa Kuleśvarī, bien sola o acompañada de Bhairava (Kuleśvara), rodeada por las ocho Madres y asistida por Gaṇeśa y Vaṭuka. Los cuatro *yuga-nāthas*, que son los gurús míticos perfectos (*siddhas*) que propagaron la tradición en las cuatro eras, eran adorados en un culto auxiliar junto con sus consortes (*dūtīs*). El *siddha* de la Era de *Kali* es Macchanda-nātha, considerado el fundador del kaulismo. Es adorado junto con su esposa Koṅkaṇā y sus seis hijos no célibes (*rāja-putras*), venerados como cualificados (*sādhikāra*) para transmitir el culto *kaula*, junto con sus consortes. Fueron los fundadores de los seis linajes (*ovallis*) del kaulismo. En el momento de la consagración, el aspirante era iniciado en uno de estos linajes y recibía un nombre cuya terminación identificaba el clan al cual pertenecía. Aprendía los signos secretos del culto, efectuados con las manos (*chommā*), que utilizaban los miembros para identificarse. Cada linaje mantenía redes de albergues cerca de sitios sagrados en toda la India para sus miembros y reconocían la legitimidad de sus visitantes mediante estos signos secretos.

Con el transcurso del tiempo, estos rituales fueron dividiéndose en cuatro sistemas litúrgicos, cada uno de los cuales con su panteón distintivo. La escritura *Ciñciṇī-mata* describe cuatro sistemas de ritual *kaula*, llamados los *āmnāyas* (transmisiones), correspondientes a cada dirección cardinal. Como ya hemos mencionado, la transmisión del este (*pūrvāmnāya*) era la forma original del *kaula* y adoraba a Kuleśvara y Kuleśvarī, desarrollada a partir del *trika* del *mantra-mārga*, que adoraba a las tres diosas Parā, Parāparā y Aparā. La transmisión del norte (*uttarāmnāya*) adoraba a la diosa Kālī. La transmisión del oeste (*paścimāmnāya*) rendía culto a la diosa Kubjikā, y la transmisión del sur (*dakṣiṇāmnāya*) se centraba en la bella diosa Kāmeśvarī, o Tripura-sundarī.

Filosofía y teología

Las tradiciones del *kula-mārga* eran no dualistas y consideraban que la divinidad era inherente a la manifestación. En lugar de negar el mundo, consideraban que era el campo en el que la divinidad se experimenta plenamente. El universo ha sido creado para la autorrealización humana y ofrece la liberación a aquellos que propician a la divinidad. Los seres humanos son capaces de revelar los misterios de este universo palpitante y vibratorio. El universo tiene un carácter sexual que incluye la polaridad de Śiva y Śakti. La divinidad suele identificarse con Śiva, mientras que Śakti es su automanifestación. Es un universo de categorías de existencia jerarquizadas (*tattvas*). Las *tattvas* más elevadas están más próximas a la fuente y reabsorben a las categorías inferiores. El universo tántrico es emancipador y nace del juego ilimitado de la consciencia divina. Tanto la materia burda como el cuerpo humano son intrínsecamente libres. Por lo tanto, estas tradiciones valoran la experiencia y no solo el conocimiento. La experiencia corporal, práctica y concreta, resulta liberadora.

El *kaula* no divide la realidad entre objetos puros e impuros, sino que el factor determinante en este sentido es nuestra perspectiva. La única impureza es la ignorancia espiritual; el conocimiento es intrínsecamente puro. Nada es impuro si reconocemos la consciencia suprema. Los adeptos conscientes de sí mismos no se ven afectados por las impurezas externas, sino que utilizan lo que es rechazable para alcanzar la trascendencia.

Escrituras principales

Las escrituras del *kula-mārga* incluyen los textos del *mantra-mārga* con orientación *śākta*, como el *Mālinī-vijayottara* y los tres últimos capítulos (*ṣaṭkams*) del *Jayad-ratha Yāmala*. Estas tradiciones tenían dos cultos diferentes, uno siguiendo el *mantra-mārga* y el otro siguiendo el *kula-mārga*, que se consideraba superior. Además, el *kula-mārga* produjo sus propios textos independientes (*kula-śāstras*), como el *Kula-pañcāśikā*, el *Kula-sāra*, el *Kulānanda*, el *Kaula-jñāna-nirṇaya* y el *Timirodghāta*.

- *Pūrvāmnāya*, escuela *trika*: *Siddha-yogeśvarī-mata*, *Mālinī-vijayottara Tantra* y *Śiva Sūtra*.
- *Dakṣiṇāmnāya*, escuela *śri-vidyā*: *Vamakeśvarī-mata* (que consiste en *Nityā-ṣoḍaśikārṇava y Yoginī-hṛdaya*), *Jñānārṇava*, *Paraśurāma-kalpa Sūtra*, *Gāndharva Tantra*, *Tripurā-rahasya*, *Tantra-rāja*, *Prapañca-sāra* y *Tripurārṇava*.
- *Paścimāmnāya*, escuela *kubjikā*: *Kubjikā-mata*, *Ṣaṭ-sāhasra-saṁhitā*, *Ciñciṇī-mata-sāra-samuccaya*, etcétera.
- *Uttarāmnāya*, que incluye las escuelas *krama*, *kālī* y *tārā*: *Krama Āgamas*, *Vātūla-nātha Sūtra*, *Mahā-kāla Saṁhitā*, *Parānanda Sūtra*, *Śakti-saṁgama Tantra*, *Kālī Tantra*, *Niruttara Tantra*, *Bṛhan-nīla Tantra*, *Toḍala Tantra*, *Yoginī Tantra*, *Yonī Tantra*, *Kula-cūḍā-maṇi*, *Mātṛka-bheda Tantra*, *Tārā Tantra*, *Kumārī Tantra*, *Mahā-cīnācāra-krama Tantra*, *Phet-kāriṇī Tantra*, *Nirvāṇa Tantra* y muchos otros.

Rituales

Las prácticas del *kula-mārga* se basan en el tantra y se relacionan con la tradición *siddha* y el shaktismo. Las sectas *kaula* recomendaban, como medio de liberación, romper los tabúes que limitan la consciencia y transgredir las costumbres sociales.

El *kaula* se originó en los cultos de los *kāpālikas*, moradores de los crematorios (*śmaśāna*). La iniciación del *kula-mārga* era a través de la posesión (*āveśa*) por la diosa y el consumo de sustancias sacramentales que eran consideradas impuras (*caruprāśanam*). Cuando los adeptos masculinos eran poseídos por la deidad femenina, obtenían poderes sobrenaturales (*siddhis*).

El sacrificio *kaula* (*yajña*) consistía principalmente en un acto interno. No se trataba de seguir ciertas regulaciones, sino que toda acción realizada con el propósito de evocar la realidad suprema se consideraba un sacrificio. Sin embargo, el sistema sería limitado y dual si prohibiera el sacrificio externo. Por eso, los adeptos *kaula* también realizaban rituales simbólicos en ciertos lugares sagrados según diferentes instrucciones.

El culto del *kaula* era muy privado y, sobre todo, secreto y místico. Incluía relaciones sexuales con consortes consagradas (*dūtīs*), sacrificios con sangre y ritos orgiásticos colectivos celebrados por asambleas de iniciados. Sin embargo, también se realizaban ciertos rituales públicos para la protección de la sociedad y el Estado.

El culto de las *yoginīs* posee una importancia considerable en las fuentes literarias tántricas del *kaula*. Las *yoginīs* eran seres míticos semidivinos que poseían a mujeres humanas con el objetivo de interactuar con los devotos masculinos en el ritual sexual *kaula*. En la literatura secular, estas *yoginīs* eran descritas como mujeres poderosas y peligrosas a las que solo hombres valientes se acercaban o trataban de seducir. Por eso, los hombres iniciados en las sectas *kaulas* se llamaban *vīras*, o 'héroes viriles'. También se llamaban *siddhas*, o 'seres perfectos', porque se elevaban hasta el orden de seres semidivinos para convertirse en las parejas masculinas de las *yoginīs* de la mitología épica medieval de la India.

El *kaula* reveló que las *yoginīs* suelen descender en ciertas noches del mes lunar y del año solar. Ellas elijen lugares temibles, denominados asientos del clan (*kula-pīṭhas*), tales como crematorios o cimas de colinas remotas (*kula-parvatas*). En esas noches, las mujeres y los hombres iniciados se reunían. Estas reuniones recibían el nombre de *melakas*, *melanas* o *melāpas*, que significa 'entrelazamientos'. Durante esta práctica *kaula* por excelencia, las mujeres eran poseídas por las *yoginīs* y se unían en copulación con los hombres heroicos (*vīras*) o perfectos (*siddhas*).

Las *yoginīs* descendían desde el cielo a la Tierra para participar en estas reuniones y fusionarse con sus leales devotos humanos. Pero para poder volar, las *yoginīs* necesitaban recibir alimento. Ellas pedían sacrificios de carne humana o animal. Sin embargo, los devotos más viriles, aquellos seres perfeccionados realmente deseosos de unirse con ellas, eran capaces de ofrecerles una fuente de energía más sutil y poderosa. Por su práctica, autocontrol y devoción ardiente, les ofrecían la esencia destilada de sus propios constituyentes corporales:

semen (*vīrya*). Si las *yoginīs* se sentían satisfechas con las ofrendas, impartían su gracia a los entregados *siddhas*. Con sus atenciones, los *vīras* lograban seducir a las indomables *yoginīs* y recibir los fluidos sexuales de ellas. Las sensuales y atractivas *yoginīs* llevaban en sus cuerpos el plasma germinal de la divinidad que sus cortesanos tanto anhelaban. A través de los cuerpos poseídos de las jóvenes y hermosas *yoginīs* humanas, estas hadas celestiales entregaban a sus devotos el néctar del clan (*kulāmṛta*), llamado también el flujo de clan (*kuladravyam*) y la esencia de la vulva (*yonī-tattva*). Cuando las *yoginīs* celestiales se deleitaban con el semen de sus cortesanos accedían a entregarles la esencia divina.

La tradición *kaula* explica que la divinidad única se exterioriza como un grupo de ocho grandes diosas. Cada una de ellas cuenta con su propio séquito de ocho *yoginīs*. La divinidad ocupa el centro del *maṇḍala* del clan, que es el diagrama a través del cual fluye la gracia. Las ocho madres (*mātṛkas*) rodean a la divinidad y las 64 *yoginīs* ocupan los círculos externos.

La esencia divina del diagrama del clan fluye naturalmente en las mujeres iniciadas en el *kaula*. Pero los hombres que aspiran al néctar divino solo pueden recibirlo a través de la iniciación del clan y luego gracias a la continua interacción con las mujeres poseídas por las *yoginīs*. Ellas les otorgan la esencia fluida de la divinidad mediante su descarga sexual o menstrual (*raja-pāna*) que emana desde sus 'bocas': las vulvas de las *yoginīs*.

Mediante el sexo tántrico, el conocimiento esotérico es transmitido a través del flujo sexual de la vulva de la *yoginī*. Ella inicia al practicante en el linaje *kaula* y le entrega la gnosis fluida del clan (*kula-jñāna*) mediante mensajes transmitidos sexualmente.

En esta práctica erótico-mística, los practicantes de *kaula* consumían sustancias energéticas en forma de flujos sexuales mediante la comunión oral o a través de una forma de sexo llamada *vajrolī-mudrā* (succión uretral). El *vīra* succionaba el órgano de su pareja sexual y así absorbía los fluidos que le brindaban experiencia mística y poderes sobrenaturales. Como líder de su clan, era capaz de volar y ascender a los estratos celestiales con las *yoginīs*. Esta experiencia sería reinterpretada más adelante como el ascenso a la consciencia divina.

Tanto la corriente ortodoxa *śaiva-siddhānta* como la heterodoxa del *kula* objetaban que el conocimiento (*bodha*) y la liberación provenían de sustancias (*drayas*). Según la tradición, Matsyendra-nātha fue iniciado por las *yoginīs* en Kāma-rūpa. Él fundó el *yoginī kaula,* que fue la transición del *kula* anterior de los *kāpālikas* al *kaula* posterior del *kula-mārga*. Gracias a su feminidad y a sus flujos sexuales, las *yoginīs* eran capaces de completar de manera natural lo que faltaba en la gnosis del *kula* anterior, centrada en la masculinidad.

En India hay templos monumentales dedicados a estas 64 diosas vinculadas a las ocho Madres, que probablemente fueron construidos a partir del siglo x n. e.; algunos de ellos sobreviven hasta la actualidad. La *yoginīs* celestiales, eróticas y atractivas, se muestran a menudo como híbridos de cuerpos humanos femeninos con cabezas de animales y una rica simbología iconográfica. Sus esculturas se ubican en círculos, con la imagen de la deidad central en el centro, principalmente Bhairava. Estos templos carecen de techo y se cree que las prácticas *kaulas* tenían lugar allí.

Con el tiempo, la revelación *kaula* se fue refinando y poniendo más énfasis en conceptos yóguicos internalizados. El consumo de la mezcla de flujos sexuales femenino y masculino siguió siendo la práctica de quien aspiraba a obtener poderes sobrenaturales y aquellos que anhelaban la liberación ofrecían los flujos del orgasmo a sus deidades. Con el refinamiento de este culto, las ocho Madres de los clanes de *yoginīs* se vincularon con los ocho constituyentes del cuerpo sutil del practicante: sonido, tacto, vista, gusto, olor, volición, juicio y ego. De esta manera, el devoto pasó a ser el templo mismo de sus deidades, donde debía invocar a la deidad central (Kuleśvara o Kuleśvarī), que proyectaba a estas Madres, como su verdadera identidad, la consciencia trascendental de la dicha eterna.

Los *kāpālikas* del *vidyā-pīṭha* trataban de fusionarse con las *yoginīs* mediante un proceso de invocación visionaria, atraerlas del cielo, gratificarlas con una ofrenda de su propia sangre y ascender con ellas como su líder. Esta fantasía visionaria fue replanteada en términos estéticos por los *kaulas* como una experiencia mística. Las *yoginīs* eran en esencia sus propios sentidos (*karaṇeśvarīs*) y se revelaban en sus sensaciones corporales.

En textos como el *Mālinī-vijayottara*, los rituales mortuorios se vieron reemplazados por prácticas internas de yoga que implicaban observar los *śaktis* dentro del cuerpo humano. El *Kubjikā-mata*, por ejemplo, enseña una serie de chakras corporales que son los lugares de los cinco grupos de deidades femeninas: *devīs* (diosas), *dūtīs* (consortes), *mātṛs* (madres), *yoginīs* y *khecarīs* (viajeras del cielo).

El sexo tántrico, en lugar de ser un medio para producir fluidos para satisfacer a las deidades externas, se convirtió en una forma de obtener la experiencia del orgasmo que satisfacía a las deidades internas de los sentidos (*yoginīs*). También permitía que la deidad central (Kuleśvara o Kuleśvarī) penetrase y expandiese la consciencia de la dicha. De esta manera, la liturgia y los rituales *kaulas* se volvieron medios para intensificar la experiencia orgásmica.

En general, cuando se experimenta placer intenso, la consciencia interna se nubla y uno se vuelve víctima de los deseos (*paśu*). Sin embargo, cuando se supera la identificación con el ego, las fuentes externas de sensación se tornan sutiles y brillan, en su modalidad estética, dentro de la cognición. De ese modo, las *yoginīs* de los sentidos saborean las ofrendas de placer como néctar. Al ser complacidas, se fusionan con la identidad trascendental interior del practicante, que es la consciencia iluminada de dicha trascendental.

Estas diosas, complacidas por los flujos corporales ofrecidos internamente por el practicante, se elevan a lo largo de su columna vertebral para converger en la bóveda craneal. Aquí encontramos los orígenes de la práctica del *khecarī-mudrā*, a través del cual el practicante internamente bebe el néctar, elevado y refinado mediante su práctica de *haṭha-yoga*, para lograr la inmortalidad.

El *kaula* aspira a la autosuficiencia y la liberación. Este sendero incentiva al devoto a superar las limitaciones mentales y egoístas, y a liberarse de las preconcepciones sociales y culturales externas.

Los condicionamientos sociales se rompen desvinculando las distinciones tradicionales entre puro e impuro y siendo adoptado por la familia espiritual del gurú. La libertad mental se alcanza despertando la *kuṇḍalinī* mediante la práctica de *āsanas*, *prāṇāyāma*, *mudrās* y mantras. La consciencia se eleva al amplificar y sublimar la energía vital y mental. Este proceso culmina en la iluminación espiritual.

Miembros

En el *kula-mārga*, las mujeres pueden ser sacerdotisas y gurús, iniciar a discípulos, fundar sus propios *āśrams* y cumplir funciones religiosas. Aunque no todas las aspirantes femeninas asumían este papel, había muchas mujeres santas. Los tantras *kaulas* explican que las mujeres son fuentes más puras de transmisión para otorgar la revelación sagrada. El conocimiento tántrico debe ser transmitido a través de *yoginī-mukha*, 'los labios de las *yoginīs* autorrealizadas y las mujeres iluminadas'. Muchos *āgamas* son diálogos en los que la diosa Pārvatī o Bhairavī asume el papel de gurú y otorga la revelación a Śiva. Numerosos textos mencionan que numerosos *tāntrikas* recibieron sus primeras inspiraciones y subsecuentes iniciaciones de parte de las mujeres ascéticas o *yoginīs*. Más aun, se sostiene que para que una doctrina sea válida como revelación, debe ser revelada por una *yoginī*.

Esas *yoginīs* también aparecen en forma desencarnada: en sueños o en estados de trance. El texto *Kaula-jñāna-nirṇaya* habla de la secta *yoginī kaula* originada en Assam, al noreste de la India. Fue una tradición transmitida oralmente a través de una línea de ascetas femeninas (*siddhas*) que se liberaron mediante la *kaula sādhana*. En la secta *krama* de Cachemira, los primeros ascetas tántricos recibieron este conocimiento de 'labios de las *yoginīs*'. Los tantras declaran en repetidas ocasiones que las gurús mujeres tienen autoridad para iniciar (*dīkṣā*) y que sus iniciaciones son más eficaces porque ellas son idénticas a la diosa suprema.

El tantra otorga prominencia al principio femenino y reconoce el papel ritual de las mujeres en el *śākta-dharma*. Muchas reglas no se aplicaban a las mujeres, porque todas eran consideradas gurús. En algunos casos, había menos restricciones para las mujeres que para los hombres. Simplemente si habían recibido el mantra principal, podían asumir el papel de gurú e iniciaban a otros leyendo el mantra de un texto autorizado. Hombres y mujeres comparten el mismo espacio metafísico y social. Esta tradición no discrimina por casta o género en lo que respecta a la *sādhana* espiritual. Los preceptos del tantra *śākta* son aplicables tanto a hombres como a mujeres. Tanto mujeres casadas, solteras o ascetas tienen acceso a la práctica tántrica.

Āmnāyas o 'transmisiones'

Las tradiciones del *kaula* fueron sistematizadas en *āmnāyas*, o 'transmisiones', durante el siglo XI n. e. El término *ānmnāya* se refiere a grupos específicos de escrituras dentro de los *kula āgamas* que comparten una afiliación común.

आदित्वात्सर्वमार्गाणां मनोल्लासप्रवर्द्धनात् ।
यज्ञादिधर्महेतुत्वादाम्नाय इति कीर्तितः ॥

āditvāt sarva-mārgāṇāṁ
manollāsa-pravarddhanāt
yajñādi-dharma-hetutvād
āmnāya iti kīrtitaḥ

Debido a que es el principal (*āditva*) entre todos los caminos,
porque pone en movimiento gozo en la mente (*manollāsa*),
porque es la causa del dharma en forma de sacrificio (*yajña*),
y así sucesivamente, se llama *āmnāya* (transmisión).

(*Kulārṇava Tantra*, 17.48)

La división original parece haber incluido cuatro *āmnāyas*, cada una simbólicamente colocada en uno de los puntos cardinales. Las escrituras más tempranas solo nombran cuatro *āmnāyas*, a veces correlacionadas con las cuatro edades (*yugas*). *Paścimāmnāya* es el *āmnāya* más apropiada para la actual Edad de Kali. Textos posteriores mencionan cinco, seis e incluso siete *āmnāyas*. La división en cinco se iguala con las cinco respiraciones vitales (*prāṇas*), e incluye las cuatro *āmnāyas* originales y una superior llamada *anuttarāmnāya* (tradición última o suprema). En la división en seis, se agrega otra, llamada *ūrdhvāmnāya* (tradición superior). Alternativamente, la sexta podría ser la boca inferior (*īśāmnāya*), que es la boca de la *yoginī*.

Estas doctrinas sagradas son caminos hacia la liberación que solo pueden aprenderse siguiendo la guía de un gurú autorrealizado. Diferentes fuentes *kaulas* declaran que estas cinco tradiciones fluyen de las cinco bocas de Śiva, representadas en Sadā-śiva de cinco cabezas, tal como es adorado en la corriente *śaiva-siddhānta*, o en el *pañca-mukha-liṅga*, que es la imagen fálica de cinco rostros de Śiva. El *Kulārṇava Tantra* indica:

मम पञ्चमुखेभ्यश्च पञ्चाम्नायाः समुद्गताः ।
पूर्वश्च पश्चिमश्चैव दक्षिणश्चोत्तरस्तथा ।
ऊर्ध्वाम्नायश्च पञ्चैते मोक्षमार्गाः प्रकीर्त्तिताः ॥

mama pañca-mukhebhyaś ca
pañcāmnāyāḥ samudgatāḥ
pūrvaś ca paścimaś caiva
dakṣiṇaś cottaras tathā
ūrdhvāmnāyaś ca pañcaite
mokṣa-mārgāḥ prakīrttītāḥ

Las cinco *āmnāyas* (transmisiones), que son senderos seguros hacia la liberación, surgieron de mis cinco rostros mirando hacia el este, oeste, sur, norte y hacia arriba.

(*Kulārṇava Tantra*, 3.7)

Cada uno de los rostros de Śiva está orientado hacia un punto cardinal diferente y revela una de las cinco tradiciones *āmnāya*. La cara de Īśāna mira hacia el este y expresa la sabiduría de la *pūrvāmnāya*. La cara de Aghora mira hacia el sur y expresa la sabiduría de la *dakṣiṇāmnāya*. La cara de Tat-puruṣa mira hacia el oeste y expresa la sabiduría de la *paścimāmnāya*. La cara de Sadyo-jāta mira hacia el norte y expresa la sabiduría de la *uttarāmnāya*. Finalmente, la cara Vāma-deva mira hacia arriba y expresa la sabiduría de la *ūrdhvāmnāya*.

Pūrvāmnāya representa la creación y ofrece el camino del mantra para la realización de la divinidad. *Uttarāmnāya* simboliza la gracia de Dios (*anugraha*) y es el sendero del conocimiento puro. *Paścimāmnāya* constituye la destrucción de la dualidad y es el camino del karma yoga mediante el cual se puede alcanzar la realización. *Dakṣiṇāmnāya* representa el mantenimiento y revela el camino de la devoción. *Ūrdhvāmnāya* emana de la cara de Śiva que mira hacia arriba y es él mismo en su forma absoluta.

1. *Pūrvāmnāya* (transmisión oriental o anterior) adora a Kuleśvara y Kuleśvarī y luego a las diosas *Trika* que son Parā, Aparā y Parāparā.
2. *Uttarāmnāya* (transmisión norte o posterior) adora a la diosa Kālī. Es también conocida como *krama*, o 'secuencia'.
3. *Paścimāmnāya* (transmisión occidental o final) adora a la diosa Kubjikā.
4. *Dakṣiṇāmnāya* (transmisión del sur) adora a la diosa Kāmeśvarī.
5. *Ūrdhvāmnāya* (transmisión superior) adora a Ardhanārīśvara, que es mitad Śiva y mitad Śakti.

    (a) *Anuttarāmnāya* (transmisión final o suprema) es una transmisión que se desarrolló a partir de *dakṣiṇāmnāya* y dio a luz al culto de Tripura-sundarī, el cual se cree que incluye y supera a todos los *āmnāyas*.

    (b) *Īśāmnāya*: Algunas fuentes consideran que la sexta transmisión dimana de la cara de Śiva que mira hacia abajo. También se interpreta como la boca inferior de la *yoginī*, es decir, su vulva. Se refiere al culto *kaula* de las *yoginīs* (*yoginī-kaula*), que es la tradición *kaula siddhas* fundada por Matsyendra-nātha.

El *Kulārṇava Tantra* lo describe así:

पूर्वाम्नायः सृष्टिरूपः स्थितिरूपश्च दक्षिणः ।
संहारः पश्चिमो देवि उत्तरोऽनुग्रहो भवेत् ॥

pūrvāmnāyaḥ sṛṣṭi-rūpaḥ
sthiti-rūpaś ca dakṣiṇaḥ
saṁhāraḥ paścimo devi
uttaro 'nugraho bhavet

La verdad central de *pūrvāmnāya* es la creación (*sṛṣṭi*), de *dakṣiṇa* es el mantenimiento (*sthiti*), de *paścima* es la destrucción (*saṁhāra*), de *uttara* es la compasión (*anugraha*).

(*Kulārṇava Tantra*, 3.41)

मन्त्रयोगं विदुः पूर्वं भक्तियोगश्च दक्षिणम् ।
पश्चिमं कर्मयोगश्च ज्ञानयोगं तथोत्तरम् ॥

mantra-yogaṁ viduḥ pūrvaṁ
bhakti-yogaś ca dakṣiṇam
paścimaṁ karma-yogaś ca
jñāna-yogaṁ tathottaram

El camino de *pūrva* es *mantra-yoga*, de *dakṣiṇa* es *bhakti-yoga*, de *paścima* es *karma-yoga* y de *uttara* es *jñāna-yoga*.

(*Kulārṇava Tantra*, 3.42)

उर्ध्वाम्नायस्य चैतानि न सन्ति कुलनायिके ।
साक्षाच्छिवस्वरूपत्वान्न किञ्चित्कर्म विद्यते ॥

urdhvāmnāyasya caitāni
na santi kula-nāyike
sākṣāc chiva svarūpatvān
na kiñcit karma vidyate

¡Oh, Kula-nāyikā! Nada de esto existe en el *ūrdhvāmnāya*. Puesto que tiene la forma exacta de Śiva, no tiene karma.

(*Kulārṇava Tantra*, 3.45)

Estas sectas se denominan transmisiones porque el conocimiento esotérico era transmitido mediante las *yoginīs* y los gurús. Estas divisiones pueden llamarse 'genealogías sistemáticas' o 'diagramas de flujo'. El flujo de las enseñanzas, las tradiciones y la liturgia se transmite, en última instancia, en forma de flujos sexuales sublimados, que se originan en la divinidad suprema y emanan de las diosas y las *yoginīs* a través de la transmisión del líquido del clan, a los diversos subórdenes.

Las tradiciones *kaula* se basaban en transmisiones orales transmitidas en secreto de los maestros a los discípulos con demostrado valor, seriedad y compromiso, pues solo así se podía conservar la tradición y protegerla de abusos. Su esencia no se puede aprender de los libros. Los gurús no son meras fuentes de información, sino que saben descifrar los códigos de las escrituras y explicar sus significados sutiles. Son vehículos a través de los cuales el poder oculto de las enseñanzas es transmitido. Con inmensa gracia, el gurú inicia a almas sedientas de liberación y les abre la puerta a una nueva condición existencial de almas liberadas. Por medio del maestro, la divinidad les comunica las enseñanzas que están más allá de las palabras.

Una transición sucede en el momento de la iniciación, cuando el discípulo recibe los mantras que lo acompañarán en su sendero hacia el reconocimiento de sí mismo. Los mantras que aparecen en las escrituras son ineficaces a menos que el maestro iluminado los llene de vitalidad por el poder de su consciencia. Solo los mantras debidamente entonados por alguien que ha activado la energía oculta en su propia consciencia pueden transmitir ese poder a otras personas.

1. *Pūrvāmnāya* o 'la transmisión oriental': Rostro Īśāna

Nombre

Pūrvāmnāya significa 'transmisión oriental'. Se cree que es la más cercana a la tradición original del *kaula*.

Descripción

El *trika* del *vidyā-pīṭha* fue la primera secta tántrica que se vio influida por el *kaula*, dando nacimiento al *kaula trika*. Este sendero eliminó de la práctica tántrica los rituales elaborados que podían distraer a los practicantes de lo esencial. Además, condensó la liturgia para dar lugar a la espontaneidad de la experiencia misma (*tan-mayī-bhāva*, *samāveśa*).

Cronología y ubicación

La forma *kaula* del culto floreció en Cachemira a partir del año 900 n. e. La exégesis de la literatura del *trika*, escrita en Cachemira hacia finales del siglo X n. e., describe que durante mucho tiempo había existido una distinción jerárquica clara entre la forma tántrica inferior del culto (*tantra-prakriyā*) y la tradición superior del *kaula* (*kaula-prakriyā*).

La literatura del *kaula trika* no ha sobrevivido, así que sabemos de su existencia solo por las citas en la literatura exegética de Cachemira. Sin embargo, hay motivos para suponer que la tradición no se originó en Cachemira. Los estudiosos creen que hubo una fase de desarrollo anterior. Citas de escrituras anteriores, como el *Mālinī-vijayottara Tantra* y el *Tantra-sad-bhāva Tantra*, no mencionan aún a la diosa Kālī o Kāla-saṁkarṣiṇi ni presentan el mundo como una proyección en y de la consciencia. Esto fue central en el desarrollo del *trika* posterior en Cachemira.

Deidades

El *kaula trika*, que adora a las diosas Parā, Parāparā y Aparā, recibió gran influencia de la tradición *krama* anterior.

I. El periodo temprano: antes del año 800 n. e.

En sus comienzos, el *trika* era un sistema de rituales para obtener poderes de las diosas Parā, Parāparā y Aparā. Las ocho Diosas Madres y sus encarnaciones en *kulas* (clanes) de *yoginīs* formaban parte de este culto. Las *yoginīs* eran invocadas y propiciadas con ofrendas de alcohol, sangre, carne y flujos sexuales. Los adeptos se incorporaban a uno de estos ocho clanes en el momento de la iniciación y luego adoraban a sus *yoginīs* para recibir *siddhis* y gnosis.

II. La segunda fase de desarrollo: después del año 800 n. e.

En esta etapa, se incorporó la adoración a Kālī como la diosa trascendental a Parā, Parāparā y Aparā, que eran sus emanaciones. Posteriormente, se incorporó, probablemente en Cachemira, el panteón del ciclo de cognición del shaivismo *krama*.

III. La tercera fase de desarrollo: a partir del año 900 n. e.

El *trika* continúo su desarrollo como parte del shaivismo de Cachemira, viéndose influido por la metafísica del *pratyabhijñā* y dejando atrás el mundo visionario, para enfatizar la experiencia interna. En lugar de ejecutar rituales para recibir poderes, los adeptos se dedicaban a rituales de contemplación interior y a la acción desinteresada. Los rituales eran secundarios y podían dejarse de lado para enfocarse en experimentar la esencia.

Los cultos erótico-místicos del *kaula* quedaron reservados para una minoría de seguidores muy avanzados que eran aptos para estas prácticas esotéricas. Abhinava-gupta desarrolló la idea de que el propósito de la interacción con las *yoginīs* a través de las *dūtīs* no era transmitir la gnosis mediante el intercambio de flujos sexuales sino que el momento del orgasmo mismo revelaba el dinamismo del Ser supremo y permitía que los adeptos experimenten una vislumbre de la dicha de la consciencia.

Esta fase, el culto aspiraba a unificar todas las tradiciones *śaivas*, desde el *śaiva-siddhānta* hasta los *bhairava tantras*, así como el *kaula* y el *krama*.

Escrituras

Muchas escrituras *trika* tenían una orientación *kaula*. Estas no han sobrevivido, y las únicas referencias que tenemos de ellas son citas de las escrituras en el *Tantrāloka* de Abhinava-gupta y el comentario de Jaya-ratha. Las principales escrituras de este *āmnāya* son *Yoga-saṁcāra*, *Triśiro-bhairava*, *Trikasāra*, *Trika-kula-ratna-mālā*, *Bhairava-kula* y *Vīrāvalī*. No hay demasiada información sobre los rituales, pero la escritura *Virāvalī* describe la práctica *kaula* más elevada, que enfatiza la experiencia interna del adorador.

El *Siddhakhaṇḍa* explica que las diferentes escrituras ofrecen sabiduría más profunda y medios de liberación superiores, ordenando las siguientes escrituras en una escala ascendente:

- *Bhairava tantras*
- *Mālinī-vijayottara*
- *Bhairava-kula*
- *Vīrāvalī*
- *Krama*
- *Manthāna-bhairava*

Doctrina

La tradición *trika* propagó un idealismo no dualista en el seno del shaivismo.

Rituales

En el culto *kaula trika*, la pareja *kaula* divina (Kuleśvara y Kuleśvarī) era representada o visualizada en el centro del *maṇḍala*. Estaban rodeados por un triángulo, en el que las tres diosas Parā, Parāparā y Aparā ocupaban los vértices. Esta tradición disponía tanto de ritual externo como interno. El ritual externo se realizaba en un paño rojo extendido en el suelo, en un círculo de polvo bermellón con un borde negro.

El ritual podía ofrecerse a los genitales de la *dūtī* o durante el acto sexual con ella. La tradición se fue internalizando con el tiempo y las deidades pasaron a ser adoradas en el interior del propio cuerpo como el *prāṇa* con la visualización del néctar de la respiración. Más sutil aún era el ritual *smvidi-pūjā* en el que la adoración se realizaba solo mentalmente.

En una etapa inicial, el aspirante adoraba todo el panteón del *kaula*, que se fue enriqueciendo como indicamos antes. A medida que alcanzaban niveles más elevados de consciencia, adoraban cada vez menos a las deidades hasta solo adorar a Kuleśvara.

Un importante componente de este *āmnāya* era la adoración a los *yuga-nāthas*. Las enseñanzas *kaula* originales fueron transmitidas por estos maestros fundadores del kaulismo y, por eso, tenían que ser venerados en todas las sectas *kaulas*. Antes de comenzar el ritual, el oficiante debía purificarse mediante la proyección, de la manera prescrita, de los mantras de Parā y Mālinī sobre su cuerpo. Una vez que estaba lleno de su poder cósmico, identificaba su naturaleza como Bhairava. Luego ofrecía libaciones a Bhairava e identificaba con sus propios poderes sensoriales y mentales los círculos de energías que lo rodeaban. Con este fin, bebía una mezcla de flujo sexual masculino y femenino (*kuṇḍa-golaka*) de una jarra de sacrificio previamente rellenada para este propósito. De esta manera, el oficiante alcanzaba una visión de la plenitud de su naturaleza universal que había sido brillantemente manifestada por la energía de la ofrenda sacrificial. Si deseaba ver esta misma plenitud manifestada en el mundo exterior a través del derramamiento de sus energías sensoriales, procedía a realizar el ritual externo, el cual comenzaba con la adoración a los maestros *kaula* en un círculo sagrado (*maṇḍala*) denominado *siddha-cakra* y dibujado en el suelo con polvos de colores.

Había un triángulo que representaba la matriz divina (*yonī*). En su centro, residía Kuleśvarī en estado de excitación en unión con Paramānanda-bhairava, de quien fluía el *kula*, el poder dichoso de emisión (*visarga-śakti*) mediante el cual se generaba el orden cósmico. El triángulo del *maṇḍala* era venerado contemplando el flujo creativo de la dicha en la unidad de la consciencia universal. Su equivalente microcósmico era el órgano sexual femenino. Este ritual podía llevarse a cabo en estados elevados de consciencia o mediante la experiencia estática del orgasmo físico. La diosa emergía del centro de sus energías junto con Paramānanda-bhairava. De esta manera, el *kula* emergía, y la adoración a los *yuga-nāthas* rendía su fruto. El *maṇḍala* en el cual se adoraban los *yuga-nāthas* se dividía en cinco secciones:

1. Los mantras de la diosa *Trika*.
2. Los maestros del *kaula*.
3. La esfera de la Rueda de Mālinī correspondiente al flujo del aliento vital.
4. La esfera de la Rueda de Mātṛkā correspondiente a la actividad de la consciencia.
5. El cuadrado exterior que representa los sentidos.

Todos juntos constituyen el *kula*, la totalidad micro-macrocósmica. En el centro, residía la diosa Kuleśvarī, que podía ser adorada en cualquiera de las formas de las tres diosas *Trika*, ya fuese sola o con su consorte masculino Kuleśvara.

Práctica

Cuando los adeptos eran iniciados en el culto *kaula trika*, su maestro espiritual los ponía en el camino a la liberación y eliminaba todos los obstáculos que pudieran aparecer en los diferentes niveles del cosmos. Les ayudaba a alcanzar el nivel más sutil, los unía con la deidad suprema, los equipaba con un cuerpo divino y los devolvía al mundo material como iniciados libres de todos los apegos kármicos. A diferencia del ritual tántrico, en el que los iniciados permanecían pasivos mientras las ofrendas se colocaban en un fuego, estos iniciados entraban en trance, tenían experiencias directas de los diversos niveles del cosmos y mostraban signos de estar poseídos (*āveśa*).

La escritura *Vīrāvalī* explica que *āveśa* es un método mejor. Los iniciados perdían el control de sí mismos a medida que la diosa poseía sus cuerpos y su consciencia. El *Vīrāvalī* proponía el método *sāmarasya*, en el cual el maestro se fusionaba espontáneamente con el discípulo.

Miembros

A diferencia de la versión tántrica, el *kaula trika* atrajo mayormente a gente casada. Solo los *kāpālikas* podían seguir la exigente e intensa tradición tántrica. El kaulismo ofrecía una forma domesticada de la tradición y daba la bienvenida a los fervientes aspirantes casados, poniendo énfasis en la posesión divina y las experiencias místicas.

2. *Uttarāmnāya* o 'transmisión norteña': Rostro Sadyojāta

Nombre

Uttarāmnāya, que significa 'transmisión norteña', emanó del rostro Sadyo-jāta de Sadā-śiva.

Descripción

Después de influir en el *trika*, el kaulismo fue abrazado por los cultos de la diosa Kālī de los *kālī tantras* del *vidyā-pīṭha*. Al unificarse con el *kaula*, dio nacimiento a una corriente que llegó a ser la más extrema en monismo, adoración a lo femenino, inclusión de castas y géneros, transgresión de las normas sociales y simbología mortuoria. A diferencia del resto de las sectas del *kula-mārga*, esta corriente no prohibía los elementos *kāpālikas*.

Lo que llegó a ser llamado *uttarāmnāya* incluía tres doctrinas, dedicadas a la adoración a Kālī:

1. *Mata*, o 'doctrina': No sabemos mucho sobre esta tradición, ya que desapareció sin dejar demasiada información. Sí sabemos que se originó a partir de la escritura *Jayad-ratha Yāmala*. El *kaula mata* adoraba a las Kālīs del *kālī-krama*. También adoraba a deidades con rostros de animales y con numerosas cabezas. Tres maravillosas deidades se encuentran en el centro de su panteón: Trailokya-ḍāmarā (la aterradora del universo), Mata-cakreśvarī (la diosa del círculo de la *mata*) y Ghora-ghoratarā (la más terrible de lo terrible). Las escasas evidencias de que disponemos proceden del *Ciñciṇī-mata-sāra-samuccaya*, que presenta dos textos místicos de doce y cincuenta versos, que están probablemente relacionados con los gurús míticos Vidyānanda-nātha y Niṣkriyānanda-nātha respectivamente.
2. El culto de la diosa Guhya-kālī emergió de la doctrina *mata*. Ella posee los tres rostros de las diosas del *mata* Trailokya-ḍāmarā, Mata-cakreśvarī y Ghora-ghoratarā. Su forma con tres caras y ocho brazos era adorada como una unidad trascendente. Tenía la tez oscura y bailaba sobre el cuerpo de Bhairava en un crematorio.

Desde al menos el siglo x n. e., las Kālīs abstractas del *kālī-krama* asumieron una forma icónica en este culto como el séquito de Guhya-kālī. En general, a medida que el tantra evolucionaba, sus deidades se adoraban menos como iconos y más como energías místicas amorfas. Sin embargo, a menudo vemos que desarrollos posteriores se vuelven menos sutiles y en lugar de continuar esta tendencia, retornan a formas más concretas de adoración a las deidades. La primera mención de este culto se encuentra en el *Kālī-kula-kramārcana* de Vimala-prabodha.

Este es un manual que proporciona instrucciones sobre el ritual tántrico y la recitación de mantras. Este texto y muchos otros de esa tradición se conservan en Nepal, donde Gukya-kālī fue venerada como el aspecto esotérico y temible de Guhyeśvari, la principal diosa local.

GUKYA-KĀLĪ

3. El *krama* (secuencia), también recibe el nombre de Gran Camino (*mahā-naya*), Gran Verdad (*mahārtha*) y Camino de la Diosa (*devī-naya*). La literatura del *krama* ofrece un sistema *kaula* mucho más elaborado de adoración a Kālī. Aunque el panteón de las demás sectas es concéntrico, en el *krama* está organizado en diferentes fases o secuencias. Kālī es adorada como la deidad central (Bhagavatī-saṁvid) en una secuencia de deidades ubicadas en el círculo que la rodea. Estas doce Kālīs encarnan las etapas sucesivas del pulso cíclico de la cognición (*saṁvid*). La consciencia dinámica debe contemplarse a través de la adoración secuencial, siguiendo el flujo y reflujo cíclico de la consciencia del adorador en la percepción de los objetos. *Krama* es el despliegue secuencial de las fases de la consciencia presentes en toda cognición. Los iniciados en el *krama* veneraban estas fases como emanaciones de Kālī Kāla-saṃkarṣiṇī, deidad suprema del culto. Ella constituye el vacío insaciable en el corazón de la consciencia. Y solo puede ser alcanzada desintegrando el ego limitado.

El término *krama* significa 'progreso', 'gradación', 'etapas' o 'sucesión' y se refiere al refinamiento gradual de la cognición como vehículo para la liberación. La aspiración del *krama* es el desarrollo y la purificación a través de una serie de fases sucesivas que van desde la oscuridad hasta la claridad perfecta.

El *Devī-pañca-śatikā* es la escritura más autorizada que describe estas cuatro o cinco fases:

1. Emisión (*sṛṣṭi-krama*).
2. Mantenimiento de lo emitido (*sthiti-krama*), también llamado encarnación (*avatāra-krama*).
3. Retracción de lo emitido (*saṁhāra-krama*).
4. Lo innombrable (*anākhya-krama*), también llamada fase de las Kālīs (*kālī-krama*). En esta fase, todo rastro del proceso precedente se disuelve en la consciencia liberada y omnipresente. Esta fase es idéntica a la de las trece (12 + 1) Kālīs del *mata*. Este grupo de deidades es la característica más constante en los cultos de Kālī.

5. La escritura *Krama-sad-bhāva* elabora en mayor medida la tradición *krama* tetrádica y crea la *krama* pentádica, añadiendo una quinta fase a las cuatro anteriores: La Luz Pura (*bhāsā-krama*). Adora un sistema de sesenta y cuatro *yoginīs* o *śākinīs* en cinco fases como el preludio al culto de las Kālīs de lo innombrable.

Las escrituras del *krama* presentan un detallado análisis epistemológico de la experiencia cognitiva y definen doce etapas de percepción, cada una de ellas presidida por una de las diosas Kālī. El culto de las Kālīs es un aspecto importante de esta escuela. En el proceso cognitivo, nuestra atención se desplaza desde el interior hacia el objeto percibido, para luego retornar al recipiente mental que hemos creado proporcionándonos una determinada sensación.

Las doce Kālīs corresponden a los doce movimientos de toda cognición. Al observar un objeto, la sensación viaja de nuestro pensamiento al lugar del objeto y luego regresa a nuestro pensamiento, resultando en la cognición del objeto. No percibimos el objeto donde está, sino en nuestra mente. La percepción se mueve desde nuestro interior hasta el objeto y luego vuelve del objeto a nuestro pensamiento. Estos movimientos se distribuyen en doce formas como los doce Kālīs en el sistema *krama*.

LAS TRECE KĀLĪS DEL *KĀLĪ-KRAMA*

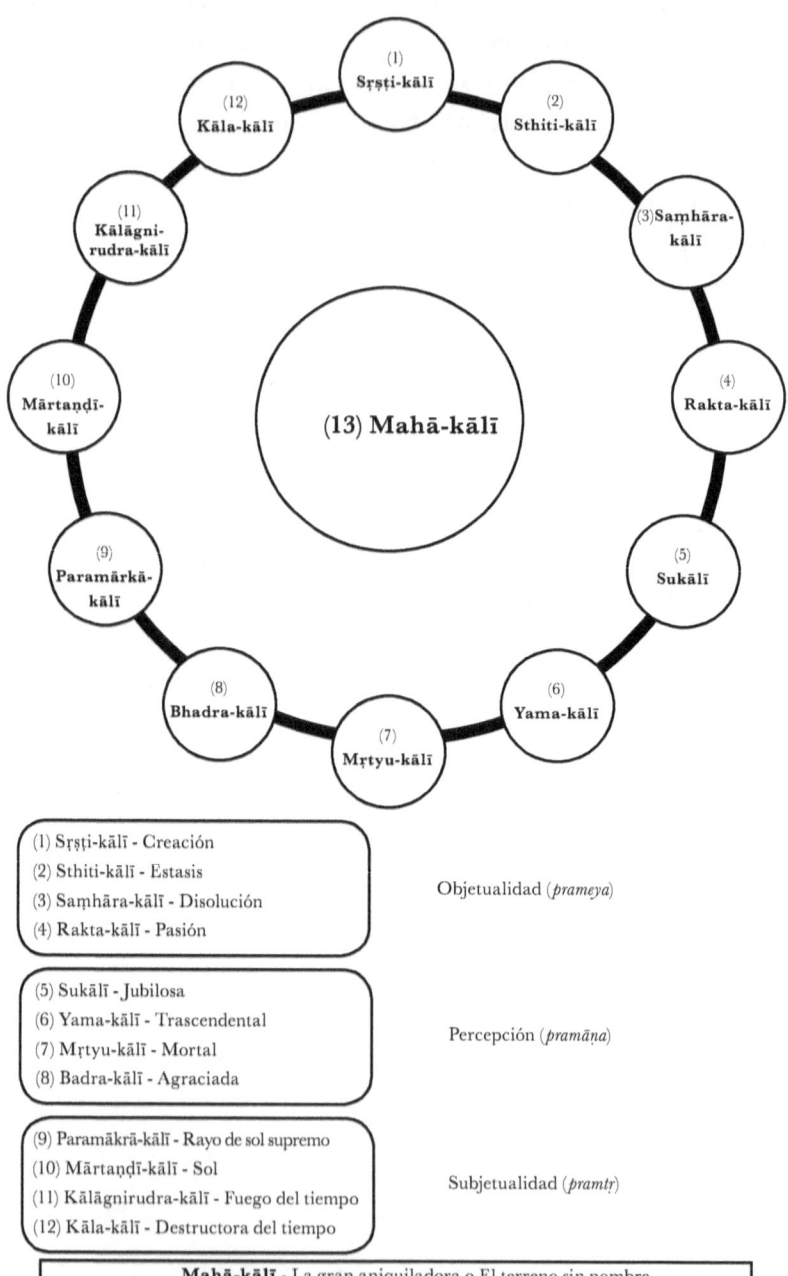

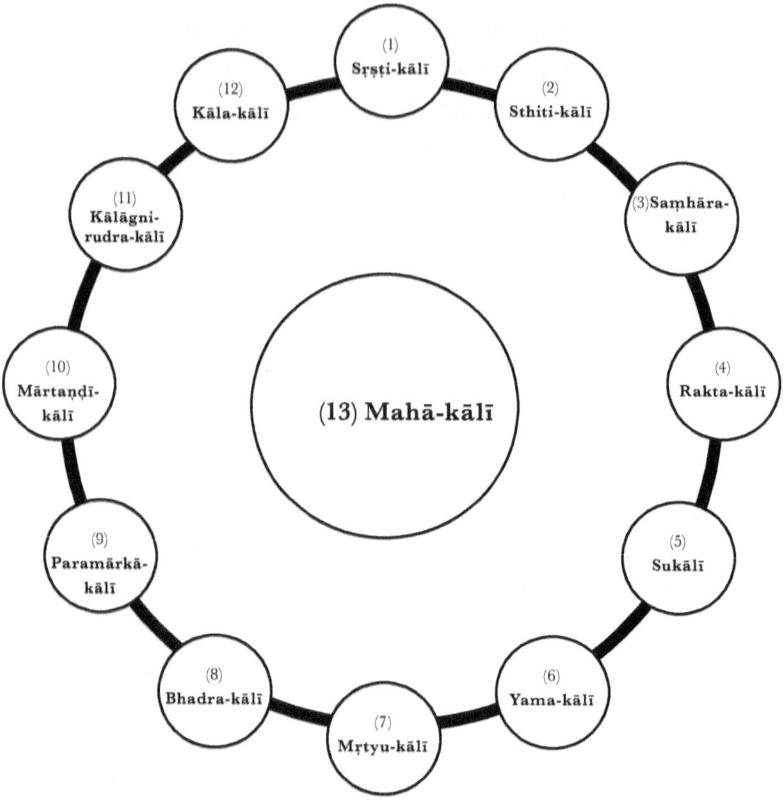

(1) Sṛṣṭi-kālī - Creación
(2) Sthiti-kālī - Estasis
(3) Saṃhāra-kālī - Disolución
(4) Rakta-kālī - Pasión

Objetualidad (*prameya*)

(5) Sukālī - Jubilosa
(6) Yama-kālī - Trascendental
(7) Mṛtyu-kālī - Mortal
(8) Badra-kālī - Agraciada

Percepción (*pramāṇa*)

(9) Paramākrā-kālī - Rayo de sol supremo
(10) Mārtaṇḍī-kālī - Sol
(11) Kālāgnirudra-kālī - Fuego del tiempo
(12) Kāla-kālī - Destructora del tiempo

Subjetualidad (*pramtṛ*)

Mahā-kālī - La gran aniquiladora o El terreno sin nombre.
Aquí, Kālī reabsorbe en sí misma los estados delimitantes de:
Objetualidad (*prameya*), percepción (*pramāṇa*) y subjetualidad (*pramtṛ*).

Circunstancias de su emergencia

Comprobamos que existe una continuidad a través de las escrituras más antiguas (*Bhairava tantras* y *vāma tantras*), los *kaula tantras* sectarios del *trika* y el *krama*, y finalmente las obras exegéticas del shaivismo de Cachemira. A mediados del siglo IX n. e., las escrituras prácticamente anónimas del *trika* y el *krama* emergieron desde el oculto mundo de los *śaiva āgamas* hasta el mundo de los *śāstras*. Por lo menos durante doscientos años, los discursos del tantra y del *kaula* permanecieron vitalmente ligados gracias a los adeptos tántricos que sirvieron como fuentes vivas para revelar el significado oculto de los *āgamas*. Las escuelas *trika* y *krama* evolucionaron progresivamente y desarrollaron una interpretación más refinada del significado esotérico de los tantras.

En cierta etapa de su desarrollo, el *krama* surgió como un culto del *kaula* y se definió como uno de los *āmnāyas*. Ignoramos si el *kālī-krama* se conocía desde sus comienzos como el *uttarāmnāya*, pero sin duda lo hizo en algún momento posterior.

En el periodo de los exegetas de Cachemira, se unificaron elementos de ambas tradiciones. Sin embargo, permaneció una división permanente entre el *krama* tetrádico y el krama pentádico, derivados del *Devī-pañca-śatikā* y el *Krama-sad-bhāva*, respectivamente.

Dado que la doctrina *krama* se centra en la esencialización y la interiorización, es claramente de naturaleza *kaula*. En estas dos escrituras mencionadas, es la diosa quien enseña a Bhairava. Aquí los roles se invierten, porque Bhairava no puede conocer el ciclo del poder cognitivo que constituye la propia consciencia de sí mismo, encarnado por la diosa.

Cronología y ubicación

El *krama* se remonta al maestro Durvāsā, quien lo introdujo en el comienzo de la Era de *Kali*. Sin embargo, Jñānanetra (también conocido como Śivānanda-nātha) se considera el fundador del *krama*, quien fue iniciado a fines del siglo IX n. e. por Maṅgalā (Kālī) y las diosas de los campos crematorios en Uḍḍiyāṇa. El insigne maestro tuvo tres grandes discípulas sumamente eruditas:

Keyūravatī, Madanikā y Kalyāṇikā, quienes prosiguieron el linaje impartiendo a otros esta sabiduría. Entre los muchos que estudiaron directamente de estas tres maestras, se cuentan notables maestros como Govindarāja, Bhānuka y Eraka. Govindarāja, a su vez, fue maestro del gran Somānanda. El linaje de Bhānuka incluía a maestros tan grandes como Ujjaṭa y Udbhaṭa. El linaje espiritual del *krama* tuvo la mayor continuidad: durante cinco siglos (hasta el siglo XV n. e.), la transmisión de maestros a discípulos (*pāramparā*) continuó con maestros totalmente realizados.

Es imposible determinar con precisión dónde se originaron la mayoría de los tantras. Sin embargo, en el caso del *krama*, las escrituras (como el *Kālikā-kula-pañca-śataka* y el *Kālī-kula-krama-sad-bhāva*) y los comentaristas posteriores concuerdan que las revelaciones tuvieron lugar en Uḍḍiyāṇa, aunque puede ser más un mito que un hecho. Esta es la sede del poder del norte (*uttara-pīṭha*), que se encuentra en el valle de Swat (ahora Pakistán), a unos 300 kilómetros al noroeste del valle de Cachemira. Este valle aparece en las historias hagiográficas del budismo como el centro principal del que se propagaron las tradiciones de los *yoginī tantras* (*Yogānuttara Tantras*).

El *krama* tuvo una profunda influencia no solo en el *trika*, sino también, a través de las obras de Kṣema-rāja, en la comprensión del *Svacchanda*, el *Netra*, y en una amplia gama de textos *śaivas* dirigidos a un público más amplio.

Con el advenimiento del islam y el posterior colapso de la cultura urbana y monástica en la región, desaparecieron todos los rastros de las tradiciones tántricas.

Escrituras

Han sobrevivido numerosos textos del *krama* que fueron escritos a partir de mediados del siglo IX n. e., tanto en sánscrito como en la antigua lengua de Cachemira.

El *āmnāya* del norte, a diferencia de otras revelaciones tántricas, fue revelada por los *piṭheśvarīs*, o clanes femeninos de *yoginīs*, denominados también 'amantes de los montículos'. Son estas diosas quienes transmitieron la revelación a los gurús fundadores de los linajes, o *paramparā kaula*. Esta es la razón por la cual los *śakti tantras* son considerados por Abhinava-gupta y otros comentaristas de su talla como los textos más acreditados y de mayor significado dentro de la revelación *kaula*.

Uno de los textos más importantes de la *krama kaula* son las tres secciones posteriores (*ṣaṭkas* de 6 000 versos cada una) del *Jayad-ratha Yāmala*, originalmente un 'tantra de unión'. Estas últimas tres secciones están dedicadas a los cultos puramente *ṣaṭkas* de Kālī, con total independencia de todo consorte masculino. Cada *ṣakṭa* enseña la propiciación de innumerables formas de divinidad, pero más adelante el *Tantra-rāja-tantrāvatāra-stotra* (siglos XI-XII n. e.) indica la deidad principal de cada sección:

- *Ṣaṭka* 1: Kāla-saṁkarṣaṇī, la deidad principal del *krama*.
- *Ṣaṭka* 2: Siddha-lakṣmī, adorada hasta nuestros días en Nepal con el nombre de Siddhi-lakṣmī.
- *Ṣaṭka* 3: Sāra-śakti, venerada como la esencia de los tres *vidyās*.
- *Ṣaṭka* 4: Siddha-yogeśvarī-mata, una forma de Parā en el *trika* temprano.

La literatura *krama* incluye tanto textos de origen divino como de autores humanos. Los textos revelados consisten en algunas obras anónimas y los *krama āgamas*: *Pañca-śatika* o *Devī-pañca-śatikā*, *Sārdha-śatika*, *Krama-rahasya*, *Krama-sad-bhāva*, *Kālikā-krama* y *Krama-siddhi*. El resto incluye obras no agámicas como *Krama Sūtra*, *Siddha Sūtra*, *Mahā-naya-paddhati*, *Kramadaya*, *Amāvasyā-triṁśikā* y *Rājikā*.

Rituales

Las escrituras del *krama* se consideran superiores a las del *vidyā-pīṭha*. Aunque es cierto que hay continuidad con el *Jayad-ratha Yāmala*, la adoración al *krama* es más sofisticada en varios aspectos. Por ejemplo, utiliza mantras, pero reemplaza con formas icónicas el nivel más burdo de las deidades. El ritual externo se simplifica mucho y se considera inferior al culto mental, ya que el orden de adoración (*pūjā-krama*) no es más que un reflejo de la secuencia de la cognición misma (*saṁvit-krama*) que está siempre presente.

En el *Kālī-kula-kramārcana*, Vimala-prabodha describe el ritual *krama* en el que adeptos, hombres y mujeres, son adorados colectivamente con ofrendas de comida y bebida (*cakra-krīḍā*). El patrocinador del culto proporciona una jerga secreta (*samaya-chommakam*) que debe ser usada por todos los participantes invitados para referirse a las cinco fases del *krama*: desde la emisión (*sṛṣṭi*) hasta la luz radiante (*bhāsā*).

Doctrina

El sistema *krama* es tanto tántrico como *śaiva* monista. Estas son algunas de las características de su doctrina:

- *Krama* es un sistema tántrico orientado hacia la Śakti.
- A pesar de tener una firme tendencia monista, en el nivel práctico se inclina hacia el monismo-dualismo.
- La autorrealización no se obtiene mediante la vida ascética de rechazo, sino logrando una síntesis de *bhoga* y *mokṣa*.
- El *krama* enfatiza el aspecto epistémico de la experiencia humana.
- Su filosofía indica que hasta que la trascendencia sea realizada, debe considerarse que el tiempo es real. Uno asciende, paso a paso, en una sucesión. Este proceso gradual hace que la realización sea firme. Dado que se ocupa de la realización sucesiva, reconoce la existencia de espacio y tiempo. Solo en su conclusión, pero no durante el proceso, el adepto trasciende la dualidad y experimenta el estado libre de tiempo y espacio.
- Los adeptos del *krama* aspiran a *jīvan-mukti*, o 'liberación en vida'.

Práctica

En el *krama*, la elevación del *kuṇḍalinī-prāṇa* se describe como una progresión de un chakra a otro y de un estado a otro. Sus escrituras proporcionan descripciones detalladas del proceso de ascensión de la *kuṇḍalinī* a través de cada chakra hasta que alcanza el *sahasrāra-cakra* en la coronilla.

Este sendero era rico en *vratas* (votos), *mantra-sādhanas* y prácticas esotéricas. Combinaba el refinado y sofisticado pensamiento filosófico con prácticas transgresoras y se destaca por su intención de hacer del ritual un medio efectivo para la liberación. El hecho de que más de nueve generaciones de maestros alcanzasen la liberación recorriendo este sendero demuestra su eficacia.

A pesar de desafiar el orden social, el *krama* fue considerado muy elevado en Cachemira y Nepal, atrayendo a personas altamente respetadas como ministros y gobernantes. Su influencia fue tal, que el *trika* adoptó algunas de sus doctrinas. Las dos escuelas finalmente se fundieron en el shaivismo de Abhinava-gupta, un *kaula trika* esotérico con una esencia *krama*.

Después del siglo X n. e., las enseñanzas del *krama* se promulgaron con el nombre *Mahārtha* (gran enseñanza) o *Mahā-naya* (gran camino). En los siglos XI y XII n. e., tres textos de diferentes autores transmitieron las enseñanzas del *Mahārtha*, todos bajo el mismo título *Iluminación del Gran Camino* (*Mahā-naya-prakāśa*). El primer texto, escrito por Arṇa-siṁha (1050-1075 n. e.), del linaje de Prabodha, explica cómo la adoración *krama* refleja y encarna las estructuras centrales de la consciencia misma. El segundo texto contiene instrucciones detalladas sobre un curso intensivo de nueve días de entrenamiento en la adoración *krama*. También identifica el flujo natural de la cognición con el flujo de energía en el interior del cuerpo humano.

3. *Paścimāmnāya* o 'transmisión occidental': Rostro Tat-puruṣa

Nombre

Paścimāmnāya, o 'transmisión occidental', adora a la diosa Kubjikā, que es una figura simultáneamente tierna y feroz. Incorpora rasgos de deidades tántricas anteriores y a menudo se la considera como una emanación de la diosa Parā, lo que conecta esta tradición con el *trika* superior.

Descripción

El *Kubjikā-mata Tantra* narra el origen de la diosa. Śiva Bhairava visitó al dios del Himalaya. En aquellas montañas, conoció a Pārvatī a quien el texto denomina Kālīka, o 'pequeña Kālī'. Profundamente atraído por Kālīkā, Bhairava le obsequió la visión del universo en llamas junto con la dicha de la Transmisión de Poder o *ājñā*, una visión que conduce al despertar, diciéndole que lograría su naturaleza esencial, que trasciende toda cualidad. Después desapareció, dejando a Kālīkā confusa y preguntándose: «¿Quién soy? ¿Qué hago aquí?» Tras dicha situación, ella se marchó hacia el oeste en busca de Bhairava, llegando al paraíso y encontrando allí una roca mágica. Al subir a dicha roca, recibió la Transmisión de Poder divino. Luego la diosa se transformó en un *liṅga* femenino, o una mezcla bisexual. De ese modo, experimentó la dicha con absoluta independencia. Es representada como encorvada disfrutando del acto de lamer su propia vulva, por eso su nombre de Kubjikā, o 'la jorobada'. Bhairava volvió a aparecer y la elogió en su forma bisexual de *liṅga* femenino, despertando a Kālīkā de su estado de introspección. Ella se manifestó entonces como multifacética. Kālīkā se avergonzó cuando Bhairava le preguntó acerca de la Transmisión de Poder, porque ella sabía que su iluminación debe manifestarse en el exterior a través de la unión conyugal. La postura que adoptó al avergonzarse es otra de las razones de su nombre.

Kubjikā es la personificación de la *kuṇḍalinī-śakti*, o 'el poder divino', que yace dormido en cada ser humano. A partir de la unión de Śiva y Śakti en el *sahasrāra-cakra*, se crea 'el punto inmortal último', la explosión del cual genera el universo. Aunque la unión de Śiva y Śakti es un estado muy elevado de consciencia en la tradición *kubjikā*, se considera que más elevado aún es la fusión absoluta entre ambos. Este es el estado previo y posterior a la emanación del punto final. Al igual que en la tradición *śrī-vidyā*, en su primera etapa de emanación, el punto se manifiesta hacia el exterior en el *yonī* generativo. Tiene la forma de un triángulo, cuyos vértices representan el deseo, el conocimiento y la acción. El *kuṇḍalinī-yoga* se origina en la literatura *kubjikā*. Más adelante, veremos el sistema de chakras de esta disciplina incorporado a la literatura del *haṭha-yoga*.

La terminología del *krama* en el texto revela su influencia sobre esta tradición. Al igual que Kālī, Kubjikā es la naturaleza divina que subyace a todo y a todos. El ser iluminado percibe todo en este mundo como una expresión de dicha eterna. Esta realidad última carente de forma se expresa dinámicamente a pesar de constituir el reposo último.

Cronología y localización

El culto *kubjikā* se reveló en el Himalaya occidental, en el siglo x n. e., aunque rápidamente se difundió en Candrapura, el reino de Koṅkaṇā. En el sur de India, se desarrolló una forma alternativa del culto *kubjikā* denominada *śāmbhavānanda*, en el que se adoraba a Kubjikā junto con su consorte Navātma (El de nueve partes). Gradualmente, el linaje de *śāmbhavānanda* incorporó el culto *śrī-vidyā* a Tripura-sundarī. Esta combinación fue una de las fuentes principales del sistema *haṭha-yoga* que surgió después del ocaso del tantra clásico. El *Matsyendra Saṁhitā* (El compendio de Matsyendra), un texto del siglo xiii n. e., es atribuido a la línea *śāmbhavānanda*, que es una transición entre el tantra y el *haṭha-yoga*. Este linaje también influyó en la fusión *tantra–vedānta* asociada a los Śaṅkarācāryas de Śṛṅgerī y Kāñcī, como se refleja en la sección *Ānanda-laharī* del *Saundarya-laharī*.

Deidades

Kubjikā es una diosa con inmensa profundidad metafísica y se relaciona con diferentes formas de yoga, en especial con la sabiduría del movimiento de la respiración vital. El *maṇḍala* de la transmisión occidental posee una estructura pentatónica relacionada con los chakras. Kubjikā es su deidad central, con tez oscura, seis caras y doce brazos. La rodean serpientes, luce ornamentos de huesos humanos y porta una guirnalda de cabezas decapitadas alrededor de su cuello. Abraza a su consorte Navātma, quien posee cinco caras y diez brazos. Él, por su parte, es moreno, agraciado y joven. Bailan juntos sobre un loto que crece desde el ombligo de Agni, el dios del fuego. El adorador de esta pareja divina visualiza un loto creciendo de su propia abertura craneal (*brahma-randhra*) en la cumbre de un rayo de luz resplandeciente que se eleva desde el centro energético situado en su región genital, el *svādhiṣṭhāna-cakra*.

Kubjikā

Escrituras

Los textos *Kubjikā* más destacados son *Kubjikā-mata*, *Ṣaṭ-sāhasra Saṁhitā* y *Manthāna-bhairava Tantra* de 24 000 versos, los cuales poseen también una estructura pentatónica. Dicha estructura comprende cinco centros energéticos que corresponden a las *devīs*, *durīs*, *mātṛs*, *yoginīs* y *khecarīs*, todas ellas alineadas a lo largo del *suṣumṇā-nāḍī* en el cuerpo astral. El *Kubjikā-mata* ofrece un esbozo del cuerpo astral que las enseñanzas del *haṭha-yoga* describirán luego con más detalle. Encontramos algo similar en el *Jayad-ratha Yāmala* y el *Netra Tantra*.

Doctrina

Se dice que el *paścimāmnāya* es la escuela agámica más elevada, porque combina tanto el *kaula* superior como las doctrinas *śaivas* más refinadas. La revelación *kaula* se divide en dos categorías, que están vitalmente conectadas: *yoginī-kaula* y *siddha-kaula*.

Yoginī-kaula fue revelada desde la boca de las *yoginīs*, que oyeron el conocimiento esotérico de boca de Śiva y lo mantuvieron dentro de su propio linaje de transmisión. La escritura *Kaula-jñāna-nirṇaya* menciona que Matsyendra-nātha es el fundador de la tradición *yoginī-kaula*, asociada con la legendaria tierra de Kāma-rūpa, aunque él mismo parece haber pertenecido al *siddha* o *siddhāmṛta-kaula*. En ciertos lugares, se considera que el *paścimāmnāya* es la tradición de las *yoginīs* (*yoginī-krama*). Esta parte de la doctrina *kula* revela la esencia de las enseñanzas de las *yoginīs* y transmite los secretos de su tradición oral. La doctrina *paścima* también se considera parte del *siddha-kaula* e instruye que no debe revelarse a quien no está iniciado en la escuela de los *siddhas*. En realidad, esto no es una contradicción. Kubjikā es la deidad que preside esta tradición; ella es Kuṇḍalinī, que es la enseñanza esencial del *yoginī-kaula*. Pero en su nivel más alto, el *yoginī-kaula* enseña que el objeto final de la devoción es Śiva, también llamado Śambhu. Él es la morada del estado Śāmbhava; trasciende toda caracterización y otorga cualidades infinitas. En su morada, cesa toda práctica y el yogui accede a la fuente de todas las revelaciones.

La tradición de los *Kubjikā-mata* es *śākta*, es decir, que enfatiza a la diosa (Śakti) por encima de Bhairava (Śiva). Pero en esta tradición *paścimāmnāya* también existe un sistema paralelo conocido como *Śāmbhava* que pone el énfasis en Navātma (Śiva). También hubo variantes masculinas del *trika* que adoraban a las tres diosas (Parā, Parāparā y Aparā) como los poderes de Tri-śiro-bhairava (Bhairava de tres cabezas); y en el *krama*, donde Manthāna-bhairava ocupaba el lugar de la decimotercera Kālī del *kālī- krama*. Sin embargo, el sistema *śāmbhava* fue el que más se propagó. Se describe en el *Śambhu-nirṇaya Tantra* y en la literatura posescritural del sur de la India, como el *Śambhu-nirṇaya-dīpikā* de Śivānanda-muni. Incluso fue adoptado por la corriente principal del kaulismo purificado difundido por el sur de la India.

Entre las tradiciones *kaula* procedentes de los lugares sagrados (*pīṭhas*), el *paścimāmnāya* posee la doctrina más vital de toda la tradición *kaula*, incluyendo el *yoginī-kaula*. El sistema *kuṇḍalinī* que emergió durante el segundo milenio de nuestra era aparece por primera vez en el *kubjikā-mata*, la escritura esencial de la tradición *kaula* occidental. La diosa Kuṇḍalinī es Kubjikā. Su sistema de seis chakras se difundió a tal escala, que influyó el culto de *Śrī-vidyā* (Tripura-sundarī) y pasó a formar parte del sistema *haṭha-yoga*, el cual ha sobrevivido hasta nuestros días.

Rituales

El culto de Kubjikā es extenso. Ella está dotada de todos los atributos metafísicos de una deidad suprema y el Ser absoluto. Kubjikā es también una diosa muy esotérica. Su culto fue mantenido en secreto durante siglos por sus iniciados en el valle de Katmandú.

Navātma, también llamado Naveśvara o Navaka, era adorado como héroe solitario (*eka-vīrā*). La pareja divina (Navātma y Kubjikā) asumía seis variantes (*yāmalas*) para presidir los seis centros energéticos a lo largo del *suṣumṇā-nāḍī*, que corresponden a los cinco elementos (tierra, agua, fuego, aire y éter) y la mente (*manas*). Esta tradición era una modalidad de kaulismo posterior que incorporaba la adoración a los fundadores *siddhas* como, por ejemplo, Matsyendra-nātha.

Práctica

El sistema de los seis chakras caracteriza los rituales yóguicos del *Kubjikā-mata*. Al igual que todas las tradiciones *kaula*, el *paścimāmnāya* se considera una transmisión oral secreta. Los maestros solo enseñaban a discípulos sinceros y comprometidos que, debido a su progreso espiritual, no corrían el riesgo de abusar de la revelación.

Esta escuela, que pone especial énfasis en la importancia del maestro, se conoce también como *gurvāmnāya*, o 'tradición del gurú', de cuya boca emana el conocimiento espiritual y el poder del mantra. El gurú es el Señor de la *paścimāmnāya*; es mucho más que una fuente de información o un decodificador de las escrituras. Las enseñanzas ocultas se transmiten a través de los maestros y solo ellos pueden abrir las puertas al discípulo hacia una nueva dimensión de existencia mediante la iniciación. La gracia de la deidad se encarna en el maestro. Los discípulos serios podrán alcanzar la iluminación, como su maestro, y así perpetuar la transmisión de las enseñanzas.

La principal práctica es la repetición de mantras. Las prácticas tántricas no pueden ser aprendidas a partir de la palabra escrita. El mantra no tiene valor alguno si no es entonado por quien ha liberado el poder oculto en su propia consciencia.

Miembros

En el *paścimāmnāya*, al igual que en el resto de las tradiciones *kaula*, las mujeres ocupaban un papel especial. Hay un refrán que dice: «Uno debe poner la sabiduría en boca de una mujer y tomarla de nuevo de sus labios». Las mujeres son consortes tántricas (*dūtīs*), capaces de transmitir la revelación y deben recibir el mismo respeto que los maestros espirituales.

4. *Dakṣiṇāmnāya* o 'transmisión sureña': Rostro Aghora

Nombre

Dakṣiṇāmnāya, 'transmisión sureña', es el último de los cuatro *āmnāyas* descritos en el *Ciñciṇī-mata-sāra-samuccaya.*

Esta *āmnāya* tiene mucho en común con la *anuttarāmnāya* posterior, que es una corriente que emergió desde la *dakṣiṇāmnāya* y presentada como un desarrollo superior.

Descripción

La transmisión sureña es un culto de magia erótica que adora a la diosa Kāmeśvarī en un *maṇḍala* que incluye a su consorte, el dios Kāma-deva, y once diosas Nityā, cuyos nombres están relacionados con el sexo y el cortejo, por ejemplo, Kṣobhinī (la que excita) y Drāvinī (la que derrite). Kāma-deva es similar a Eros, el dios de la atracción sexual en la mitología griega, y a Cupido, su equivalente romano.

El propio crecimiento de este *āmnāya* llevó a su desaparición. Este culto de la diosa del placer erótico fue considerado un prototipo por el culto *kaula* posterior de la diosa Tripura-sundarī. En el nuevo culto, Kāmeśvarī era adorada en el *śrī-cakra* de nueve triángulos. Kāmeśvarī y Kāma-deva estaban unidos en el abrazo sexual *kāma-kalā* en el centro del *śrī-cakra.*

Deidades

Kāmeśvarī es una doncella delgada, con dos brazos y una sola cara. Tiene tres ojos y caderas delgadas. Brilla con el fulgor de cien millones de relámpagos y aun así es tan agradable a la vista como el sol del amanecer. Está colmada de pasión (*kāma*) y desciende al mundo en forma de una joven virgen (*kumārī*), que es el flujo de la vitalidad (*śukra-vāhinī*). Se manifiesta como *kaula-yoginī* de forma divina, pacífica y pura como el cristal translúcido. Su lugar de residencia se ubica al norte de la montaña Mālinī. Detrás de la montaña se encuentra la bahía (*gahvara*) llamada el Lugar del Ruiseñor, habitada por aves salvajes como patos y gansos. La diosa residía en la cueva llamada la Cara de la Luna. Absorbidos en meditación, Khecarī, Bhūcari, Siddha y Śākini también residían en esta bahía. Ascetas, *munis* y *siddhas* practicaron austeridades allí durante miles de años hasta que llegaron a una edad avanzada y se liberaron. Su mirada se dirigía hacia arriba, hacia el Rostro Interno, hasta que contemplaron a la diosa Śukrā y así llegaron el estado de embriaguez divina (*ghūrṇyāvasthā*) en virtud de su divino esplendor. Después de que la diosa transmitió este conocimiento divino, Kāma-deva apareció ante ella en forma divina y el poder de Kāmeśvarī lo derritió. Kāmeśvarī y Kāma-deva se convirtieron en uno y dieron origen a la pareja Rudra (*yāmala*). Kauleśa fue el hijo nacido de esta unión, quien enseñó este conocimiento divino.

Tripura-sundarī

Escrituras

La literatura de esta tradición fue muy vasta, pero lamentablemente ahora solo disponemos de un manuscrito nepalés incompleto de la obra titulada *Nityā-kaula*.

Doctrina

Amṛtānanda-nātha fue un comentarista que explicó la doctrina *śrī-vidyā*. En su escrito *Saubhāgya-subhodaya*, relaciona las cuatro *āmnāyas* con aspectos simbólicos del *mantra* llamado *rāja*, que es uno de los mantras principales del *śrī-vidyā*. Este mantra está formado por cuatro sílabas-semillas, una por cada *āmnāya*. La energía de Kāmadeva reside en la sílaba-semilla de la *dakṣiṇāmnāya*. El *Ciñciṇī-mata-sāra-samuccaya* se refiere a las otras tres sílabas-semillas, junto con Tripura, como energías de la diosa Kāmeśvarī. En la tradición *śrī-vidyā*, estas se ubican de hecho en el triángulo más interno del *śrī-cakra*, por lo que no deja lugar a duda que la tradición *śrī-vidyā* es de carácter *kaula*.

Rituales

Este *āmnāya* reveló el culto de la magia del amor que fue el origen del *śrī-vidyā* o *anuttarāmnāya*. Se denominaba el Culto de Nityā y tenía por objeto asegurar el afecto de la pareja sexual.

5. *Anuttarāmnāya* o 'transmisión suprema'

Nombre

El desarrollo posterior del *dakṣiṇāmnāya* se llamó *anuttarāmnāya*, 'tradición final o suprema' para indicar que trasciende la división en cuatro partes de las tradiciones *kaula*. Este es el linaje *śrī-vidyā*, o Tripura.

Descripción

La forma clásica de este culto estaba vinculada a la Transmisión Sureña, pero se cree que contiene los cuatro *āmnāyas*. Del culto de Kāmeśvarī adoptó el ritual del amor y, de hecho, Tripura-sundarī es también llamada Kāmeśvarī. De la teología del Kubjikā, obtuvo la divinización de la pasión y del deseo sexual que se origina en la unión de la diosa y Śiva. La doctrina, la práctica y la filosofía del *trika* tuvo una influencia sustancial en el *śrī-vidyā*. Esta influencia se percibe con claridad en la incorporación del mantra principal de la diosa *trika* Parā (*Sauḥ*) en el centro de la liturgia *śrī-vidyā*, que fue preservado como el mantra principal de Tripura. El *trika* floreció durante un tiempo junto al *śrī-vidyā* hasta desaparecer finalmente. Una elaboración posterior del culto de Tripura-sundarī fue conocida como la doctrina de Kālī (*kālī-mata*), incorporando versiones de los panteones de estos otros sistemas. El *śrī-vidyā* se tornó muy popular y llegó a expandirse por toda la India, desde Cachemira hasta Tamil Nadu, eclipsando con el tiempo a las tradiciones que alimentaron su desarrollo. La liturgia de esta nueva forma de kaulismo ha sobrevivido desde la Edad Media hasta el presente.

El *śrī-vidyā* es la única secta del tantra *śaiva* original que ha sobrevivido hasta el día de hoy, aunque en una forma depurada. Todos los elementos transgresores del *kaula* han sido eliminados, pero algunas de sus doctrinas y rituales se mantienen intactas. Los conservadores *brāhmins smārtas* del sur incorporaron el *śrī-cakra-pūjā* del *śrī-vidyā*. Hoy vemos un sincretismo *vedānta–tantra* que es practicado por los Śaṅkarācāryas de Śṛṅgerī y Kāñcī y se expresa, por ejemplo, en la escritura *Saundarya-laharī*. Tripura-sundarī es adorada por los *smārtas* en Tamil Nadu, así como por parte de la población de Katmandú en Nepal.

Cronología

Sin lugar a duda, el Tripura fue el último linaje *kaula*, ya que ninguno de los relatos canónicos encontrados en las otras tradiciones lo mencionan. El *śrī-vidyā* se remonta al siglo X o XI n. e. y se desarrolló a partir de los textos de la *śrī-kula*. Entre estos, el *Yoginī-hṛdaya* tuvo una importancia destacada. Se estima que fue escrito alrededor del siglo XI n. e.

Deidades

La diosa principal es Tripurasundarī. Su nombre significa 'la hermosa de las tres ciudadelas'. Se manifiesta con tres formas:

1. *Sthūla*, o 'forma burda': Esta es su representación iconográfica como Lalitā Tripurasundarī, una joven de 16 años que acaba de desarrollar su energía sexual. Sus pechos están expuestos y en la versión posterior viste un sari rojo y guirnaldas con flores rojas que simbolizan la pasión. Es hermosa y su piel es rojiza. En sus cuatro brazos, lleva un aguijón de elefante (*aṅkuśa*), una soga (*pāśa*), cinco flechas del dios del amor y un arco de caña de azúcar. Los aros de su nariz brillan más que las estrellas y sus orejas están decoradas con los aros del sol y la luna. Su voz es más dulce que el sonido de la *vīṇā* de Sarasvatī y su sonrisa es tan bella que Śiva no puede dejar de mirarla. Está sentada en la postura de loto sobre Sadā-śiva y sobre los dioses inferiores Brahmā, Viṣṇu, Rudra e Īśvara.
2. *Sūkṣma*, o 'forma sutil': El *śrī-cakra*, o *śrī-yantra*, un diagrama de nueve triángulos entrelazados que representan las secuencias de la emanación y reabsorción de la realidad, desde y hacia el punto central de la realidad última (*bindu*) que los contiene en forma no manifiesta.
3. *Atisūkṣma*, o 'forma más sutil': El *śrī-vidyā* mismo, el mantra de la diosa. Este mantra es el equivalente sonoro del *śrī-cakra*. El mantra está compuesto de *Oṁ* y quince sílabas más. También se le llama *ṣoḍaśī* porque tiene dieciséis sílabas. El *śrī-vidyā* se divide en tres grupos de cinco sílabas, que cada uno expresa una de las tres diosas, cuyas esencias combinadas forman a Tripura-sundarī:

A. *Jñāna-śakti*: Las primeras cinco sílabas expresan el poder de conocimiento. Están asociadas con Vāgīśvarī (la encarnación de la palabra) y otorgan la liberación.
B. *Kriyā-śakti*: Las segundas cinco sílabas expresan el poder de acción. Están asociadas con Kāmeśvarī y conceden los deseos románticos y sexuales.
C. *Icchā-śakti*: Las terceras cinco sílabas expresan el poder de voluntad. Están asociadas con Parā-devī y eliminan los obstáculos.

Śrī-vidyā

Escrituras

La escritura principal de esta tradición es el *Nityā-ṣoḍaśikārṇava*, también llamado *Vāmakeśvarī-mata*. La fecha de elaboración de la obra es desconocida, pero sabemos que fue escrita antes del principio del siglo XIII n. e., cuando Jaya-ratha de Cachemira escribió un comentario. Por eso, se estima que fue revelado entre el siglo X y XII n. e. Este texto consta de cinco capítulos y 400 versos. Trata sobre los aspectos externos de la adoración a Tripurasundarī. Es un texto poco sofisticado que se centra en los efectos sobrenaturales que los rituales otorgan al adorador, en especial para controlar a las mujeres.

La *Nityā-ṣoḍaśikārṇava*, una escritura *śrī-vidyā* (*anuttarāmnāya*), describe la adoración a Tripura-sundarī y enseña cómo adquirir poderes sobrenaturales para atraer a las mujeres, lo que es claramente una influencia de la *dakṣiṇāmnāya*. También habla de liberación, pero como una idea posterior. Con el tiempo, el culto *śākta* a Tripura-sundarī se convirtió en el más difundido, sobreviviendo hasta la actualidad. Sin embargo, el culto Tripura-sundarī no se considera a sí mismo derivado de la *dakṣiṇāmnāya*, sino como superior a las cuatro *āmnāyas*.

El segundo texto clave de esta tradición, el *Yoginīhṛdaya*, ofrece un significado más profundo y explica la coherencia entre los elementos externos del ritual y el significado metafísico de la secuencia de creación y reabsorción que el *śrī-cakra* representa. Así, el texto del ritual, que aparentemente estaba relacionado con la magia erótica, se volvió un medio para la contemplación gnóstica ritualizada. A juzgar por las claras influencias de la exégesis cachemiriana del *trika* y el *krama* que se advierten en el texto, se estima que el *Yoginīhṛdaya* fue escrito en el sur de la India después del año 1050 n. e. Amṛtānanda-nātha (1325-75 n. e.) escribió el primer comentario conocido en el siglo XII n. e. Lakṣmī-dhara también escribió un comentario particularmente notable entre los siglos XVII y XVIII n. e.

Doctrina

El *śrī-vidyā* es una tradición tántrica *śākta*. Su metafísica es monista y sostiene que, en última instancia, hay una sola realidad en el cosmos: la realidad de la consciencia que es identificada con la diosa Tripura-sundarī, la cual se manifiesta en su mantra *śrī-vidyā* y en su diagrama sagrado *śrī-cakra* de nueve triángulos que se cruzan dentro de un círculo. El adepto del *śrī-vidyā* busca la liberación del ciclo de la reencarnación (*saṁsāra*) fusionándose con la diosa.

Las partes del *maṇḍala śrī-cakra* con nueve triángulos entrelazados son las encarnaciones de los cuatro *āmnāyas* que la nutrieron, equiparados con las cuatro fases (emisión, mantenimiento, retracción y lo innombrable). Es una tétrada derivada del *krama*, transformando el *maṇḍala* en una prueba de que este culto supera todas las demás tradiciones *kaula*. No cabe ninguna duda sobre el carácter *kaula* de la escuela *śrī-vidyā*. El *Nityā-ṣoḍaśikārṇava* describe que la forma del *śrī-cakra* y el mantra *śrī -vidyā* surgieron en ondas del océano infinito de *kula*. De hecho, se dice expresamente que es *kula vidyā*, el gran conocimiento de las *yoginīs*.

Rituales

La diosa Tripura es joven y hermosa. Sus ojos, ligeramente rojos por tomar vino, la convierten en el arquetipo perfecto de la pareja *kaula*. Tripura preside las fases de los ciclos cósmicos del tiempo. Ella es *kula*, el poder de la deidad suprema. En consecuencia, la *Yoginīhṛdaya* recomienda que solo la adoren aquellos que practican *kulācāra*. La tradición *śrī-vidyā* tiene un elemento esencial de todo ritual *kaula*, a saber, la adoración a los *yuga-nāthas*.

Práctica

El *śrī-cakra* simboliza la interpenetración de la energía dinámica femenina (*śakti*) y la consciencia pasiva masculina (Śiva). Este diagrama se utiliza en rituales y en meditación para ayudar al practicante a realizar su unidad con la diosa simbolizada por el *yantra*. Así, los practicantes de Tripura perciben el diagrama como un mapa dinámico de la realidad, un sustrato para el ritual y un punto focal para la meditación.

El gurú es esencial en este sendero, ya que muchos mantras del *śrī-vidyā* se consideran más potentes cuando se reciben del gurú durante la iniciación. Se cree que el aspirante tiene que ser Śiva mismo o hallarse en su último nacimiento para obtener el mantra *śrī-vidyā* y que solo puede adorar a Tripura si ella lo permite.

Se considera que los mantras revelan la unidad de la deidad, el gurú, el iniciado, y el mantra mismo. El primer mantra que los iniciados reciben es el *bala-tripura-sundarī-mantra*, en donde visualiza a la diosa como una niña. El mantra siguiente es el *pañca-daśī* de quince sílabas. Y un mantra superior es el *ṣoḍaśī* de dieciséis letras.

Los beneficios prácticos de esta *sādhana* son salud física, mental y emocional, que conduce a una relación armónica en el hogar y en el mundo exterior, lo cual otorga éxito en todos los aspectos de la vida. Los seguidores de esta secta aspiran tanto a obtener prosperidad material como autorrealización.

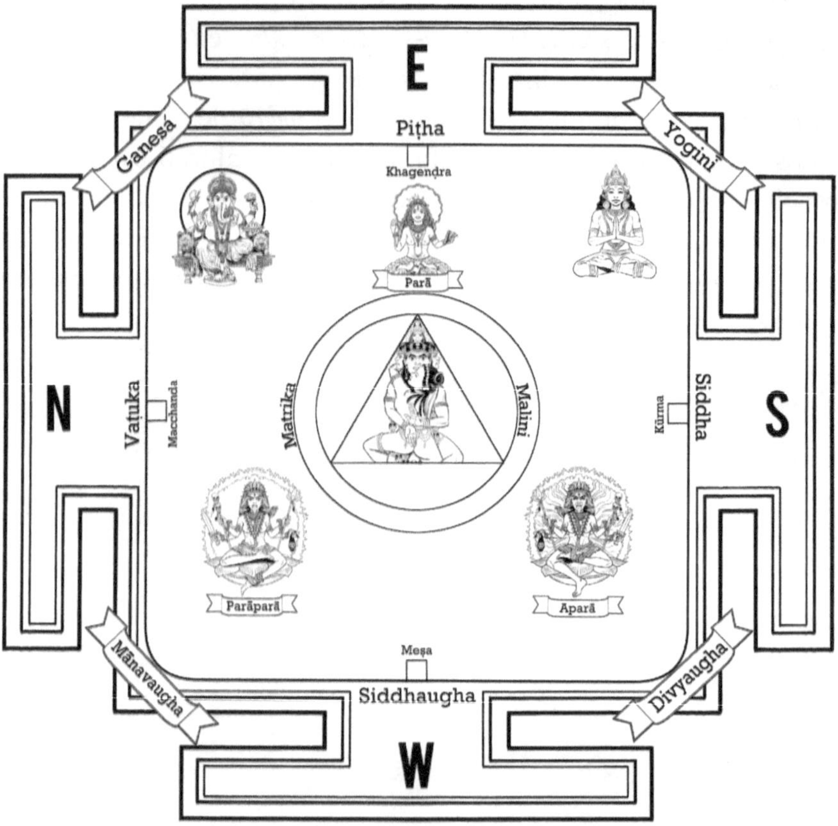
E
N
S
W
Piṭha
Khagendra
Ganeśá
Yoginī
Parā
Vaṭuka
Macchanda
Matrika
Malini
Kūrma
Siddha
Parāparā
Aparā
Meṣa
Siddhaugha
Mānavaugha
Divyaugha

ŚRĪ-CAKRA

6. *Ūrdhvāmnāya* o 'transmisión superior': Rostro Vāma-deva

Nombre

Después del siglo xii n. e., emergió una nueva forma de kaulismo denominada *ūrdhvāmnāya* (tradición superior), la cual sostiene que emana del rostro Vāma-deva de Śiva que mira hacia arriba y declara su superioridad por encima de las formas *śākta-śaiva* que la precedieron. El *Kulārṇava Tantra* afirma que los tantras relacionados con *ūrdhvāmnāya* son superiores al resto.

ऊर्ध्वत्वात्सर्वधर्माणामूर्ध्वाम्नायः प्रशस्यते ।
ऊर्ध्वं नयत्यधःस्थञ्च ऊर्ध्वाम्नाय इतीरितः ॥
ऊर्ध्वतत्त्वात्कुलेशानि ध्वस्तसंसारसागरात् ।
ऊर्ध्वलोकैक सेव्यत्वादूर्ध्वाम्नाय इति स्मृतः ॥

ūrdhvatvāt sarva-dharmāṇām
ūrdhvāmnāyaḥ praśasyate
ūrdhvam nayaty adhaḥ sthañ ca
ūrdhvāmnāya itīritaḥ

ūrdhva-tattvāt kuleśāni
dhvasta-saṁsāra-sāgarāt
ūrdhva-lokaika sevyatvād
ūrdhvāmnāya iti smṛtaḥ

Por ser superior (*ūrdhva*) entre los dharmas, el *ūrdhvāmnāya* es superior a todos. Se llama así porque eleva a los que están por debajo. ¡Oh Kuleśāni! Su esencia es elevada, destruye los océanos del mundo, y los mundos superiores esperan a su servicio, de ahí que se llame *ūrdhvāmnāya*.

(*Kulārṇava Tantra*, 3.17-18)

Según este tantra, el sendero se denomina superior porque está por encima de todas las religiones y porque eleva a la persona que aún no ha alcanzado su máximo potencial.

Descripción

La literatura *śākta* posterior del sur de la India incluye cinco o seis *āmnāyas* en su clasificación. Sin embargo, este *āmnāya* tiene poco en común con los elaborados panteones y sistemas de mantras anteriores. El *Kulārṇava Tantra* describe cinco *āmnāyas* e indica que la *ūrdhvāmnāya* es la más elevada de todas.

सर्वलोकेषु सर्वेभ्यो ह्यहं पूज्यो यथा प्रिये ।
अम्नायेषु च सर्वेषु उर्ध्वाम्नायस्तथा शिवे ॥

sarva-lokeṣu sarvebhyo
hy ahaṁ pūjyo yathā priye
amnāyeṣu ca sarveṣu
urdhvāmnāyas tathā śive

> Así como todos los mundos y las personas me adoran por encima de todo, de manera similar, ¡oh, Śiva! El *ūrdhvāmnāya* debe ser apreciado por encima de todos los demás *āmnāyas*.
>
> (*Kulārṇava Tantra*, 3.20)

Se considera que la transmisión *ūrdhvāmnāya* es un camino directo para convertirse en Śiva mismo. Más aun, se dice que uno solo escuchará hablar acerca del *ūrdhvāmnāya* si es su último nacimiento y su cuenta kármica está a punto de saldarse.

Este *āmnāya* solo puede ser aprendido de boca de un gurú autorrealizado. Con la mera iniciación en esta tradición, la liberación está asegurada. El practicante recibe las bendiciones y el lugar donde vive se colma de prosperidad. El mero estudio teórico de los textos del *kauladharma* no puede ayudar a los lectores a entender el asunto. Es un culto secreto y solo los adoradores que siguen la instrucción de su gurú comprenden adecuadamente sus aspectos prácticos más difíciles.

Deidades

Esta tradición enseña una adoración simplificada a Ardhanārīśvara, una deidad que es mitad Śiva y mitad Śakti. El Dios que preside el *ūrdhvāmnāya* es Śiva y el mantra es nuestro propio aliento. Cuando respiramos, pronunciamos el mantra *Haṁsa*. *Ha* significa Śiva, *m* se refiere a *aham*, o 'yo soy', y *sa* significa Śakti. El significado sutil de *haṁsa* es 'Yo soy tanto Śiva como Śakti'. *Haṁsa* no es un mantra, sino que es el sonido sutil de la respiración: *ha* se sincroniza con la espiración y *sa* con la inspiración. Tanto Śiva como Śakti se unen para formar el universo. En ausencia de Śakti, la creación no es posible.

Escrituras principales

Śiva enseña a Pārvatī la doctrina *ūrdhvāmnāya* en el *Kulārṇava Tantra*. Él le dice que propagó cinco transmisiones: *pūrvāmnāya, dakṣiṇāmnāya, paścimāmnāya, uttarāmnāya* y *ūrdhvāmnāya*. *Pūrvāmnāya* predica el camino del mérito; el *dakṣiṇāmnāya*, el *bhakti-yoga*; el *paścimāmnāya* contiene la filosofía del karma yoga; y el *uttarāmnāya*, el *jñāna-yoga*. El *ūrdhvāmnāya* está por encima de todas.

मन्त्रयोगं विदुः पूर्वं भक्तियोगश्च दक्षिणम् ।
पश्चिमं कर्मयोगश्च ज्ञानयोगं तथोत्तरम् ॥

mantra-yogaṁ viduḥ pūrvaṁ
bhakti-yogañ ca dakṣiṇam
paścimaṁ karma-yogañ ca
jñāna-yogaṁ tathottaram

El camino de *pūrva* es *mantra-yoga*, el de *dakṣiṇa* es *bhakti-yoga*, el de *paścima* es *karma-yoga* y el de *uttara* es *jñāna-yoga*.
(*Kulārṇava Tantra*, 3.42)

Doctrina

De cada una de sus cuatro caras, Śiva revela un grupo de diosas. Adorando y recitando adecuadamente los mantras de estas diosas, se revelan Śiva y Śakti. Es beneficioso seguir cualquiera de estos cuatro *āmnāyas* con disciplina y sinceridad. No obstante, para la liberación, la gracia de Śiva es importante. El *ūrdhvāmnāya* es la forma directa de Śiva mismo y, por eso, se considera altamente secreto.

El *Kulārṇava Tantra* declara que nadie puede aprender la transmisión *ūrdhvāmnāya* estudiando los Vedas, *śāstras* o *purāṇas*, mediante prácticas religiosas o con mantras o hierbas, sino solo de los labios del gurú y por su gracia. Así pues, este Tantra advierte a los *sādhakas* que la gracia del maestro es necesaria para acceder al conocimiento secreto de las cuestiones tántricas.

न वेदैर्नागमैः शास्त्रैर्न पुराणैः सुविस्तरैः ।
न यज्ञैर्न तपोभिर्वा न तीर्थव्रतकोटिभिः ॥
नान्यैरुपायैर्देवेशि मन्त्रौषधिपुरः सरैः ।
आम्नायो ज्ञायते चोर्द्धः श्रीमद्गुरुमुखं विना ॥

na vedair nāgamaiḥ śāstrair
na purāṇaiḥ suvistaraiḥ
na yajñair na tapobhir vā
na tīrtha-vrata-koṭibhiḥ

nānyair upāyair deveśi
mantrauṣadhi-puraḥ-saraiḥ
āmnāyo jñāyate corddhvaḥ
śrīmad-guru-mukhaṁ vinā

Ni a través de los Vedas, *āgamas*, *śāstras* o *purāṇas*, por exhaustivos que sean; ni mediante sacrificios, austeridades o un millón de peregrinajes; ni siquiera mediante mantras y hierbas, uno puede conocer el *Ūrdhvāmnāya*. Solo se puede conocer de la boca del gurú.

(*Kulārṇava Tantra*, 3.28-29)

Además, ya que *ūrdhvāmnāya* es una encarnación de Śiva o el Ser supremo, no hay karma en ella. Por lo tanto, quien aspire a alcanzar la salvación de la manera más fácil debe seguir solo este sendero.

Práctica

La deidad Ardha-nārīśvara es una variante de la diosa Parā del *trika*. Esta fusión también se ve en los mantras: el *prāsāda-parā* (*Hsauṁ*) y el *parā-prāsāda* (*Shauṁ*), que son combinaciones del mantra de Parā (*Sauḥ*), la diosa suprema del *trika*, con el *prāsāda* (*Hauṁ*), el mantra de Śiva de la tradición *saiddhāntika*.

Después de describir la grandeza del *ūrdhvāmnāya*, el *Kulārṇava Tantra* habla acerca del mantra *Śrī-prāsāda-parā* o *parā-prasāda*. Śiva le dice a Pārvatī que este mantra preside la doctrina de *ūrdhvāmnāya*. Dado que es la encarnación de Śiva y Śakti, este mantra puede ayudar al *sādhaka* a alcanzar su verdadera naturaleza.

श्रीप्रासादपरामन्त्रमूर्ध्वाम्नायमधिष्ठितम् ।
आवयोः परमाकारं यो वेत्ति स स्वयं शिवः ॥

śrī-prāsāda-parā-mantram
ūrdhvāmnāyam adhiṣṭhitam
āvayoḥ paramākāraṁ
yo vetti sa svayaṁ śivaḥ

El *Śrī-prāsāda-parā* es el mantra que preside el *ūrdhvāmnāya*.
Este mantra es la forma completa de ambos [Śiva y Śakti].
Por tanto, aquel que lo conoce es el propio Śiva.
(*Kulārṇava Tantra*, 3.49)

Śiva explica que toda la creación recita el mantra cuando inspira y espira en forma de *Haṁ* y *Sa*:

शिवादिक्रिमि पर्यन्तं प्राणिनां प्राणवर्त्मना ।
निश्वासोच्छ्वासरूपेण मन्त्रोऽयं वर्तते प्रिये ॥

śivādi-krimi paryantaṁ
prāṇināṁ prāṇa-vartmanā
niśvāsocchvāsa-rūpeṇa
mantro 'yaṁ vartate priye

Desde Śiva hasta el más pequeño gusano, todos los organismos siguen repitiendo, con la respiración, este mantra en forma de espiración e inspiración.

(*Kulārṇava Tantra,* 3.50)

El tantra describe el poder extraordinario de este mantra y afirma que imparte todos los objetos codiciados por un ser humano incluyendo *svarga* (paraíso) y *mokṣa* (liberación). Describe con ayuda de diferentes analogías, que toda la creación está presente en este mantra: de igual modo que el viento está siempre presente en el abanico; el brote, en la semilla; el aceite, en el sésamo; el calor está presente, en el fuego; la luz, en el sol, etcétera.

पराप्रासादमन्त्रेण स्यूतमेतच्चराचरम् ।
अभिन्नं तत्त्वतो देवि तालवृन्ते यथानिलः ॥
बीजेऽङ्कुरस् तिले तैलम् अग्नावुष्णं रवौ प्रभा ।
चन्द्रे ज्योत्सनाऽनलः काष्ठे पुष्पे गन्धो जले द्रवः ॥

parā-prāsāda-mantreṇa
syūtam etac carācaram
abhinnaṁ tattvato devi
tāla vṛnte yathānilaḥ

bīje 'ṅkuras tile tailam
agnāvuṣṇaṁ ravau prabhā
candre jyotsanā 'nalaḥ kāṣṭhe
puṣpe gandho jale dravaḥ

Toda la creación, móvil e inmóvil, está impregnada del mantra *parā-prāsāda.* Esencialmente, los dos son inseparables, como el aire en el abanico, los brotes en la semilla, el aceite en las semillas de sésamo, el calor en el fuego, la luz en el sol, la luz en la luna, el fuego en la madera, la fragancia en las flores y la humedad en el agua.

(*Kulārṇava Tantra*, 3.52-53)

El *Kulārṇava Tantra* describe más aun la eficacia del *prasādaparā*: el *japa* realizado con este mantra convierte a un *paśu* (criatura ordinaria) en Paśu-pati, o el Señor Śiva. Afirma que el mantra debidamente pronunciado por el *sādhaka* le otorga el conocimiento supremo de que toda la creación no es otra cosa que la manifestación o la fuerza dual: Śiva y Śakti.

Nombre	*Pūrvāmnāya Kaula Trika*	*Uttarāmnāya Kaula Krama*	*Paścimāmnāya* Kubjikā	*Dakṣiṇāmnāya* Kāmeśvarī	*Anuttarāmnāya*	*Ūrdhvāmnāya*
Traducción	Transmisión oriental.	Transmisión norteña.	Transmisión occidental.	Transmisión sureña.	Transmisión final.	Transmisión superior.
Rostro	Īśāna.	Sadyo-jāta.	Tat-puruṣa.	Aghora.	Ninguna.	Vāma-deva.
Cronología	Desde el año 900 n. e. en Cachemira.	Siglo IX al siglo XV n. e.	Se reveló en siglo X n. e.	Alrededor del siglo IX o X n. e.	Siglo X o XI n. e.	Después del siglo XII n. e.
Deidades	Kuleśvarī y Kuleśvara. También Parā, Parāparā y Aparā.	Kālīs del *kālī-krama* (*Mata*), Gukya-kālī, Kālasaṁkarṣaṇī.	La diosa Kubjikā y su consorte Navātma.	Kāmeśvarī, la diosa del amor erótico.	Tripura-sundarī.	Ardhanārīśvara, una deidad que es mitad Śiva y mitad Śakti.
Escrituras	*Yoga-saṁcāra*, *Tri-śiro-bhairava*, *Trika-sāra*, *Trika-kula-ratnamālā*, *Bhairava-kula* y *Vīrāvalī*.	*Jayad-ratha Yāmala* (tres *ṣaṭkas* posteriores).	*Kubjikā-mata*, *Ṣaṭ-sāhasra Saṁhitā* y *Manthāna-bhairava*.	*Nityā-kaula*.	*Nityā-ṣoḍaśikārṇava*.	*Kulārṇava Tantra*.

Nombre	*Pūrvāmnāya Kaula Trika*	*Uttarāmnāya Kaula Krama*	*Paścimāmnāya* Kubjikā	*Dakṣiṇāmnāya* Kāmeśvarī	*Anuttarāmnāya*	*Ūrdhvāmnāya*
Doctrina	Idealismo no dualista dentro del shaivismo.	El *krama* es tanto tántrico como *śaiva* monista.	Tradición *śākta*. Pero también existe un sistema paralelo conocido como *śāmbhava* que enfatiza a Navātma (Śiva).	Tradición *kaula śākta*.	Tradición tántrica *śākta* monista.	La forma directa de Śiva mismo; se mantuvo en secreto por esta razón.
Rituales	Adoración externa e interna.	El ritual externo se simplifica. Adoración mental de la secuencia de la cognición.	La pareja divina (Navātma y Kubjikā) asumen seis variantes (*yāmalas*) para presidir los chakras. Incorporó la adoración a los fundadores *siddhas*.	El culto de la magia del amor erótico en un *maṇḍala*, junto con su consorte Kāma-deva y las once diosas *nityā*.	La adoración a Tripura-sundarī, los *yuga-nāthas* y el *śrī-cakra*.	Culto simplificado a Ardhanārīśvara.
Práctica	Posesión divina (*āveśa*) y fusión con el gurú.	*Vratas* (votos), mantra y *kuṇḍalinī*.	*Kuṇḍalinī-yoga*, *guru-yoga* y repetición de mantras.	Culto de Nityā.	Meditación y adoración al *yantra śrī-cakra*.	El *prasāda-parā mantra*.

Capítulo 5

El shaivismo *trika* de Cachemira

Por el fértil valle de Cachemira, ubicado al extremo noroeste de la India, pasearon seres con la vista elevada hacia las nevadas cimas del Himalaya. Su aspiración era escalar las alturas del espíritu y revelar el misterio de estar vivos y ser conscientes. La naturaleza conmovedora, el clima templado, los bellos lagos y el silencio meditativo del valle proporcionaron el ambiente ideal para la reflexión que dio nacimiento a las escuelas filosóficas más refinadas de la India. Allí, florecieron las tradiciones *vaiṣṇavas*, *śaivas*, *śāktas* y *sauras*, así como diferentes escuelas del budismo.

Cachemira limita con los valles de Swat y Chitral, en Gilgit, una región que era cruzada por la Ruta de la Seda. Esta ruta fue establecida por China en el siglo I n. e. para exportar seda a otros países y facilitó el intercambio de bienes y cultura entre Asia, Europa y África. De ese modo, mientras el resto del continente hindú estaba desconectado de los avances del mundo, los viajeros de la Ruta de Seda contribuyeron al multiculturalismo de Cachemira.

Durante la Alta Edad Media, la principal ciudad llamada Śrīnagara (Ciudad Bendita o Ciudad de la Diosa), situada a orillas de un gran lago, fue la exquisita capital del valle. Pequeños reinos promovieron el desarrollo religioso, cultural, artístico, científico y filosófico. Además de los estudios religiosos, allí florecieron campos seculares como la literatura sánscrita y diferentes ciencias: matemáticas, astronomía y medicina.

Cachemira fue un famoso centro de aprendizaje entre budistas e hindúes. Los estudiosos viajaban al valle para entrenarse en las disciplinas sánscritas y enriquecerse con otras perspectivas filosóficas. A partir del siglo IV n. e., monjes budistas comenzaron desde aquí sus recorridos por la Ruta de Seda para difundir su filosofía en Asia Central. Se cree que incluso el renombrado Śaṅkarācārya, el máximo exponente del *advaita-vedānta*, escaló los 5 000 pies de altura hasta Cachemira para plantar las semillas del monismo que pronto germinarían como las escuelas *śaivas* no duales.

Las circunstancias de su emergencia

La revelación tántrica floreció en Cachemira, alcanzando tal envergadura que se expandió por la India y se infiltró en todos los aspectos de la religión del subcontinente.

Gracias a la apertura de las sectas del *kula-mārga*, muchos buscadores analfabetos encontraron refugio espiritual en este sendero. Hacia finales del siglo IX n. e., el movimiento también comenzó a atraer a estetas altamente educados y refinados, muchos de los cuales estaban conectados con la corte real.

Aunque encontraron una guía detallada de la práctica y el ritual en la literatura agámica, su teología y la filosofía no estaban claramente presentadas. Muchos ritos enfatizaban la magia y algunas de las prácticas eran ofensivas para la sociedad educada. Los Tantras eran en su mayoría interpretados de una manera superficial y dualista. Además, el corpus tántrico estaba disperso y era inconsistente.

Inspirados por las escrituras, maestros *śaivas* eruditos y autorrealizados crearon sistemas de pensamiento coherentes y elegantes. Elaboraron comentarios sobre las escrituras tántricas y les dieron nuevas interpretaciones, respetando la veracidad y validez de la revelación. Compusieron obras que otorgaban mayor sofisticación filosófica y respetabilidad a las sectas del *kula-mārga*, especialmente al *trika* y al *krama*. Dado que muchos de ellos estaban plenamente realizados, sus palabras vibraban con el poder de su experiencia. Sus escritos llegaron a ser respetados como equivalentes a las escrituras porque describían la realidad según la visión más directa de la consciencia.

La cronología

Aunque el shaivismo de Cachemira es una escuela *śaiva*, posee su propio espíritu y orientación. Floreció desde el siglo VIII hasta el final del siglo XII n. e. Nació de las entrañas de la revelación tántrica y se vio enriquecida con las enseñanzas de los maestros *śaivas* no duales que vivían en el valle.

Se estima que durante el siglo IV n. e., comenzaron a emerger tres tipos de cánones tántricos, cada uno presentando una explicación diferente acerca de la naturaleza de la realidad. La teología de los primeros diez *śaiva āgamas* era puramente dualista (*bheda*). Más adelante aparecieron los 18 *rudra āgamas* con una perspectiva monista-dualista (*bhedābheda*). Por último, los 64 *bhairava āgamas* eran monistas (*abheda*) y los más refinados de todos.

La evolución del pensamiento filosófico *śaiva* desde el dualismo hasta el no-dualismo culminó en el shaivismo *trika* de Cachemira. Los genios del *trika* creían que, al igual que la naturaleza está sujeta a un proceso evolutivo, la receptividad de los seres humanos también evoluciona y esto les permite canalizar estratos cada vez más secretos de la revelación divina. Fueron ellos quienes lograron organizar el esparcido y aparentemente contradictorio canon tántrico en un sistema congruente que puede ser considerado un *darśana*.

Fue el brillante Abhinava-gupta quien sintetizó estas perspectivas aparentemente contradictorias bajo el paraguas del shaivismo *trika* de Cachemira, mostrándolas como distintas etapas evolutivas de la revelación divina y visiones complementarias que pueden ayudar a las personas en diferentes niveles a realizar la realidad.

Los escritores exegéticos

Los escritores exegéticos monistas que fueron iniciados en el sendero del *kaula* explicaban la filosofía y teología que subyace a las enseñanzas esotéricas impartidas por Śiva a Śakti. Estos brillantes pensadores y seres autorrealizados presentaron una versión domesticada del *kaula* que atrajo a personas de castas elevadas. De esta manera, la revelación tántrica salió de los crematorios y se expandió hasta incluir incluso a miembros de la corte real. Con el tiempo, se popularizó por toda India y llegó a ser una de las escuelas monistas más sofisticadas.

Ellos presentaban el canon como un desarrollo jerárquico de la revelación. No excluían las prácticas antinómicas, sino que las preservaban en secreto y las transmitían solo a los *tāntrikas* más avanzados. Así, combinaron el pensamiento metafísico con la práctica espiritual, incluso en su aspecto más esotérico.

Vasu-gupta (c. 875-925 n. e.) dio los primeros pasos del shaivismo monista. Cuenta la tradición que tuvo un sueño en el cual Śiva le instruía para que se dirigiese a la montaña y moviera una roca. Vasu-gupta así lo hizo y descubrió textos inscritos en una piedra que impartían las enseñanzas del monismo *śaiva*. Esta escritura llegó a llamarse *Śiva Sūtra* y fue la piedra fundamental del monismo, revelado por Śiva mismo.

Otros importantes autores de textos *śaiva* monistas fueron Somānanda (c. 900-950 n. e.), quien escribió el *Śivadṛṣṭi* (*La visión de Śiva*), y su discípulo Utpala-deva (c. 925-975 n. e.), influyente filósofo, teólogo y autor de *Īśvara-pratyabhijñā Kārikā* (Versos sobre el Reconocimiento del Señor). Fue maestro de Lakṣmaṇa-gupta, quien fue a su vez maestro del más brillante de todos los exegetas, Abhinava-gupta (c. 950-1025 n. e.). Las palabras de estos exegetas eran veneradas como sagradas porque brindaban una visión clara de la realidad descrita por quienes tenían la experiencia directa de la consciencia.

Las características generales del *trika*

El shaivismo de Cachemira fue el desarrollo posterior de la Transmisión Este del *kula-mārga* conocida como *trika* (triple). La denominación *trika* deriva de varias tríadas que tienen significado tanto filosófico como esotérico.

Los escritores exegéticos de Cachemira no tomaron el rito chamánico literalmente, sino que reinterpretaron los elementos antinómicos del ritual *kaula* como aspectos de la experiencia espiritual interna. Argumentaron que las diosas feroces son de hecho energías de la mente humana. Los sentidos están dominados por estas diosas y cuando se les ofrece el ritual, se sienten satisfechas y gratifican al *tāntrika* con la consciencia dichosa. Los símbolos mortuorios representan la muerte del ego. Cuando el ego se supera, los objetos externos brillan dentro de consciencia como los sabores de la experiencia estética pura.

Este fue un proceso de refinamiento de una práctica controvertida que dio lugar a un sistema gnoseológico basado en la estética de la visión y la audición. Este sistema reservaba las prácticas más esotéricas y transgresoras para los *tāntrikas* avanzados. Era una religión de disimulo. Este aforismo resume la nueva actitud:

अन्तःशाक्ता बहिः शैवाः सभायां वैष्णवा मताः ।
नानावेषधराः कौलाः विचरन्ति महीतले ॥

antaḥ-śāktā bahiḥ śaivāḥ
sabhāyāṁ vaiṣṇavā matāḥ
nānāveṣa-dharāḥ kaulāḥ
vicaranti mahī-tale

En privado son *śāktas*, externamente son *śaivas*, entre las personas son *vaiṣṇavas*; con diversas apariencias externas, los *kaulas* se extendieron por la tierra.

(*Yonī Tantra*, 4.20)

Para estos grandes estetas, el estado de consciencia más elevado era *camatkāra*, o 'rapto estético', que es la experiencia de maravilla ante la belleza de la existencia encarnada. Todo debe incluirse en la belleza de la existencia. No hay separación entre puro e impuro si reconocemos la divinidad que subyace a toda la manifestación cósmica. El arte tántrico que nace de esta visión presenta imágenes de deidades iracundas pero benévolas.

Se cree que estos brillantes maestros se enriquecieron con la sofisticada filosofía monista del *advaita-vedānta* de Śaṅkarācārya, el Absolutismo *Śabda* de Bhartṛhari y el Absolutismo *Mahāyāna* budista que era muy popular en toda la zona. Los filósofos de Cachemira dieron forma al Absolutismo *śaiva* de acuerdo con la metodología de estos sistemas.

El monismo *trika* sostiene que el Señor, el alma individual y el universo no son realidades ontológicas separadas, sino que son idénticas a la consciencia pura (*cit*). El universo material es una vibración de la consciencia y las almas son manifestaciones de la realidad única. Los iniciados aspiran a fusionar su consciencia individual con la consciencia absoluta de Śiva, quien se convierte en Kālī en el corazón esotérico de los *tāntrikas*.

Los teóricos de la fase exegética brindaron una reinterpretación innovadora de la teología tántrica existente e integraron la estética y la lingüística. Según ellos, la divinidad absoluta se comunica con el microcosmos humano mediante una corriente de luz fosforescente y con la sucesión de los fonemas vibrantes del lenguaje sánscrito. El universo es creado por una efusión divina de luz y sonido. De este modo, el practicante tántrico puede reconocer su naturaleza divina al conectarse meditativamente con esos fotones de luz y con esos fonemas sonoros.

La *sādhana* del *trika* incluye elaborados rituales diarios, *kuṇḍalinī-yoga* y formas de práctica lógica llamadas *upāyas* (métodos). Mediante la repetición de mantras, cultos mentales, visualizaciones, y la adoración a diagramas simbólicos externos (*maṇḍalas*), el adepto se purifica y realiza su verdadera identidad divina.

El advenimiento del islam

Los exegetas *śaivas* vinieron a derramar luz y sabiduría en el valle; pero lamentablemente, el derramamiento de sangre no tardaría en llegar. La invasión musulmana a finales del siglo XIII n. e. vino a poner fin a este milagro. Los templos fueron destruidos, los líderes espirituales asesinados y las escrituras sagradas fueron quemadas, muchas de las cuales se perdieron para siempre.

Hoy en día, Cachemira es una de las zonas más conflictivas del mundo. Es el centro de enfrentamiento entre musulmanes e hindúes, testigo de crímenes horrendos y base de grupos militantes.

Sus azules lagos están manchados de la sangre derramada por el odio, la avaricia y la intolerancia religiosa. Las montañas que fueron testigo de tiempos gloriosos rezan para que el ser humano despierte de la pesadilla del olvido y para que la divinidad vuelva a descender al valle.

Con al advenimiento del islam, la base institucional del *śaiva tantra* fue desmantelada, ya que sus adeptos dejaron de contar con el subsidio estatal. Fueron justamente las sectas más esotéricas, que practicaban en marcos informales sin una estructura clerical organizada, las que sobrevivieron clandestinamente con posterioridad a la invasión. Así, el tantra comenzó como una práctica de ascetas, luego se vio dominada por jefes de familia durante el periodo clásico (800-1200 n. e.), y bajo el dominio musulmán y mughal su preservación nuevamente recayó en los yoguis ascéticos. Sin embargo, dado que estos *sādhus* eran mayormente iletrados, el apogeo metafísico de los exegetas no continuó y ellos no registraron sus enseñanzas y revelaciones. En el periodo posclásico, las prácticas *kaulas* fueron internalizadas y domesticadas más aún, y se fusionaron con el *haṭha-yoga.*

Abhinava-gupta: La estrella más brillante del cielo de Cachemira

Es un evento excepcional que un alma de la envergadura de Abhinava-gupta descienda a la tierra. Su brillante intelecto, su amor por el arte, su apertura hacia todos los senderos y su pasión por la vida, vinieron a mostrar lo que un ser humano puede llegar a ser cuando expresa su potencial divino. Cual abeja laboriosa, recolectó polen de todas las flores del valle y lo transformó en la miel más dulce que produjo la Madre India.

Aunque fueron varios los genios que le precedieron, y que también le sucedieron, no cabe duda de que Abhinava-gupta fue la estrella más brillante del cielo de Cachemira.

A finales del primer milenio, fue él quien trajo la lámpara de la sabiduría para iluminar los obscuros tantras.

Se estima que vivió entre los años 950 y 1016-1025 n. e. Fue *mahā-siddha*, brillante erudito, gran filósofo, místico esotérico, ferviente devoto y refinado esteta. Se destaca su influencia en la música, la poesía y el drama hindú. Su personalidad multifacética influyó en la cultura de India y en el destino de la revelación tántrica.

Ancestros

La madre de Abhinava-gupta se llamaba Vimalā y era una mujer muy piadosa y devota. Su padre Narasiṁha-gupta era un dedicado devoto de Maheśvara y gran erudito sánscrito. Sabemos que su abuelo se llamaba Varāha-gupta y que su ancestro Atri-gupta vino de Madhya-deśa a Cachemira en el siglo VIII n. e., invitado por el rey Lalitāditya.

Vimalā falleció cuando él tenía apenas dos años y esta temprana pérdida probablemente lo impulsó a una vida de desapego y espiritualidad. Junto con su hermano Manoratha y su hermana Ambā, fue criado por su padre, quien fue su primer gurú y le enseñó sánscrito, gramática, lógica y literatura.

Nacimiento y niñez

Abhinava-gupta tuvo un nacimiento consagrado. Sus padres eran practicantes tántricos avanzados quienes lo concibieron durante un ritual *kaula*. En este ritual secreto, una *yoginī* (mujer iniciada) y un *siddha* (hombre iniciado) se unen en copulación e inducen el uno en el otro el despertar espiritual por la intensidad de su amor. En el estado orgásmico, se unen a nivel físico, astral y mental para finalmente absorberse en la consciencia del Ser. Al fusionarse, reconstituyen la pareja suprema de Śiva y Śakti. Este sacrificio *kaula* está reservado solo a aquellos que pueden identificar su naturaleza con Bhairava y Bhairavī, incluso durante la unión sexual. Se cree que el alma que es concebida durante el ritual es un *yoginībhū* (nacido de una *yoginī*) y, por lo tanto, contará con un intelecto privilegiado y una vocación excepcional para la liberación.

Maestros espirituales

Su insaciable sed de conocimiento lo llevó a beber de todos los manantiales de sabiduría disponibles en Cachemira. Estudió con los budistas, los *vaiṣṇavas*, los dualistas del *śaiva-siddhānta* y los eruditos tántricos. Fue iniciado por más de quince gurús, ya fuesen místicos, filósofos o eruditos.

A temprana edad, Abhinava-gupta fue iniciado en el linaje *krama* por Bhuti-rāja, el gurú de su padre, que fuera discípulo del renombrado Cakra-bhānu. Bhuti-rāja le enseñó los tantras *dvaitādvaita* (monistas dualistas) y lo inició en el mantra esotérico *pañcākṣarī*. Estudió los tantras *dvaita* (dualistas) del *śaiva-siddhānta* con Vāma-nātha, y los tantras *advaita* (no dualistas) con Lakṣmaṇa-gupta, incluyendo el *krama*, *trika* y el *pratyabhijñā*. Pero fue Śambhu-nātha quien le enseñó la tradición *kaula* y le concedió la liberación final.

Iniciación *kaula*

De ese modo, fue Śambhu-nātha quien finalmente sació su sed espiritual. Este maestro *kaula* provenía del sitio sagrado de peregrinaje (*śakti-pīṭha*) llamado Jālandhara, en el Punjab. Era experto en las tradiciones *trika* y *kaula trika*. Se dice que la esposa de Śambhu-nātha era la compañera sexual (*dūtī*, o 'conducto') de Abhinava-gupta en el ritual de iniciación al *kaula*. Ella le transmitió la *śakti* que se vio sublimada en su corazón y luego en su consciencia. Este descenso de gracia (*śakti-pāta*) lo llevó a su despertar final. La iniciación *kaula* es la más rápida y efectiva, pero está reservada solamente para quien ha superado las limitaciones mentales y purificado su corazón.

Abhinava consideraba a Śambhū-nātha como su *sad-guru* y lo alababa por encima de todos los demás. Lo comparaba con el sol debido a su capacidad para disipar la oscuridad, así como con la luna que brilla sobre el océano del conocimiento del *trika*. Siguiendo su petición y su guía, Abhinava compuso el *Tantrāloka*, legado inestimable de la gloria tántrica.

Herencia literaria

El tesoro escritural que hemos heredado de Abhinava-gupta es muy vasto. Durante su larga e intensa vida, escribió más de 35 obras sobre filosofía, teología, poesía devocional, estética, rituales, y prácticas yóguicas, así como brillantes comentarios a escrituras tántricas. Pero sin lugar a duda, la obra magna que le aseguró un lugar glorioso en la historia del shaivismo de Cachemira fue el *Tantrāloka*, o 'Luz sobre los tantras', un tratado enciclopédico, dividido en doce tomos, que explica todos los aspectos filosóficos y prácticos del *kaula* y el *trika*.

La evolución literaria de Abhinava-gupta se puede dividir en tres períodos, cada uno con sus propios escritos. En el primer periodo, escribió sobre *krama*, o 'la escuela de la gradación'. *Krama* fue su primer amor. En una época en que su mente estaba inquieta, encontró amparo en el esotérico sistema de las doce Kālīs, quienes representan las etapas evolutivas del fluir de la *śakti*. Escribió el *Krama Stotra* (*Himno de la gradación*) y luego efectuó un comentario a esta obra llamado *Krama-keli* (*El retozo de la gradación*). En esta misma época, también escribió un comentario sobre el *Mālinī-vijayottara Tantra*, el texto agámico más autorizado de la secta *trika*, llamado *Pūrva-pañcikā* (*Cinco antecedentes*). Estas tres obras se han perdido.

Aunque el *krama* le fascinaba, no sació su sed y se vio atraído a explorar el misterioso kaulismo. Compuso el *Bhairava-stava* (*La alabanza al Dios terrible*) y dos comentarios sobre el *Parā-triṁśikā* llamados *Vivṛtti* y *Vivaraṇa*.

Más adelante, consideró que era importante escribir un texto para aquellos que no pueden captar los sutiles conceptos filosóficos del *trika*. Compuso el *Bodha-pañcadaśikā* (*Los quince versos sobre la iluminación*), donde expone los aspectos monistas fundamentales del shaivismo *trika*.

En el segundo periodo, se muestra la pasión de Abhinava-gupta por la estética. El texto más importante es un comentario al *Nāṭya-śāstra* (*Tratado de la danza*), que expone la teoría de *rasas* que ha inspirado el arte hindú durante siglos. La obra *Abhinava-bhāratī* (*Nueva elocuencia*) conecta el arte con la espiritualidad y la experiencia de regocijo (*rasa*) con la realización del Ser. También llevó a cabo un comentario al *Dhvany-āloka* (*Luz de la sugestión*), titulado *Dhvay-āloka-locana* (*La iluminación de luz de la sugestión*) y escribió el *Kāvya-kautuka-vivaraṇa* (*La exposición de la maravilla de la poesía*), hoy perdido.

En su tercer periodo literario, Abhinava-gupta se dedicó por completo a analizar y exponer los principales temas teológicos del *trika*. Escribió el *Bhagavad-gītā-saṁhgraha* (*El compendio sobre el Gītā*), una interpretación *trika* sobre la *Bhagavad-gītā*, donde pretende mostrar de qué modo el *trika* no contradice los principios enseñados en la *Gītā*, que son respetados por todas las escuelas del hinduismo.

También escribió dos importantes comentarios filosóficos, uno breve y otro más extenso, a la obra de Uptaladeva titulada *Īśvara-pratyabhijñā Kārikā* (*Los versos sobre el reconocimiento del Señor*). En sus obras, *Bṛhad-vimarśinī* (*El Examen Corto*) y *Laghu-vimarśinī* (el *Gran Examen*), dio al *trika* una firme posición metafísica.

Sin embargo, todos estos maravillosos escritos son incomparables con la profundidad, brillantez y envergadura de su obra maestra, el *Tantrāloka*, también escrita durante este periodo. En este tratado enciclopédico, se integra el *trika* y se presenta de forma unitaria y coherente. Sus páginas incluyen detalles de todas las ramas del pensamiento y profundiza en especial en la práctica del *trika*. Sus brillantes discípulos, Kṣemarāja y Maheśvarānanda, continuaron su labor literaria y escribieron sus propios comentarios acerca de este texto.

Personalidad y estilo de vida

La sed de conocimiento de Abhinava-gupta era excepcional. Su curiosidad por descubrir el misterio de la vida no conocía las fronteras establecidas por religiones o por normas sociales. Estudió la práctica totalidad de las ramas del conocimiento disponibles en su época, incluso jainismo y budismo, así como varias tradiciones tántricas. Su combinación única entre la teoría estética y la metafísica no dualista dio un nuevo rumbo al tantra hindú. Su originalidad tiene el aire de quien no copia a otros, sino que experimenta su individualidad. Por eso, su nombre es tan apropiado: Abhinava-gupta significa 'nuevo' en sánscrito y este ser único siempre se renovaba a sí mismo explorando nuevas direcciones.

Abhinava-gupta fue un escritor y un maestro que vivió plenamente el mensaje que enseñaba a sus seguidores. Su vida fue larga e intensa. Durante más de treinta años, estudió arduamente y viajó por todo Cachemira para aprender de diferentes maestros. Luego se estableció en una casa que funcionaba como *āśram*. Vivió con familiares y discípulos, que le dieron la tranquilidad y el apoyo que necesitaba para dedicarse a escribir. Rodeado de discípulos, maestros y familiares, contó con todo el apoyo y las condiciones adecuadas para que su genio se expresara. Permaneció soltero, pero probablemente no célibe, porque el ritual *kaula* era parte de su *sādhana*. No fue un monje ascético, pero tampoco asumió las obligaciones de un cabeza de familia, que lo distraerían de su búsqueda y labor.

Nadie sabe cómo finalizó su vida. La tradición cuenta que entró en una cueva con mil doscientos discípulos de la que nunca regresó. La cueva todavía existe y se cree que es como un pasaje hacia el mundo espiritual.

Discípulos

Abhinava-gupta tuvo tanto maestros admirables, como discípulos realizados. Fue capaz de recibir la antorcha de la sabiduría, avivar el fuego durante su vida y pasar la llama a la siguiente generación. Su discípulo más destacado fue Kṣemarāja, quien explicó extensamente las enseñanzas de su maestro y, siguiendo su ejemplo, continuó sintetizando las diversas corrientes del pensamiento *trika*. También Maheśvarānanda fue fundamental a la hora de clarificar el enfoque sincrético de Abhinava.

Contribución

La principal contribución de Abhinava-gupta fue la de sintetizar los cientos de textos tántricos que estaban dispersos y eran enseñados por separado en el marco de las diferentes sectas. Estos compartían términos, temas y prácticas, pero no tenían una doctrina coherente o sistemática común. Hacia finales del siglo X n. e., compuso su obra magna titulada *Tantrāloka* (Luz sobre los tantras). En ella, demostró que todas las sectas tántricas comparten una única visión de la realidad (*darśana*).

El lenguaje de los tantras es mayormente simbólico y en ocasiones ininteligible. Abhinava ofreció amplias explicaciones del simbolismo tántrico, en ausencia de las cuales no podríamos haber accedido a la revelación. Cuando escribió sus exégesis, todo el corpus tántrico estaba intacto. Pero con el tiempo, la mayoría de las escrituras se perdieron, y solo sabemos de su existencia y su contenido gracias a obras como estas, que citan muchos de sus versos. Además de iluminar los tantras salvó a muchos de ellos de caer en el olvido.

Este maestro sincrético integró el pensamiento *trika* con las ideas del *spanda*, el *kaula*, el *krama* y el *pratyabhijñā*, que estaban en boga en Cachemira, dando nacimiento a una filosofía más completa y profunda.

La escuela *pratyabhijñā* enfatiza el conocimiento de la realidad (*jñāna*) y sostiene que la autorrealización se alcanza al reconocer la unidad del Ser con todos los seres a través del amor universal. Abhinava-gupta tomó el concepto de *pratyabhijñā* para hilar las diversas escuelas del shaivismo de Cachemira.

La escuela *spanda* se centra en el aspecto dinámico de la consciencia llamado *spanda* o *kriyā* y muestra cómo la realización del Ser se puede alcanzar justamente en la acción, cuando la actividad se torna espontánea y consciente. Abhinava-gupta señala que *spanda* es Śakti, el dinamismo natural de Śiva, y por lo tanto, parte integral de él. *Pratyabhijñā*, siendo el conocimiento del Ser, no se puede separar de *spanda*.

La escuela *krama* enfatiza los pasos sucesivos. Explica que, dado que Śiva manifestó el mundo de nombres y formas de manera secuencial, debemos usar esta secuencia para reunirnos con el Ser de la misma manera progresiva. Abhinava-gupta ve al *krama* en el *pratyabhijñā*, porque el objetivo de unirse con el Ser es el mismo; la única diferencia radica en los medios. Por eso, también es posible llegar a Śiva a través de los pasos sucesivos que enseña esta escuela.

La escuela *kaula* enfatiza la unidad de Śiva y Śakti, proponiendo una *sādhana* que incluye la copulación de hombre y mujer para encarnar esta unión y realizar la consciencia superior. Sigue el sendero de la mano izquierda, que incluye la práctica de las cinco emes (*pañca-ma-kāra*). El *kula* también aspira a la autorrealización (*pratyabhijñā*) y propone un método poderoso y efectivo que facilita la elevación por encima de la dualidad de lo sagrado y lo profano. Sublimando la energía sexual, fluye el amor universal que según el *pratyabhijñā* es el sendero hacia la liberación. A medida que la energía sexual se sublima, el amor universal comienza a fluir, y este es el camino a la liberación según la escuela *Pratyabhijñā*.

Estas escuelas encontraron refugio bajo el paraguas del *pratyabhijñā*. El genio Abhinava-gupta las explicó y desarrolló para el beneficio de los más serios buscadores de Verdad.

Las cuatro escuelas del shaivismo de Cachemira

1. La escuela *kaula trika*

En su *Tantrāloka* (capítulo 36), Abhinava-gupta explica que de acuerdo con la tradición agámica, cuando la importancia de los *śaiva āgamas* hubo disminuido, los tantras fueron revelados nuevamente por el Señor Śiva en su forma de Śrī-kaṇṭha. En el monte Kailāśa, le transmitió la revelación directamente al sabio Durvāsā. Dado que Durvāsā no pudo encontrar discípulos cualificados para transmitirles las enseñanzas, generó tres hijos perfectos y los llamó Āmardaka, Śrīnātha y Tṛyambaka, enseñando a cada uno de ellos una clase de *āgamas*: los 10 *śaiva āgamas* dualistas, los 18 *rudra āgamas* dualistas-no-dualistas y los 64 *bhairava āgamas* no dualistas, respectivamente.

Try-ambaka tuvo una hija llamada Ardha-try-ambakā, que significa 'media Try-ambaka'. Ella comenzó el linaje del *kaula*, que también se denominó *Adhyuṣṭa-pīṭha* (la tradición de tres y medio).

Abhinava-gupta quiso aprender estas cuatro corrientes y nos cuenta quién le enseñó cada una. Vāma-nātha, descendiente de Eraka-vara, le enseñó la tradición dualista; el descendiente de Bhūti-rāja le enseñó la tradición dualista-no dualista; Lakṣmaṇa-gupta, que fue discípulo del gran Utpala-deva, le enseñó la tradición no dualista que se remonta a Try-ambaka. Por último, Śambhu-nātha, descendiente de Soma-deva, le enseñó la tradición *kaula*.

La sabiduría del *kaula* cayó en el olvido con el correr del tiempo, pero a principios del siglo v n. e., Macchanda-nātha (el Señor de los peces) la reintrodujo en Cachemira, reactivando este esoterismo oculto y enseñándoselo a su discípulo Gorakṣa-nātha, quien fue el fundador del sistema de *haṭha-yoga*. Hacia el siglo ix n. e., las enseñanzas se vieron distorsionadas y el maestro Sumati-nātha reestableció el kaulismo original. Soma-nātha prosiguió su linaje, siendo Śambhu-nātha su discípulo. El gran Abhinava-gupta recibió el tesoro del *kaula* de su venerado maestro Śambhu-nātha.

Hasta la llegada de Abhinava-gupta, el kaulismo no recibió tanta atención en Cachemira como las escuelas *spanda* y *pratyabhijñā*. Debido a que Abhinava-gupta alcanzó la liberación final mediante el *kaula*, era de esperar que diera al kaulismo el lugar privilegiado que merece. La mayoría de los textos sobre la tradición *kaula* se han perdido. Si no fuera por las extensas explicaciones que Abhinava-gupta nos brinda de ellos, tendríamos muy poca información acerca de sus rituales.

Los términos *kula* y *kaula* parecen ser sinónimos en muchos contextos, pero Abhinava-gupta explica la diferencia. El *kula* es el sendero que proviene de los ascetas *kāpālikas* del *ati-mārga*, que vestían adornos mortuorios y ejecutaban sus prácticas extremas en los crematorios. El *kaula* fue una reforma del *kula*, adaptada para los cabezas de familia. Abhinava-gupta sitúa al *trika* en la cúspide de la jerarquía, por encima del *kula* y el *kaula*.

El culto *kula* original, llamado el Culto de las *Yoginīs*, podía llevarse a cabo solo por quienes habían renunciado a la vida en sociedad y habitaban en los bosques y crematorios. La reforma *kaula* que reveló Macchanda-nātha ponía el énfasis en la experiencia interna más que en los sacrificios extremos del *kula*. Los cabezas de familia pudieron incorporar el *kaula* a sus prácticas y enriquecerse con su poderoso efecto. Este ritual domesticado se consideraba tan efectivo como el de los *kāpālikas*, aunque tiene un carácter más simple e interiorizado. La versión del *kaula* adoptada por el shaivismo del Cachemira se consideraba la esencia de la práctica tántrica.

Desde una perspectiva espiritual, es comprensible que el

kaula haya sido visto por el público como un sendero peligroso. Sus rituales acarician el delicado límite entre usar la energía del deseo en pos de la liberación y simplemente satisfacer los deseos sensuales. Completamente consciente de dicho riesgo, el *kaula* ha exigido iniciaciones de un auténtico gurú para las prácticas más avanzadas. Estos rituales y prácticas se han mantenido en secreto durante generaciones. El *kula-yāga* (sacrificio *kula*) no es para la masa, sino para almas muy elevadas, tal como lo explica Abhinavagupta en el *Tantrāloka*:

अथ समुचिताधिकारिणमुद्दिश्य रहस्य उच्यते ऽत्र विधिः ।

atha samucitādhikāriṇaṁ uddiśya
rahasya ucyate 'tra vidhiḥ

A continuación, se describirá el ritual secreto, que está destinado a aquellos que están debidamente calificados.

(*Tantrāloka*, 29.1a)

अथ सर्वाप्युपासेयं कुलप्रक्रिय योच्यते ॥
तथा धाराधिरूढेषु गुरुशिष्येषु योचिता ।

atha sarvāpy upāseyaṁ
kula-prakriyayā ucyate
tathā dhārādhirūḍheṣu
guru-śiṣyeṣu yocitā

Ahora, todo el ritual anterior se describe según el procedimiento *kula*, que es apropiado para los gurús y discípulos más avanzados.

(*Tantrāloka*, 29.1b-2a)

Lamentablemente, los charlatanes han difamado el *kula-yāga* al utilizarlo en muchas ocasiones solo en aras del placer sensual, socavando así su naturaleza sagrada. Asimismo, la cultura occidental ha malentendido su verdadera esencia. Las prácticas tántricas no son simples relaciones sexuales para el disfrute sensual. El sexo *kaula* forma parte de un ritual sagrado, inspirado en la búsqueda de la fusión con Śiva, o la iluminación. Según las escuelas *krama* y *kaula*, la mujer no es un medio de disfrute carnal, sino la personificación de la Śakti, una verdadera diosa.

Aunque las prácticas sexuales tántricas son las más controvertidas del sendero, este tiene muchas más cosas que aportar al buscador sincero. El linaje *kula* está estrechamente relacionado con las tradiciones *siddha* y *nātha*.

Dado que el *kula* enfatiza la práctica y la experiencia, los textos no son tan importantes y su literatura es escasa. Algunas de las obras más importantes son *Siddha-yogeśvarī-mata Tantra*, *Rudra-yāmala Tantra*, *Kulārṇava Tantra*, *Jñānārṇava*, *Nityā-ṣoḍaśikārṇava*, *Svacchanda Tantra*, *Netra Tantra*, *Tantra-rāja Tantra* y *Kālī-kula*. Las enseñanzas del *kula* constituyen el fundamento de las obras *Tantrāloka* y *Tantra-sāra* de Abhinava-gupta.

El sistema *kaula* pone énfasis en cómo vivir en este plano material, mientras preservamos la consciencia universal que es nuestra verdadera naturaleza. Sugiere un ascenso y descenso: cuando nos elevamos, realizamos nuestra naturaleza y, cuando descendemos, reconocemos que tenemos la misma esencia que todo el cosmos. El *kaula* no recomienda escapar del mundo, sino vivir en él en plenitud.

La reforma *kaula* influyó en las sectas tántricas existentes, dando nacimiento a nuevas tradiciones que tomaron la revelación agámica y aplicaron las técnicas sugeridas por el *kaula*. Cada transmisión de esta etapa posterior, llamada *kula-mārga*, tenía su propio conjunto de deidades, mantras, *maṇḍalas*, etcétera. Como indicamos con el capítulo ocho, las cuatro principales fueron:

1. *Pūrvāmnāya*, o 'transmisión oriental', cuya deidad principal es Kuleśvarī.
2. *Uttarāmnāya*, o 'transmisión norteña', cuya deidad principal es Kālīkā, es decir, las doce Kālīs.
3. *Paścimāmnāya*, o 'transmisión occidental', cuya deidad principal es Kubjikā.
4. *Dakṣiṇāmnāya*, o 'transmisión sureña', cuya deidad principal es

Kāmeśvarī, o Tripura-sundarī.

El *pūrvāmnāya* tiene sus orígenes en la secta tántrica *trika* del *vidyā-pīṭha*. Fue la primera que se vio influenciada por el kaulismo. Aquí vemos la bifurcación del *trika* en dos sectas: una tántrica que practicaba los rituales agámicos exclusivamente (*tantra-prakriyā*) y otra reformada que también incorporaba los rituales *kaula* (*kula-prakriyā*). Abhinava consideraba que el *kula-prakriyā* es superior al *tantra-prakriyā*. El *kaula trika* tomó la esencia de la práctica tántrica, pero dejó de lado los rituales elaborados que distraían a los practicantes de la esencia espiritual. Esta reforma estaba bien establecida en Cachemira alrededor de año 800 n. e.

El shaivismo del Cachemira es, de hecho, el desarrollo posterior del *pūrvāmnāya* (*kaula trika*), enriquecido por el *uttarāmnāya* (*krama*), incorporando la sabiduría del *kuṇḍalinī* revelada por el *paścimāmnāya*, y finalmente, absorbiendo las filosofías monistas que surgieron en Cachemira, a saber, el *spanda* y el *pratyabhijñā*. También tomó elementos y prácticas del *śaiva-siddhānta*.

En su primera etapa, el *trika* fue una secta tántrica. En su segunda etapa, se vio influido por el *kaula* y se bifurcó como la secta *Kaula Trika*. En esta tercera etapa, que llamamos el shaivismo de Cachemira, se enriqueció con la influencia de Vasu-gupta (c. 825-875 n. e.), quien reveló el *Śiva Sūtra* y fundó la escuela *spanda*. Esta escuela propone que la realidad última es una vibración (*spanda*) que se manifiesta tanto en el estado trascendente de la consciencia como en el inmanente, en el mundo externo. La liberación consiste en realizar que el *spanda* es nuestra propia esencia.

Posteriormente, el gran sabio Somānanda (c. 900-950 n. e.) reveló el *Śiva-dṛṣṭi*, un trabajo seminal de lo que se llamará la escuela *pratyabhijñā*. Desarrolló la filosofía *spanda* de la escuela que comenzó Vasu-gupta. Luego, Utpaladeva (c. 925-975 n. e.), que fue discípulo de Somānanda, desarrolló una formulación clásica de la escuela en su libro *Īśvara-pratyabhijñā Sūtra*, del que la escuela tomó su nombre: *pratyabhijñā*, escuela del 'reconocimiento'.

Abhinava reconoció que el *kaula* y el *pratyabhijñā* eran

complementarios, incorporándolos a una misma tradición. El sistema *pratyabhijñā* brindó al shaivismo de Cachemira un marco metafísico y filosófico, y enseñó el modo de reconocer nuestra propia naturaleza y permanecer en ese estado de consciencia trascendental. La práctica *kaula* nos guía a realizar la totalidad del universo en un solo átomo. Cada parte contiene el universo entero. Por eso, debemos elevarnos desde la realidad más cercana a la más elevada, y así experimentar la naturaleza del Ser también en este plano. Muestra el camino para realizar la presencia del Ser, Śiva, y reconocerlo en la *tattva* más burda de la materia. De esta manera, la realidad se integra en un Todo no dual, que el shaivismo de Cachemira denomina Parama-śiva. La *sādhana* consiste en un proceso de ascenso y luego de descenso, que permite realizar que la verdadera naturaleza del Ser es tanto omnipresente como inmanente.

Abhinava-gupta describe la *sādhana trika* en el *Tantrāloka*. Consiste en un ritual diario según el *śaiva-siddhānta*, la *sādhana* yóguica, y un método llamado *upāya*, que incluye la práctica de *kuṇḍalinī-yoga*.

Trika o 'el principio triple'

El shaivismo de Cachemira es a menudo llamado el sistema *trika*. Históricamente, si bien el término *trika* tenía un significado especializado, ha llegado a ser sinónimo del shaivismo no dual de Cachemira en su conjunto. *Trika* significa 'tres', y este shaivismo recibe el nombre de *trika* porque está colmado de tríadas, como las tres diosas *trika*: *Parā* (no dual), *Aparā* (dual) y *Parāparā* (unidad en dualidad), que representan los tres niveles de la realidad.

Diferentes sistemas del hinduismo profundizan sobre los tres principios fundamentales: la naturaleza del Ser divino, del alma y de la manifestación cósmica. Cada escuela les asigna nombres distintos. El *vedānta* los denomina Brahman (Īśvara), *ātman* (*jīva*) y *jagat* (*māyā*). El shaivismo de Cachemira los llama Śiva, Śakti y *aṇu* o *Pati*, *paśu* y *pāśa*.

También se llama *trika* porque su principal autoridad es la tríada formada por tres *āgamas*: *Siddha*, *Nāmaka* y *Mālinī*. También se basa en tres filosofías: *bheda* (dualismo), *bhedābheda* (dualismo con no dualismo) y *abheda* (no dualismo).

Según los eruditos modernos, se llamó *trika* porque su libro original, el *Śiva Sūtras* se divide en tres secciones. También puede ser por las secciones diferentes de las literaturas *śaiva*: Śiva, Rudra y Bhairava; así como por los nombres de los tres primeros predicadores, es decir, Āmardaka, Śrī-nātha y Try-ambaka. El término *trika* también podría haber estar relacionado con las tres ramas: *try-ambaka*, *spanda* y *pratyabhijñā*.

La filosofía *trika*

De acuerdo con el shaivismo de Cachemira, el universo es uno, pero aparenta ser múltiple debido a las disposiciones kármicas y a la percepción de que existen diferentes individuos. El universo único solo se muestra pleno de consciencia a aquellos que han trascendido las fronteras empíricas. La sabiduría aparece únicamente con la extinción de la ignorancia. Todo es Śiva para aquel sobre el cual ha descendido *anugraha*, o 'gracia divina,' y se ha liberado tanto de la ilusión, o *māyā*, como del karma.

Según esta escuela, *Pati* es Para-śiva, o 'el principio último', 'la consciencia' o 'Dios'. Tal como señala el *Pratyabhijñā-hṛdaya*:

> श्रीमत्परमशिवस्य पुनः वीश्वोत्तीर्ण-वीश्वात्मक-परमानन्दमय-प्रकाशैकघनस्य एवंविधमेव शिवादि-धरण्यन्तमखिलमभेदेनैव स्फुरति, न तु वस्तुतः अन्यत् कि ञ्चित्ग्राह्यं ग्राहकं वा ।
>
> *śrīmat parama-śivasya punaḥ vīśvottīrṇa-vīśvātmaka-paramānanda-maya-prakāśaika-ghanasya evaṁ-vidham eva śivādi-dharaṇyantam akhilam abhedena eva sphurati, na tu vastutaḥ anyat kiñcit grāhyam grāhakaṁ vā.*
>
> Es a la vez inmanente al universo y trascendente a este. El universo es la manifestación misma de Dios dentro de sí mismo. Todas las [36] *tattvas* (principios, categorías), desde la *tattva* Śiva al *pṛthvī*, están dentro de él. Él es luminoso, iluminador y lleno de dicha.
>
> (*Pratyabhijñā-hṛdaya*, 3, comentario)

Vimarśa, o *śakti*, es el poder de Śiva que le permite crear y destruir, que Kṣemarāja menciona en su conocido *Parā-prāveśikā*:

यदि निर्विमर्शः स्यादनीश्वरो जडश्च प्रसज्येत ।

yadi nir-vimarśaḥ syād anīśvaro jaḍaś ca prasajyeta.

Si Śiva careciera de *vimarśa*, sería impotente e inerte.
(*Parā-prāveśikā* por Kṣema-rāja, 2)

Es importante aclarar que *vimarśa*, o *śakti*, no es parte de Śiva, sino que ambos son uno: Śiva es Śakti y viceversa, tal como afirma Somānanda en el *Śiva-dṛṣṭi*:

न शिवः शक्तिरहितो न शक्तिर्व्यतिरेकिणी ॥
शक्तिशक्ति मतोर्भेदः शैवे जातु न वर्ण्यते ।

na śivaḥ śakti-rahitao
na śaktir vyatirekiṇī
śakti-śakti mator bhedaḥ
śaive jātu na varṇyate

Nunca Śiva ha sido despojado de *śakti* o viceversa. Los Śaivas no reconocen diferencia alguna entre *śakti*, o 'el poder', y el poseedor de *śakti*.
(*Śiva-dṛṣṭi*, 3.2b-3a)

Por el poder de *vilaya* (disolución) o *tirodhāna* (ocultamiento), *Parameśvara* (Ser supremo) se refleja como *cit* (consciencia) en innumerables *paśus* (almas individuales). El poder *tirodhāna* es la causa del ocultamiento, mientras que *anugraha* es el poder de la gracia que conduce a la liberación.

Los poderes de Śiva son infinitos. Sin embargo, Abhinava-gupta enumera los más importantes, en su famosa obra *Tantra-sāra*:

तत्र परमेश्वरः पञ्चभिः शक्तिभिः निर्भर इत्युक्तम् स स्वातन्त्र्यात् शाक्तिं तांताम् मुख्यतया प्रकटयन् पञ्चधा तिष्ठति । चित्प्रधान्ये शिवतत्त्वम्, आनन्दप्रधान्ये शक्तितत्त्वम्, इच्छाप्राधान्ये सदाशिवतत्त्वम्, इच्छाया हि ज्ञानक्रिययोः साम्यरूपाभ्य् उपगमात्मकत्वात्, ज्ञानशक्तिप्राधान्ये ईश्वरतत्त्वम्, क्रियाशक्तिप्राधन्ये विद्यातत्त्वम् इति ।

tatra parameśvaraḥ pañcabhiḥ śaktibhiḥ nirbhara ity uktam, sa svātantryāt śāktiṁ tāṁ tām mukhyatayā prakaṭayan pañcadhā tiṣṭhati. cit-pradhānye śiva-tattvam, ānanda-pradhānye śakti-tattvam, icchā-prādhānye sadā-śiva-tattvam icchāyā hi jñāna-kriyayoḥ sāmya-rūpābhy upagamātmakatvāt, jñāna-śakti-prādhānye īśvara-tattvam, kriyā-śakti-prādhanye vidyā-tattvam iti.

Ya se ha explicado que la perfección del Señor consiste en que posee cinco poderes (*śaktis*). Mientras el Señor está manifestando cualquiera de sus *śaktis* individuales, su *śakti* principal permanece brillando de cinco maneras diferentes. Cuando el poder de la consciencia se vuelve predominante, se llama el principio Śiva (*śiva-tattva*). De manera similar, cuando [el poder de] la bienaventuranza (*ānanda-śakti*) se vuelve predominante se conoce como el principio Śakti (*śakti-tattva*). Cuando, por otro lado, [el poder de] la voluntad (*icchā-śakti*) se vuelve predominante, este es el principio de Sadā-śiva. Es debido al dominio del [poder de] la voluntad que existe un estado equilibrado de *jñāna* y *kriyā* en el principio de Sadā-śiva (*sadā-śiva-tattva*). Cuando el [poder de] conocimiento (*jñāna-śakti*) se vuelve dominante, este es el principio de Īśvara, y cuando el poder de acción (*kriyā-śakti*) se vuelve dominante, este principio se conoce como conocimiento puro (*śuddha-vidyā*).

(*Tantra-sāra*, capítulo 8)

En resumen, los poderes son:

1. *Cit*: El poder de autorrevelación.
2. *Ānanda*: Dicha absoluta, o la libertad de ser o hacer todo.
3. *Icchā*: El poder de voluntad de ser o crear todo sin obstáculos.
4. *Jñāna*: El poder divino omnisciente.
5. *Kriyā*: El poder de crear todo por y desde sí mismo.

Somānanda lo explica en su *Śiva-dṛṣṭi* de la siguiente manera:

योगिनामिच्छया यद्वन्नानारूपोत्पत्तिता ।
तथा भगवदिच्छैव तथात्वेन प्रजायते ।

yogināṁ icchayā yadvan nānārūpotpattitā
tathā bhagavad-icchaiva tathātvena prajāyate

Al igual que un yogui es capaz de crear algo sin una causa material, o *upādāna*, así también lo hace la fuerza de voluntad de Śiva.

(*Śiva-dṛṣṭi*, 1.44a, 45a)

2. La escuela *pratyabhijñā*

Pratyabhijñā significa 'reconocer' y se refiere al reconocimiento del Ser, nuestra auténtica naturaleza. La escuela *pratyabhijñā*, o *pratyabhijñā-darśana*, no habla de *upāyas*, o 'medios para alcanzar u obtener al Ser'. Se trata de un sistema que guía sin técnicas o prácticas porque ya somos lo que deseamos ser y ya estamos donde aspiramos a estar.

Aprehender el Ser no implica conocer, sino reconocer. La iluminación es la experiencia de lo que realmente somos; es retornar al lugar que nunca hemos abandonado. Pero este reconocimiento no es mental. Si así fuera, sería una mera proyección desde nuestra memoria.

De acuerdo con esta escuela, la iluminación conlleva tomar consciencia de que siempre hemos estado iluminados. El Señor se halla eternamente junto a nosotros y en nosotros como nosotros mismos, aunque no nos damos cuenta de ese hecho. Por eso, no se trata de recordar algo que sabíamos y olvidamos, sino de reconocer aquello que ya somos.

El reconocimiento es un despertar a la realidad de que cualquiera que sea nuestro estado, forma parte de la consciencia absoluta. Lo que quiere decir que la consciencia absoluta no es la cúspide de nuestra evolución, sino que incluye nuestro estado actual, aunque lo califiquemos de ordinario. Cuando reconocemos esto, comenzamos a ver a nuestro alrededor a seres iluminados que no han advertido cuál es su verdadera realidad.

De acuerdo con una antigua costumbre hindú, las familias escogen los cónyuges de sus hijos. Estos compromisos se realizan a menudo antes de que los jóvenes se conozcan. Asumamos el caso de una muchacha que no conoce a su prometido. A menudo va a la tienda donde él trabaja, sin saber que es su futuro marido. Aunque lo ve a menudo, no le presta mucha atención. Cuando sus padres le informan que ese muchacho será su marido, ella reconoce a su prometido en el vendedor. Aunque ansiaba tanto conocerlo, de hecho, ya lo conocía hace tiempo. Asimismo, el reconocimiento de nuestra auténtica naturaleza consiste en realizar que siempre hemos sabido lo que creíamos no saber.

Este sistema floreció en los principios de *Kali-yuga*, pero su sabiduría se fue olvidando con el tiempo, hasta que en el siglo VIII n. e. Somānanda volvió a exponerla en su famoso *Śiva-dṛṣṭi*. Su discípulo Utpala-deva prosiguió la labor de su maestro y ordenó los principios filosóficos fundamentales en su famosísima obra *Īśvara-pratyabhijñā* (El reconocimiento del Señor). A su vez, fue continuado por su discípulo Lakṣmaṇa-gupta, quien fue el gurú del gran maestro Abhinava-gupta que explicó claramente el *pratyabhijñā-darśana*.

3. La escuela *krama*

Esta escuela del shaivismo de Cachemira se denomina en las escrituras *kramaśasana*, *krama-darśana* o *kramanaya*. El término *krama* significa 'progreso', 'gradación', 'etapas' o 'sucesión' y se refiere al refinamiento gradual de la idea como un medio para la liberación. Es decir, *krama* señala un proceso sucesivo de desarrollo y purificación desde la oscuridad, pasando por diferentes estados, hasta alcanzar la perfecta claridad.

El *krama* ofrece un análisis epistemológico detallado de la experiencia cognitiva, definiendo doce etapas de percepción, cada una de ellas presidida por una de las diosas Kālī. La adoración a las Kālīs es un aspecto importante de esta escuela. En el proceso cognitivo, la atención se desplaza desde nuestro interior hacia el objeto percibido, para luego retornar al recipiente mental que hemos creado y proporcionarnos una determinada sensación. Dicho con otras palabras, nunca experimentamos el objeto en el lugar donde se encuentra, sino en nuestro propio interior.

El *krama* también incluye descripciones detalladas del proceso de ascensión de la *kuṇḍalinī*, a través de cada uno de los centros de energía, hasta alcanzar el *sahasrāra-cakra* en la coronilla.

Debido a que el *krama* sugiere un desarrollo progresivo, pone especial énfasis en los conceptos de tiempo y espacio. Mientras que las escuelas *kula* y *pratyabhijñā* se centran en la realidad que trasciende espacio y tiempo, esta escuela cree que esa realidad solo es relevante al final, pero no durante el proceso.

El sistema *krama* es tanto tántrico como *śaiva* monista, y constituye el emerger de la tendencia *śākta* dentro del shaivismo de Cachemira. Es decir, consiste en una síntesis de tantrismo y shaktismo basado en el shaivismo monista.

Si bien algunos no perciben ninguna diferencia sustancial entre el *krama* y el *kula*, está claro que el *krama* es una escuela independiente por derecho propio. Si bien ciertamente comparte muchos elementos tanto con la escuela *pratyabhijñā* como con la *kula*, el *krama* posee un gran valor intrínseco que la convierte en un sistema independiente. Aun formando parte integral del shaivismo de Cachemira, existen evidencias claras de su independencia filosófica, histórica e incluso geográfica.

Como ya mencionamos antes en este libro, la escuela *krama* se remonta al maestro Durvāsā, quien la introdujo en el principio de la era de *Kali*. Sin embargo, Śivānanda-nātha se considera su fundador, quien la reinstauró en Cachemira a fines del siglo VII n. e. El insigne maestro tuvo tres grandes discípulas sumamente eruditas: Keyūravatī, Madanikā y Kalyāṇikā, quienes continuaron el linaje impartiendo esta sabiduría. Entre los muchos que estudiaron directamente con estas tres maestras, se cuentan discípulos de la talla de Govindarāja, Bhānuka y Eraka. Govindarāja a su vez fue maestro del gran Somānanda. Bhānuka también comenzó un linaje de maestros, entre los cuales se cuentan muchos personajes ilustres como Ujjaṭa y Udbhaṭa.

4. La escuela *spanda*

La palabra *spanda* significa 'movimiento' o 'vibración' y se refiere a la pulsación original creativa e inteligente del universo, que se expresa en el dinamismo de toda forma de vida. Es la ola primaria de Śakti, que se origina desde Śiva al principio del proceso de la creación. Es una onda vibratoria de actividad que se expresa de manera natural y espontánea. Así pues, Śiva es la realidad que lo incluye todo y se expresa a través de su infinito movimiento inherente.

Esta escuela enseña que la existencia implica necesariamente movimiento, y la vida no puede carecer de dinamismo. Analiza el movimiento en todos los estados de la consciencia, incluso en el sueño profundo. A nivel individual, *spanda* constituye la consciencia expresada a través del pensamiento con el propósito de manifestarse en forma de acciones creativas e inteligentes.

Cada ser humano experimenta directamente *spanda* como el impulso de actuar de acuerdo con sus demandas más íntimas, siguiendo el ritmo natural de su cuerpo. Por lo tanto, esta escuela anima la conexión consciente con el *spanda* mediante prácticas como el *haṭha-yoga*.

Estas enseñanzas se encuentran en el *Vijñāna-bhairava Tantra*, en el *Svacchanda Tantra* y en el sexto capítulo del *Tantrāloka*. Esta escuela fue introducida por Vasu-gupta en Cachemira a comienzos del siglo VIII n. e. Este insigne maestro es el autor tanto del *Śiva Sūtra* como del *Spanda Kārikās*. Se han escrito numerosos comentarios sobre estos *kārikās*, entre los cuales destacan el *Spanda-vṛtti* de Kallaṭa Bhaṭṭa, el *Vivṛtti* de Rāmakaṇṭha y el *Spanda kārikā* de Kṣema-rāja.

La literatura del shaivismo de Cachemira

La literatura del Shaivismo de Cachemira se divide en tres grupos: *āgama- śāstra*, *spanda-śāstra* y *pratyabhijñā-śāstra*.

El primer grupo incluye los *āgamas*, que se consideran textos divinamente revelados, tan importantes como los Vedas. Según el *Saundarya-laharī* de Śaṅkarācārya consta de 64 *āgamas*, y sus temas principales son el conocimiento (*jñāna*) y las prácticas (*kriyā*). Este grupo incluye los *Śiva Sūtra* de Vasu-gupta.

El segundo grupo incluye los *Spanda-śāstra*, o *Spānda Kārikās*. La palabra *spanda* significa 'vibración', pero en este contexto se puede traducir como 'pulsación divina y creativa'. Estos textos profundizan en los principios filosóficos de los *Śiva Sūtra* e incluso se consideran su continuación. Los textos principales de esta categoría son el *Spanda Sūtra* de Vasu-gupta y el *Spanda-sūtra-vṛtti* de Kallaṭa, quien fuera el discípulo principal de Vasu-gupta. Maestros como Vasu-gupta, Kallaṭa Bhaṭṭa, Somānanda, Utpala-deva, Abhinava-gupta y Kṣema-rāja no transmitieron conocimiento intelectual alguno en sus libros, sino que compartieron su propia experiencia trascendental.

Por último, los *pratyabhijñā-śāstras* están estrechamente relacionados con la literatura agámica, ya que se basan en los *śaiva tantras*. *Pratyabhijñā* significa 'reconocimiento', y se refiere a que el *jīvātman*, o 'alma individual' es Śiva. El alma se identifica erróneamente con el *śarīra*, o 'cuerpo', a causa del olvido de su auténtica naturaleza divina. *Śivo 'haṁ*, o 'la realización de la propia auténtica naturaleza en tanto que Śiva' se denomina *pratyabhijñā*. Los *pratyabhijñā-śāstras*, llamados también *manana-śāstra* o *vicāra-śāstra*, comentan los principios fundamentales de la escuela. Sus principales textos son el *Śiva-dṛṣṭi* de Somānanda-nātha (875-925 n. e.) y el *Pratyabhijñā Kārikā* de Utpala-deva (900-950 n. e.), discípulo del anterior.

Sin duda, Abhinava-gupta (950-1025 n. e.) fue el más brillante de los maestros. Su comentario sobre el *Pratyabhijñā- kārikās* de Uptala, así como sus propias obras *Tantrāloka* y *Paramārtha-sāra* le han asegurado un glorioso lugar en la historia del shaivismo de Cachemira.

Por último, no podemos dejar de mencionar la gran contribución literaria de Kṣema-rāja (975-1025 n. e.), Bhāskara y Varada-rāja.

Las 36 *tattvas* o 'categorías de existencia'

De acuerdo con el shaivismo de Cachemira, Dios no es el creador externo del universo, sino que él se transforma a sí mismo en la creación. La manifestación del universo es un movimiento de materialización del espíritu. Con la elevación de la *kuṇḍalinī*, la dirección se invierte y comienza la espiritualización de la materia. Las *tattvas*, o 'categorías o principios de existencia', corresponden a los diferentes estados que la consciencia adopta en el proceso de objetualización hasta expresarse como el universo material. En la dirección opuesta, las *tattvas* son los pasos que recorre la consciencia al retornar a su estado original. Es esencial comprender las 36 *tattvas* para captar el auténtico significado del despertar, el ascenso y el descenso de la *kuṇḍalinī-śakti*.

Aunque la temprana escuela *sāṅkhya* ya se había ocupado de este tema, solo postuló las 25 *tattvas* impuras. Sin duda, el shaivismo de Cachemira es el sendero del hinduismo que ha indagado y explicado con mayor lucidez la complejidad de las *tattvas* al agregar cinco *tattvas* puras y seis *tattvas* puras-impuras.

La realidad es solo consciencia. La consciencia no crea un universo separado, sino que ella misma se torna objetual. Aunque al vibrar en múltiples frecuencias la consciencia se manifiesta como una diversidad de categorías, estas no se diferencian entre sí de manera substancial. Así pues, el proceso evolutivo se mueve desde lo sutil a lo denso, desde la unidad hacia la multiplicidad. Cuando se eleva la *kuṇḍalinī*, la consciencia involuciona y se reabsorbe en sí misma. Invirtiendo su dirección desde la solidez hacia la sutileza.

El ser humano es un universo en miniatura, o microcosmos: los procesos que se producen en el individuo son los mismos que suceden a nivel macrocósmico, tal como lo señala este verso:

चितिसंकोचात्मा चेतनोऽपि संकुचितविश्वमयः ॥

citi-saṅkocātmā cetano 'pi saṅkucita viśva-mayaḥ

> Incluso el individuo, cuya naturaleza es consciencia en un estado contraído, encarna el universo en una forma contraída.
>
> (*Pratyabhijñā-hṛdayam*, 4)

En nuestro estado corpóreo, somos contracciones del universo. El descenso de la *kuṇḍalinī-śakti* corresponde al proceso universal de manifestación en el plano individual. Con el ascenso de la *kuṇḍalinī-śakti*, se inicia el proceso involutivo que conduce a la disolución (*laya*) del individuo; por eso, también nos referimos al *kuṇḍalinī-yoga* como *laya-yoga*, o 'yoga de la disolución'.

Śakti es el poder capaz de revelar u ocultar al Ser. La manifestación cósmica consiste en un proceso que camufla la consciencia a medida que la *śakti* desciende, mientras que su elevación corresponde al regreso de la consciencia a sí misma. El despertar y la elevación de la *kuṇḍalinī* consisten en un proceso en el cual Śakti va gradualmente reabsorbiendo cada una de las diferentes *tattvas* hasta su fusión final con Śiva en el *sahasrāra-cakra*.

Śiva o Parama-śiva, la consciencia suprema, es el receptor y conocedor último. Constituye el soporte, la morada, el hogar y la base del universo entero; trasciende tiempo, espacio y causalidad. No reside en ningún lugar en especial porque yace tanto dentro como fuera de todo y todos. Dado que el universo es su manifestación, es imposible categorizarlo dentro de la estructura de las *tattvas*.

चितिः स्वतन्त्रा विश्वसिद्धिहेतुः ॥

citiḥ svatantrā viśva-siddhi-hetuḥ

La consciencia, en su libertad, trae consigo la consecución del universo.

(*Pratyabhijñā-hṛdayam*, 1)

El estudio de las *tattvas* implica el aprendizaje del proceso de la creación. A medida que desciende, Śakti cubre la consciencia indivisa y la muestra en tanto que dualidad relativa. Al ascender, Śakti va revelando de nuevo la consciencia única. En otras palabras, en su descenso Śakti se materializa gradualmente causando el ocultamiento del absoluto, y cuando asciende revela a Dios.

Las 36 *tattvas* se dividen en tres grupos: puros (*śuddha*), puros-impuros (*śuddhāśuddha*) e impuros (*aśuddha*).

Śuddha-tattvas o 'categorías de existencia puras'

1. *Śiva-tattva*: Consiste en el movimiento creativo inicial de Parama-śiva. En el estado subjetivo de pureza. Desde el punto de vista absoluto de Parama-śiva, todo lo existente es *aham*, o 'yo soy'. Dos categorías empiezan a diferenciarse en ese 'yo soy': el «yo» como Śiva o el Ser, y el «soy» como Śakti o la consciencia de su existencia.
2. *Śakti-tattva*: Mientras que Śiva constituye el aspecto interno de la consciencia, Śakti es el externo. Ambos son interdependientes e inseparables, al igual que la humedad del agua o el calor del fuego. *Śakti-tattva* y *śiva-tattva* componen una eterna realidad de subjetualidad pura que no admite dualidad. Śiva y Śakti aparentan ser poderes separados, pero en realidad constituyen dos aspectos de Parama-śiva. Śakti es el aspecto creativo de Brahman, el dinamismo de la consciencia. En su unión, Śiva y Śakti corresponden a la experiencia subjetual pura de *aham*, o 'yo soy'. Śakti es el espejo en el cual Śiva observa su propio reflejo creando la polaridad subjetual. Por lo tanto, a partir de *śakti-tattva* la consciencia se proyecta en una polarización subjetual que da lugar al *idam*, o 'Eso'. Lo mencionado se confirma en el siguiente verso:

सा जयति शक्तिराद्या निजसुखमयनित्यनिरूपमाकारा ।
भाविचराचरबीजं शिवरूपविमर्शनिर्मलादर्शः ॥

sā jayati śaktir ādyā
nija-sukha-maya-nitya-nirūpam ākārā
bhāvi-carācara-bījaṁ
śiva-rūpa-vimarśa-nirmalādarśaḥ

Ella, la Śakti primordial, quien supera a todo y que, en su verdadera naturaleza, es dicha ilimitada y eterna; ella es la semilla (*bīja*) de todo lo móvil y lo inmóvil que ha de ser, y es el espejo puro en el cual Śiva se experimenta a sí mismo.

(*Kāma-kalā-vilāsa*, 2)

3. Sadāśiva o *sadākhya-tattva*: Sadāśiva emerge de Śiva-Śakti como el primer principio de la manifestación cósmica. Desde la subjetualidad pura de «yo soy» (*aham*) nace el «Eso» (*idam*), que es la raíz y origen de la objetualidad que sirve de contraparte a toda subjetualidad. En Sadāśiva, el énfasis reposa sobre el aspecto *aham* por encima de *idam*.
4. *Īśvara-tattva*: Īśvara es el principio de Señorío que emerge desde la pura subjetualidad de *idam-aham*, o 'Eso soy yo', con un claro énfasis en la objetualidad o *idam*. Para Śiva, la manifestación cósmica es irreal si se considera un fenómeno objetivo dual, pero es real si se considera su propia expansión o continuidad. La diferencia entre las experiencias de Sadāśiva e Īśvara es muy sutil: la experiencia en ambas *tattvas* es prácticamente la misma, aunque en Īśvara es menos refinada. La experiencia de «yo soy eso» o «yo soy este universo» corresponde a Sadāśiva, mientras que en *īśvara-tattva* la experiencia es «este universo es mi propia expansión». El gran santo y filósofo Utpala-deva se refiere a *īśvara-tattva* de la siguiente manera:

सर्वो ममायं विभव इत्येवं परिजानतः ।
विश्वात्मनो विकल्पानां प्रसरे ऽपि महेशता ॥

sarvo mamāyaṁ vibhava
ity evaṁ parijānataḥ
viśvātmano vikalpānāṁ
prasare 'pi maheśatā

Aquel que sabe que toda esta gloriosa manifestación es mía [pertenece al espíritu], quien experimenta que todo el cosmos es el Ser posee señorío incluso cuando las construcciones de pensamiento (*vikalpas*) aún tienen su efecto.

(*Īśvara-pratyabhijñā-kārikā*, 4.1.12)

5. *Śuddha-vidyā-tattva*, o 'sabiduría pura': En este estado, los aspectos subjetual y objetual de la consciencia adquieren idéntica claridad. Reina la inestabilidad y el desequilibrio, ya

que en ocasiones prima *aham-idam* y otras veces *idam-aham*. En *śuddha-vidyā*, la unidad y la multiplicidad se muestran como idénticas expresiones de la consciencia trascendental. Esta *tattva* es la última categoría pura en la que no existe diferenciación. En *śuddha-vidyā*, prevalece el poder de la acción (*kriyā-śakti*), ya que a partir de aquí las categorías contienen impurezas que permiten la manifestación de la consciencia.

Śuddhāśuddha-tattvas o 'categorías de existencia puras-impuras'

6. *Māyā*, o 'la ilusión': A partir de este punto, comienzan la contracción, la relatividad, la dualidad y la limitación. La experiencia de lo divino se oculta tras el velo del olvido con el que *māyā* recubre al Ser. Si dentro de las *śuddha-tattvas* la experiencia es de carácter inclusivo, *māyā* separa a *idam* de *aham*. *Māyā* excluye al uno del otro, produciendo el estado cognitivo dual de sujeto y objeto. Desde *māyā* nacen las *pañca-kañcukas*, o 'cinco poderes limitadores'; estos son cinco poderes limitadores sutiles, a través de los cuales la consciencia voluntariamente contrae sus atributos y crea las condiciones para la existencia limitada. Las *kañcukas* constituyen las cinco *tattvas* siguientes: *kalā*, *vidyā*, *rāga*, *kāla* y *niyati* (energía, conocimiento, deseo, tiempo y espacio). Cada *kañcuka* restringe uno de los poderes divinos de Śiva: *cit*, *ānanda*, *icchā*, *jñāna* y *kriyā* (consciencia, dicha, voluntad, conocimiento y acción).
7. *Kalā-kañcuka*, o 'limitación del poder': Esta *tattva* reduce la omnipotencia divina, o el poder divino de la acción (*kriyā-śakti*), a una actividad limitada.
8. *Vidyā-kañcuka*, o 'limitación del conocimiento': Esta *tattva* reduce la omnisciencia divina, o el poder de la sabiduría (*jñāna-śakti*), al conocimiento limitado acerca de un tema o un campo específico.
9. *Rāga-kañcuka*, o 'limitación del deseo': Esta *tattva* reduce la plenitud divina, o la fuerza de voluntad divina (*iccha-śakti*), mediante una falsa impresión de deficiencia que induce deseos y una constante búsqueda de algo o alguien para recuperar la plenitud.

10. *Kāla-kañcuka*, o 'limitación del tiempo': Esta *tattva* reduce el poder divino de dicha eterna (*ānanda-śakti*) a una percepción interior del tiempo. Se refiere al tiempo psicológico o interno, y no al tiempo de relojes y calendarios, medido en minutos, horas o años.
11. *Niyati-kañcuka*, o 'limitación del espacio': Esta *tattva* reduce la omnipresencia divina, o el poder de consciencia divina (*cic-chakti*), a una ilusoria impresión de residir en un determinado lugar.

Aśuddha-tattvas o 'categorías impuras'

12. Puruṣa: *Māyā* limita la consciencia universal y la reduce a sujetos individuales. De acuerdo con el shaivismo de Cachemira, así como Śakti deviene en *prakṛti*, Śiva deviene en el principio individual, es decir, el alma (*jīva*). *Ahaṅkāra* constituye el aspecto subjetivo del ego; su experiencia frente al universo es que «yo no soy eso».
13. *Prakṛti*: Es la naturaleza, desde la cual fluyen las tres modalidades conocidas como *guṇas*: *sattva* (bondad), *rajas* (pasión) y *tamas* (ignorancia). Así como Puruṣa procede de Śiva, el origen de *prakṛti* es Śakti. *Prakṛti* se refiere a nuestra realidad externa o superficial, mientras que Puruṣa constituye nuestro mundo subjetivo interno.

Los tres *antaḥ-karaṇas* o 'los órganos internos'

Desde aquí nace y se desarrolla el pensamiento.

14. *Buddhi*, o 'intelecto': Su función es evaluar, racionalizar, aceptar o rechazar lo que *manas* (mente) percibe a través de los sentidos. El *buddhi* analiza, reflexiona, determina, discrimina y decide la naturaleza de lo que percibe.
15. *Ahaṅkāra*, o 'ego': Es la idea limitante «yo» en su aspecto objetual. Este fenómeno conduce a relacionarse de manera personal con lo experimentado y a adjudicarse las experiencias.

16. *Manas*, o 'mente': *Manas* ve, huele, oye, degusta, palpa y envía constantemente impresiones a la mente subconsciente. Es un producto de *ahaṅkāra*, o 'el ego'.

Los *pañca-jñānendriyas* o 'los cinco órganos cognitivos'

La realidad objetual se percibe a través de los cinco órganos cognitivos.

17. Oídos (*śrotra*) para oír (*sparsendriya*).
18. Piel (*tvak*) para tocar (*sparsanendriya*).
19. Ojos (*cakṣu*) para ver (*cakṣur-indriya*).
20. Lengua (*rasanā*) para degustar (*rasanendriya*).
21. Nariz (*ghrāṇa*) para oler (*ghrāṇendriya*).

Los *pañca-karmendriyas* o 'los cinco órganos de la acción'

22. Boca (*vāk*) para el habla (*vāg-indriya*).
23. Manos (*pāṇi*) para el asimiento (*hastendriya*).
24. Pies (*pāda*) para la locomoción (*pādendriya*).
25. Ano (*pāyu*) para la excreción (*pāyvindriya*).
26. Genitales (*upastha*) para la reproducción (*upasthendriya*).

Los *pañca-tanmātras* o 'los cinco elementos sutiles'

27. *Śabda*, o 'sonido': Proviene del éter, o *ākāśa-mahā-bhūta*.
28. *Sparśa*, o 'tacto': Su origen es el aire, o *vāyu-mahā-bhūta*.
29. *Rūpa*, 'forma' o 'color': Su origen es el fuego, o *tejas-mahā-bhūta*.
30. *Rasa*, o 'gusto': Proviene del elemento agua, o *jala-mahā-bhūta*.
31. *Gandha*, u 'olor': Se origina a partir del elemento tierra, o *pṛthivī-mahā-bhūta*.

Los *pañca-tanmātras* son las moradas o residencias de nuestros sentidos (oído, tacto, vista, gusto y olfato). Son los principios sutiles que los anteceden.

Los *pañca-mahā-bhūtas* o 'los cinco grandes elementos'

Las cinco últimas *tattvas* son las más densas y de mayor solidez; el universo entero de nombres y formas descansa sobre ellas. Los cinco *mahā-bhūtas* se encuentran bajo el dominio de las tres modalidades de la naturaleza. Nuestro cuerpo físico es una combinación de estos *pañca-mahā-bhūtas*; por lo tanto, cada uno de ellos posee ciertas características que nos afectan de manera individual. Estos son los responsables de diferentes funciones en el organismo humano, así como de los tejidos y las substancias que lo componen. Los cinco elementos grandes son:

32. *Ākāśa*, 'éter' o 'etereidad': Otorga el espacio imprescindible para la existencia de los otros cuatro. Este elemento está controlado por *sattva*. Esta *tattva* domina la región que se extiende desde la garganta hasta los planos elevados del cuerpo astral.
33. *Vāyu*, 'aire' o 'airedad': Este elemento está controlado por *sattva* y *rajas*. Esta *tattva* domina la región que va desde el corazón hasta la garganta. *Vāyu-tattva* se activa después de *tejas-tattva*.
34. *Tejas*, 'fuego' o 'fogosidad': Este elemento está controlado por *rajas* y domina desde la región del ombligo hasta el corazón, donde se produce la digestión. El fuego recibe su energía desde la categoría de *ākāśa*.
35. *Āpas*, 'agua' o 'liquidez': Este elemento está controlado por *rajas* y *tamas*. Domina la región que abarca desde las caderas hasta el ombligo.
36. *Pṛthivī*, 'tierra' o 'solidez': Este elemento está controlado por *tamas*. Constituye la base y el fundamento de nuestro cuerpo denso. *Kuṇḍalinī* reposa en la solidez y la densidad mismas.

Śuddhādhvā-tattvas o 'elementos puros'

Las primeras cinco categorías se denominan *śuddhādhvā-tattvas*, o 'categorías puras'. Con el fin de comprender estas categorías, es necesario aclarar que, para el shaivismo de Cachemira, la pureza se relaciona con la experiencia integradora del yoga, que significa 'unión'. Este concepto ha sido explicado de manera brillante por Abhinava Gupta en su célebre *Tantrāloka*:

मृतदेहेऽथ देहोत्थे या चाशुद्धिः प्रकीर्तिता ।
अन्यत्र नेति बुध्यन्तामशुद्धं संविदश्च्युतम् ॥
संवित्तादात्म्यमापन्नं सर्वं शुद्धमतः स्थितम् ।

mṛta-dehe 'tha dehotthe
yā cāśuddhiḥ prakīrtitā
anyatra neti buddhyantāṁ
aśuddhaṁ saṁvidaś cyutam

saṁvit tādātmyam āpannaṁ
sarvaṁ śuddham ataḥ sthitam

La impureza que el Veda atribuye a un cadáver y a las secreciones corporales es bien conocida y no se encuentra en ninguna otra parte. Según el punto de vista conforme a la facultad de la razón (*buddhayantam*), es impuro todo lo que está separado de la consciencia (*samvidaś cyutam*). Por el contrario, es puro todo lo que alcanza la identidad con la consciencia (*samvit tādātmyam āpannam*).

श्रीमद्वीरावलौ चोक्तं शुध्यशुद्धिनिरूपणे ॥

śrīmad vīrāvalau coktaṁ
śuddhy aśuddhi-nirūpaṇe

En relación con la determinación de puro e impuro, el *Vīrāvali-tantra* señala:

सर्वेषां वाहको जीवो नास्ति किञ्चिदजीवकम् ।
यत्किञ्चिज्जीवरहितमशुद्धं तद्विजानत ॥

sarveṣāṁ vāhako jīvo
nāsti kiñcid ajīvakam
yat kiñcij jīva-rahitam
aśuddhaṁ tad vijānata

La vida (*jīva*) es lo que anima todo. Nada existe en ausencia de la vida. Todo lo que está desprovisto de vida debe de ser considerado impuro.

तस्माद्यत्संविदो नाति दूरे तच्छुद्धिमावहेत् ।
अविकल्पेन भावेन मुनयोऽपि तथा भवन् ॥
लोकसंरक्षणार्थं तु तत्तत्त्वं तैः प्रगोपितम् ।

tasmād yat saṁvido nāti
dūre tac cuddhi māvahet
avikalpena bhāvena
munayo 'pi tathā bhavan

loka-saṁrakṣaṇārthaṁ tu
tat tattvaṁ taiḥ pragopitam

Por consiguiente, lo que está próximo a la consciencia confiere la pureza. Esta es también la opinión de los místicos que son indiferentes a la dualidad de lo puro y de lo impuro. Para proteger el mundo, ellos han guardado esta realidad (*tattva*) secreta.

(*Tantrāloka*, 4.240-244a)

Impureza significa separación, diferencia, división y dualidad. Nos vamos purificando a medida que percibimos que nuestra existencia es parte integral del Todo. Percibirnos a nosotros mismos como algo desconectado de la vida da nacimiento a toda clase de impurezas. La impureza se origina en la ignorancia, mientras que la pureza proviene de la sabiduría.

Las *śuddhādhvā-tattvas* son el fruto del esfuerzo de los sabios *śaivas* por describir la consciencia. Śiva permanece en la más pura subjetualidad, que es trascendental a la dualidad sujeto-objeto. Las *śuddhādhvā-tattvas* incluyen cinco categorías diferentes; sin embargo, son cinco aspectos de la misma consciencia; son las proyecciones de las cinco principales *śaktis* del absoluto:

- *Cic-chakti* (*cit-śakti*), o 'consciencia divina', proyecta a *śiva-tattva.*
- *Ānanda-śakti*, o 'dicha absoluta', manifiesta a *śakti-tattva.*
- *Icchā-śakti*, o 'la voluntad divina', proyecta a *sadā-śiva-tattva.*
- *Jñāna-śakti*, o 'la omnisapiencia divina', manifiesta a *īśvara-tattva.*
- *Kriyā-śakti*, o 'el poder de manifestar', proyecta a *śuddha-vidyā-tattva.*

El estado de *śuddhādhvā* es la divina experiencia de Śiva, la cual es una percepción subjetual pura, que es trascendental a la dualidad sujeto-objeto. La experiencia egoica ordinaria consta de sujeto y objeto. Sin embargo, Śiva no experimenta el universo como algo distante y separado, sino como una extensión o proyección de sí mismo. La experiencia de pura subjetualidad de Śiva en el estado de *śuddhādhvā* puede ser resumida en la palabra *aham*, o 'Yo soy'. *Aham* es la *dhāma*, o 'morada', de todas las categorías, al igual que el 'yo soy' es la base y fundamento de la vida de todo individuo. La palabra *aham* se refiere al sujeto único que percibe lo objetual, mientras que *idam*, o 'Eso', constituye la propia proyección del sujeto.

La experiencia en el estado egoico ordinario y la percepción en el estado *śuddhādhvā* son radicalmente distintas. La primera está basada en la base dual y relativa de sujeto-objeto, mientras que la segunda es una experiencia subjetual. La experiencia egoica es similar al estado onírico, el cual, a pesar de ser proyectado por el soñador, es objetualizado por este. Es decir, el soñador percibe la realidad del sueño como separada y diferente de sí mismo. Por el contrario, al peinarnos frente a un espejo, no dudamos de que el reflejo nos pertenece. Esta experiencia es como la pura consciencia subjetual de *śuddhādhvā*. El reflejo en el espejo no es percibido como un objeto separado o desconectado del sujeto; es una percepción subjetual porque la figura del reflejo es uno mismo. De la misma manera, Śiva proyecta desde sí mismo el universo como *idam* con plena consciencia de que es su propia proyección y, por lo tanto, parte integral de sí mismo. Esta consciencia de unidad absoluta es una experiencia de pura subjetualidad trascendental a la dualidad, a pesar de la presencia de *idam* en todas y cada una de las diferentes categorías *śuddhādhvā*.

Los 36 *tattvas*

Śuddha Puro	1.	*Śiva-tattva*	
	2.	*Śakti-tattva*	
	3.	*Sadā-śiva*	
	4.	*Īśvara-tattva*	
	5.	*Śuddha-vidyā-tattva*	
Śuddhāśuddha Puro-impuro	6.	*Māyā*	
	7.	*Kalā-kañcuka*: limitación del poder	*Pañca-kañcukas* Los cinco poderes limitantes
	8.	*Vidyā-kañcuka*: limitación del conocimiento	
	9.	*Rāga-kañcuka*: limitación del deseo	
	10.	*Kāla-kañcuka*: limitación del tiempo	
	11.	*Niyati-kañcuka*: limitación del espacio	
Aśuddha Impuro	12.	Puruṣa	
	13.	*Prakṛti*	
	14.	*Buddhi*: intelecto	*Antaḥ-karaṇas* Los órganos internos
	15.	*Ahaṅkāra*: ego	
	16.	*Manas*: mente	
	17.	*Śravaṇendriya*: audición	*Pañca-jñānendriyas* Los cinco órganos cognitivos
	18.	*Sparsendriya*: tacto	
	19.	*Cakṣurindriya*: vista	
	20.	*Rasanendriya*: gusto	
	21.	*Ghrāṇendriya*: olfato	
	22.	*Vāg-indriya*: habla	*Pañca-karmendriyas* Los cinco órganos de la acción
	23.	*Hastendriya*: asimiento	
	24.	*Pādendriya*: locomoción	
	25.	*Pāyvindriya*: excreción	
	26.	*Upastha*: reproducción	
	27.	*Śabda*: sonido	*Pañca-tanmātras* Los cinco elementos sutiles
	28.	*Sparśa*: tacto	
	29.	*Rūpa*: forma o color	
	30.	*Rasa*: gusto	
	31.	*Gandha*: olfato	
	32.	*Ākāśa*: éter o etereidad	*Pañca-mahā-bhūtas* Los cinco gran elementos
	33.	*Vāyu*: aire o airedad	
	34.	*Tejas*: fuego o fogosidad	
	35.	*Āpas*: agua o liquidez	
	36.	*Pṛthivī*: tierra o solidez	

Capítulo 6

Vaishnavismo tántrico

El vaishnavismo es la corriente del hinduismo que se caracteriza por una exclusiva devoción a Viṣṇu o sus encarnaciones. La palabra *vaiṣṇava* significa 'relacionado con Viṣṇu'. El devoto *vaiṣṇava* ve en Viṣṇu al Dios supremo y único. Junto con el shaivismo, el shaktismo y el smartismo constituye una de las principales corrientes del hinduismo, y tiene el mayor número de seguidores. Dentro del vaishnavismo, encontramos gran cantidad de escuelas, linajes y sectas, cada una centrada en alguna de las encarnaciones de Viṣṇu.

Rāma y Kṛṣṇa son los principales focos devocionales, considerados por sus devotos como el Dios supremo. El primero implica una mayor solemnidad, mientras que el segundo ofrece una relación con un espíritu de intimidad.

El cuerpo de las escrituras sagradas *vaiṣṇavas* incluye los *upaniṣads*, el *Brahma Sūtra*, el *Rāmāyaṇa* y el *Mahābhārata*, que incluye el *Bhagavad-gītā*. Su aspecto religioso proviene de los *purāṇas* —especialmente el *Viṣṇu Purāṇa*— los *vaiṣṇava āgamas* y la *Nālāyira-divya-prabandham* en lengua tamil.

El vaishnavismo, al igual que el shaivismo, nació desde las profundidades de la revelación védica. Se centra en la India, pero en las últimas décadas se ha extendido a Occidente. Puede ser considerado una de las más bellas notas dentro de la sinfonía del *sanātana-dharma*.

Muchísimas generaciones de santos, sabios e iluminados *vaiṣṇavas* han contribuido al desarrollo y evolución del culto a Viṣṇu. Poco a poco, las experiencias trascendentales y las aprehensiones de las nuevas generaciones de veedores llevaron al desarrollo de teologías y rituales diferenciados del resto de las sectas hindúes. A lo largo de milenios, se ha acumulado un tesoro literario incomparable, en el cual encontramos obras que ofrecen orientación desde una visión netamente *dvaita* hasta el *advaita* más depurado. Diferentes textos sagrados nos conducen desde una concepción dual hasta la experiencia abstracta de Dios. Tal como vemos en el *Bhāgavata Purāṇa*:

वदन्ति तत्तत्त्वविदस्तत्त्वं यज्ज्ञानमद्वयम् ।
ब्रह्मेति परमात्मेति भगवानिति शब्द्यते ॥

vadanti tat tattva-vidas
tattvaṁ yaj jñānam advayam
brahmeti paramātmeti
bhagavān iti śabdyate

Los sabios que han realizado la Verdad absoluta, llaman a aquel Brahman no dual, Paramātmā o Bhagavān.

(*Bhāgavata Purāṇa*, 1.2.11)

La primera mención del término *vaiṣṇava* en las escrituras aparece en la gran epopeya *Mahābhārata*:

अष्टादशपुराणानां श्रवणाद्यत्फलं भवेत् ।
तत्फलं समवाप्नोति वैष्णवो नात्र संशयः ॥

aṣṭā-daśa-purāṇānāṁ
śravaṇād yat phalaṁ bhavet
tat phalaṁ samavāpnoti
vaiṣṇavo nātra saṁśayaḥ

El mérito que un *vaiṣṇava* obtiene escuchando los 18 *purāṇas* podría obtenerlo escuchando solamente el *Mahābhārata*. No hay ninguna duda al respecto.

(*Mahābhārata*, 18.6.97)

El vaishnavismo es un sendero cuyas raíces se fundamentan en el *bhakti*, o 'devoción', a un Dios personal denominado Viṣṇu, Kṛṣṇa, Vāsudeva o Nārāyaṇa. El tantra enriqueció el vaishnavismo con la adoración al aspecto femenino de Dios, la consorte del Señor Viṣṇu. La temprana literatura *āḷvār* identifica a Lakṣmī con el aspecto femenino del Señor Viṣṇu. Los *āḷvārs* fueron poetas santos que abrazaron el *bhakti* a Viṣṇu. Vivieron en el sur de la India entre los siglos V y X n. e.

Las canciones devocionales escritas en tamil por los *āḷvārs* mencionan a las *gopīs*, o 'pastorcillas de vacas', las devotas del Señor Kṛṣṇa, íntimamente relacionadas con Śrīmatī Rādhārāṇī, el eterno principio femenino asociado con el Señor Kṛṣṇa como su *hlādinī-śakti*, o 'potencia dadora de placer'. La hija de Periyāḷvār, llamada Andal o Kodai, experimentó el *rāgānugā-bhakti* y se consideraba a sí misma una de las *gopīs* de Kṛṣṇa.

En el *Viṣṇu Purāṇa*, hay referencias al principio femenino como Mahā-lakṣmī, la consorte del Señor Viṣṇu. En el *Mārkaṇḍeya Purāṇa*, encontramos párrafos que describen a la diosa como Viṣṇu-māyā, la *śakti* del Señor Viṣṇu, así como Nārāyaṇī, la consorte de Nārāyaṇa. El *Lakṣmī Tantra* ofrece un tipo diferente de *ati-mārga vaiṣṇava*, que incluye prácticas de la mano izquierda (*vāmācāra*).

Indudablemente, el vaishnavismo se vio influido por la tradición tántrica. Rāmānujācārya y Madhvācārya reconocían a la Śakti como Lakṣmī, mientras que Nimbārka, Vallabha y Caitanya la veían como Rādhā.

Rādhā se reveló por primera vez en los bellísimos poemas de *āḷvār* Andal. Asimismo, su presencia se presagió en el *Bhāgavata Purāṇa*. En la sección *Rādhā-prakaraṇa* de la obra *Ujjvala Nīlamaṇi*, Rūpa Gosvāmī declara que Śrīmatī Rādhārāṇī es *hlādinī-śakti*, la mayor de todas las *śaktis*; por lo tanto, se refiere a Rādhā como Mahā-śakti. Por supuesto, ella se asemeja a la Mahā-śakti venerada en el tantra. El mismo Jīva Gosvāmī, en su comentario al *Brahmā Saṁhitā*, cita un verso del *Sammohana Tantra* en relación con Rādhā.

Muchos eruditos modernos ven en la pareja divina del vaishnavismo otra versión de la pareja Śiva-Śakti del tantra. La relación entre Śrī Śrī Rādhā y Kṛṣṇa recibió atención especial en la obra *Gītā-govinda* de Jaya-deva, en el *Brahma-vivarta Purāṇa* y en la poesía de Vidyā-pati y Caṇḍī-dāsa. Este tratamiento proviene de la secta tántrica *vaiṣṇava-sahajiyā*, que Jayadeva afirma haber seguido. Incluso hay especialistas que se inclinan a considerar a Śrī Caitanya como un *sahajiyā*. Proponen que Śrī Caitanya mantenía una relación tántrica con Ṣāṭhī, la hija de Sārva-bhauma Bhaṭṭācārya. Y por eso Amogha, el marido de Ṣāṭhī, se enojó con Śrī Caitanya cuando él visitó el hogar de Sārva-bhauma Bhaṭṭācārya para aceptar *prasādam*.

হেনকালে 'অমোঘ,' – ভট্টাচার্যের জামাতা ।
কুলীন, নিন্দক তেঙ্হো ষাঠীকন্যার ভর্তা ॥

hena-kāle 'amogha,' — bhaṭṭācāryera jāmātā
kulīna, nindaka teṅho ṣāṭhī-kanyāra bhartā

Por aquel entonces, el Bhaṭṭācārya tenía un yerno que se llamaba Amogha, el esposo de su hija Sāṭhī. Aunque nació en una aristocrática familia de *brāhmaṇas*, Amogha estaba siempre criticando y blasfemando.

ভোজন দেখিতে চাহে, আসিতে না পারে ।
লাঠিহাতে ভট্টাচার্য আছেন দুয়ারে ॥

bhojana dekhite cāhe, āsite nā pāre
lāṭhi-hāte bhaṭṭācārya āchena duyāre

Amogha quería ver comer a Śrī Caitanya Mahā-prabhu, pero no le dejaron entrar. En realidad, Bhaṭṭācārya hacía guardia a la puerta de casa con un bastón en la mano.

তেঙ্হো যদি প্রসাদ দিতে হৈলা আনমন ।
অমোঘ আসি' অন্ন দেখি' করয়ে নিন্দন ॥

teṅho yadi prasāda dite hailā āna-mana
amogha āsi' anna dekhi' karaye nindana

Sin embargo, tan pronto como Bhaṭṭācārya se puso a servir *prasādam* y descuidó un poco la atención, Amogha entró. Al ver la cantidad de comida, comenzó a blasfemar.

এই অন্নে তৃপ্ত হয় দশ বার জন ।
একেলা সন্ন্যাসী করে এতেক ভক্ষণ! ॥

ei anne tṛpta haya daśa bāra jana
ekelā sannyāsī kare eteka bhakṣaṇa!

Toda esta comida bastaría para saciar a diez o doce hombres, pero este *sannyāsī*... ¡se lo está comiendo todo él solo!

শুনিতেই ভট্টাচার্য উলটি’ চাহিল ।
তাঙ্র অবধান দেখি’ অমোঘ পলাইল ॥

śunitei bhaṭṭācārya ulaṭi' cāhila
tāṅra avadhāna dekhi' amogha palāila

Tan pronto como Amogha dijo esto, Sārvabhauma Bhaṭṭācārya volvió los ojos hacía él. Al ver la actitud del Bhaṭṭācārya, Amogha salió inmediatamente.

(*Śrī Caitanya-caritāmṛta*, «*Madhya-līlā*», 15.245-249)

La teología *vaiṣṇava* se vio especialmente influida por el tantra en Bengala y Orissa. La diosa tántrica Ekānaṃśā se reveló como la consorte del Señor Kṛṣṇa. En el templo Ananta-vāsudeva en Bhuvaneshwar, ella se halla situada entre Kṛṣṇa y Balarāma. También en el famoso templo de Jaganath Puri, está representada como Subhadrā y ubicada entre Jagannātha y Balarāma.

La doctrina de *śakti* ocupa un lugar tan relevante en la escritura *vaiṣṇava Lakṣmī Tantra*, que incluso los *śāktas* la consideran sagrada.

En el *Vivarta-vilāsa*, Ākiñcana-dāsa enumera las compañeras tántricas de los aspirantes *vaiṣṇavas*.

Una prueba de la influencia del tantra en el vaishnavismo es la conexión y relación existente entre los diez *avatāras* de Viṣṇu con las diez *mahā-vidyās* tántricas. Esto último es una declaración que aparece en el *Guhyātiguhya Tantra*:

कृष्णमूर्तिः कालिका स्याद्राममूर्तिस्तु तारिणी ।
छिन्नमस्ता नृसिंहः स्याद्वामनो भूवनेश्वरी ॥
जामदग्नाः सुन्दरी स्यान्मीनो धूमावनी भवेत् ।
वगला कूर्ममूर्तिः स्याद्बलभद्रश्च भैरवी ॥
महालक्ष्मीर्भवेद्बुद्धो दुर्गा स्याद्कल्किरूपिणी ।
स्वयं भगवती काली कृष्णस्तु भगवान्स्वयम् ॥

kṛṣṇa-mūrtiḥ kālikā syād
rāma-mūrtis tu tāriṇī
chinnamastā nṛsiṁhaḥ syād
vāmano bhūvaneśvarī

jāmadagnāḥ sundarī syān
mīno dhūmāvanī bhavet
vagalā kūrma-mūrtiḥ syād
balabhadraś ca bhairavī

mahā-lakṣmīr bhaved buddho
durgā syād kalki-rūpiṇī
svayaṁ bhagavatī kālī
kṛṣṇas tu bhagavān svayam

Kālī es la *mūrti* de Kṛṣṇa, y Tāriṇī es la *mūrti* de Rāma. Chinnamastā es el Señor Nṛsiṁha, y Bhūvaneśvarī es Vāmana Deva. Vagalā es el *mūrti* de Kūrma Avatār, y Bhairavī de Baladeva. Mahā-lakṣmī es el Señor Buda y Durgā es una forma de Kalki. El mismo ser de la diosa Kālī es Kṛṣṇa, que es Bhagavān.

(*Guhyātiguhya Tantra*)

La tradición tántrica se refiere al cuerpo como la morada de Dios. Considera los diferentes centros energéticos (chakras) como las moradas ya sea de *śakti* (*śakti-dhama*) o de Śiva (*śiva-dhama*). Asimismo, ciertos *saṁhitās vaiṣṇavas* se refieren a Mathura y Vrindavana como las moradas de Dios. En algunos *purāṇas,* se describe Gokula como la morada de Dios con la forma de un loto de mil pétalos. De acuerdo con el tantra, se trata del loto de mil pétalos llamado *sahasrāra-padma* que reside en la coronilla.

Vemos una relación muy estrecha entre los *pāñca-rātras* y los *śākta tantras*. Es ampliamente conocido que los *śākta tantras* se refieren a la omnipresente Adya-śakti como *yonī*, o 'vulva', un símbolo de la energía procreadora divina que da origen a todo. El *Ahir-budhnya Saṁhitā* (59.7) se refiere a Lakṣmī también como *yonī*.

Incluso el *Bhāgavata Purāṇa* reconoce la autoridad del tantra en materia de adoración, iniciación y demás.

पाद्योपस्पर्शार्हणादीनुपचारान् प्रकल्पयेत् ।
धर्मादिभिश्च नवभिः कल्पयित्वासनं मम ॥
पद्ममष्टदलं तत्र कर्णिकाकेसरोज्ज्वलम् ।
उभाभ्यां वेदतन्त्राभ्यां मह्यं तूभयसिद्धये ॥

pādyopasparśārhaṇādīn
upacārān prakalpayet
dharmādibhiś ca navabhiḥ
kalpayitvāsanaṁ mama

padmam aṣṭa-dalaṁ tatra
karṇikā-kesarojjvalam
ubhābhyāṁ veda-tantrābhyāṁ
mahyaṁ tūbhaya-siddhaye

El adorador debe, en primer lugar, imaginar que mi asiento está decorado con las deidades personificadas de la religión, la sabiduría, la renuncia y la abundancia, y con mis nueve energías espirituales. Debe imaginar el lugar donde se sienta el Señor como un loto de ocho pétalos, refulgente a causa de los filamentos de azafrán dentro de su forma espiral. Entonces, siguiendo las regulaciones tanto de los Vedas como de los tantras, debe ofrecerme agua para lavar los pies, agua para lavar la boca, *arghya* y otros elementos de adoración. Mediante este proceso, alcanza el disfrute material y la liberación.

(*Bhāgavata Purāṇa*, 11.27.25-26)

श्रीशौनक उवाच-
अथेममर्थं पृच्छामो भवन्तं बहुवित्तमम् ।
समस्ततन्त्रराद्धान्ते भवान्भागवत तत्त्ववित् ॥

śrī-śaunaka uvāca
athemam arthaṁ pṛcchāmo
bhavantaṁ bahu-vittamam
samasta-tantra-rāddhānte
bhavān bhāgavata tattva-vit

Śrī Śaunaka dijo: ¡Oh, Sūta!, eres el mejor de los hombres cultos y un gran devoto del Señor Supremo. Por consiguiente, ahora te preguntamos acerca de la conclusión definitiva de las escrituras tántricas.

(*Bhāgavata Purāṇa*, 12.11.1)

एवं क्रियायोगपथैः पुमान् वैदिकतान्त्रिकैः ।
अर्चन्नुभयतः सिद्धिं मत्तो विन्दत्यभीप्सिताम् ॥

evaṁ kriyā-yoga-pathaiḥ
pumān vaidika-tāntrikaiḥ
arcann ubhayataḥ siddhiṁ
matto vindaty abhīpsitām

Al rendirme culto mediante los diversos métodos prescritos en los Vedas y los Tantras, uno obtendrá de mí la perfección deseada tanto en esta vida como en la siguiente.

(*Bhāgavata Purāṇa*, 11.27.49)

सूत उवाच-
नमस्कृत्य गुरून् वक्ष्ये विभूतीर्वैष्णवीरपि ।
याः प्रोक्ता वेदतन्त्राभ्यामाचार्यैः पद्मजादिभिः ॥

sūta uvāca
namaskṛtya gurūn vakṣye
vibhūtīr vaiṣṇavīr api
yāḥ proktā veda-tantrābhyām
ācāryaiḥ padmajādibhiḥ

Sūta Gosvāmī dijo: «Ofreciendo reverencias a mis maestros espirituales, les repetiré la descripción de las opulencias del Señor Viṣṇu que se enumeran en los Vedas y tantras por parte de las grandes autoridades, comenzando desde Brahmā nacido del loto».

(*Bhāgavata-purāṇa*, 12.11.4)

य आशु हृदयग्रन्थिं निर्जिहीर्षुः परात्मनः ।
विधिनोपचरेद् देवं तन्त्रोक्तेन च केशवम् ॥

ya āśu hṛdaya-granthiṁ
nirjihīrṣuḥ parātmanaḥ
vidhinopacared devaṁ
tantroktena ca keśavam

Quien desee cortar rápidamente la atadura del ego falso, que ata al alma espiritual, debe adorar al Señor Supremo, Keśava, según las normas que se encuentran en las escrituras védicas así como en los tantras.

(*Bhāgavata Purāṇa*, 11.3.47)

तं तदा पुरुषं मर्त्या महाराजोपलक्षणम् ।
यजन्ति वेदतन्त्राभ्यां परं जिज्ञासवो नृप ॥

taṁ tadā puruṣaṁ martyā
mahā-rājopalakṣaṇam
yajanti veda-tantrābhyāṁ
paraṁ jijñāsavo nṛpa

Mi querido Rey, en *Dvāpara-yuga* los hombres que desean conocer a Dios, que es el disfrutador supremo, lo adoran con el ánimo de honrar a un gran rey, siguiendo las prescripciones de los Vedas y los tantras.

(*Bhāgavata Purāṇa*, 11.5.28)

En los siguientes versos, podemos apreciar la actitud tántrica del *avatāra* de Viṣṇu, Dattātreya, que se describe en uno de los principales *purāṇas*:

दत्तात्रेयो ऽपि विषयान्योगस्थो दद्दशो हरिः ॥

dattātreyo 'pi viṣayān
yoga-stho dadṛśo hariḥ

Siendo Viṣṇu, Dattātreya también disfrutó de los objetos de los sentidos en profunda meditación.

(*Mārkaṇḍeya Purāṇa,* 17.15)

मुनिपुत्रवृतो योगी दत्तात्रेयो ऽप्यसङ्गिताम् ।
आभीप्समानः सरसि निममज्ज चिरं प्रभुः ॥
तथापि तं महात्मानमतीव प्रियदर्शनम् ।
तत्यर्जुन कुमारास्ते सरसस्तीरमाश्रताः ॥

muni-putravṛto yogī
dattātreyo 'py asaṅgitām
ābhīpsamānaḥ sarasi
nimamajja ciraṁ prabhuḥ

tathāpi taṁ mahātmānam
atīva priya-darśanam
tat tyajur na kumārās te
sarasas tīra saṁśritāḥ

Rodeado por los hijos de los *munis*, el yogui señorial Dattātreya, que deseaba liberarse de todo apego, se sumergió en un lago durante mucho tiempo. Esos jóvenes se quedaron a orillas del lago y no renunciaron a él, que era magnánimo y sumamente benévolo.

(*Mārkaṇḍeya Purāṇa*, 17.17-18)

दिव्ये वर्षशते पूर्णे यदा ते न त्यजन्ति तम् ।
तत्प्रीत्या सरसस्तीरं सर्वे मुनिकुमारकाः ॥
ततो दिव्याम्बरधरां चारुपीननितम्बिनीम् ।
नारीमादाय कल्याणीमुत्ततार जलान्मुनिः ॥
स्त्रीसन्निकर्षाद्यद्येते परित्यक्ष्यन्ति मामिति ।
मुनिपुत्रास्ततोऽसङ्गी स्थास्यामीति विचिन्तयन् ॥
तथापि तं मुनिसुता न त्यजन्ति यदा मुनिम् ।
ततः सह तया नार्य्या मद्यपानमथापिबत् ॥

divye varṣa-śate pūrṇe
yadā te na tyajanti tam
tat prītyā sarasas tīraṁ
sarve muni-kumārakāḥ

tato divyāmbara-dharāṁ
cāru-pīna nitmbinīm
nārīm ādāya kalyāṇīm
uttatāra jalān muniḥ

strī-san-nikarṣād yad yete
parityaksyanti mām iti
munī-putrās tato 'saṅgī
sthāsyāmīti vicintayan

tathāpi taṁ muni-sūtā
na tyajanti yadā munim
tataḥ saha tayā nāryyā
madya-pānam athāpibat

Aunque transcurrieron cien años celestiales, debido a su afecto hacia él, todos los jóvenes *munis* permanecieron a orillas del lago; el *muni*, tomando a su noble esposa vestida de ropas celestiales, hermosa y de forma rellena, emergió del agua, pensando que así los hijos de los *munis* lo abandonarían debido a la presencia de una mujer, y entonces finalmente estaría libre de todos los apegos.

(*Mārkaṇḍeya Purāṇa*, 17.19-22)

सुरापानरतं ते न सभार्य्यां तत्यजुस्ततः ।
गीतवाद्यादिवनिता भोगसंसर्गदूषितम् ॥
मन्यमाना महात्मानं पीतासव - सविक्रियम् ।
नावाप दोषं योगीशो वारुणीं स पिबन्नपि ॥

surā-pāna-ratam te na
sabhāryyāṁ tatyajus tataḥ
gīta-vādyādi-vanitā
bhoga-saṁsarga dūṣitam

manya-mānā mahātmānaṁ
pītāsava savikriyam
nāvāpa doṣaṁ yogī so
vāruṇīṁ sa pibann api

Después de ver que, a pesar de eso, los hijos de los *munis* no lo dejaban, bebió licores embriagadores en compañía de su esposa. Aunque estaba absorto en el consumo de licores en compañía de ella, y aunque se había llenado de impurezas por la adicción al canto, a los instrumentos musicales y demás, y también por tener relaciones sexuales con su esposa, aun así no lo abandonaron, porque lo consideraban una gran alma desapegada de los ritos religiosos.

(*Mārkaṇḍeya Purāṇa*, 17.23-24)

अन्तावसायिवेश्मान्तर्मातरिश्वा वसन्निव ॥
सुरां पिबन्सपत्नीकस्तपस्तेपे स योगवित् ।
योगीश्वरश्चिन्त्यमानो योगिभिर्मुक्तिकाङ्क्षिभिः ॥

antāvasāyivesmāntar
mātariśvā vasann iva

surāṁ piban sapatīkas
tapas-tepe sa yogavit
yogīśvaraś cintya-māno
yogibhir muktikāṅgibhiḥ

El señor de los yoguis, a pesar de tomar licores, no comete faltas. Habitando como Mātariśvan, en las moradas de los *caṇḍalas*, tomando bebidas poderosas, el señor de los yoguis, experto en el yoga, en la presencia de su esposa, realizó austeridades, de manera que los yoguis que ansiaban la liberación de la existencia mundana meditaron en él.

(*Mārkaṇḍeya Purāṇa,* 17.25)

गर्ग उवाच-
इत्युक्तास्ते तदा जग्मुर्दत्तात्रेयाश्रमं सुराः ।
ददृशुश्च महात्मानं तं ते लक्ष्म्या समन्वितम् ॥
उद्गीयमानं गन्धर्वैः सुरापानरतं मुनिम् ।
ते तस्य गत्वा प्रणतिमवदन्साध्यसाधनम् ॥

garga uvāca
ity uktās te tadā jagmur
dattātreyāśramaṁ surāḥ
dadṛśuś ca mahātmānaṁ
taṁ te lakṣmyā samanvitam

udgīyamānaṁ gandharvaiḥ
surā-pāna-rataṁ munim
te tasya gatvā praṇatim
avadan sādhya-sādhanam

Garga dijo: «Luego, exhortados de esta manera, los dioses se dirigieron a la ermita de Dattātreya, y contemplaron al *muni* de alma elevada, asistido por Lakṣmī, alabado por *gandharvas*, y absorto en el consumo excesivo de bebidas alcohólicas».

(*Mārkaṇḍeya Purāṇa*, 18.22-23)

दत्तात्रेय उवाच-
मद्यासक्तोऽहमुच्छिष्टो न चैवाहं जितेन्द्रियः ।
कथमिच्छथ मत्तो ऽपि देवाः शत्रुपराभवम् ॥

dattātreya uvāca-
madyāsakto 'ham ucchiṣṭo
na caivāhaṁ jitendriyaḥ
katham icchatha matto 'pi
devāḥ śatru-parābhavam

Dattātreya dijo: «Bebo una bebida poderosa, tengo restos de comida en mi boca, no modero mis sentidos. ¿Cómo es posible, oh dioses, que busquen la victoria sobre sus enemigos, incluso en mí?».

(*Mārkaṇḍeya Purāṇa*, 18.28)

देवा ऊचुः-
अनघस्त्वं जगन्नाथ न लेपस्तव विद्यते ।
विद्याक्षालनशुद्धान्तर्निविष्टज्ञानदीधिते ॥

devā ūcuḥ-
anaghas tvaṁ jagan-nātha
na lepas tava vidyate
vidyākṣālana śuddhāntar
niviṣṭa-jñāna dīdhite

Los dioses dijeron: «Tú no cometes pecados, ¡oh Señor del mundo!; eres inmaculado, la luz de la sabiduría ha penetrado en tu corazón que ha sido purificado por la ablución del aprendizaje».

(*Mārkaṇḍeya Purāṇa*, 18.29)

दत्तात्रेय उवाच-
सत्यमेतत्सुरा विद्या ममास्ति समदर्शिनः ।
अस्यास्तु योषितः सङ्गादहमुच्छिष्टतां गतः ॥
स्त्रीसम्भोगो हि दोषाय सातत्येनोपसेवितः ।
एवमुक्तास्ततो देवाः पुनर्वचनमब्रुवन् ॥

dattātreya uvāca-
satyam etat surā vidyā
mamāsti sama-darśinaḥ
asyāstu yoṣitaḥ saṅgād
aham ucchiṣṭatāṁ gataḥ

strī-sambhogo hi doṣāya
sā tat yenopasevitaḥ
evam uktās tato devāḥ
punar vacanam abruvan

Dattātreya dijo: «Eso es cierto, ¡oh dioses! Tengo conocimiento imparcial, pero ya que he estado con esta mujer y he comido, ahora estoy impuro. Y porque me acompaño de mujeres, sigo las tendencias depravadas». En respuesta, los dioses volvieron a hablar.

(*Mārkaṇḍeya Purāṇa*, 18.30-31)

देवा ऊचुः ।
अनघेयं द्विजश्रेष्ठ जगन्माता न दुष्यते ।
यथा सुमाला सूर्यस्य द्विजचण्डालसङ्गिनी ॥

devā ūcuḥ-
anagheyaṁ dvija-śreṣtha
jagan-mātā na dusyate
yathā sumālā sūryasya
dvija-caṇḍāla-saṅginī

¡Oh, *brāhmaṇa* inmaculado! Esta mujer es la Madre del mundo; ella no es depravada, sino que es tan pura como la aureola de los rayos de sol que tocan por igual al nacido-dos-veces y al *caṇḍala.*

(*Mārkaṇḍeya Purāṇa,* 18.32)

Los *vaiṣṇava āgamas*

Los *vaiṣṇava āgamas*, denominados también *saṁhitās*, aceptan las diferentes encarnaciones del Señor Viṣṇu como la suprema divinidad, relegando el resto de las deidades a una posición secundaria. Estos *āgamas* consisten en conversaciones entre Viṣṇu y su consorte Lakṣmī. Hay centenares de *āgamas vaiṣṇavas*. La tradición tántrica *vaiṣṇava* se divide en dos sectas que difieren en sus rituales: la *pāñca-rātra* y la *vaikhānasa*. Por ejemplo, la tradición *pāñca-rātra* acepta a todo ser humano sin discriminación, pero la *vaikhānasa* solo acepta a los nacidos en la casta brahmánica.

Pāñca-rātra

El *Pāñca-rātra* es un sistema *vaiṣṇava* originado en los Himalayas. Hay diferentes explicaciones para su denominación. Una de las más aceptadas dice que proviene de la rutina diaria en cinco partes que llevan a cabo sus seguidores:

1. *Abhigamana*: Asistir al templo para el culto matinal.
2. *Upādāna*: Adquirir los materiales necesarios para el culto.
3. *Ijyā*: Adorar a la deidad.
4. *Svādhyāya*: Estudiar las escrituras reveladas.
5. Yoga: Meditar en la divinidad.

De acuerdo con Rāmānujācārya, Brahman es Viṣṇu, que se manifiesta en cinco formas distintas (las categorías *pāñca-rātras*): *vibhava, antaryāmin, arcā, vyūha* y *para*. *Vibhava* significa 'descenso divino' y se refiere a las treinta y nueve encarnaciones (*avatār*) y emanaciones (*prādur-bhāva*). *Antaryāmin* significa 'el controlador interno que mora en todos los seres y guía sus destinos'. *Arcā* es la forma adorada en el culto en el templo. *Vyūhas* son las cuatro emanaciones: Vāsudeva,

Saṅkarṣaṇa, Pradyumna y Aniruddha. Por último, *Para* es la forma trascendental o suprema.

La escuela *pāñca-rātra* afirma originarse en el *Ekāyana Veda*, considerado la fuente de los otros Vedas, y el grupo *vaikhānasa* remonta sus orígenes a la recensión *Aukheya* del *Kṛṣṇa Yajur Veda*. Estos dos linajes provienen de Nārāyaṇa y Vikhānasa, quienes aprendieron de Viṣṇu y Brahmā, respectivamente.

Los sabios *phenapas*, o 'bebedores de espuma', fueron los primeros en practicar el *ekāntika-dharma*, que es el culto exclusivo a Viṣṇu. Estos grandes *munis* residían en la espuma del océano lácteo y fueron atemorizados por los dioses. De acuerdo con el *Mahābhārata*, los *phenapas* también bebieron la espuma de los remanentes del néctar bebido por el mismo Brahmā.

Estos sabios le impartieron el conocimiento a Vikhānasa, quien a su vez se lo enseñó a Soma, Marīci y Bhṛgu. Este *dharma* se perdió, pero reapareció cuando Soma se lo transmitió a Brahmā, quien se lo pasó a Rudra. Rudra se lo impartió a los Vālakhilyas, y Saṁkarṣaṇa se lo transmitió a Nārada.

El renacimiento tántrico en Bengala ocurrió entre los siglos XV y XIX n. e. Dado que esta corriente armonizó el tantra con el hinduismo brahmánico, ganó popularidad dentro de los círculos ortodoxos. Este sendero es la combinación perfecta de la devoción a Kṛṣṇa con la veneración a Kālī.

La escuela *pāñca-rātra* cuenta con cuatro medios para liberarse de la rueda de los repetidos nacimientos y muertes: *jñāna*, *caryā*, *kriyā* y *yoga*. *Jñāna* es el conocimiento de la realidad última, o Bhagavān. *Kriyā* y *caryā* denotan la adoración al Ser universal tanto en el hogar como los templos. El *yoga* consiste en meditar sobre la divinidad.

Vaikhānasa

La secta *vaikhānasa* adora a Viṣṇu como el Señor Supremo. El nombre se deriva de su fundador, el sabio Vikhānasa. Sus seguidores eran en su mayoría *brāhmaṇas* de la *Taittirīya Śākhā* del *Kṛṣṇa Yajur Veda*, y el *Vaikhānasa-kalpa Sūtra*. Eran monoteístas, aunque con una inclinación al *vedānta* no dual, o *advaita*.

Según esta tradición, Vikhānasa fue una encarnación del Señor Brahmā. El Señor Viṣṇu personalmente le enseñó los misterios de la correcta adoración. Así pues, estas escrituras, al igual que los *pāñca-rātras*, se consideran revelaciones divinas. La mayor parte de la literatura *vaikhānasa* está relacionada con la correcta ejecución de la adoración y los rituales. Los *vaikhānasas* consideran que la adoración en el templo es una continuación del sacrificio védico del fuego.

Los *vaikhānasa āgamas* descienden directamente de Viṣṇu. Sin embargo, reciben el nombre *Vaikhānasa* porque fue Vikhānasa quien los entregó a la humanidad a través de los *maharṣis*, sus cuatro discípulos: Atri, Marīci, Kaśyapa y Bhṛgu. Él les enseñó la adoración a Viṣṇu siguiendo el sistema *paramparā*. Vikhānasa escribió dos tratados: el *Vaikhānasa-kalpa Sūtra* y el *Daivika Sūtra*. Sin duda, el *Vaikhānasa Kalpa Sūtra* es el más importante; tiene 32 capítulos y prescribe la veneración del Señor Viṣṇu, tanto en el hogar como en el templo. Las secciones relacionadas con el conocimiento son muy breves.

Los textos describen los cinco aspectos de Viṣṇu: Viṣṇu, Puruṣa, Satya, Acyuta y Aniruddha. Viṣṇu es el Señor supremo todopoderoso. Puruṣa es el principio de la vida. Satya es el aspecto estático de la deidad. Acyuta es el aspecto inmutable que no cambia; y Aniruddha es el aspecto irreductible. De acuerdo con el *Marīci Saṁhitā*, la realización del ideal más elevado reside en la adoración.

Kṛṣṇa-bhakti bengalí

El movimiento *bhakti* fue fundado por Śrī Caitanya (1486-1527 n. e.) en el siglo XVI n. e. y se denomina vaishnavismo *gauḍīya*. El nombre *gauḍīya* se refiere a la región donde emergió: *gauḍa*, situada en Bengala.

Aunque originalmente Śrī Caitanya fue iniciado en el seno de la tradición *madhva*, posteriormente desarrollaría su propio sistema con una teología diferenciada. Al principio, la tradición de Caitanya era similar a la de su contemporáneo Vallabhācārya. Predicaba la devoción hacia la pareja divina Kṛṣṇa y Rādhā. El principio fundamental era la devoción apasionada hacia Kṛṣṇa de la ciudad de

Vraja. En esta clase de vaishnavismo, el *bhakti* no implica solo amor y devoción, sino servicio al Señor supremo. En el *Bhakti-rasāmṛta-sindhu*, citando un verso del *Nārada Pāñca-rātra*, Rūpa Gosvāmī define el *bhakti* en los siguientes términos:

सर्वोपाधिविनिर्मुक्तं तत्परत्वेन निर्मलम् ।
हृषीकेण हृषीकेशसेवनं भक्तिरुच्यते ॥

sarvopādhi-vinirmuktaṁ
tatparatvena nirmalam
hṛṣīkeṇa hṛṣīkeśa-
sevanaṁ bhaktir ucyate

> *Bhakti* significa ocupar todos nuestros sentidos en el servicio del Señor, el amo de todos los sentidos. El servicio que el alma espiritual ofrece al Supremo tiene dos efectos colaterales: la persona se libera de las falsas identificaciones materiales, y sus sentidos, por el simple hecho de ser empleados en el servicio del Señor, se purifican.
>
> (*Bhakti-rasāmṛta-sindhu*, 1.1.12)

La tradición de Śrī Caitanya ha logrado difundir ampliamente el culto a Sus Señorías Śrī Śrī Rādhā y Kṛṣṇa, la pareja divina de Vrindavana, no solo en India, sino en el mundo entero.

Sahajiyās

Sahajiyā consiste en una forma de vaishnavismo bhakti-tántrico, originario de Bengala, que comprende varios linajes tántricos. El término *sahaja* significa 'nacidos simultáneamente', 'espontáneo' o 'innato'. En esta fascinante tradición, el tantra se mezcla con la devoción. Los orígenes de este movimiento esotérico, al igual que sucede en muchas otras tradiciones tántricas, se pierden en la oscuridad de los tiempos.

El *bhakti* se expresa a través de la adoración a la pareja divina, Śrī Śrī Rādhā y Kṛṣṇa, y mediante ritos y prácticas sexuales que emulan a nivel físico el amor divino de la pareja trascendental. El sahajismo ve la relación íntima entre Śrīmatī Rādhārāṇī y Kṛṣṇa como una metáfora de la eterna relación entre el alma y Dios. Las prácticas consisten en decididos esfuerzos por emular dichas actividades divinas a nivel físico. La intención consiste en trascender la concepción superficial y mundana acerca del sexo, y descubrir que se trata de una experiencia divina. Estas prácticas tántricas podrían ser consideradas un intento de sublimación del sexo desde la situación humana a la trascendental.

Después de haber sido condenados y rechazados por la ortodoxia y la sociedad en general, mantuvieron su *sādhana* en secreto durante generaciones. La reacción pública los llevó a ser muy discretos y entrar en la clandestinidad. Sus autores desarrollaron el *sandhyā-bhāṣā*, un estilo esotérico y enigmático de escritura que substituye la terminología y disfraza los textos para mantener la discreción en las enseñanzas y prácticas. El contenido de dichas obras solo resulta accesible a los iniciados.

Prácticas esotéricas como el *gaṇācāra*, o 'grupo circular', se han mantenido dentro de pequeños grupos. Dicha práctica consiste en una danza que reproduce la *rāsa-līlā* del Señor Kṛṣṇa con las *gopīs* descrita en el *Bhāgavata Purāṇa*. Se trata de un ritual de carácter no dual de comunión con la divinidad.

Esta tradición se desarrolló a partir del vaishnavismo *gauḍīya* de Śrī Caitanya, aportando su propia visión a textos como el *Bhāgavata Purāṇa* y el *Śrī Caitanya-caritāmṛta* de Kṛṣṇa dāsa Kavirāja Gosvāmī. Era una interpretación novedosa del krishnaismo de Caitanya y sus *gosvāmīs* en Vrindavana. Lo mencionado resulta obvio a partir de los comentarios *sahajīyās* de Ākiñcana-dāsa (nacido c. 1625 n. e.) al *Caitanya-caritāmṛta* en su famoso *Vivarta-vilāsa*. Afirma que la línea de sucesión discipular *gauḍīya* pasó desde Kṛṣṇa-dāsa Kavirāja a su discípulo Mukunda-dāsa. Él y sus discípulos son autores de las obras literarias *sahajīyās* de mayor relevancia.

El *Nigūḍhārtha-prakāśāvalī* (c. 1650 n. e.) establece que los cuatro textos más importantes producidos por el linaje de Mukunda-dāsa son el *Amṛta-ratnāvalī*, el *Ānanda-bhairava* de Prema-dāsa, el *Amṛta-rasāvalī* de Mathura-dāsa y el *Āgama-sāra* de Yugalera dāsa. Dichos textos exponen la visión *sahajiyā* y permiten acceder a las enseñanzas esotéricas de esta escuela. Las interpretaciones *sahajiyās* de la literatura *gauḍīya* permitieron desarrollar un tantra devocional, dando lugar posteriormente a las comunidades de *kartabhajas* y los *bauls*. Dentro del movimiento *sahajiyā*, existe una subdivisión entre los *dakṣiṇācāras*, o 'seguidores de la mano derecha' y los *vāmācāras*, o 'seguidores de la mano izquierda'. Ambas líneas practican el *pañca-ma-kāra*, pero los *dakṣiṇācāras* lo seguían simbólicamente, mientras que los *vāmācāras* lo hacían de forma literal. Para los *vāmācāras*, la búsqueda espiritual está íntimamente ligada a la experiencia sensual. La sexualidad es aceptada como medio legítimo para acceder a niveles más elevados de consciencia.

Con relación a su literatura, sabemos de la existencia de numerosos manuscritos *sahajiyās* en la biblioteca Baṅgīya-sāhitya-pariṣad de la Universidad de Calcuta. Asimismo, en la Sociedad Asiática de Calcuta, se encuentran numerosos manuscritos. En su gran mayoría, la lírica *sahajiyā* fue escrita por poetas como Caṇḍī-dāsa (nacido en el 1408 n. e.), que es sin duda el autor más prolífico, así como Vidyā-pati, Rūpa, Sanātana, Vṛndāvana-dāsa, Kṛṣṇa dāsa Kavirāja, Narahari, Narottama, Locana, Caitanya-dāsa y otros. Encontramos también sahajismo en la poesía del *mahā-siddha* Saraha del siglo VIII n. e.

Capítulo 7

Las sectas tántricas posteriores

Liṅgāyata o shaivismo *vīra*

El shaivismo *vīra* se denomina también lingayatismo. Los seguidores de esta secta reciben el nombre de *liṅgāyatas*, término derivado de *liṅga-vantha*, que significa en lengua kannada 'aquel que porta el *liṅga*'. Es una secta del shaivismo que se extendió en la región de Karnataka, en el sur de la India.

Existen dos opiniones acerca de los fundadores de la secta. La primera señala que se originó a partir de los cinco sabios: Revaṇa-siddha, Maruḷa-siddha, Ekorāma, Paṇḍitārādhya y Viśvārādhya. La segunda afirma que la secta fue fundada por Basava (1134-1196 n. e.), también conocido como Basavaṇṇa. Este último fue un gran maestro espiritual apodado *Viśva-guru*, o 'maestro universal', debido a la amplitud y universalidad de sus enseñanzas. No fue solo un religioso y místico, sino también un importante reformador social que luchó por la igualdad de los sexos, la abolición del sistema de castas y los derechos laborales. Ocupó el importante cargo de primer ministro del rey Bijjala quien reinó desde el año 1157 hasta el 1167 n. e.

En el 1160 n. e., Basava fundó un movimiento llamado Śūnya-siṁhāsana en Kalyāṇī, ubicado en el distrito de Bidār, en Karnataka. Más que una institución, esta escuela era un lugar de encuentro de grandes santos y místicos de la época.

Basava nunca escribió un tratado sistemático acerca del shaivismo *vīra*. Sin embargo, su famosa obra *Vacana Sāhitya* revela su devoción hacia Kūḍala-saṅgama-devā o Śiva.

ವಚನದಲ್ಲಿ ನಾಮಾಮೃತ ತುಮ್ಬಿ
ನಯನದಲ್ಲಿ ನಿಮ್ಮ ಮೂರುತಿ ತುಮ್ಬಿ
ಮನದಲ್ಲಿ ನಿಮ್ಮ ನೆನಹು ತುಮ್ಬಿ
ಕಿವಿಯಲ್ಲಿ ನಿಮ್ಮ ಕೀರುತಿ ತುಮ್ಬಿ
ಕೂಡಲ ಸಂಗಮ ದೇವಾ
ನಿಮ್ಮ ಚರಣಕಮಲದೊಳಗಾನು ತುಮ್ಬಿ

vacanadalli nāmāmṛta tumbi
nayanadalli nimma mūruti tumbi
manadalli nimma nenahu tumbi
kiviyalli nimma kīruti tumbi
kūḍala saṅgama devā
nimma caraṇa-kamala-doḷagānu tumbi

¡Las palabras pronunciadas [por mí] están llenas del néctar de [tu santo] nombre! ¡Mis ojos se enriquecen con la visión de tu forma! ¡Mi mente está colmada de tus pensamientos! ¡Mis oídos rebosan de tu gloria! ¡Oh, Señor Kūḍala Saṅgama, en tus pies de loto, resido como una abeja!

(*Vacana Sāhitya* por Basava, *vacana* 1)

ನೀರಿಗೆ ನೈದಿಲೆ ಶೃಙ್ಗಾರ
ಸಮುದ್ರಕೆ ತೆರೆಯೆ ಶೃಙ್ಗಾರ
ನಾರಿಗೆ ಗುಣವೆ ಶೃಙ್ಗಾರ
ಗಗನಕೆ ಚಂದ್ರಮ ಶೃಙ್ಗಾರ
ನಮ್ಮ ಕೂಡಲ ಸಂಗನ ಶರಣರ
ನೊಸಲಿಗೆ ವಿಭೂತಿಯೆ ಶೃಙ್ಗಾರ

nīrige naidile śṛṅgāra
samudrake tereye śṛṅgāra
naarige guṇave śṛṅgāra
gaganake candrama śṛṅgāra
namma kūṇḍala saṅgana śaraṇara
nosalige vibhūtiye śṛṅgāra

El encanto es para el agua de nenúfares [del estanque]. El encanto es para la marea oceánica. El encanto es para el personaje femenino. El encanto es para la luna en el cielo. El encanto es para la ceniza sagrada en la frente de los devotos del Señor Kūḍala-saṅgama.

(*Vacana Sāhitya* por Basava, *vacana* 2)

Los fundadores previos a Basava

Tal como ya se ha mencionado, existen diferentes opiniones respecto a los orígenes de esta secta. No todos los seguidores del shaivismo *vīra* aceptan al maestro Basava como su fundador, considerando que él fue un reformador posterior del sistema y que los auténticos fundadores fueron cinco santos y sabios *ācāryas* nacidos de diferentes *Śiva-liṅgas*. Revaṇa-siddha nació del *Someśa-liṅga* en Kollipak; Maruḷa-siddha del *Siddheśa-liṅga* en Ujjain, distrito de Bellari, Karnataka; Ekorāma del *Śrī-sailya-mallikārjuna-liṅga* del distrito de Kurnool en Andhra Pradesh; Paṇḍitārādhya del *Rāma-nātha-liṅga* de Kedār-nāth en Uttar Pradesh; y Viśvārādhya del *Viśveśvara-liṅga* en Vārāṇasī en Uttar Pradesh. Revaṇa- siddha, el primero de estos grandes sabios, fundó un *maṭha* en Bale Honnur, en Chikkamanglur, Karnataka.

La visión del shaivismo *vīra*

Para estudiar sistemáticamente esta secta antes de Basava, debemos analizar el *Śrīkara Bhāṣya*, un comentario sobre el *Brahma Sūtra* de Śrīpati Paṇḍit. Este texto establece muy claramente que el shaivismo *vīra* agámico contaba con un amplio apoyo brahmánico.

Esta secta se denomina *liṅgāyata* porque otorga gran importancia al *Śiva-liṅga*. Sus iniciados reciben un *liṅga* directamente de un maestro y lo llevan como un objeto purificado durante toda su vida. El *jīva* no puede manifestar su naturaleza divina, porque está cubierto por las tres clases de impurezas, o *malas*: *āṇava-mala* (la impureza de la agencia limitada), *kārma-mala* (la impureza de la acción limitada) y *māyīya- mala* (la impureza que crea la diversidad).

Para trascender estas impurezas, uno debe aceptar iniciación, o *dīkṣā*, de un auténtico maestro espiritual. Esta secta no diferencia entre sexos, y tanto hombres como mujeres tienen derecho al *dīkṣā*.

En la ceremonia de iniciación, el gurú adora un pequeño *liṅga* y luego lo ata al cuello del iniciado como un collar. Por último, el maestro le inicia en el sagrado mantra *oṁ namaḥ śivāya.*

Los principios básicos del shaivismo *vīra* son:

1. El Dios supremo es Śiva.
2. El principal símbolo de Dios es el *Śiva-liṅga.*
3. La fórmula para la liberación es el mantra *Oṁ namaḥ śivāya.*
4. El principal código de conducta es la práctica de las *pañcācāras,* o 'cinco disciplinas'.
5. Después de la iniciación, todo discípulo debe protegerse con *aṣṭāvaraṇas*, o 'las ocho cubiertas o escudos'.

Los *pañcācāras* son:

1. *Liṅgācāra*: La adoración diaria del *liṅga* recibido del gurú en la iniciación.
2. *Sadācāra*: Mantenerse económicamente con un trabajo decente y ayudar a los predicadores y a los pobres.
3. *Śivācāra*: Asociarse con todos los *liṅgāyatas* como si estos fueran el mismo Señor Śiva.
4. *Bhṛtyācāra*: Cultivar la humildad tanto hacia el Señor Śiva como hacia sus devotos.
5. *Gaṇācāra*: Mantener celosamente los principios religiosos. Protestar ante la falta de respeto hacia la religión. No aceptar la crueldad para con los animales.

Los *aṣṭāvaraṇas* (coberturas o escudos) son:

1. Gurú: La fe y el respeto hacia el maestro espiritual.
2. *Liṅga*: Tratar el sagrado *liṅga* con gran reverencia, respeto y devoción.
3. *Jaṅgama*: Respetar a los ascetas y los mendigos.
4. *Pādodaka*: Purificarse bebiendo o salpicándose con el agua que el maestro ha usado para lavarse los pies o bañarse.

5. *Prasāda*: Aceptar remanentes de alimentos que han sido santificados a través de la adoración.
6. *Brasma*: Untarse la frente y el cuerpo con cenizas sagradas, o *vibhūti*.
7. *Rudrākṣa*: Poseer una mala de *rudrākṣa* para *japa* y llevarla en el cuello como collar.
8. Mantra: Repetir el santo mantra *Oṁ namaḥ śivāya* de acuerdo con la guía e indicaciones del maestro espiritual.

La filosofía del shaivismo *vīra* se denomina *śakti-viśiṣṭādvaita*, una versión de no dualismo calificado que acepta tanto la diferencia como la no diferencia entre Brahman y su *śakti*. Dios es para su energía creativa lo que el sol a la luz o el fuego al calor. Al ser Brahman siempre plenamente consciente de su energía, *viśiṣṭatva* implica solo *vimarśa*, o 'autoconsciencia', del poder inherente. Brahman crea, mantiene y disuelve el universo a través de su poder, o *śakti*. Este es el motivo por el cual el nombre de la secta es *śakti-viśiṣṭādvaita*.

En el shaivismo *vīra*, el sendero devocional culmina en la completa absorción en Śiva. Śrī-pati Paṇḍit recomienda *śravaṇa*, o 'escuchar las glorias del Señor Śiva', repetir su santo nombre, meditar y estudiar los *āgamas* para realizar la dulce naturaleza de Śiva.

Khaṇḍobā, Birobā y Nāikbā constituyen diferentes aspectos del Señor Śiva que son adorados por mucha gente en India.

Aunque Śiva y el poder cósmico son uno, Śiva es trascendental a su creación, la cual no es ilusoria, sino que es real. Dios es causa tanto eficiente como material. Al liberarse, el alma logra la unión indiferenciada con Śiva. El objetivo de la vida es la realización de la unión de Śiva y el alma. La *sadhanā ṣaṭ-sthala* es un sendero gradual que incluye seis etapas devocionales:

1. *Bhakti*, o 'devoción'.
2. *Maheśa*, o 'servicio desinteresado'.
3. *Prasāda*, o 'búsqueda afanosa de la gracia divina'.
4. *Prāṇa-liṅga*, o 'experiencia de que todos son esencialmente Śiva'.
5. *Śaraṇa*, o 'tomar refugio en Śiva'.
6. *Aikya*, o 'fusión con Śiva'.

Cada una de las diferentes etapas va aproximando al aspirante a la fusión final con Dios, como el río que desemboca en el océano.

La ceremonia de ingreso a la secta *vīra śaiva* se denomina *liṅga-dīkṣā*. Durante este ritual, los aspirantes se comprometen a adorar, con una frecuencia diaria, al *Śiva-liṅga* personal. Esta secta enfatiza la igualdad de todos sus miembros, sin considerar diferencias de casta o sexo. Hoy el shaivismo *vīra* se mantiene vivo y fuerte al sur de India, especialmente en Karnataka.

El *saṭ-sthala-siddhānta*

En el shaivismo *vīra*, Brahman recibe el nombre de *sthala*, o 'espacio', ya que Brahman es tan infinito como el espacio. Otro significado del término sánscrito *sthala* es 'donde el universo emerge, evoluciona, se mantiene y se disuelve'. De acuerdo con la doctrina *ṣaṭ-sthala-siddhānta*, Dios se divide en *liṅga* y *aṅga*. El primer aspecto se refiere a Dios mismo, y el segundo a la *jīva*, o 'alma individual'.

Liṅga se divide en tres tipos:

1. *Prāṇa-liṅga*: La realidad tal como es captada por el pensamiento.
2. *Bhāva-liṅga*: La realidad como Ser puro que solo puede captarse mediante la intuición interna.
3. *Iṣṭa-liṅga*: Es la realidad absoluta más allá del espacio y del tiempo.

El *Aṅga* se divide en tres etapas:

1. *Tyāgāṅga*: Cuando el alma individual supera la ilusión o la noción falsa del ciclo de nacimientos y renacimientos.
2. *Bhogāṅga*: Cuando el alma disfruta el mundo mediante la gracia de Śiva.
3. *Yogāṅga*: Cuando el alma alcanza la dicha de la unión con Śiva.

Las *jīvas* reciben el nombre de *tyāgāṅgas* tras haber renunciado a todo apego a lo mundano y terrenal. Después de la purificación, se convierten en *bhogāṅgas* y experimentan la presencia divina, o *prāṇa-*

liṅga, dentro de sí mismas y disfrutan el mundo a través de la gracia de Śiva. En estados aún más avanzados, se convierten en *yogāṅgas*. Experimentan a Dios como *bhāva-liṅgas* cuando se ven unificadas con él, y como *Iṣṭa-liṅgas* cuando se fusionan con él.

El shaivismo *vīra* ha contribuido con una larga lista de maestros al hinduismo, como Allama Prabhu y Canna-basavaṇṇa, y elevadas mujeres santas, como Akka Mahā-devī. No hay duda de que su filosofía ha enriquecido al hinduismo.

Nātha-sampradāya o *Nātha-siddha-siddhānta*

El *nātha-siddha-siddhānta* es un tipo de monismo *bhedābheda* que considera que Śiva es trascendente e inmanente, causa eficiente y causa material del universo.

La secta *nātha-siddha-siddhānta* fue fundada por Matsyendra-nātha (c. 800-1000 n. e.) y difundida por su discípulo Gorakṣa-nātha (c. 950 n. e.). En la actualidad, la mayoría de los rituales *nātha* se basan en la tradición *śrī-vidyā*, y comparten las deidades principales: Bālā-sundarī y Tripura-sundarī.

Gorakṣa-nātha es autor del *Siddhānta-paddhati*, una de las primeras obras en las que se menciona el *haṭha-yoga*. En este texto (2.33), afirma que la *āsana* consiste en establecerse en la consciencia del Ser y que su *lakṣaṇa*, o 'signo', es el establecimiento en el objeto de meditación.

El *kula-mārga* contiene los orígenes del *haṭha-yoga*, llamado también *haṭha-vidyā*. Los orígenes de la tradición *kaula* residen en la revelación transmitida por los clanes de las *yoginīs* divinas a los maestros iluminados. Dicha transmisión fue perpetuada detalladamente en el *Maṇḍala-kaula*. Matsyendra-nātha es el *siddhācārya* de la tradición *kaula*, o la escuela *Kaula-yoginī*. Sobre la base de las enseñanzas recibidas de su maestro, Gorakṣa-nātha comenzó el linaje yóguico *nātha*, también llamado *nātha-sampradāya*. De acuerdo con el *Kaula-jñāna-nirnaya*, Matsyendra-nātha recibió las revelaciones *kaulas* directamente de las *yoginīs* divinas en el *pīṭha* de Kāma-rūpa. De sus doce hijos, los seis que no eligieron ser célibes fundaron los seis *ovallis*, o 'linajes iniciáticos'. Estos linajes dieron lugar a cientos de monasterios por toda India, a través de los cuales la *yoginī-pañjara* fue difundida entre el público en general. Dicha red de monasterios contaba con una sede central como su autoridad. Esto condujo a un proceso de internalización de las prácticas ascéticas tántricas que permitió el acceso incluso a los círculos brahmánicos, lo cual hacía posible que *brāhmaṇas* adoren a Bhairava sin violar las normas sociales de su casta. Dicha internalización eliminó el ritual externo para mantenerlo solo como práctica verbal. Este proceso internalizó al plano astral tanto a las *yoginīs* como a las *śaktis*.

Textos como el *Jayad-ratha Yāmala* y el *Netra Tantra* se refieren a los *pīṭhas* y los templos circulares que aluden a los centros energéticos, o chakras. Son las escrituras *Kubjikā-mata* y *Rudra Yāmala* las que revelan el sistema de siete chakras. El *Yoga-kuṇḍalinī Upaniṣad* menciona los nombres de las seis chakras:

1. *Mūlādhāra-cakra*, o 'chakra raíz': La zona entre el ano y los genitales.
2. *Svādhiṣṭhāna-cakra*, o 'chakra del sacro': La región umbilical, junto al ombligo.
3. *Maṇipūra-cakra*, o 'chakra del plexo solar': La zona alta del estómago, junto al bazo.
4. *Anāhata-cakra*, o 'chakra del corazón': En el centro del pecho, junto al esternón.
5. *Viśuddha-cakra*, o 'chakra de la garganta': A la altura de la garganta.
6. *Ājñā-cakra*, o 'chakra del tercer ojo': En el entrecejo.

Los nombres de los chakras reaparecen en el *Yoga- tattva Upaniṣad* del siglo XV n. e.

En lugar de efectuar ofrecimientos físicos como el semen en rituales sexuales a *yoginīs* externas, esta práctica fue internalizada para ser experimentada meditativamente en lo profundo del ser humano. Dicho proceso permite la sublimación de la energía sexual a través de prácticas contemplativas. La diversidad de las diosas se reveló como la divina Śakti, la cual yace dormida en su expresión como *kuṇḍalinī* en el *mūlādhāra-cakra*. Mediante la práctica, la *kuṇḍalinī* se eleva a través de las chakras hasta alcanzar la masculinidad y unirse con Śiva en el *sahasrāra-cakra*, o el 'chakra de la corona'. Dicha unión desemboca en el despertar a la realidad de la consciencia.

Obras como el *Gorakṣa-śataka* y *Viveka-mārtaṇḍa* de Gorakṣa-nātha revelan que la sangre menstrual es el símbolo del flujo de la *kuṇḍalinī*, mientras que el semen es su polaridad masculina. El yogui manipula dicha polaridad a través del *prāṇa*, con técnicas de respiración que utilizan *nāḍīs* femeninos como el *iḍā* y masculinos como el *piṅgalā*. *Iḍā* es el lado izquierdo, blanco y frío, y se asocia con el río Gaṅga. El *piṅgalā* es el lado derecho, rojo y caliente, y representa el sol y se asocia con el río Yamuna. El *iḍā* finaliza en la fosa nasal izquierda y el *piṅgalā* en la derecha. El yogui eleva los flujos y la energía por medio de la respiración para lograr elevar el semen hasta colmar la bóveda craneal, para posteriormente transformarlo en el néctar de la inmortalidad, que también otorga *siddhis* (poderes místicos). Esto es *rasāyana*, o 'alquimia yóguica', que utiliza el propio cuerpo del aspirante como un laboratorio para la sublimación. Gradualmente, el sistema del *haṭha-yoga* fue independizándose del tantra para seguir su propio desarrollo.

Gorakṣa-nātha sistematizó el *haṭha-yoga* y lo transmitió a sus discípulos. Los maestros *nātha* lo transmitieron, a su vez, a sus discípulos a través del sistema *paramparā*.

Algunos de los más destacados maestros dentro de esta riquísima tradición fueron Śābarānanda, Minanātha, Bileśaya, Bhairava, Manthāna, Kāka-caṇḍīśvara. Sus líneas de sucesión discipular se organizaron en nueve senderos con diferentes inclinaciones. Algunos eran para peregrinos y otros implicaban una vida contemplativa en un monasterio. Dichos monasterios eran refugios para los peregrinos. Los *nāthas* eran identificados como *siddhas* y eran muy apreciados y respetados por el público.

Una de las definiciones más tempranas del término *haṭha* lo encontramos en el *Yogabīja*, el cual se refiere a *ha* como sol, *ṭha* como luna, y al *haṭha-yoga* como la unión de ambos. Es esencial recordar que prácticas como el *haṭha-yoga* fueron transmitidas oralmente de maestro a discípulo. Sería un error llegar a conclusiones acerca de este sistema psicofisiológico basándonos exclusivamente en su literatura.

Cabe aclarar que el *haṭha-yoga* tal y como es conocido hoy en Occidente es considerablemente distinto de cómo fue concebido y practicado en sus orígenes. Es innegable que su comprensión y práctica moderna está lejos del método clásico y tradicional. La intención de muchos de los primeros yoguis era elevar y conservar lo que consideraban la esencia de la energía vital, identificada con el semen, o *bindu*. Su equivalente femenino era el flujo menstrual, o *rajas*. Se consideraba que este se desperdiciaba al permitirle descender desde el *sahasrāra-cakra* hasta agotarse.

El ascetismo y la austeridad en dichos grupos buscaban la preservación y la sublimación de la energía vital. Para estos ascetas, el *haṭha-yoga* tenía como objetivo dicha preservación, ya sea a través de posturas invertidas o de técnicas respiratorias, o *prāṇāyāma*.

El *kaula*, con su despertar y elevación de la *kuṇḍalinī* a través de su sistema de chakras, ensombreció al sistema de *bindu*.

El ideal del *haṭha-yoga* estriba en la búsqueda de una variedad de beneficios terrenales como la salud física y los *siddhis*, y trascendentales, como la iluminación. Mantener el cuerpo sano es importante en este sendero hacia la iluminación. El *haṭha-yoga* puede otorgar *siddhis* como *kalavancha* (engañar al tiempo o engañar a la muerte), *ukrānti* (deshacerse del cuerpo a voluntad) y *parakāyapraveśa* (entrar en el cuerpo de otro). Desde el principio, encontramos advertencias de que los poderes místicos pueden ser obstáculos para lograr el beneficio final: *mukti*, o 'liberación'. Aunque algunos textos, generalmente de origen *kaula*, ofrecen una guía para alcanzar estos poderes.

El sistema *haṭha-yoga* se enriqueció con la herencia del shaivismo, el vaishnavismo, el tantrismo e incluso el budismo.

SECCIÓN III

LAS ESCRITURAS TÁNTRICAS

CAPÍTULO 1

LA LITERATURA AGÁMICA O TÁNTRICA

Los *āgamas* son una vasta colección de textos de gran profundidad escritos en idioma sánscrito que mantienen una actitud védica. Se considera que emanaron directamente de la respiración del Señor. Han sido preservados a través de la cadena de sucesión discipular.

El término *āgama* se refiere a un conjunto de escrituras que comunican sabiduría espiritual de manera tradicional y bien estructurada. Según la tradición tántrica, esta sabiduría es eterna, o *sanātana*, y permanece unida con la realidad suprema. Su naturaleza trascendental la torna inalcanzable para el intelecto humano.

Le palabra *āgama* significa 'lo que ha venido a nosotros'. Este término ha sido utilizado en diferentes contextos. Puede referirse a una doctrina o una colección de doctrinas tradicionales y también a textos acerca de los sacrificios del shaivismo, vaishnavismo, shaktismo, jainismo o budismo. El *Mahā-nirvāṇa Tantra* explica con más detalle la etimología de esta palabra:

आचारकथनाद्दिव्यगतिप्राप्तिनिदानतः ।
महात्मतत्त्वकथनादागमः कथितः प्रिये ॥

ācāra-kathanād divya-
gati-prāpti-nidānataḥ
mahātma-tattva-kathanād
āgamaḥ kathitaḥ priye

Dado que narra el curso de la conducta (*ācāra*) con vistas a alcanzar la meta divina (*divya-gati*), dado que habla de la

> Verdad de las grandes almas (*mahātmas*), ¡oh, amor mío!, recibe el nombre de *āgama*.
>
> (*Mahā-nirvāṇa Tantra*, 17.43)

Los escritos agámicos constituyen una parte sumamente importante del tesoro literario del hinduismo, guardando cierta similitud con los *purāṇas* y relatando sabias y bellas conversaciones entre la diosa y el Señor Śiva, quienes alternan los papeles del que pregunta y el que responde, el que enseña y el que aprende.

Para los sabios tántricos de la antigüedad era importante mantener la sabiduría revelada lejos del alcance de la masa ignorante. Pero a su vez, deseaban preservar las enseñanzas para las futuras generaciones de buscadores de la Verdad, para lo cual debían recogerlas por escrito. Este dilema entre mantenerlas en secreto o documentarlas llevó a la creación del lenguaje simbólico *sandhyā-bhāṣā*. Es comprensible por todos, pero contiene determinados términos y expresiones que solo reconocen los iniciados. El tantra se ha preservado con gran discreción durante generaciones debido a que no encaja con la convención social aceptada. El tantra no es para la masa, el público o la sociedad. Al referirnos a la religión o la iluminación como una experiencia, entramos en el terreno de lo individual. La experiencia espiritual es un fenómeno que solo se manifiesta en la dimensión individual, pero nunca en la colectiva.

La relación con los Vedas

La sabiduría eterna desciende en dos formas: *nigama-śāstra* (védica) y *āgama-śāstra* (tántrica).

Los *āgamas* constituyen la autoridad principal de las escuelas tántricas; son considerados la esencia de los Vedas y la única guía práctica para *Kali-yuga*, o 'era de hierro'. Aunque el tantra respeta los textos védicos, los considera inaplicables en ausencia del conocimiento agámico.

Los *āgamas* son la fuente más acreditada acerca del yoga y la base para muchos aspectos del hinduismo, especialmente en la era posvédica. Espiritualmente, son tan importantes como los Vedas. En la jerarquía de la literatura sagrada, los tantras ocupan el cuarto lugar después de *śruti*, *smṛti* y los *purāṇas*.

Según las enseñanzas tántricas, se recomiendan diferentes escrituras para cada era, o *yuga*: para *Satya-yuga* se recomienda el *śruti*; para *Tretā-yuga*, el *smṛti*; para *Dvāpara-yuga*, los *purāṇas*. Las escrituras tántricas son recomendados para nuestra época actual de *Kali-yuga*. Es una época de decadencia, oscuridad y tinieblas, en la que el ser humano se halla en estado de profunda identificación con el cuerpo. Tal como establece el *Mahā-nirvāṇa Tantra*:

श्रुतिस्मृतिपुराणादौ मयैवोक्त पुरा शिवे ।
आगमोक्तविधनेन कलौ देवान्यजेत्सुधीः ॥

śruti-smṛti-purāṇādau
mayaivokta purā śive
āgamokta-vidhānena
kalau devān yajet sudhīḥ

¡Oh, Śiva!, ya he dicho en los *śrutis*, los *smṛtis* y los *purāṇas* que en el Kali-yuga, las personas razonables deben adorar a las deidades de acuerdo con los métodos previstos por los *āgamas*.
(*Mahā-nirvāṇa Tantra*, 2.8)

La tradición oral

La tradición tántrica ha existido desde mucho antes de ser recogida por escrito; por lo tanto, resulta imposible determinar su antigüedad sobre la base de sus escrituras. En un principio, esta sabiduría solo fue transmitida oralmente. Al igual que los Vedas, se trata de una revelación que desciende a la humanidad a través del sistema *paramparā*, o 'cadena de sucesión discipular'.

No se sabe con certeza cuándo se escribieron las enseñanzas tántricas. Un testimonio antiguo de *tantras* escritos se encuentra en el Kādambarī, la gran novela sánscrita del legendario narrador Bāṇa-bhaṭṭa, que vivió alrededor de la primera mitad del siglo VII de nuestra era. Bāṇa describe a un viejo asceta Śaiva del sur de la India:

धूमरक्तालक्तकाक्षरतालपत्रकुहकतन्त्रमन्त्रपुस्तिकासंग्राहिणा जीर्णमहापाशुपतोपदेश लिखितमहाकालमतेनाविर्भूतनिधिवादव्याधिनासंजातधातुवादवायुना ।

dhūma-raktālaktakākṣara-tāla-patra-kuhaka-tantra-mantra-pustikā-saṁgrāhiṇā jīrṇa-mahā-pāśupatopadeśa-likhita-mahā-kāla-matenāvirbhūta-nidhi-vāda-vyādhinā-saṁjāta dhātu-vāda-vāyunā.

Había recopilado manuscritos con hechizos mágicos [o información] sobre juglaría, mantras místicos y *yantras* [escritos] en hojas de palma con letras dibujadas con laca roja y fumigadas con humo [de incienso]. Escribió la doctrina del culto a Mahā-kāla siguiendo las instrucciones de un seguidor anciano de Paśu-pati.

(*Kadambarī* de Baṇa, parte 2, editado por P.V Kane, 1913, pág. 68-9)

Aunque existen muchos *āgamas*, lo que se conoce como conocimiento tántrico son las enseñanzas orales transmitidas personalmente de maestro a discípulo. No obstante, el estudio de las escrituras tántricas nos otorga una comprensión más profunda.

El tantra no deja lugar a una sustitución del gurú por la palabra escrita. Un libro no puede reemplazar la guía y dirección personal de un maestro espiritual.

न च विद्यागुरोस्तुल्यानातीर्थंनचदेवताः ।
गुरोस्तुल्यंनवैकोऽपियद्दृष्टं परमं पदं ॥

na ca vidyā guros tulyaṁ
na tīrthaṁ na ca devatāḥ
guros tulyaṁ na vai ko 'pi
yad dṛṣṭaṁ paramam padam

Ningún aprendizaje (conocimiento), ningún lugar sagrado, ningún dios o diosa se le asemeja a un gurú que ha realizado lo absoluto.

(*Jñāna-saṅkalinī Tantra*, 93)

Las prácticas tántricas eran mayormente secretas, tal como lo explica el conocido Profesor S. K. Ramachandra Rao, en su obra *The Āgama Encyclopaedia* (página 72): «Pero eran conscientes de los prejuicios tántricos contra la publicidad, ya que el tantra es esencialmente un asunto místico y secreto, en sentido estricto, una interacción entre practicante y maestro». Esta declaración está respaldada por innumerables versos dentro de los tantras; entre otros, el siguiente verso del *Jñāna-saṅkalinī Tantra*:

यस्यकस्य न दातव्यंब्रह्मज्ञानंसुगोपितं ।
यस्यकस्यापिभक्तस्य सद्गुरुस्तस्य धीयते ॥

yasya kasya na dātavyam
brahma-jñānaṁ sugopitam
yasya kasyāpi bhaktasya
sad-gurus tasya dīyate

El secreto bien guardado del *Brahma-jñāna* (conocimiento del absoluto) no debe ser revelado a todos. Solo debe ser otorgado por el *sad-guru* a los devotos.

(*Jñāna-saṅkalinī Tantra*, 95)

Después de sufrir numerosas persecuciones, los maestros tántricos de India decidieron ocultar la sabiduría y dejar tan solo en conocimiento del público pequeños fragmentos relacionados con el *haṭha* y el *kuṇḍalinī-yoga*. Se vieron obligados a retornar a su método original de preservar la sabiduría con discreción dentro de las líneas de sucesión discipular. Lejos de la condena de los ignorantes moralistas mundanos, las enseñanzas trascendentales continuaron siendo transmitidas de manera sumamente íntima y reservada. La tradición tántrica se vio restringida al individuo y renunció a todo intento de buscar adeptos públicamente. La carencia del apoyo por parte de la sociedad dificultó la preservación del patrimonio literario tántrico. Textos posteriores mencionan manuscritos perdidos de muchos de los cuales solo conocemos el título. No cabe duda de que, entre la literatura filosófica y religiosa de India, las escrituras tántricas son las menos comprendidas.

Los temas de los *āgamas*

Los *āgamas* abarcan una amplia gama de temas. Dado que no transmiten conocimiento meramente intelectual o teórico, insisten en la importancia de la experiencia directa. Los *āgamas* pueden ser considerados manuales o guías para métodos prácticos. Entre los principales temas encontramos:

1. Filosofía, o *siddhānta.*
2. Cosmogonía, o *sṛṣṭi*: Los principios de creación, mantenimiento y disolución del universo.
3. Teología, o *Brahma-jñāna.*
4. Lingüística mística, o mantras.
5. Diagramas místicos, o *yantras.*
6. Sellos y gestos, o *mudrās.*
7. Metodología espiritual, o *yoga*: Diferentes tipos de meditación y técnicas para la liberación y unión con la divinidad.
8. Arquitectura y escultura, o *śilpa.*
9. Consagración de templos, o *pratiṣṭhā* y los principios de seleccionar un lugar apropiado para construir un templo.
10. Iniciación, o *dīkṣā.*
11. Conducta social, o *dharma.*
12. Sacramentos y observaciones domésticas, o *saṁskāras.*
13. Ritual de adoración, o *arcana*: Ceremonias y ritos (vidhi y *karma*) de adoración pública (*pūjā*) en el templo y en la privacidad del hogar.
14. Festivales públicos, o *utsava.*
15. Ocultismo práctico, o *indra-jāla.*
16. Expiaciones y penitencias, o *prāyaś-citta.*
17. Deidades, o *devatā*: Consagración de imágenes y los principios para elegir materiales para tallar deidades.
18. Conocimiento acerca de poderes místicos, o *siddhis.*

Mantra, *yantra* y tantra

Mantra, *yantra* y tantra son algunos de los principales temas dentro de la literatura agámica.

Mantra: Es el aspecto sonoro de una forma divina y, por ende, no es diferente del *iṣṭa-devatā* mismo. Es la base para el *yantra* y el tantra. El mantra consiste en una poderosa energía mística contenida en una determinada estructura sonora, que es una vibración trascendental que encapsula un poder capaz de liberar nuestra mente de las garras de la ilusión.

मननात्तत्त्वरूपस्य देवस्यामिततेजसः ।
त्रायते सर्वभयतस्तस्मान्मन्त्र इतीरितः ॥

mananāt tattva-rūpasya
devasyāmita-tejasaḥ
trāyate sarva-bhayatas
tasmān mantra itīritaḥ

Mediante la meditación (*manana*) en la deidad luminosa que es la forma de la Verdad, nos salva (*trāyate*) de todo temor; por eso, se le llama *mantra*.

(*Kulārṇava Tantra*, 17.54)

मननं सर्ववेदित्वं त्राणं संसार्यनुग्रहः ।
मननत्राण धर्मित्वान्मन्त्र इत्यभिधीयते ॥

mananaṁ sarva-veditvaṁ
trāṇaṁ saṁsāry anugrahaḥ
manana-trāṇa dharmitvān
mantra ity abhidhīyate

El término *manana* quiere decir alcanzar la capacidad de saberlo todo. El término *trāṇa* significa otorgar gracia a quienes se hallan inmersos en una vida mundana. Dado que posee el poder de producir *manana* y *trāna*, se le denomina *mantra*.

(*Kāmika Āgama*, 1.2.2)

शरीरं त्रिविधं प्राहुर्भौतिकं च मनोमयम् ।
परं ज्ञानमयं नित्यं यदनाशि निरन्तरम् ॥
मुद्रां भौतिकमित्याहुर्यन्त्रं विद्धि मनोमयम् ।
मन्त्रं ज्ञानमयं विद्धि एवं त्रिधा वपुर्भवेत् ॥

śarīraṁ tri-vidhaṁ prāhur
bhautikaṁ ca mano-mayam
paraṁ jñāna-mayam nityaṁ
yad anāśi nirantaram

mudrāṁ bhautikam ity āhur
yantraṁ viddhi mano-mayam
mantraṁ jñāna-mayaṁ viddhi
evaṁ tridhā vapur bhavet

Se dice que la Devī tiene tres cuerpos permanentes: el físico, el mental y el conocimiento trascendental. Se afirma que el cuerpo físico es *mudrā*, el cuerpo mental se conoce como *yantra* y el mantra está representado por el conocimiento trascendental. Por tanto, el cuerpo posee tres formas.

(*Gandharva Tantra*, 5.39–40)

Para que el mantra sea eficaz, es imprescindible que sea instalado en el discípulo por su maestro espiritual a través de la *dīkṣā*. El mantra es una gran ayuda para la meditación. La sabiduría relacionada con los mantras ha sido preservada con gran discreción a través de generaciones para no permitir que sea utilizada con fines destructivos. El mantra no es solo una secuencia de sonidos; mediante su repetición es posible experimentar la radiación de la energía psíquica, o *cic-chakti*.

निरोधं मध्यमे स्थने कुर्वीत क्षणमात्रकम् ।
पश्यते तत्र चिच्छक्तिं तुटिमात्रामखण्डिताम् ॥
तदेव परमं तत्त्वं तस्माज्जातमिदं जगत् ।
स एव मन्त्रदेहस्तु सिद्धयोगीश्वरीमते ॥
तेनैवालिङ्गिता मन्त्राः सर्वसिद्धिफलप्रदाः ।

nirodhaṁ madhyame sthāne
kurvīta kṣaṇa-mātrakam
paśyate tatra cic-chaktiṁ
tuṭi-mātram akhaṇḍitām

tad eva paramaṁ tattvaṁ
tasmāj jātam idaṁ jagat
sa eva mantra-dehas tu
siddha-yogīśvarī-mate

tenaivāliṅgitā mantrāḥ
sarva-siddhi-phala-pradāḥ

Uno debería hacer una pausa durante unos momentos a mitad del camino. Aquí, uno ve la fuerza de la consciencia en su totalidad como un destello. Esta fuerza es la realidad más elevada. Este es el principio supremo del que nace todo el universo. Según la perspectiva del *Siddha-yogeśvarī*, es el cuerpo de los mantras. Todos los mantras son abarcados por esa fuerza, otorgando los beneficios de la totalidad de los *siddhis*.

(*Mālinī-vijayottara Tantra*, 18.37-39a)

सर्वे वर्णात्मका मन्त्रास्ते च शक्त्यात्मकाः प्रिये ।
शक्तिस्तु मातृका ज्ञेया सा च ज्ञेया शिवात्मिका ॥

sarve varṇātmakā mantrās
te ca śakty-ātmakāḥ priye
śaktis tu mātṛkā jñeyā
sā ca jñeyā śivātmikā

¡Oh, mi amor!, todos los mantras se componen de letras. Las letras tienen la forma de *śakti*. Esa *śakti* debe conocerse como *mātṛkā*, y *mātṛkā* debe conocerse como la forma misma de Śiva.

(*Śrī-tantra-sad-bhāva*, 3.130)

नास्ति मन्त्रैर्विना कश्चित्सर्वं स्थावर जङ्गमम् ।
यावन्तः ये च ते सत्वाः मन्त्राधिष्ठित विग्रहाः ॥

nāsti mantrair vinā kaścit
sarvaṁ sthāvara jaṅgamam
yāvantaḥ ye ca te satvāḥ
mantrādhiṣṭhita vigrahāḥ

Todos los seres vivos y las cosas inertes tienen la presencia activa de mantras. Todas las almas que existen como entidades respiratorias, en realidad, poseen formas activadas por sus respectivos mantras.

(*Sarva-jñānottara Āgama*, 6.4)

Los mantras se clasifican de acuerdo con los números de sílabas que contienen. El *Nityā Tantra* les asigna los siguientes nombres:

- *Piṇḍa*: Mantras de una sola sílaba.
- *Kartarī*: Mantras de dos sílabas.
- *Bīja*: Mantras de más de tres a nueve sílabas. Sin embargo, el término *bīja* también se usa para los mantras monosilábicos.
- Mantra: Mantras de entre diez y veinte sílabas.
- *Mālā-mantra*: Mantras con más de veinte sílabas.

Los mantras masculinos (*puṁ*) terminan en *huṁ* o *pnaṭ*. Los femeninos (*strī*) terminan en *vaṣaṭ* o *svāhā*. Los neutros (*napuṁsaka* o *klība*) terminan en *namaḥ*.

मातृकावर्णभेदेभ्यः सर्वे मन्त्राः प्रजज्ञिरे ।
मन्त्रविद्याविभागेन त्रिविधा मन्त्रजातयः ॥

पुंस्त्रीनपुंसकात्मानो मन्त्राः सर्वे समीरिताः ।
मन्त्राः पुंदेवता ज्ञेया विद्याः स्त्रीदेवताः स्मृताः ॥
पुंमन्त्रा हुंफडन्ताः स्युर्द्विठान्ताश्च स्त्रियो मताः ।
नपुंसका नमोऽन्ताः स्युरित्युक्ता मनवस्त्रिधा ॥

mātṛkā-varṇa-bhedebhyaḥ
sarve mantrāḥ prajajñire
mantra-vidyā-vibhāgena
tri-vidhā mantra-jātayaḥ

puṁ-strī-napuṁsakātmāno
mantrāḥ sarve samīritāḥ
mantrāḥ puṁ-devatā jñeyā
vidyāḥ strī-devatāḥ smṛtāḥ

puṁ-mantrā huṁ phaḍ-antāḥ syur
dviṭhāntāś ca striyo matāḥ
napuṁsakā namo 'ntāḥ syur
ity uktā manavas-tridhā

Todos los mantras emanaron según la clasificación de las letras *mātṛkās*. En el *mantra-vidyā*, los mantras se dividieron en tres tipos. Estos tipos son mantras *puṁ-devatā* (dioses masculinos), mantras *strī-devatā* (diosas femeninas) y mantras *napuṁsaka-devatā* (dioses neutros). Los mantras *strī-devatā* se conocen con el nombre de *vidyā-mantras*. Los mantras *puṁ* terminan en *huṁ* y *phaṭ*. Los *strī-mantras* terminan en *svāhā* y *visarga* y los *napuṁsaka-mantras* terminan en *namaḥ*.

(*Śāradā-tilaka Tantra*, 2.57-59)

Bhaṭṭa Raghava, en su comentario al *Śāradā-tilaka Tantra* menciona una cita del *Prayoga-sāra* de Devabhadra:

वषड्फडताः पुंलिङ्गा वौषड्वाहान्तगाः स्त्रियः ।
नपुंसका हुँ नामोऽन्ता इति मन्त्रास्त्रिधा स्मृताः ॥
तारेणाप्यनुमीयन्ते मन्त्राः स्वाद्यन्तमध्यतः ।

प्रत्यासन्नात्मभावेन यथा पुंस्त्रीनपुंसकाः ।
बिन्दुसर्गेन्दुखण्डान्तस्तद्वदेव प्रकीर्त्तिताः ॥

vaṣaṭ-phaḍ-antāḥ puṁ-liṅgā
vauṣaṭ-svāhāntagāḥ striyaḥ
napuṁsakā huṁ nāmo 'ntā
iti mantrās tridhā smṛtāḥ

tāreṇāpy anumīyante
mantrāḥ svādhy anta-madhyataḥ
pratyāsannātma-bhāvena
yathā puṁ-strī-nāpuṁsakāḥ
bindu-sargendu-khaṇḍāntās
tad vad eva prakīrttitāḥ

Los mantras que terminan en *vaṣaṭ* y *phaṭ* son de género masculino. Los mantras que terminan en *vauṣaṭ* y *svāhā* son femeninos, y los que terminan en *huṁ* y *namaḥ* son neutros. De esta forma, los mantras se dividen en tres categorías. Los mantras pronunciados con un tono alto y que terminan con la letra *ṁ* son masculinos. Aquellos con un tono similar al principio, en el medio y al final, y que tienen el sufijo *visarga* son mantras femeninos. Aquellos con un tono suave que se repiten una y otra vez y terminan con el sonido nasal *candra-bindu* se conocen como mantras de género neutro.

(*Prayoga-sāra*, citado por Bhaṭṭa Raghava)

Los mantras también se clasifican en *siddha-mantras* (mantras perfeccionados) y *kāmya-mantras* (mantras relacionados con los deseos). Los *siddha-mantras*, como *Oṁ namo nārāyaṇāya* y *Oṁ namaḥ śivāya*, son efectivos incluso si no han sido recibidos directamente de un maestro espiritual. Los *kāmya-mantras* funcionan solo si se han recibido de un maestro; ayudan a resolver dificultades en diferentes aspectos de la vida.

También tenemos los mantras solares (*saura* o *āgneya*) relacionados con el *nāḍī* derecho, llamado *piṅgalā*, y los lunares (*cāndra* o *saumya*) relacionados con el *nāḍī* izquierdo, llamado *iḍā*. Esta división está estrechamente relacionada con la división de género mencionada con anterioridad. Al primer grupo pertenecen aquellos que generalmente contienen la sílaba *oṁ* y el sonido de *ra* y *ha*. Todos los demás mantras son considerados lunares y están asociados con la paz.

आग्नेया मनवः सौम्या भूयिष्टेन्द्वमृताक्षराः ॥
आग्नेयाः संप्रबुध्यन्ते प्राणे चरति दक्षिणे ।
भागेऽन्यस्मिन्स्थिते प्राणे सौम्या बोधं प्रयान्ति च ॥
नाडीद्वयं गते प्राणे सर्वे बोधं प्रयान्ति च ।
प्रयच्छन्ति फलं सर्वे प्रबुद्धा मन्त्रिणां सदा ॥

āgneyā manavaḥ saumyā
bhūyiṣṭendvamṛtākṣarāḥ

āgneyāḥ saṁprabudhyante
prāṇe carati dakṣiṇe
bhāge 'nyasmin sthite prāṇe
saumyā bodhaṁ prayanti ca

nāḍī-dvayaṁ gate prāṇe
sarve bodhaṁ prayānti ca
prayacchanti phalaṁ sarve
prabuddhā mantriṇāṁ sadā

Los mantras *āgneya* (mantras relacionados con Agni) tienen más 'letras de néctar' (*Ra*, *Oṁ* y *Ha*); y los mantras *saumya* (relacionados con Soma) tienen más Sa y Va. Cuando el aire vital (*prāṇa-vāyu*) se mueve por el lado derecho del cuerpo, se despiertan las letras *āgneya* y cuando se mueve por el lado izquierdo, se despiertan las letras *saumya*. Si *prāṇa-vāyu* se mueve por ambos *nāḍīs*, emanan tanto *āgneya* como *saumya*. Ambos benefician al devoto.

(*Śāradā-tilāka Tantra*, 2.61b-63)

Los mantras solares son especialmente eficaces durante el día, y las lunares durante la noche. El *praṇava*, o el mantra *Oṁ*, es el más importante de todos. Los *bījākṣras*, o *bīja-mantras* (mantras semilla), tal como su nombre lo indica, constituyen semillas sonoras que contienen a la deidad invocada. Se utilizan en cinco aspectos (*pañcāṅga*) de la práctica: adoración (*pūjā*), repetición del mantra (*japa*), ofrendas (*tarpaṇa*), rituales del fuego (*homa*) y propiciación (*samārādhana*). Todos los *bīja-mantras* poseen el potencial de transformar al *sādhaka*, porque están íntimamente relacionados con los chakras.

Por lo general, el mantra es eficaz si se recibe directamente de un maestro que haya obtenido el beneficio de dicho mantra. La iniciación en el mantra debe llevarse a cabo en un momento auspicioso para el *sādhaka*. Solo el maestro puede elegir el lugar y momento preciso.

En las etapas iniciales, el aspirante adora las deidades de Viṣṇu, Śiva o la Devī. En niveles más avanzados, estas imágenes son reemplazadas por los *yantras*. Esta transición desde la deidad hasta el *yantra* representa un paso desde lo burdo hacia lo sutil. Cada *yantra* posee su correspondiente mantra, que es una manifestación más sutil incluso de la deidad. La forma del *yantra* y el sonido del mantra se combinan para invocar diferentes aspectos de la divinidad. Ambos estimulan la meditación, nos ayudan a sintonizar con el universo y generan un movimiento expansivo de la consciencia.

Yantra: Generalmente, el término se traduce como 'máquina', 'herramienta', 'instrumento', 'artefacto', 'aparato' o 'símbolo'. Se trata de formas geométricas que representan diferentes aspectos de la divinidad. Estos diagramas pueden grabarse en una placa de cobre, plata u oro, o dibujarse en una hoja de *bhūrja* (abedul). El devoto se relaciona con ellos con el mismo respeto y devoción que con el aspecto de Dios que representan. Visualizar el *yantra* ayuda a trascender la plataforma dual.

शरीरमिव जीवस्य दीपस्य स्नेहवत् प्रिये ।
सर्वेषामपि देवनां तथायन्त्रं प्रतिष्ठितम् ॥

śarīram iva jīvasya
dīpasya snehavat priye
sarveṣām api devānāṁ
tathā yantraṁ pratiṣṭhitam

Como el cuerpo para el alma y el aceite para una lámpara, el *yantra* es el asiento de todas las deidades.

(*Kulārṇava Tantra*, 6.87)

Yam significa 'control' y *tra* 'proteger'. El *yantra* consiste en un diagrama cargado con energía mística que nos protege ayudándonos a controlar las seis pasiones. Se trata de un poderoso instrumento capaz de despertar diferentes poderes y circuitos energéticos en el *sādhaka.*

कामक्रोधादिदोषोत्थसर्वदुःखनियन्त्रणात् ।
यन्त्रमित्याहुरेतस्मिन्देवः प्रीणाति पूजितः ॥

kāma-krodhādi doṣottha
sarva-duḥkha niyantraṇāt
yantram ity āhur etasmin
devaḥ prīṇāti pūjitaḥ

Porque controla todos los dolores que surgen debido a *kāma*, *krodha* y demás (las seis impurezas: deseo, ira, codicia, orgullo, apego y celos), se llama *yantra*. La deidad se complace cuando es adorada en el *yantra*.

(*Kulārṇava Tantra*, 6.86)

Para que un *yantra* sea efectivo y apto para ser utilizado en la adoración, debe ser consagrado apropiadamente. En rituales, los *yantras* se utilizan con seis finalidades diferentes, o *ṣaṭ-karmas*:

1. Controlar o *vaśī-karaṇa.*
2. Inmovilizar o *stambhana.*
3. Despertar odio o *vidveṣaṇa.*
4. Expulsar o *uccāṭana.*

5. Asesinar o *māraṇa*.
6. Impartir paz y alimentación o *śāntika-pauṣṭika*.

Los *dhāraṇa-yantras* se colocan alrededor del cuello o en los brazos. Si entramos en contacto con un objeto contaminado o un cadáver, el *yantra* pierde su poder. Algunos de los *yantras* más importantes y sus efectos son:

- *Yantra* de Gaṇeśa: Para la riqueza y la prosperidad.
- *Yantra* de Hanumān: Para adquirir fuerza y seguridad en viajes.
- *Yantra* de Bhadrakālī: Para el conocimiento, fuerza y salud.
- *Yantra* de Sudarśana: Para aliviar enfermedades y ahuyentar a los espíritus malignos.
- *Yantra* de Subrahmaṇya: Para exorcismo o la expulsión de demonios.
- *Yantra* de Cāmuṇḍā: Para matar enemigos.
- *Yantra* de Śarabha: Para la curación de la epilepsia.

De igual modo que existen numerosos mantras para meditar, también hay distintas meditaciones con *yantras*. Si los *sādhakas* desean acceder a la profunda sabiduría que contienen estos diagramas sagrados, deben buscar la guía de un maestro espiritual experto. Ciertos *yantras* están conectados con deidades específicas o con distintos aspectos de la divinidad.

En ceremonias y rituales de adoración se acostumbra a dibujar el *yantra* en el suelo. Para las ceremonias de instalación de deidades (*prāṇa-pratiṣṭhā*), los *yantras* pueden ser grabados en placas de metal. Los *yantras* son un eslabón entre lo burdo y lo sutil. Al igual que los mantras, solo son efectivos si los aspirantes les infunden energía vital a través del poder de su concentración. En realidad, lo que hacen es adorar su propia energía vital infundida en el *yantra*.

De acuerdo con el *Śākta Tantra*, el universo es una manifestación o una expresión de energía, aunque la persona corriente no sea consciente de ello. Lo adorado no puede ser inferior al adorador y, por consiguiente, la energía vital debe ser infundida por el adorador en el objeto de adoración. Este proceso se lleva a cabo

5. Asesinar o *māraṇa*.
6. Impartir paz y alimentación o *śāntika-pauṣṭika*.

Los *dhāraṇa-yantras* se colocan alrededor del cuello o en los brazos. Si entramos en contacto con un objeto contaminado o un cadáver, el *yantra* pierde su poder. Algunos de los *yantras* más importantes y sus efectos son:

- *Yantra* de Gaṇeśa: Para la riqueza y la prosperidad.
- *Yantra* de Hanumān: Para adquirir fuerza y seguridad en viajes.
- *Yantra* de Bhadrakālī: Para el conocimiento, fuerza y salud.
- *Yantra* de Sudarśana: Para aliviar enfermedades y ahuyentar a los espíritus malignos.
- *Yantra* de Subrahmaṇya: Para exorcismo o la expulsión de demonios.
- *Yantra* de Cāmuṇḍā: Para matar enemigos.
- *Yantra* de Śarabha: Para la curación de la epilepsia.

De igual modo que existen numerosos mantras para meditar, también hay distintas meditaciones con *yantras*. Si los *sādhakas* desean acceder a la profunda sabiduría que contienen estos diagramas sagrados, deben buscar la guía de un maestro espiritual experto. Ciertos *yantras* están conectados con deidades específicas o con distintos aspectos de la divinidad.

En ceremonias y rituales de adoración se acostumbra a dibujar el *yantra* en el suelo. Para las ceremonias de instalación de deidades (*prāṇa-pratiṣṭhā*), los *yantras* pueden ser grabados en placas de metal. Los *yantras* son un eslabón entre lo burdo y lo sutil. Al igual que los mantras, solo son efectivos si los aspirantes les infunden energía vital a través del poder de su concentración. En realidad, lo que hacen es adorar su propia energía vital infundida en el *yantra*.

De acuerdo con el *Śākta Tantra*, el universo es una manifestación o una expresión de energía, aunque la persona corriente no sea consciente de ello. Lo adorado no puede ser inferior al adorador y, por consiguiente, la energía vital debe ser infundida por el adorador en el objeto de adoración. Este proceso se lleva a cabo con la ayuda de *mantra-japa* (repetición meditativa de nombres divinos) y los otros cuatro miembros de *puraś-caraṇa* (práctica de la adoración a los cinco miembros).

पूजा त्रैकालिकी नित्यं जपस्तर्पणमेव च ।
होमो ब्राह्मणभुक्तिश्च पुरश्चरणमुच्यते ॥

pūjā trai-kālikī nityaṁ
japas tarpaṇam eva ca
homo brāhmaṇa-bhuktiś ca
puraś-caraṇam ucyate

La *pūjā* diaria en las tres horas prescritas, *japa* regular, *tarpaṇa* (ofrecimiento de agua), *homa* (sacrificio de fuego) y alimentar a los *brāhmaṇas* constituyen la adoración quíntuple denominada *puraś-caraṇa*.

(*Kulārṇava Tantra*, 15.8)

पार्वत्युवाच-
विना यन्त्रेण चेत्पूजा देवता न प्रसीदति ।
तस्मात्कथय देवेश यन्त्रमस्या मनोहरम् ॥
यस्य दर्शनमात्रेण दारिद्र्यं नश्यति ध्रुवम् ।

pārvaty uvāca-
vinā yantreṇa cet pūjā
devatā na prasīdati
tasmāt kathaya deveśa
yantram asyā manoharam

yasya darśana-mātreṇa
dāridryṁ naśyati dhruvam

Pārvatī dijo: «Si la adoración se efectúa sin un *yantra*, la deidad no será complacida. Por lo tanto, ¡oh, señor! por favor háblame acerca del hermoso *yantra*, que, con solo mirarlo, con seguridad erradica la pobreza».

(*Gandharva Tantra*, 5.1-2a)

con la ayuda de *mantra-japa* (repetición meditativa de nombres divinos) y los otros cuatro miembros de *puraś-caraṇa* (práctica de la adoración a los cinco miembros).

पूजा त्रैकालिकी नित्यं जपस्तर्पणमेव च ।
होमो ब्राह्मणभुक्तिश्च पुरश्चरणमुच्यते ॥

pūjā trai-kālikī nityaṁ
japas tarpaṇam eva ca
homo brāhmaṇa-bhuktiś ca
puraś-caraṇam ucyate

La *pūjā* diaria en las tres horas prescritas, *japa* regular, *tarpaṇa* (ofrecimiento de agua), *homa* (sacrificio de fuego) y alimentar a los *brāhmaṇas* constituyen la adoración quíntuple denominada *puraś-caraṇa*.

(*Kulārṇava Tantra*, 15.8)

पार्वत्युवाच-
विना यन्त्रेण चेत्पूजा देवता न प्रसीदति ।
तस्मात्कथय देवेश यन्त्रमस्या मनोहरम् ॥
यस्य दर्शनमात्रेण दारिद्र्यं नश्यति ध्रुवम् ।

pārvaty uvāca-
vinā yantreṇa cet pūjā
devatā na prasīdati
tasmāt kathaya deveśa
yantram asyā manoharam

yasya darśana-mātreṇa
dāridryṁ naśyati dhruvam

Pārvatī dijo: «Si la adoración se efectúa sin un *yantra*, la deidad no será complacida. Por lo tanto, ¡oh, señor! por favor háblame acerca del hermoso *yantra*, que, con solo mirarlo, con seguridad erradica la pobreza».

(*Gandharva Tantra*, 5.1-2a)

Tantra: Consiste en el manual práctico del aspirante: una combinación del mantra, la filosofía y la metodología yóguica para la evolución espiritual. El tantra está relacionado con la filosofía y los métodos prácticos de reorientación y canalización de las energías. Su lugar dentro del contexto de los *āgamas* es fundamental. Generalmente, denominamos *tantra* a las prácticas y *tantra-śāstras* a los textos que conectan el aspecto práctico con el teorético. El *tantra-śāstra* también recibe el nombre de *pratyakṣa-śāstra* (sabiduría de la experiencia real), *sādhana-śāstra* (sabiduría de la práctica espiritual) y *upāsanā-śāstra* (sabiduría de la adoración).

Las secciones de los *āgamas*

ज्ञानं क्रिया च चर्या च योगश्चेति सुरेश्वरि ।
चतुष्पादः समाख्यातो मम धर्मस्सनातनः ॥

jñānaṁ kriyā ca caryā ca
yogaś ceti sureśvari
catuṣ pādaḥ samākhyāto
mama dharmas sanātanaḥ

¡Oh, diosa!, mi *dharma* eterno es cuádruple: *jñāna*, *kriyā*, *caryā* y *yoga*.

(*Śiva Purāṇa*, «*Vāyavīya Saṁhitā*», 2.10.30)

Por lo general, los *āgamas* se dividen en cuatro secciones denominadas *pādas*, o 'pies', que se asemejan a una mesa que precisa cuatro patas para permanecer firme. Las secciones son *jñāna-pāda*, *yoga-pāda*, *kriyā-pāda* y *caryā-pāda*.

***Jñāna-pāda*:** Esta sección está relacionada con la cosmovisión tántrica, ofreciendo amplio conocimiento acerca de la naturaleza del universo, la causa de mundo fenoménico, la disolución de la creación, los principios eternos y transitorios de la naturaleza, la naturaleza del Ser, la filosofía del cautiverio y la liberación. Esta sección explica con profundidad los principios *Pati*, *paśu* y *pāśa* (el Señor, las almas cautivas y la esclavitud).

***Yoga-pāda*:** En la segunda sección, se explican los ocho componentes y los seis accesorios del yoga. Trata de los medios prácticos para lograr la experiencia del conocimiento descrita en el *jñāna-pāda*, describiendo el modo de fusionar lo personal y lo universal. Mediante determinadas metodologías, es posible acceder a la purificación a cualquier nivel. Se trata no solo de lograr la experiencia trascendental, sino de transformar la dimensión humana en un instrumento de lo divino. La *sādhana* aquí expuesta incluye el aspecto interior (*antaraṅga*) y el exterior (*bahiraṅga*). El *tantra-śāstra* pone especial énfasis en tres tipos de yoga: *laya*, *kuṇḍalinī* y mantra.

***Kriyā-pāda*:** Esta sección versa sobre las maneras adecuadas de planificar ciudades y aldeas, elaborar iconos y organizar festivales. También instruye sobre temas religiosos como la arquitectura de templos, los rituales en el hogar, las ceremonias en el templo, las expiaciones, las peregrinaciones y los cultos.

***Caryā-pāda*:** La última sección aborda los códigos de conducta, así como las reglas y regulaciones de la iniciación, o *dīkṣā*. También se explican los ritos a los antepasados, la adoración, el culto, los festivales y las expiaciones.

La clasificación del canon

Son relativamente escasos los *āgamas* que han llegado hasta nuestros días. Algunos de ellos contienen listas con numerosas obras que se han perdido. Gracias a estas enumeraciones, sabemos que el corpus tántrico fue muy vasto, aunque solo ha sido preservada una pequeña porción. La mayoría de las obras más antiguas han desaparecido, y apenas unos pocos textos entre los conservados fueron traducidos del sánscrito.

La palabra *āgama* denota todo el corpus tántrico, pero cada corriente tiene un término genérico diferente para sus textos. Las escrituras *śaivas* se llaman *āgamas* (tradiciones); las *vaiṣṇavas*, *saṁhitās* (colecciones); y las *śāktas*, *tantras* (tratados o doctrinas). Pero debido a que el tantra constituye una parte del *āgama*, ambos términos se usan a menudo indistintamente. No es fácil delimitar las fronteras entre la literatura agámica *śaiva* y la *śākta*, ya que ambas tradiciones son muy similares, tanto en su visión espiritual como en sus *sādhanas*.

Cada una de las principales corrientes del hinduismo posee sus propios *āgamas*:

1. *Śaiva Tantra*: Śiva es el maestro supremo.
2. *Vaiṣṇava Tantra*: Nārāyaṇa es la deidad principal.
3. *Saurya Tantra*: *Sūrya*, el Sol es la fuerza primordial.
4. *Gāṇapatya Tantra*: Gaṇeśa es la deidad principal.
5. *Śākta Tantra*: Śakti es la deidad suprema.

Además, existen escrituras tántricas que pertenecen a las tradiciones budistas y jainas.

Los *āgamas* consisten en revelaciones divinas. En este sentido, los *śaivas* consideran que fueron impartidas por Śiva, los *vaiṣṇavas* por Viṣṇu y los *śāktas* por la Devī. En los *śaivas*, Śiva ocupa el lugar de maestro y responde a las preguntas de la diosa; por eso se les denomina *āgamas*. En los textos *śāktas*, llamados *nigamas*, Śakti instruye a Śiva. En los textos *vaiṣṇavas*, el diálogo tiene lugar entre Viṣṇu y Lakṣmī.

सत्कथालापमात्रञ्च न तेषां मनसि क्वचित् ।
त्वया कृतानि तन्त्राणि जीवोद्धरणहेतवे ॥
निगमागमजातानि भुक्तिमुक्तिकराणि च ।
देवीनां यत्र देवानां मन्त्रयन्त्रादिसाधनम् ॥

sat-kathālāpa-mātraṁ ca
na teṣāṁ manasi kvacit
tvayā kṛtāni tantrāṇi
jīvoddharaṇa-hetave

nigamāgama-jātāni
bhukti-mukti-karāṇi ca
devīnāṁ yatra devānāṁ
mantra-yantrādi sādhanam

Nunca habrá ningún pensamiento en su mente acerca de mantener una conversación sobre la Verdad. Los tantras,

> que han surgido de los *nigamas* y *āgamas*, y contienen mantras, *yantras*, etcétera, de los dioses y diosas, han sido compuestos por ti, para la salvación de las almas encarnadas y brindan tanto disfrute como liberación.
>
> (*Mahā-nirvāṇa Tantra,* 1.50-51)

Existen varias clasificaciones del canon y ciertas sectas ofrecen sus propias subdivisiones. El *Sammohana Tantra* menciona veintidós tipos de *āgamas*, entre los que se incluyen *cin-āgama* (*śākta*), *pāśu-pata* (*śaiva*), *pāñca- rātra* (*vaiṣṇava*), *kāpālika, bhairava, aghora, jaina* y *bauddha*, cada uno con sus respectivos tantras y *upatantras* (tantras menores), tal como vemos en la siguiente lista:

1. ***Śaiva tantras*:** 32 tantras, 325 *upatantras*, 10 *saṁhitās*, 5 *arṇavas*, 2 *yāmalas*, 3 *ḍāmaras*, 1 *uddāla*, 2 *uḍḍīśas*, 8 *kalpas*, 8 *upasaṁkhyās*, 2 *cūḍā-maṇis*, 2 *cintā-maṇis* y 2 *vimarśinīs*.
2. ***Śaiva-śākta tantras*:** 64 tantras, 327 *upatantras*, 8 *yāmalas*, 4 *ḍāmaras*, 2 *kalpa-latās* y varias *saṁhitās*, *cūḍā-maṇis* (100), *arṇavas*, *purāṇas, upavedas*, *kakṣa-puṭas*, *vimarśinīs* y *cintā-maṇis*.
3. ***Vaiṣṇava tantras*:** 75 tantras, 205 *upatantras*, 20 *kalpas*, 8 *saṁhitās*, 1 *arṇavaka*, 5 *kakṣa-puṭas*, 8 *cūḍā-maṇis*, 2 *cintā-maṇis*, 2 *uḍḍīśas*, 2 *ḍāmaras*, 1 *yāmala*, 5 *purāṇas*, 3 *tattva-bodha-vimarśinīs* y 2 *amṛtas* (*tarpaṇa*).
4. ***Saura tantras*:** 30 tantras, 96 *upatantras*, 4 *saṁhitās*, 2 *upasaṁhitās*, 5 *purāṇas*, 10 *kalpas*, 2 *kakṣa-puṭis*, 3 *tattvas*, 3 *vimarśinīs*, 3 *cūḍā-maṇis*, 2 *ḍāmaras*, 2 *yāmalas*, 5 *uddālas*, 2 *avatāras*, 2 *uḍḍīśas*, 3 *amṛtas*, 3 *darpaṇas* y 3 *kalpas*.
5. ***Gāṇapatya tantras*:** 50 tantras, 25 *upatantras*, 2 *purāṇas*, 3 *sāgaras*, 3 *darpaṇas*, 5 *amṛtas*, 9 *kalpakās*, 3 *kakṣa-puṭis*, 2 *vimarśinīs*, 2 *tattvas*, 2 *uḍḍīśas*, 3 *cūḍā-maṇis*, 3 *cintā-maṇis*, 1 *ḍāmara*, 1 *candra yāmala* y 8 *pāñca-rātras*.
6. ***Bauddha tantras*:** 5 *avataraṇakas*, 5 *suktas*, 2 *cintā-maṇis*, 9 *purāṇas*, 3 *upasaṁkhyas*, 2 *kakṣa-puṭis*, 3 *kalpa-drumas*, 2 *kāma-dhenus*, 3 *sabhāvas* y 5 *tattvas*.

Otro modo de clasificar los *āgamas* es de acuerdo con su lugar de origen. Esta división asigna 64 textos a cada grupo y se refiere a cada región según los medios de transporte utilizados allí: *viṣṇu-krāntā* (la región de Viṣṇu, en el noreste), *ratha-krāntā* (la región del carruaje, en el noroeste), *aśva-krāntā* o *gaja-krāntā* (la región del caballo o elefante, en el sur).

Los textos tántricos también se dividen en verdaderos (*sad-āgama*) y falsos (*asad-āgama*). La adoración a los primeros está de acuerdo con la tradición establecida, mientras que los segundos no.

Los *āgamas* pueden ser divididos en *āstika* (védicos) y *nāstika* (no védicos). De acuerdo con su deidad principal, los tantras *āstika* se subdividen en *vaiṣṇava*, *śaiva*, *saura*, *gāṇapatya* y *śākta*. Los *śākta tantras* están clasificados en diez grupos de acuerdo con los nombres de las diez diosas *Mahā-Vidyās*. Los tantras *nāstika* pertenecen al budismo y el jainismo.

Existen muchas otras maneras de categorizar los *āgamas*, como, por ejemplo, según:

- *Srotas* (tradiciones).
- *Pīṭhas* (colecciones).
- *Guṇas* (modos de la naturaleza: *sāttva*, *rajas* y *tamas*).
- *Kalpas* (eras mitológicas: *Vārāha-kalpa*, *Kāla-kalpa*, etcétera).
- Actitudes explicadas en el *Brahmā Yāmala*: *Dakṣiṇa* (derecha), *vāma* (izquierda) y *madhyama* (central).

Capítulo 2

Los *Śaiva Tantras*

La literatura *śaiva*: védica, puránica y agámica

Las escrituras acreditadas del shaivismo laico son los catorce *upaniṣads śaivas* y los seis *purāṇas śaivas*. La posición absoluta de Śiva como el Ser supremo se establece sobre la autoridad de los seis *purāṇas śaivas*: *Liṅga Purāṇa*, *Śiva Purāṇa*, *Skanda Purāṇa*, *Matsya Purāṇa*, *Kūrma Purāṇa* y *Brahmāṇḍa Purāṇa*. Los más importantes son el *Liṅga Purāṇa* y el *Śiva Purāṇa*, ambos ricos tanto en temas generales como en material *śaiva*. Estos contienen información acerca de los deberes de las diferentes castas, enseñanzas acerca del *dharma śāstra* y la astrología, la instalación de *liṅgas* en templos *śaivas*, y diferentes descripciones de la forma y naturaleza de Śiva. Los catorce *upaniṣads* tratan especialmente de la teología shaivista. En ellos, se menciona el simbolismo, la vestimenta, los ritos y la parafernalia del culto *śaiva*.

Escrituras védicas: El *Ṛg Veda* elogia a Śiva con el nombre Rudra. Los catorce *upaniṣads* menores clasificados como *śaivas* son *Kaivalya*, *Atharva-śiras*, *Atharva-śikhā*, *Bṛhaj-jābāla*, *Kālāgni-rudra*, *Dakṣiṇā-mūrti*, *Śarabha*, *Akṣa-mālikā*, *Rudra-hṛdaya*, *Bhasma-jābāla*, *Rudrākṣa-jābāla*, *Gaṇapati*, *Pañca-brahma* y *Jābāli*. Mientras que el *Ṛg Veda* profesa un absolutismo teísta, los *upaniṣads* presentan a Śiva como el Brahman metafísico.

एको हि रुद्रो न द्वितीयाय तस्थुर्य इमाँल्लोकानीशत ईशनीभिः ।
प्रत्यङ्नास्तिष्ठति सञ्चुकोचान्तकाले संसृज्य विश्वा भुवनानि गोपाः ॥

eko hi rudro na dvitīyāya tasthur
ya imān llokān īśata īśanībhiḥ

pratyaṅ-janās tiṣṭhati sañcukocānta-kāle
saṁsṛjya viśvā bhuvanāni gopāḥ

El que protege y controla los mundos con sus propios poderes, Rudra, es de hecho uno solo. No hay nadie a su lado que pueda convertirlo en segundo. ¡Oh, hombres!, él está presente en el corazón de todos los seres. Después de proyectar y mantener todos los mundos, finalmente los retiene en sí mismo.

(*Śvetāśvatara Upaniṣad*, 3.2)

Algunos textos védicos utilizan el término *Rudra* para designar la meta suprema y la esencia de todo. Otros incluyen secciones que tratan sobre el simbolismo de rituales, deidades y vestimentas del culto del shaivismo.

Escrituras puránicas: Estos textos continúan la tradición *śaiva* védica. Después de la revelación de los *purāṇas*, el shaivismo comenzó a establecerse como corriente principal de la religión hindú. Sus creencias abarcaban desde el teísmo dualista devocional (Śiva *bhakti*) apropiado para las personas casadas, hasta el teísmo monista, especialmente adecuado para los renunciantes ascéticos dedicados al yoga y la meditación. Aunque los *purāṇas* estaban impregnados de material *śaiva* no ortodoxo, pertenecían al marco de la ortodoxia védica, o *Smārta*, y condenaban los sistemas tántricos que amenazaban la pureza védica. El *Kūrma Purāṇa*, por ejemplo, condena al sistema *pāśu-pata* y concede autoridad al *Atharva-śiras Upaniṣad*, un *upaniṣad* tardío que contiene material *śaiva*. Los *śaivas* ortodoxos, también llamados *maheśvaras*, no eran iniciados. Simplemente adoraban a Śiva con ritos domésticos védicos prescritos por el *varṇāśrama-dharma*, como *pūjās* puránicas y mantras védicos. Su aspiración era ser llevado al paraíso de Śiva (*Śiva-loka*) en el momento de la muerte.

***Āgamas*, o tantras:** Solo los *śaivas* iniciados en la tradición tántrica obtenían acceso a la revelación de los *āgamas*. Los aspirantes elegían entre dos ramas: el *ati-mārga* (camino externo o superior), que utilizaba medios meditativos, y el *mantra-mārga* (camino de los mantras), dedicado a la recitación de mantras. El *mantra-mārga* se subdividió en dos tradiciones: *saiddhāntika* (ortodoxa) que se basa en 28 *āgamas* (18 *rudra āgamas* y 10 *śaiva āgamas*) y no *saiddhāntika* (no-ortodoxa con inclinación *śākta*) que se basa en 64 *bhairava āgamas*. Estas escrituras enseñan tres visiones de la realidad: dualismo (18 *rudra āgamas*), monismo cualificado (10 *śaiva āgamas*) y monismo (64 *bhairava āgamas*).

La revelación de las escrituras *śaivas*

Según la teológica adoptada por el hinduismo *smārta* que se basa en los *purāṇas*, el Señor Śiva es un miembro más de la *tri-mūrti* (trinidad divina): Śiva destruye, Brahmā crea y Viṣṇu preserva. Pero en la cosmología de los *śaiva āgamas*, estas tres acciones cósmicas son realizadas por Śiva mismo. Asimismo, él realiza dos acciones más relacionadas con las almas. La cuarta acción consiste en el encubrimiento de la gracia (*tirodhāna-śakti*) mediante el cual limita nuestra consciencia y nos oculta la realidad para permitirnos evolucionar. La quinta es la revelación (*anugraha-śakti*) con la cual el Señor Śiva nos libera de la ilusión y nos concede la realización de nuestra verdadera naturaleza como parte inseparable de Dios.

सर्वमेतत्स एवेशस्तस्मादन्यन्न विद्यते ।

sarvam etat sa eveśas
tasmād anyan na vidyate

> Este Señor (Śiva) es todo cuanto existe (Todo lo que existe es solo el Señor Śiva). No hay nada diferente de él.
>
> (*Ajita Tantra*, 2.13a)

Por otra parte, según la filosofía *śaiva-siddhānta*, el Señor Śiva es uno e incluye a todo y a todos, pero se manifiesta de tres modos:

1. Sin forma (*niṣkala*). Śiva es la realidad Absoluta: Para-śiva.
2. Formado-sin forma (*sakala-niṣkala*). Śiva es la consciencia pura: Parā-śakti o Sadā-śiva.
3. Con forma (*sakala*). Śiva es personal: Parameśvara o Maheśa.

शिवं सदाशिवं चैव महेशं च त्रिधा स्मृतम् ।
शिवतत्त्वं महासेन निष्कळं त्विति कीर्तितम् ॥
सकलं निष्कलं चैव सादाख्यमिति चोच्यते ।
महेशं सकलं विद्यात्त्रिविधास्ते भवन्ति वै ॥

śivaṁ sadā-śivaṁ caiva
maheśaṁ ca tridhā smṛtam
śiva-tattvaṁ mahā-sena
niṣkalaṁ tviti kīrtitam

sakalaṁ niṣkalaṁ caiva
sādākhyam iti cocyate
maheśaṁ sakalaṁ vidyāt
tri-vidhās te bhavanti vai

Śiva se revela de tres maneras: Śiva, Sadā-śiva y Maheśa. ¡Oh, Mahā-sena!, la entidad Śiva es bien conocida como *niṣkala* (sin forma). Se dice que Sadā-śiva es *sādākhya*, *sakala* y *niṣkala* (con y sin forma). Uno debe conocer a Maheśa como *sakala* (con forma). Estas son las tres variedades.
(*Vātula-śuddhākhya Tantra*, 1.15-16)

Śiva es la consciencia suprema con la refulgencia de trillones y trillones de soles. Si su plenitud se manifestase directamente, los mundos serían incinerados. Por eso, su presencia desciende gradualmente mediante expansiones que son sus partes inseparables, pero cada vez con menos fulgor.

El *Viṣṇu-dharmottara Purāṇa* explica este principio a la perfección:

अतो भगवतानेन स्वेच्छया तत्प्रदर्शितम् ।
प्रादुर्भावेष्वथाकारं तं दिशन्ति दिवौकसः ॥
एतस्मात्कारणात्पूजा साकारस्य विधीयते ।

ato bhagavatānena
svecchayā tat pradarśitam
prādurbhāveṣvathākāraṁ

taṁ diśanti divaukasaḥ

etasmāt kāraṇāt pūjā
sākārasya vidhīyate

Debido a que la condición invisible es entendida con gran dificultad por los seres corporales, el Señor supremo, por propia voluntad, ha mostrado su [forma] en diversas manifestaciones, lo cual también es señalado por los dioses. Por eso, el Señor supremo es adorado con forma.

(*Viṣṇu-dharmottara Purāṇa*, 3.46.5-6a)

El formado-sin forma Sadā-śiva es el aspecto de Śiva que lleva a cabo las cinco funciones cósmicas: crear, preservar, destruir, ocultar y revelar. Para este propósito, cuenta con cinco aspectos que se denominan Pañca-brahmas, 'cinco grandes señores': Īśāna, Tat-puruṣa, Aghora, Vāma-deva y Sadyo-jāta.

El *Viṣṇu-dharmottara Purāṇa* describe:

सद्योजातं वामदेवमघोरं च महाभुज ।
तथा तत्पुरुषं ज्ञेयमीशानं पञ्चमं मुखम् ॥

sadyo-jātaṁ vāmadevam
aghoraṁ ca mahā-bhuja
tathā tat-puruṣaṁ jñeyam
īśānaṁ pañcamaṁ mukham

Mārkaṇḍeya dijo: «¡Oh, valiente!, Sadyo-jāta, Vāmadeva, Aghora y Tat-puruṣa deben ser conocidos [como los cuatro rostros de Śiva], y el quinto rostro es [Īśāna]».

(*Viṣṇu-dharmottara Purāṇa*, 3.48.1)

La realidad absoluta Para-śiva carece de forma, pero llega a ser conocida como Sadā-śiva cuando se representa en el *Śiva-liṅga*. Esta *mūrti* no icónica representa el aspecto formado-sin forma (*sakala-niṣkala*) de Dios. Está situado sobre un pedestal que simboliza a Śakti.

Los cinco Señores son visualizados en el *Śiva-liṅga*. Sus caras están talladas en algunos *liṅgas*.

लिङ्गोत्पत्तिं ततो वक्ष्ये शृणु वारिजलोचन ।
पुरुषस्य तु यच्चिह्नं पुरुषव्यक्तिकारणम् ॥
सदाशिवस्य तल्लिङ्गं शिवलिङ्गमिति स्मृतम् ।

liṅgotpattiṁ tato vakṣye
śṛṇu vāri-ja-locana
puruṣasya tu yac cihnaṁ
puruṣa-vyakti-kāraṇam

sadā-śivasya tal liṅgaṁ
śiva-liṅgam iti smṛtam

A continuación, te hablaré del nacimiento del *liṅga*. Escucha, ¡oh, el de los ojos de loto!, eso que es el signo del alma, es decir, causa de la manifestación del alma, ese signo de Sadā-śiva se conoce tradicionalmente como *Śiva-liṅga*.

(*Ajita Tantra* 3.1-2a)

El Señor supremo, Para-śiva, lleva a cabo las actividades cósmicas dentro del reino del *māyā* puro a través de su forma como el Señor Sadā-śiva (o Pañca-brahma). Dado que Sadā-śiva existe en el plano causal, no puede estar directamente implicado con el *māyā* impuro que reina en el plano astral y físico. Por lo tanto, crea cinco Señores delegados (*adhiṣṭhita*): Brahma, Viṣṇu, Rudra, Maheśvara y Sadā-śiva (diferente del gran Sadā-śiva). Pañca-brahma supervisa sus actividades.

Sadā-śiva es el formado-sin-forma (*sakala-niṣkala*); sin embargo, en el nivel sutil en el que Sadā-śiva existe, no tiene forma, sino solo semillas o potencialidades sonoras. Así, su cuerpo está formado por cinco mantras, conocidas colectivamente como Pañca-brahma.

Se explica en el *Ajita Tantra*:

इत्यवेत्य स देवेशः शिवः सर्वान्तरस्थितः ॥
लोकानुग्राहको भूत्वा जन्तूनां भुक्तिमुक्तिदः ।
पञ्चब्रह्मतनुः साक्षात्स शिवोऽभूत्सदाशिवः ॥

ity avetya sa deveśaḥ
śivaḥ sarvāntara-sthitaḥ

lokānugrāhako bhūtvā
jantūnāṁ bhukti-mukti-daḥ
pañca-brahma-tanuḥ sākṣāt
sa śivo 'bhūt sadā-śivaḥ

Siendo consciente de ello [de las limitaciones de aquellos con escaso conocimiento para percibirle sin forma], este Señor de los dioses, Śiva, que está dentro de todo, que extiende su gracia a todos y da a las criaturas elevado gozo y liberación, este Śiva se convirtió en Sadā-śiva, cuyo cuerpo se manifiesta como el Pañca-brahma.

(*Ajita Tantra*, 2.31b-32a)

Y el *Mṛgendra Āgama* también describe:

मूलाद्यसम्भवाच्छाक्तं वपुर्नैतादृशं प्रभोः ।
तद्वपुः पञ्चभिर्मन्त्रैः पञ्चकृत्योपयोगिभिः ॥
ईशतत्पुरुषाघोर वामाजैर्मस्तकादिकम् ।

mūlādy asambhavāc chāktaṁ
vapur naitādṛśaṁ prabhoḥ
tad vapuḥ pañcabhir mantraiḥ
pañca-kṛtyopayogibhiḥ
īśa-tat-puruṣāghora
vāmājair mastakādikam

Puesto que el Señor Supremo está libre de semillas creadoras de un cuerpo como la impureza (*mala*), el karma y demás, su cuerpo no es como nuestros propios cuerpos. Su cuerpo solo

> está hecho de la naturaleza misma de Śakti. El cuerpo de Śiva comprende cinco mantras por lo que es instrumentalmente útil en la realización de las cinco funciones cósmicas. Con estos cinco mantras, están diseñadas la cabeza y otras partes del cuerpo de Śiva. Los cinco mantras son Īśana, Tat-puruṣa, Aghora, Vāma y Sadyo-jāta.
>
> (*Mṛgendra Āgama*, 3.8)

Los devotos se comunican con los cinco Señores a través de los cinco mantras llamadas *Pañca-brahma-mantras*, que son fórmulas de homenaje a estas cinco entidades. En el momento de la iniciación, el gurú instala estos mantras en el cuerpo de los aspirantes y les otorga un cuerpo espiritual. Ellos se unen a Śiva meditando (*dhyāna*) en la imagen de las cinco cabezas, que se orientan a las cinco direcciones.

Los *Pañca-brahma-mantras* se encuentran en el *Taittirīya Āraṇyaka* (10.17-21) y también aparecen en el *Mahā-narāyaṇa Upaniṣad* (17.1-5).

Sadā-śiva

Los *āgamas* describen a los cinco Señores de la siguiente manera:

1. Sadyo-jāta: Su nombre significa 'da a luz rápidamente' porque es el origen del nacimiento. Śiva crea a Sadyo-jāta y le encarga la manifestación de la naturaleza. Sadyo-jāta crea el universo mediante su delegado, el Señor Brahmā. Su rostro apunta hacia el oeste, está relacionado con la esfera de la tierra (*pṛthivī-maṇḍala*) y su sílaba del mantra *pañcākṣara* es *Na*. Las escrituras lo describen como joven y atractivo, de tez blanca, untado con pasta de sándalo y decorado con flores blancas. Una mano muestra el *varada-mudrā* (gesto de concesión de deseos) y la otra el *abhaya-mudrā* (gesto de ausencia de temor).

El mantra Sadyo-jāta en los *Pañca-brahma-mantras*:

सद्योजातं प्रपद्यामि सद्योजाताय वै नमः ।
भवे भवे नातिभवे भजस्व मां भवोद्भवाय नमः ॥

sadyo-jātaṁ prapadyāmi
sadyo-jātāya vai namo namaḥ
bhave bhave nātibhave bhajasva
māṁ bhavodbhavāya namaḥ

Someto total y repetidamente mi mente, mis palabras y mi cuerpo al Señor Sadyo-jāta, que se manifiesta y crea cuerpos y mundos instantáneamente, que se aparece a los devotos en las formas contempladas por ellos y, sin embargo, trasciende las formas que adopta, y que tiene un séquito de deidades formado por millones de mantras. Que haga que mi forma sea como la suya.

(*Mahā-narāyaṇa Upaniṣad*, 17.1 y *Taittirīya Āraṇyaka*, 10.17)

2. Vāma-deva: Su nombre significa 'encantador, agradable'. Es el aspecto de Śiva que preserva mediante su delegado, el Señor Viṣṇu. Su rostro apunta hacia el norte. Está relacionado con la esfera del agua (*jala-maṇḍala*), y su sílaba del mantra *pañcākṣara*

es *Na*. Las escrituras lo describen como de tez rojiza, atractivo y aristocrático, vestido con ropas delicadas y finas, turbante y guirnaldas de flores. En sus manos, sostiene espada y escudo.

El mantra Vāma-deva en los *Pañca-brahma-mantras*:

वामदेवाय नमो ज्येष्ठाय नमः
श्रेष्ठाय नमो रुद्राय नमः
कालाय नमः कलविकरणाय नमो
बलविकरणाय नमो बलप्रमथनाय नमः
सर्वभूतदमनाय नमो मनोन्मनाय नमः ॥

vāma-devāya namo jyeṣṭhāya namaḥ
śreṣṭhāya namo rudrāya namaḥ
kālāya namaḥ kala-vikaraṇāya namo
bala-vikaraṇāya namo bala-pramathanāya namaḥ
sarva-bhūta damanāya namo
manonmanāya namaḥ

Reverencias a aquel que es eternamente el mayor de edad, trascendiendo los grandes ciclos del tiempo. Reverencias a aquel cuyo señorío supera a todos los demás dioses. Reverencias a aquel que elimina los sufrimientos de todos los seres vivientes. Reverencias a aquel que es el tiempo eterno. Reverencias a aquel que pone en marcha las divisiones del tiempo y mantiene los mundos en orden. Reverencias a aquel que, siendo la fuente de la fuerza, fortalece las fuerzas auspiciosas. Reverencias a aquel que, siendo el portador de la fuerza, retira la fortaleza de las fuerzas desfavorables y las extirpa. Reverencias a aquel que guía a todas las almas para que finalmente lleguen a él.

(*Mahā-narāyaṇa Upaniṣad*, 17.2 y *Taittirīya Āraṇyaka*, 10.18)

3. Aghora: Su nombre significa 'no aterrorizador'. Es el aspecto de Śiva que destruye mediante su delegado, el Señor Rudra. Su rostro apunta hacia el sur, está relacionado con la esfera

del fuego (*agni-maṇḍala*) y su sílaba del mantra *pañcākṣara* es *Śi*. Las escrituras lo describen con un aspecto terrible y decorado con elementos mortuorios. Su tez es del color de una nube oscura; porta una corona con una media luna y un hermoso pendiente. Aunque está adornado con serpientes, escorpiones y guirnaldas de cráneos, su expresión es agradable. Sus cuatro manos izquierdas sostienen fuego, *khaṭvāṅga* (hueso), escudo y soga. Las cuatro manos derechas sostienen tridente, hacha, espada y bastón.

El mantra Aghora en los *Pañca-brahma-mantras*:

अघोरेभ्योऽथ घोरेभ्यो घोर घोरतरेभ्यः ।
सर्वतः सर्व सर्वेभ्यो नमस्ते अस्तु रुद्ररूपेभ्यः ॥

aghorebhyo 'tha ghorebhyo
ghora ghoretarebhyaḥ
sarvataḥ sarva-sarvebhyo
namaste astu rudra-rūpebhyaḥ

Reverencias al Señor Śiva Aghora que se manifiesta en innumerables formas benignas, en formas espantosas y aterradoras y a todas esas innumerables formas de Rudra. Reverencias a todas esas manifestaciones del Señor Śiva.

(*Mahā-narāyaṇa Upaniṣad*, 17.3 y *Taittirīya Āraṇyaka*, 10.19)

4. Tat-puruṣa: Su nombre significa 'alma suprema'. Es el aspecto de Śiva que oculta de las almas su verdadera naturaleza, mediante su delegado, el Señor Maheśvara. Su rostro se dirige hacia el este, está relacionado con la esfera del aire (*vāyu-maṇḍala*) y su sílaba del mantra *pañcākṣara* es *Va*. Las escrituras lo describen como de tez dorada, con ropajes de seda amarilla. Porta una corona decorada con una luna creciente. En una mano lleva una cadena de perlas y en la otra un tridente.

El mantra Tat-puruṣa en los *Pañca-brahma-mantras*:

तत्पुरुषाय विद्महे महादेवाय धीमहि ।
तन्नो रुद्रः प्रचोदयात् ॥

tat-puruṣāya vidmahe
mahā-devāya dhīmahi
tan no rudraḥ pracodayāt

Bajo la guía de mi maestro, realizo la forma de Śiva conocida como Tat-puruṣa. Medito con la mente pura y el intelecto refinado en el gran iluminador. Que Tat-puruṣa, que corta los lazos limitantes de las almas y por este acto llega a ser conocido como Rudra, guíe, ilumine y fortalezca mis órganos de conocimiento y acción y mis facultades internas.
(*Mahā-narāyaṇa Upaniṣad*, 17.4 y *Taittirīya Āraṇyaka*, 10.20)

5. Īśāna: Su nombre significa 'gobernante'. Es el aspecto de Śiva que otorga la revelación, mediante su delegado, el Señor Sadā-śiva (diferente del Sada-śiva que es un nombre general para los cinco rostros). Su rostro se dirige hacia arriba, está relacionado con la esfera del éter (*ākāśa-maṇḍala*) y su sílaba del mantra *pañcākṣara* es *Ya*, y así completa el mantra *Namaḥ Śivāya*. Las escrituras lo describen como benevolente, con tres ojos y portando una corona con una media luna. Una de sus manos sostiene un tridente, la otra una mālā, y con las otras dos hace los gestos *abhaya-mudrā* (gesto de no temor) y el *dhyāna-mudrā* (gesto de meditación).

El mantra Īśāna en los *Pañca-brahma-mantras*:

ईशानस्सर्वविद्यानामीश्वर सर्वभूतानां ब्रह्माधिपतिः ।
ब्रह्मणोऽधिपतिर्ब्रह्मा शिवो मे अस्तु सदाशिवोम् ॥

īśānas sarva-vidyānām
īśvaras sarva-bhūtānām
brahmādhipatiḥ
brahmaṇo 'dhipatir
brahmā śivo me astu sadā-śivoṁ

Iśāna es el Señor supremo y el revelador de todos los conocimientos y disciplinas espirituales, el nutridor y controlador de todos los seres vivos, el Señor orientador de Sadā-śiva, la autoridad orientadora y guiadora de los ocho Vidyīśvaras, los directores de Brahmā, Viṣṇu y a los demás; ojalá que esté presente en este Śiva-liṅga. Mediante esta benigna presencia, que haya absoluta pureza y auspiciosidad en mí. *Oṁ.*

(*Mahā-narāyaṇa Upaniṣad*, 17.5 y *Taittirīya Āraṇyaka*, 10.21)

Las emanaciones de los *Āgamas* de Sada-śiva

सृष्टिकाले महेशानः पुरुषार्थ प्रसिद्धये ।
विधत्ते विमलं ज्ञानं पञ्चश्रोतोऽभिलक्षितम् ॥

sṛṣṭi-kāle maheśānaḥ
puruṣārtha prasiddhaye
vidhatte vimalaṁ jñānaṁ
pañca-śroto 'bhilakṣitam

En el momento de la creación, el Señor Śiva, con el fin de permitir a las almas obtener placeres mundanos, reveló el conocimiento puro (*āgama*) mediante sus cinco rostros en forma de cinco corrientes escriturales.

(*Mṛgendra Āgama*, «*Vidyā-pāda*», 1.21)

Para-śiva es inaccesible a los sentidos, el habla y la mente. En el reino de *māyā,* se comunica mediante Sadā-śiva, quien yace en el *Śiva-liṅga* y es el objeto de culto y el transmisor de las escrituras tántricas. Desde sus rostros, Sadā-śiva revela diferentes tradiciones para el beneficio de las almas atrapadas en la ignorancia. Sus cinco rostros transmiten las escrituras en las diferentes etapas de la revelación.

सद्योवाम महाघोर पुरुषेशान मूर्तयः ॥
प्रत्येकं पञ्चवक्रास्स्युः तैरुक्तं लौकिकादिकम् ।
पञ्चविंशति भेदेन स्रोतोभेदः प्रकीर्तितः ॥

sadyo-vāma mahā-ghora
puruṣeśāna mūrtayaḥ

praty ekaṁ pañca-vaktras syuḥ
tair uktaṁ laukikādikaṁ
pañca-viṁśati bhedena
sroto bhedaḥ prakīrtitaḥ

Hay cinco rostros: Sadyo-jāta, Vāma-deva, Aghora, Tat-puruṣa e Īśāna. Cada rostro tiene, a su vez, la apariencia de cinco caras. Las escrituras *laukika* y *vaidika* fueron reveladas por estos cinco rostros. Cada rostro reveló cinco escrituras diferentes. Por lo tanto, tuvo lugar la revelación de veinticinco (tipos de) escrituras distintas.

(*Kāmika Āgama*, 1.18b-19).

एष्वेवान्तर्गतं वक्तुं वाङ्मयं वस्तुवाचकम् ।
तेष्वेव मन्त्रतन्त्राख्यं सदाशिव मुखोद्गतम् ॥
सिद्धान्तं गारुडं वामं भूततन्त्रं च भैरवम् ।
उर्ध्वं पूर्वं कुबेरास्य याम्यवक्राद्यथाक्रमम् ॥

eṣvevāntar-gataṁ vaktuṁ
vāṅ-mayaṁ vastu-vācakam
teṣveva mantra-tantrākhyaṁ
sadā-śiva mukhodgataṁ

siddhāntaṁ gāruḍaṁ vāmaṁ
bhūta-tantraṁ ca bhairavam
ūrdva pūrva kuberāsya
yāmya-vaktrād-yathā-kramam

Con el fin de expresar claramente la naturaleza de quien permanece oculto como el núcleo exacto de la palabra, escrituras como los mantras y los tantras fluyeron del rostro de Sadyo-jāta. Los tantras conocidos como *Siddhānta*, *Gāruḍa*, *Vāma*, *Bhūta* y *Bhairava* fluyeron, respectivamente, desde la cara superior (Ūrdva), la cara oriental (Pūrva o Iśāna), la cara sur (Kubera o Tat-puruṣa), la cara izquierda (Vāma) y la cara derecha (Yāmya o Aghora) en dicho orden.

(*Kāmika Āgama*, 1.20-21)

Nombre	Sadyo-jāta	Vāma-deva	Aghora	Tat-puruṣa	Īśāna
Traducción nombre	Da a luz rápidamente	Encantador, agradable	No aterrador	Alma suprema	Gobernante
Punto cardinal	Oeste	Norte	Sur	Este	Arriba
Dirección	Atrás	Izquierda	Derecha	Frente	Arriba
Color	Blanco Perlado	Rojo	Azul Oscuro	Amarillo Dorado	Cristalino
Elemento	Tierra	Agua	Fuego	Aire	Eter
Poder	*Sṛṣṭi* - Creación	*Sthiti* - Mantenimiento	*Saṁhāra* - Disolución	*Tirodhāna* - Gracia encubridora	*Anugraha* - Gracia reveladora
5 Señores delegados	Brahmā	Viṣṇu	Rudra	Maheśvara	Sadā-śiva
Sílaba del mantra *pañcākṣara*	*Na*	*Ma*	*Śi*	*Va*	*Ya*
Śāstras	*Ṛg Veda*	*Yajur Veda*	*Sāma Veda*	*Atharva Veda*	*Āgamas*
Enseñanzas	*Laukika-vijñāna*: Conocimiento mundano	*Vaidika*: Enseñanzas védicas	*Adhyātmika*: Enseñanzas del ser supremo	*Ati-mārga*: El sendero elevado	*Mantra-mārga*: El sendero de los mantras
Mantra-mārga	*Bhūta tantras*	*Vāma tantras*	*Bhairava tantras*	*Gāruḍa tantras*	*Siddhānta tantras*
Kula-mārga (bocas=*śaktis*)	*Paścimāmnāya*	Uttarāmnāya	Dakṣiṇāmnāya	*Pūrvāmnāya*	*Ūrdhvāmnāya* / *Anuttarāmnāya*

1. La clasificación temprana de los *Śaiva Āgamas*: las cinco corrientes (*srotas*)

La división del corpus *śaiva* se discute en varias escrituras, como el *Kāmika Āgama* y el *Ajita Tantra*. Sin embargo, no concuerdan con exactitud y otorgan nombres distintos a las mismas obras. Además, tienden a situar su propia tradición más alta en la jerarquía. Por eso, la clasificación del canon es un asunto extremadamente complejo.

Presentaremos algunas de las clasificaciones que se mencionan en diferentes fuentes.

Una de las clasificaciones más tempranas y comprensivas del canon *śaiva* divide la revelación en cinco corrientes (*pañca-srotas*) que emanan de las cinco caras de Sadā-śiva. Aunque cada corriente adora a sus propias deidades, estos cultos son similares en esencia y se puede decir que son aspectos de un sistema ritual único. A continuación, explicaremos con más detalle cada corriente. Cabe señalar que esta clasificación se vio reemplazada en escrituras posteriores por otra clasificación: las *pīṭhas*, que también describiremos más adelante.

LAS CINCO TRADICIONES (*ĀMNĀYAS*) O CORRIENTES (*SROTAS*) QUE EMANARON DE SADĀ-ŚIVA

Īśāna: Cara hacia arriba
Siddhānta tantras

Vāma-deva: Cara hacia el Norte
Vāma tantras

Sadyo-jāta: Cara hacia el Oeste
Bhūta tantras

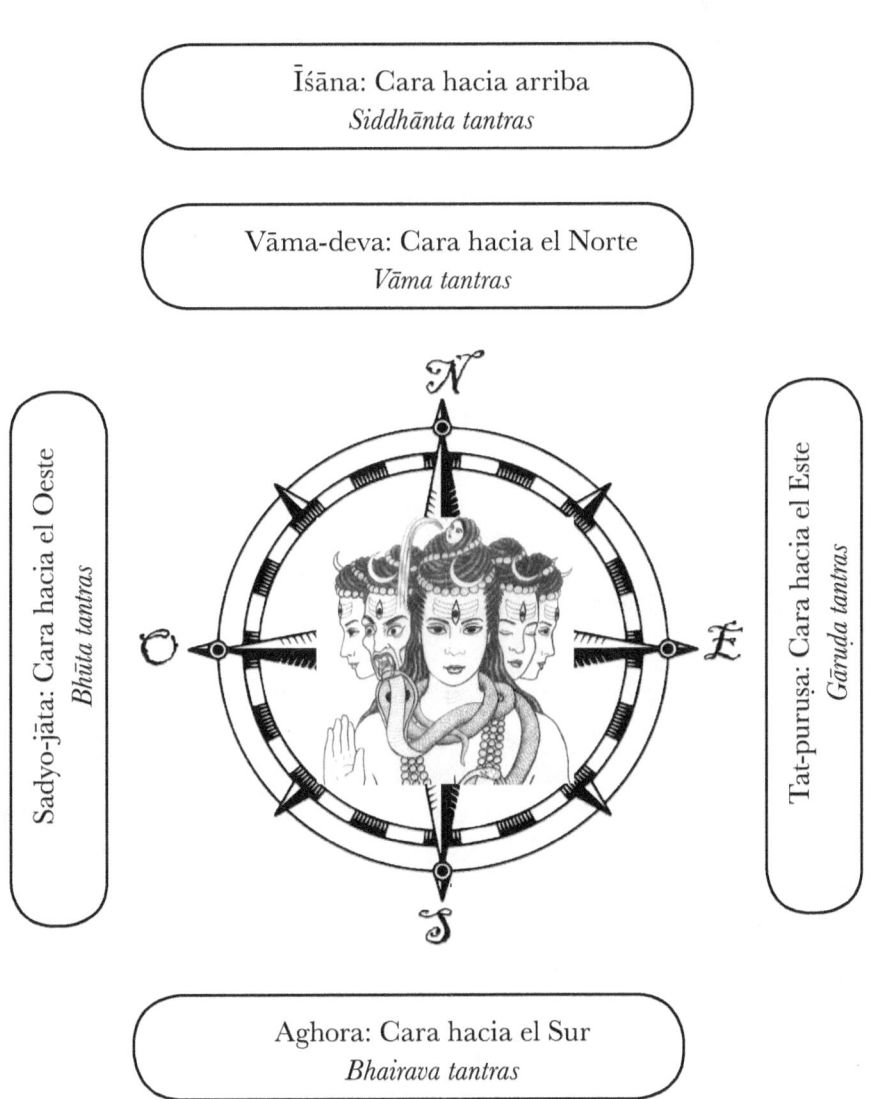

Tat-puruṣa: Cara hacia el Este
Gāruḍa tantras

Aghora: Cara hacia el Sur
Bhairava tantras

1.1 La corriente superior: *śaiva-siddhānta āgamas* (tantras)

ईशानवक्त्रादूर्ध्वस्थाज्ज्ञानं यत्कामिकादिकम् ।
दशाष्टादश भेदेन शिवरूद्रावतारकैः ॥

īśāna-vaktrād ūrdhva-sthāj
jñānaṁ yat kāmikādikaṁ
daśāṣṭā-daśa bhedena
śiva-rudrāvatārakaiḥ

Desde la cara Īśana, mirando hacia arriba, escrituras como la *Kāmika* y otras se revelaron en dos corrientes diferentes de diez y dieciocho escrituras, que pertenecen a las formas de Śiva y Rudra, respectivamente.

(*Kāmika Āgama*, 1.1.22)

Desde la cara superior, denominada Īśāna, emanan las escrituras *śaiva-siddhānta*, divididas en dos subcánones: los diez *śiva-bhedas* y los dieciocho *rudra-bhedas.* Dado que Īśāna es el aspecto de Śiva que otorga *anugraha,* o 'gracia reveladora', esta clasificación sugiere que el canon del *Śaiva-siddhānta* es superior. Sus escrituras se hallan en armonía con la ortodoxia establecida. El benevolente Sadā-śiva es adorado en su forma benevolente de cinco caras y diez brazos, sin consorte femenina. Las ofrendas son lacto-vegetarianas y excluyen las bebidas alcohólicas.

Hay diferentes maneras de clasificar las escuelas *śaiva-siddhānta.* Según una de ellas, los diez *śiva-bhedas* representan la escuela de *advaita* (monista) y los dieciocho *rudra-bhedas,* la escuela de *viśiṣṭādvaita* (monismo cualificado). Además, los *śiva-bhedas* enfatizan el conocimiento, mientras que los *rudra-bhedas*, las prácticas religiosas.

Los 10 *śiva-bhedas* son:

1. *Kāmika* con 3 *upāgamas.*
2. *Yogaja* con 5 *upāgamas.*

3. *Cintya* con 6 *upāgamas*.
4. *Kāraṇa* con 7 *upāgamas*.
5. *Ajita* con 4 *upāgamas*.
6. *Dīpta* con 9 *upāgamas*.
7. *Sūkṣma* con 1 *upāgama*.
8. *Sāhasraka* con 10 *upāgamas*.
9. *Aṁśumat* con 12 *upāgamas*.
10. *Supra-bedham*.

Los 18 *rudra-bhedas* son:

1. *Vijaya* con 8 *upāgamas*.
2. *Niḥśvāsa* con 8 *upāgamas*.
3. *Svayaṁbhuva* con 3 *upāgamas*.
4. *Anala* con 1 *upāgama*.
5. *Vīra* con 13 *upāgamas*.
6. *Raurava* con 6 *upāgamas*.
7. *Mukuṭa* con 2 *upāgamas*.
8. *Vimala* con 16 *upāgamas*.
9. *Candra-jñāna* (o *Candra-hāsa*) con 14 *upāgamas*.
10. *Mukha-biṁba* (o *Biṁba*) con 15 *upāgamas*.
11. *Prodgīta* (o *Udgīta*) con 16 *upāgamas*.
12. *Śarvokta* con 5 *upāgamas*.
13. *Lalitā* con 3 *upāgamas*.
14. *Pārameśvara* con 7 *upāgamas*.
15. *Siddha* con 4 *upāgamas*.
16. *Kiraṇa* con 9 *upāgamas*.
17. *Santāna* con 7 *upāgamas*.
18. *Vātula* (o *Pārahitā*) con 12 *upāgamas*.

Aunque originalmente las escrituras *śaiva-siddhānta* estaban dirigidas a ascetas buscadores de poderes místicos, con el paso del tiempo se fueron readaptando para servir de guía para la *sādhana* de los *māheśvaras*, o los *śaiva-gṛhasthas* (cabezas de familia), quienes conformaban la mayoría de los adeptos. En un principio, la práctica era privada. Sin embargo, a partir del siglo XI n. e., esta se amplió hasta transformarse en intrincados rituales públicos en los templos.

Entre los siglos VIII y X n. e., los *brāhmaṇas* de Cachemira escribieron comentarios, o *paddhatis*, sobre las escrituras agámicas para facilitar la comprensión de la revelación. Los autores más conocidos fueron Ugra-jyoti, Sadyo-jyoti, Rāma-kaṇṭha, Vidyā-kaṇṭha, Vibhūti-kaṇṭha, Śrī-kaṇṭha, Nīla-kaṇṭha, Soma-śambhu, Īśāna-śambhu, Hṛdaya-śiva, Brahma-śiva, Vairāgya-śiva, Jñāna-śambhu, Trilocana-śiva, Varuṇa-śiva, Īśāna-śiva y Aghora-śiva. Casi todos los comentarios acerca de la literatura *śaiva* de la *mantra-mārga* se han preservado hasta la actualidad.

Kāmika Āgama y *Mṛgendra Āgama*, así como el comentario *Soma-śambhu Paddhati*, son las obras más destacadas.

1.2 La corriente del norte: *vāma tantras*

नयसूत्रादि भेदेन वामं वामाद्विनिर्गतम् ।
चतुर्विंशति संख्याकं अवतीर्णं शिवाज्ञया ॥

naya-sūtrādi bhedena
vāmaṁ vāmād vinirgatam
catur-viṁśati saṁkhyākaṁ
avatīrṇaṁ śivājñayā

> El *Vāma Tantra* con sus variaciones, como *Naya Sūtra* y otros, surgió del rostro Vāma según la dirección de *vāma* (lado izquierdo) ofrecida por Śiva; su número es veinticuatro.
>
> (*Kāmika Āgama*, 1.1.25b-26a)

Desde el rostro norteño, llamado Vāma-deva, emanan los *vāma tantras*, que enseñan el culto de las cuatro hermanas (Jayā, Vijayā, Ajitā y Aparājitā) y su hermano Tumburu.

Vāma-deva es la cara más femenina de Sadā-śiva. Las escrituras reveladas por este rostro enfatizan el culto de la diosa y enseñan cómo obtener poderes místicos (*siddhis*) y realizar ritos mágicos para derrotar a los enemigos y pacificar a los espíritus malignos. En la temprana clasificación *pañca-srotas*, las *vāma tantras* incluyen escrituras que explican el culto a Tumburu, una forma de Śiva con cuatro caras, y a sus cuatro hermanas consortes (*catur-bhaginī*); sus nombres denotan victoria e invencibilidad. Con el tiempo, esta tradición desapareció y surgieron numerosas escrituras *śāktas*. Fueron categorizadas como *vidyā-pīṭha*, en lugar de *vāma*, según el modelo nuevo *pīṭha* que describiremos a continuación. De esta manera, la categorización *vidyā-pīṭha* reemplazó con eficacia a la *vāma*.

Los 24 *vāma tantras* son:

1. *Naya*
2. *Nayottara*
3. *Mūka*
4. *Mohana*
5. *Mohanāmṛta*
6. *Kara-pūjā-vidhāna*
7. *Vīṇā*
8. *Jayā*
9. *Vijayā*
10. *Ajitā*
11. *Aparājitā*
12. *Siddha-nityodayā*
13. *Jyeṣṭhā*
14. *Cintāmaṇī-mahodaya*
15. *Kuhaka*
16. *Kāma-dhenu-kadambaka*
17. *Ānanda*
18. *Rudra*
19. *Bhadra*
20. *Kiṁkara*
21. *Ananta-vijaya*
22. *Bhokta*
23. *Daurvāsa*
24. *Bīja-bheda*

1.3 La corriente del sur: *dakṣiṇa tantras*

द्विविधं तन्त्रमुद्भूतं भैरवं दक्षिणास्यतः ।
असिताङ्गादिभिर्भूमौ कथितं तदनेकधा ॥

dvi-vidhaṁ tantram udbhūtaṁ
bhairavaṁ dakṣiṇāsyataḥ
asitāṅgādibhir bhūmau
kathitaṁ tad anekadhā

El *Bhairava Tantra* fue revelado por el rostro sur (Aghora) y es de dos categorías diferentes. Posteriormente, fueron revelados en este mundo en nombre de Asitāṅga y otros Bhairavas de muchas formas distintas.

(*Kāmika Āgama*, 1.1.27)

Desde el rostro sureño, llamado Aghora, emanan los *dakṣiṇa tantras*, que enseñan cómo adorar a las temerosas manifestaciones Bhairavas de Śiva y la diosa:

- Svacchanda-bhairava y su consorte Aghoreśvarī, o Bhairavī.
- Kapālīśa-bhairava y su consorte Aghorī, o Caṇḍā-kāpālinī.
- La tríada de las diosas Parā, Parāparā y Aparā, con o sin sus consortes Bhairavas.
- Kāla-saṁkarṣaṇī y otras manifestaciones de la diosa Kālī.

Los *dakṣiṇa tantras* fueron revelados por Aghora, el aspecto más feroz de Sadā-śiva. Estos textos se centran en la adoración a Bhairava con imágenes mortuorias. En el sistema clasificatorio posterior de *pīṭhas*, esta categoría se vio reemplazada por el *mantra-pīṭha*.

La escritura *Pratiṣṭhā-lakṣaṇasāra-samuccaya* de Vairocana (siglo IX n. e.) presenta una lista del canon que se atiene a la división *pañca-srotas* e incluye 28 *siddhānta āgamas*, 28 *gāruḍa tantras*, 20 *bhūta tantras*, 24 *vāma tantras* y 32 *dakṣiṇa tantras*. Cabe aclarar que los *vāma* y los *dakṣiṇa* tantras deberían sumar 64; así que en esta escritura faltan ocho *tantras*. Además, entre los *dakṣiṇa tantras* se citan escrituras tales como el *Siddha-yogeśvarī-mata*, un texto *trika* orientado a la diosa y el *Yoginī-jāla-śaṁvara*, un texto sobre las Madres y las *yoginīs*. Esto nos indica que la clasificación *pañca-srotas* no era demasiado exacta en la agrupación de textos centrados en Bhairava y por eso se vio reemplazada luego por la clasificación de *pīṭhas*, que se explicará a continuación.

Los 32 *dakṣiṇa tantras* son:

1. *Svacchanda-bhairava*
2. *Caṇḍa-bhairava*
3. *Krodha-bhairava*
4. *Unmatta-bhairava*
5. *Asitāṅga-bhairava*
6. *Ruru-bhairava*
7. *Kapālīśa*
8. *Samuccaya*
9. *Ghora*
10. *Ghoṣaṇa*
11. *Ghora*
12. *Niśā-saṅcāra*
13. *Durmukha*
14. *Bhīmāṅga*
15. *Ḍāmara-rāva*
16. *Bhīma*
17. *Vetāla-mardana*
18. *Ucchuṣma*
19. *Vāma*
20. *Kapāla*
21. *Bhairava*
22. *Puṣpa*
23. *Advaya*
24. *Tri-śira*
25. *Eka-pāda*
26. *Siddha-yogīśvara*
27. *Pañcāmṛta*

28. *Prapañca*
29. *Yoginī-jāla-śaṁvara*
30. *Viśva-vikaṇṭha*
31. *Jhaṅkāra*
32. *Tilakodyāna-bhairava*

1.4 La corriente del este: *gāruḍa tantras*

संख्यया गारुडं तद्वत्पूर्व वक्त्राद्विनिर्गतम् ॥
सावित्र्याद्यं च सिद्ध्यर्थमुक्तं तदवतारकैः ।

saṁkhyayā gāruḍaṁ tad vat
pūrva vaktrād vinirgatam
sāvitry ādyaṁ ca siddhy artham
uktaṁ tad avatārakaiḥ

En la misma enumeración, *Gāruḍa Tantra* emanó del rostro oriental (Tat-puruṣa). Durante las siguientes transmisiones, estos fueron revelados para lograr la realización en *Sāvitri* y otros mantras.

(*Kāmika Āgama*, 1.1.24b-25a)

Desde la cara este, llamada Tat-puruṣa, emanan los *gāruḍa tantras*. Revelaron procedimientos terapéuticos y curas para picaduras de serpientes. Los *gāruḍa tantras* y los *bhūta tantras* desaparecieron en una etapa temprana de la revelación tántrica. Fueron omitidos por los sistemas no *saiddhāntikas*, probablemente por considerarse una revelación inferior.

Los *gāruḍa tantras* derivan su nombre de Garuḍa, el pájaro celestial que es enemigo de las serpientes y el veneno. Los *gāruḍa tantras* contenían procedimientos mágicos para controlar las serpientes. Los rituales también servían para evocar a las serpientes míticas (*nāgas*), que según esta tradición eran las encargadas de las lluvias para proteger los cultivos.

Por ejemplo, el *Kriyā-kāla-guṇottara* comienza cuando Karttikeya se dirige a Īśvara de la siguiente manera:

विविधं मे श्रुतं तन्त्रं लोके अश्चर्यकारकम् ।
सिद्धिमुक्तिप्रदं सर्वं त्वयोक्तं परमेश्वर ॥
न श्रुतं गारुडं किञ्चित्सद्यःप्रत्ययकारकम् ।
तमाचक्ष्व सुरश्रेष्ठ मम भक्तस्य शङ्कर ॥
लक्षणं नागजातीनां गर्भोत्पत्तिमशेषतः ।
रूपकं सर्वनागानां व्यन्तराणां च जातकम् ॥

vividhaṁ me śrutaṁ tantraṁ
loke āścarya-kārakam
siddhi-mukti-pradaṁ sarvaṁ
tvayoktaṁ parameśvara

na śrutaṁ gāruḍaṁ kiñcit
sadyaḥ pratyaya-kārakam
tam ācakṣva sura-śreṣṭha
mama bhaktasya śaṅkara

lakṣaṇaṁ nāga-jātīnāṁ
garbhotpattim aśeṣataḥ
rūpakaṁ sarva-nāgānāṁ
vyantarāṇāṁ ca jātakam

Kārtikeya dijo: «¡Oh, Parameśvara!, he escuchado todo lo que has expuesto sobre los diversos tantras que producen milagros en el mundo de los humanos y otorgan poderes mágicos y liberación. Pero, ¡oh, Śaṅkara!, nunca he oído hablar de Gāruḍaṁ, que ofrece una prueba inmediata de eficacia. ¡Oh, el mejor de los dioses!, por favor háblame a mí, tu devoto, sin omitir ningún detalle, acerca de la clasificación de los tipos de serpientes, el nacimiento de sus crías, los rasgos de todas las serpientes y las clases de tipos indefinidos».

(*Kriyā-kāla-guṇottara*, 1.2-4)

Diferentes fuentes enumeran una extensa lista de textos, pero casi ninguno de ellos ha sobrevivido. Los únicos dos textos que han sido preservados (*Tvaritā-mūla Sūtra* y *Tvaritā-jñāna-kalpa*) se encontraron en manuscritos de hojas de palma nepaleses y afirman ser parte de la *Trottala Tantra* de 11 000 versos, obra que fue citada por el erudito Kṣema-rāja.

El texto *Kriyā-kāla-guṇottara* también ha sobrevivido, y aunque no está incluido en los relatos canónicos, hay evidencias claras de que contiene material de los *gāruḍa tantras* y los *bhūta tantras;* fue citado por Kṣema-rāja en su *Netroddyota*. También encontramos citas de estas escrituras en otras fuentes escriturales *śaivas*, en especial en el *Jayadratha Yāmala Yāmala*.

Los 28 *gāruḍa tantras* son:

1. *Hara*
2. *Huṅkāra*
3. *Bindu-sāra*
4. *Kālāmṛta*
5. *Deva-trāsa*
6. *Sutrāsa*
7. *Śābara*
8. *Kāla-śābara*
9. *Pakṣi-rāja*
10. *Śikhā-yoga*
11. *Śikhā-sāra*
12. *Śikhāmṛta*
13. *Pañca-bhūta*
14. *Vibhāga*
15. *Sūlya-bheda-vinirṇaya*
16. *Kāla-kāṣṭha*
17. *Kālāṅga*
18. *Kāla-kūṭa*
19. *Paṭa-druma*
20. *Kamboja*
21. *Kambala*
22. *Kuṁkuma*
23. *Kāla-kuṇḍa*
24. *Kaṭāhaka*
25. *Suvarṇa-rekhā*

26. *Sugrīvā*
27. *Totalā* (*o Trottala*)
28. *Totalattarā* (o *Trottalottara*)

1.5 La corriente occidental: *bhūta tantras*

कौलादि विंशत्संख्यातं भूततन्त्रं तु सद्यतः ॥

kaulādi viṁśat-saṁkhyātaṁ
bhūta-tantraṁ tu sadyataḥ

Veinte escrituras, *kaula* y otras, conocidas colectivamente como *bhūta tantra*, surgieron del rostro de Sadyo-jāta.
(*Kāmika Āgama*, 1.1.26b)

Desde el rostro oeste, llamada Sadyo-jāta emanan los *bhūta tantras*. Enseñan rituales de exorcismo para liberarse de espíritus y de entidades no corporales, tales como *bhūtas*, *pretas*, *piśācas*, etcétera. Los *gāruḍa* y los *bhūta tantras* invocan formas coléricas de Rudra, tales como Aghora, Krodheśvara, Lohaka, Nīla-kaṇṭha, Jvareśvara, Khaḍga-rāvaṇa y Deva-trāsa.

Se cree que los *bhūta tantras* provienen de fuentes *soma-siddhāntas* (secta *śaiva ati-mārga*, también llamada *kāpālikas*).

Ningún *bhūta tantra* ha sobrevivido hasta la actualidad. El único que se menciona en otras escrituras es el *Caṇḍāsi-dhāra Tantra*.

Los 20 *bhūta tantras* son:

1. *Hālāhala*
2. *Haya-grīva*
3. *Karakoṭa*
4. *Kaṭaṅka*
5. *Karkoṭa*
6. *Maṇḍamā*
7. *Kaṅkoṭa*
8. *Khaḍga-rāvaṇa*
9. *Caṇḍāsi-dhāra*

10. *Huṅkāra*
11. *Hāhākāra*
12. *Śivārava*
13. *Ghorāṭṭahāsa*
14. *Ucchiṣṭa*
15. *Ghurghura*
16. *Duṣṭa-trāsaka*
17. *Vimala*
18. *Vikaṭa*
19. *Mahoṭkata*
20. *Yama-ghaṇṭa*

2. Las clasificaciones posteriores del canon

2.1. Las tres corrientes: central (*madhyama*), izquierda (*vāma*) y derecha (*dakṣiṇa*)

La escritura no *saiddhāntika Picu-mata* (o *Brahma Yāmala*) modifica la clasificación *pañca-srotas* y ubica las tradiciones no *saiddhāntikas* por encima de las *saiddhāntikas*. Clasifica las escrituras *śaiva* en una jerarquía ascendente de tres corrientes principales que emanan de los tres poderes de la deidad:

1. *Madhyama* (central): *Siddhānta tantras.*
2. *Vāma* (izquierda): *Vāma tantras.*
3. *Dakṣiṇa* (derecha): *Bhairava tantras.*

La literatura agámica se divide en *vāma* y *dakṣiṇa*. La primera categoría consiste en textos que abogan por beber alcohol, consumir carne y practicar sexo, mientras que la última prescinde de dichas prácticas. Escuelas *śaivas* como los *kāpālikas*, los *kālā-mukhas* y los *aghoras*, así como muchas líneas *śāktas*, pertenecen a la *vāma*.

Estas categorías se comparan con la preparación del arroz. El *siddhānta* se asemeja a eliminar la cáscara de los granos (*tuṣa*). El *vāma* simboliza la limpieza de los granos para eliminar el salvado (*kambūka*).

Por último, *dakṣiṇa* representa la cocción de los granos blancos puros.

ज्ञानौघः परमो यस्तु त्रिभिः स्रोतैर्विनिर्गतः ॥
वामदक्षिणमध्यस्थो नानाभेदव्यवस्थितः ।

jñānaughaḥ paramo yas tu
tribhiḥ srotair vinirgataḥ

vāma-dakṣiṇa-madhya-stho
nānā-bheda-vyavasthitaḥ

La masa suprema de sabiduría de las escrituras emerge en tres corrientes, situadas a la izquierda, a la derecha y en el centro (de Sadā-śiva) con múltiples divisiones.
(*Brahma Yāmala*, 38.16b-17a)

El *Brahma Yāmala* además subdivide los *Dakṣiṇa Tantras* en cuatro secciones, o *pīṭhas*, según el tema principal que tratan:

1. *Mudrā-pīṭha*: *mudrās*.
2. *Maṇḍala-pīṭha*: *maṇḍalas*.
3. *Mantra-pīṭha*: *mantras*.
4. *Vidyā-pīṭha*: conocimiento filosófico.

दक्षिणेण तु वक्रेण दक्षिणास्रोतसम्भवम् ॥
चतुष्पीठप्रभेदेन शुद्धाशुद्धविभेदितम् ।
पृच्छकाश्रयभेदेन बहुधा संव्यवस्थितम् ॥
विद्याश्रितानि यानि स्युर्विद्यापीठं वरानने ।
मन्त्राश्रितानि यानि स्युर्मन्त्रपीठं तथैव च ॥
मुद्राश्रितानि यानि स्युर्मुद्रापीठं तु सुव्रते ।
मण्डलापीठकानि स्युर्मण्डलं पीठमुच्यते ॥
विनिर्गतानि तन्त्रानि क्रियाभेदेन चैव हि ।

dakṣiṇena tu vaktreṇa
dakṣiṇā-srota sambhavam

catuṣ-pīṭha-prabhedena
śuddhāśuddha-vibheditam
pṛcchakāśraya-bhedena
bahudhā saṁvyavasthitam

vidyāśritāni yāni syur
vidyā-pīṭhaṁ varānane
mantrāśritāni yāni syur
mantra-pīṭhaṁ tathaiva ca

mudrāśritāni yāni syur
mūdrā-pīṭhaṁ tu suvrate
maṇḍalā-pīṭhakāni syur
maṇḍalaṁ pīṭham ucyate

vinirgatāni tantrāṇi
kriyā-bhedena caiva hi

Del rostro derecho (de Sadā-śiva) emergen los *dakṣiṇā-srotas*, divididos en lo puro y lo impuro, con una división en cuatro *pīṭhas*, según quien explica y quien escucha. Los que se basan en los *vidyā-mantras* comprenden el *Vidyā-pīṭha*, ¡oh, hermosa mujer! E igualmente, los que se basan en los mantras comprenden el *mantra-pīṭha.* Aquellos fundamentados en las *mudrās* constituyen la *mudrā-pīṭha*, ¡oh, mujer piadosa! Los que pertenecen al asiento de las *maṇḍalas* se llaman *maṇḍala-pīṭha.* De esta manera surgieron los tantras, los cuales presentan diferencias en el ritual (*kriyā-bheda*).

(*Brahma Yāmala*, 38.29b-33a)

Esta clasificación excluye a los *gāruḍa tantras* y los *bhūta tantras*, y otros sistemas tántricos, como el *vaiṣṇava pāñca-rātra*, asignándolos a la corriente inferior (*adhaḥ-srotaḥ*).

2.2. *Saiddhāntika* (*siddhānta tantras*) y no *saiddhāntika* (*bhairava tantras*)

Con el tiempo, los cultos de los *vāma tantras*, *bhūta tantras* y *gāruḍa tantras* se volvieron menos influyentes, mientras que las formas de observancia *śākta-śaiva* reveladas por los *dakṣiṇa tantras* fueron adquiriendo popularidad. Entonces, surgió una nueva clasificación que incluyó el *vāma* dentro del *dakṣiṇa* y presentó el canon en una simple división entre escrituras *saiddhāntikas* y no *saiddhāntikas*.

El sistema *saiddhāntika*, o 'seguidores de la verdad establecida', emana del rostro Īśāna que mira hacia arriba, sugiriendo su superioridad. Sus escrituras se atienen a la verdad establecida por la ortodoxia. Su deidad central es Sadā-śiva, la forma benevolente de Śiva que realiza las cinco funciones cósmicas mediante los Pañca-brahmas. Sus ofrendas siguen los códigos de pureza védicos. En esta categoría encontramos las 28 escrituras *siddhānta*: los 10 *śiva tantras* y los 18 *rudra tantras*.

Entre los principales *saiddhāntika tantras* podemos citar los siguientes: *Ananta-vijaya, Kāmika, Sārdha-tri-śika, Sārdha-tri-śikha, kiraṇa, Nandikeśvara-mata, Niśvāsa, Bhārgava, Mṛgendra, Raurava, Lalita* y *Sarva-jñānottara.*

El sistema no *saiddhāntika,* o 'que no sigue la verdad establecida', emana de las cuatro caras restantes de Sadā-śiva que miran hacia los puntos cardinales. Estos textos enseñan cultos con una orientación *śākta-śaiva*, cuyas deidades son generalmente más feroces. A menudo incluyen elementos mortuorios de las prácticas de cremación del *ati-mārga*, tales como ofrendas de carne, alcohol y sustancias corporales.

Entre los principales tantras no saiddhāntika se encuentran los siguientes: *Svacchanda, Ānanda-bhairava, Kula-cūḍāmaṇi, Khecarī-mata, Gupta, Guhya, Nandi-śikha, Picu-mata, Bhairava Yāmala, Mālinī-vijayottara, Siddha-yogeśvarī-mata, Skanda-yāmala* y *Jayad-ratha Yāmala.*

2.3. *Mantra-pīṭha* y *vidyā-pīṭha*

La clasificación en *pīṭhas* (colecciones o montículos) acepta la división en *saiddhāntika* y no *saiddhāntika*, y subdivide la última en *mantra-pīṭha* y *vidyā-pīṭha*. El *mantra-pīṭha* incluye textos centrados en el culto del aspecto masculino Bhairava, mientras que *vidyā-pīṭha* incluye aquellos centrados en la diosa. Esta clasificación con orientación *śākta* excluye a los *bhūta tantras* y los *gāruḍa tantras*. Los colofones de los textos *vidyā-pīṭha* suelen indicar que pertenecen al *vidyā-pīṭha* dentro de la *Bhairava-srota* (corriente de Bhairava), término que identifica las escrituras no *saiddhāntikas*.

Las escrituras *vidyā-pīṭha* enseñan el más alto nivel de la práctica esotérica y están asociadas con diosas tántricas consideradas superiores a sus consortes masculinos o completamente autónomas. Las 15 escrituras del *vidyā-pīṭha* se subdividen en tres grupos, cada uno de ellos representando un nivel más alto de esoterismo y feminización:

- 3 *vāma tantras* (tantras de la izquierda) o *guhya tantras* (tantras secretos).
- 5 *yāmala tantras* (tantras de unión).
- 7 *śakti tantras* (tantras de energía).

Capítulo 3

Los *śākta tantras*

Las tradiciones *śāktas* del hinduismo adoran a diferentes manifestaciones de la diosa (Devī), considerándola la deidad suprema. El shaktismo incluye corrientes tanto devocionales como tántricas. La *sādhana* popular es principalmente devocional, pero incorpora algunos rituales y prácticas contemplativas originadas en el tantrismo.

La tradición *śākta* está estrechamente relacionada con la *śaiva* y claramente se superponen. Ambas adoran a los dos polos de la divinidad que se manifiesta en el propio cuerpo del practicante. Esta divinidad suele concebirse como una deidad masculina (Śiva o Viṣṇu) en unión con su esposa, Śakti. Las tradiciones tántricas se clasifican en *śaiva* o *śākta* según el énfasis que ponen en cada uno de esos aspectos.

Sin embargo, también existía una tradición *śākta* independiente por todo el Sudeste asiático, que no estaba relacionada con el shaivismo. En el antiguo panteón védico, solo encontramos unas pocas deidades femeninas. Pero en los *purāṇas*, observamos un crecimiento en la adoración a la diosa. La temprana escritura *Devī-māhātmya* presenta a numerosas manifestaciones de la Madre como la deidad creadora suprema. Este trabajo fue compuesto en torno al siglo VI n. e., en la misma época en que los *tantras vidyā-pīṭha* se estaban popularizando en los círculos tántricos.

Las 64 *bhairava āgamas* se consideran *śaivas*, si bien incluyen las escrituras clasificadas como *vidyā-pīṭha*, en las que observamos el nacimiento de la revelación *śākta*. Esta florecerá posteriormente en la etapa del *kula-mārga* con las *kaula tantras*.

Los *kaulas tantras* aportaron los cimientos de la tradición *śākta*. Una de las principales transmisiones *śāktas* era el *dakṣiṇāmnāya*, que adoraba a la bella y erótica diosa Śrī (Śrī-kula). De este culto nació el *śrī-vidyā*, una tradición ortodoxa de la mano derecha que se hizo popular en el sur de la India y permanece viva hasta nuestros días.

Por su parte, las transmisiones *uttarāmnāya* y *pūrvāmnāya* dieron origen a los *tantras* del clan de la iracunda diosa Kālī. Hasta la actualidad, Kālī es adorada en el este y el sur de la India y sigue siendo una de las diosas hindúes más conocidas y queridas, a pesar de su aspecto terrible. Es una de las diez *mahā-vidyās*, un grupo de diez diosas cuya adoración es muy popular en Bengala.

3.1 Los *bhairava tantras*

Bhairava significa 'terrorífico'. Las sílabas de su nombre son *bha* que significa *bharaṇa*, o 'manutención'; *ra* de *ravaṇa*, o 'retiro'; y *va* de *vamana*, o 'creación del universo'. Esta es la más poderosa forma de Śiva, una deidad furiosa que tiene la boca abierta con grandes colmillos y los ojos grandes. Porta un *kapāla* (cuenco de cráneo) y una cabeza decapitada, una *khaṭvāṅga* (un bastón con un cráneo). Sus múltiples manos sujetan variadas armas. La iconografía de Bhairava está íntimamente relacionada con los ascetas, cuyas aspiraciones a los *siddhis* les conducen a diversos ritos sexuales, mágicos y funerarios. Los *bhairavas tantras* consisten en enseñanzas que Bhairava imparte a su consorte. Cada Bhairava está acompañado de su respectiva Śakti.

El *Rudra Yāmala* cita un manual de adoración a Vaṭuka-bhairava, o Bhairava como un niño pequeño. Allí se menciona su mantra: *hrīṁ vaṭukāya āpad-uddhāraṇam kuru kuru vam vaṭukāya hrīṁ oṁ svāhā*.

El gran número de obras tántricas es clasificado por el *Vārāhī Tantra* en *āgama*, *yāmala* y *tantra*.

Los *āgamas* tratan siete temas principales:

1. El proceso de la creación.
2. La disolución del universo.
3. La adoración a una deidad en particular.
4. La *sādhana-kriyā*, o 'disciplina espiritual'.
5. El *puraścaraṇa*, o 'ritual de iniciación'.
6. El *dhyāna-yoga*, o 'sistema de meditación'.

7. El *ṣaṭ-karma*, o 'grupo de seis ritos', entre los cuales se encuentran el ritual propiciatorio para pacificar (*śānti*), el ritual para someter, el ritual para controlar, el ritual para apaciguar (*vaśī-karana*), el ritual meditativo (*manana*) y el ritual para alejar las energías negativas (*uccāṭana*).

Los *yāmalas* abordan ocho temas distintos:

1. La *sṛṣti*, o 'relato de la creación'.
2. Las posiciones de los planetas.
3. El *nitya-kṛtya pratipādana*, o 'ritual diario'.
4. El *krama*, o 'evolución'.
5. Los *sūtras*, o 'aforismos'.
6. El *varṇa-bheda*, o 'distinción entre *varṇas*'.
7. El *jāti-bheda*, o 'distinción entre castas'.
8. Las obligaciones y los deberes de los diferentes *āśramas*.

Podemos identificar los *tantras* según 24 signos, varios de los cuales ya han sido mencionados. Esta lista enumera ocho signos adicionales:

1. El establecimiento del mantra.
2. Los diagramas sagrados, o *yantras*.
3. Las descripciones de diferentes dioses y diosas.
4. Los *tīrthas*, o 'lugares santos de peregrinación'.
5. Los *vratas*, o 'ayunos o votos'.
6. Las líneas de demarcación entre lo profano y lo sagrado.
7. La descripción de los *rāja-dharma* (los deberes del rey) y la *vyavahāra* (conducta) del hombre ordinario.
8. La *adhyātma-varṇanam* o 'descripción de la sabiduría'.

Cabe acotar que, aunque el *Vārāhī Tantra* menciona ciertas características distintivas de la literatura tántrica, no todas ellas se hallan en todos los textos tántricos. Lo que caracteriza a toda literatura tántrica es su énfasis en la *sādhana-kriyā*, o el *kriyā-yoga*, así como en la abundancia de elementos esotéricos y mantras.

El *Vāmakeśvarī-mata* menciona los siguientes sesenta y cuatro *Bhairava Tantras*:

भगवन्सर्वमन्त्राश्च भवता मे प्रकाशिताः ।
चतुष्षष्टिस्तु तन्त्राणि मातॄणामुत्तमानि तु ॥
महामाया शम्बरं च योगिनी जालशम्बरम् ।
तत्त्वशम्बरकं देव भैरवाष्टकमेव च ॥
बहुरूपाष्टकं ज्ञानं यामलाष्टकमेव च ।
चन्द्रज्ञानं वासुकिं च महासम्मोहनं तथा ॥
महोच्छुष्मं महादेव वाथुलं च नयोत्तरम् ।
हृद्भेदं मातृभेदं च गुह्यतन्त्रं च कामिकम् ॥
कलापादं कालसारं तथाऽन्यत्कुब्जिकामतम् ।
नयोत्तरं च वीणाद्यं त्रोतुलं त्रोतुलोत्तरम् ॥
पञ्चामृतं रूपभेदं भूतोड्डामरमेव च ।
कुलसारं कुलोड्डीशं कुलचूडामणिं तथा ॥
सर्वज्ञानोत्तरं देव महापिचुमतं तथा ।
महालक्ष्मीमतं देव सिद्धयोगीश्वरीमतम् ॥
कुरूपिकामतं देवरूपिकामतमेव च ।
सर्ववीरमतं देव विमलामतमेवच ॥
अरुणेशं मोदनेशं विशुद्धेश्वरमेव च ।
एवमेतानि शास्त्राणि तथाऽन्यान्यपि कोटिशः ॥
भवतोक्तानि मे देव सर्वज्ञानमयानि च ।
विद्याः षोडश देवेश सूचिता न प्रकाशिताः ॥

bhagavan sarva-mantrāś ca
bhavatā me prakāśitāḥ
catuṣ-ṣaṣṭis tu tantrāṇi
mātṝṇām uttamāni tu

mahā-māyā śambaraṁ ca
yoginī jāla-śambaram
tattva-śambarakaṁ deva
bhairavāṣṭakam eva ca

bahu-rūpāṣṭakaṁ jñānaṁ
yāmalāṣṭakam eva ca

candra-jñānāṁ vāsukiṁ ca
mahā-sammohanaṁ tathā

mahocchuṣmaṁ mahā-deva
vāthulaṁ ca nayottaram
hṛd-bhedaṁ mātṛ-bhedaṁ ca
guhya-tantraṁ ca kāmikam

kalā-pādaṁ kāla-sāraṁ
tathā 'nyat kubjikā matam
nayottaraṁ ca vīṇādyaṁ
trotulaṁ bhrotulottaram

pañcāmṛtam rūpa-bhedaṁ
bhūtoḍḍāmaram eva ca
kula-sāraṁ kuloḍḍīśaṁ
kula-cūḍāmaṇiṁ tathā

sarva-jñānottaraṁ deva
mahā-picu-mataṁ tathā
mahā-lakṣmī-mataṁ deva
siddha-yogīśvarī-matam

kurūpikā-mataṁ deva
rūpikā-matam eva ca
sarva-vīramataṁ deva
vimalā-matam eva ca

arūṇeśaṁ modaneśaṁ
viśuddheśvaram eva ca
evam etāni śāstrāṇi
tathā 'nyāny api koṭiśaḥ

bhavatoktāni me deva
sarva-jñāna mayāni ca
vidyāḥ ṣoḍaśa deveśa
sūcitā na prakāśitāḥ

> Devī dijo: sesenta y cuatro tantras me fueron reveladas con lo esencial de las palabras: *Mahā-māyā*, *Śambara*, *Yoginī*, *Jala-śambara*, *Tattva Śambara*, los ocho *Bhairavas*, los ocho *Bahu-rūpās*, los *Jñāna*, los ocho *Yāmalas*, los *Candra-jñāna*, los *Vāsuki*, *Mahā-Sammohana*, *Māha-Ucchuṣma*, *Vāthula*, *Māyā-uttara*, *Hṛd-bheda*, *Mātṛ-bheda*, *Guhya-tantra*, *Kāmika*, *Kāla-pāda*, *Kāla-sāra*, *Kubjikā-mata*, *Vātula-uttara*, *Viṇā*, *Trotula*, *Bhrātula-uttara*, *Pañācamṛta*, *Rūpa-bheda*, *Bhūta-uddāmara*, *Kula-sāra*, *Kuloddīśa*, *Kula-cūḍāmaṇi*, *Sarva-jña-uttara*, *Mahā-picu-mata*, *Mahā-lakṣmī-mata*, *Siddha-yogīśvarī-mata*, *Kurūpikā-mata*, *Rūpikā-mata*, *Sarva-vīra-mata*, *Vimalā-mata*, *Aruṇeśa*, *Modaneśa*, *Viśuddeśvara;* todas estas *śāstras* me han sido reveladas, junto con diez millones más, que constituyen el cuerpo de la sabiduría.
>
> (*Vāmakeśvari-mata*, 1.13-22)

Dentro de los 64 *Bhairava Tantras*, el más destacado es el *Svacchanda-bhairava Tantra* (siglos VI-X n. e.), el cual enseña el culto de Svacchanda-bhairava, una forma moderada de Bhairava. Su consorte es Aghoreśvarī, la deidad tántrica más venerada en Cachemira. La escritura *Śrī Bahu-rūpa-garbha Stotra* revela que su mantra es *Oṁ aghorebhyo 'tha ghorebhyo ghora-ghoratarebhyaś ca sarvataḥ śarva namaste rudra-rūpebhyaḥ Oṁ*. Al igual que la mayoría de los mantras tántricos, este comprende una gran variedad de significados. En la iconografía, Svacchanda-bhairava se muestra sentado a horcajadas sobre el cuerpo postrado de Sadā-śiva, la deidad suprema del *śaiva-siddhānta*. Esta postura simboliza la superioridad de su propio culto.

Los 64 *bhairava tantras* se agrupan en ocho categorías, cada una de ellas presidida por un Bhairava principal. Estos ocho *Aṣṭāṅga Bhairavas* dominan las ocho direcciones del universo. Todos los Bhairavas están subordinados a Mahā-kāla-bhairava Svarṇa, también conocido como Kāla-bhairava, el controlador supremo del tiempo. Su consorte es Bhairavī, el aspecto terrible de Pārvatī o Kālī. Los nombres de las escrituras pueden variar en diferentes descripciones del canon. Los ocho Bhairavas son:

1. *Asitāṅga-bhairava*
2. *Ruru-bhairava*
3. *Caṇḍa-bhairava*
4. *Krodha-bhairava*
5. *Unmatha-bhairava*
6. *Kapāla-bhairava*
7. *Bhīśaṇa-bhairava*
8. *Saṁhāra-bhairava*

I. DIVISIÓN *BHAIRAVA*

1. *Svacchanda-bhairava*
2. *Caṇḍa-bhairava*
3. *Krodha-bhairava*
4. *Unmatta-bhairava*
5. *Asita-bhairava*
6. *Ruru-bhairava*
7. *Jhaṅ-kāra-bhairava*
8. *Kapālīśa-bhairava*

II. DIVISIÓN *YĀMALA*

9. *Brahma Yāmala*
10. *Rudra Yāmala*
11. *Viṣṇu Yāmala*
12. *Skanda Yāmala*
13. *Gautamīya Yāmala*
14. *Atharvā Yāmala*
15. *Vetāla Yāmala*
16. *Ruru Yāmala*

III. DIVISIÓN *MATA-TANTRA*

17. *Raktā-mata*
18. *Peṭikā-mata*
19. *Bhāruṇḍī-mata*
20. *Iḍā-mata*
21. *Piṅgalā-mata*
22. *Nīlakeśī-mata*
23. *Śāmbarā-mata*
24. *Utphullā-mata*

IV. DIVISIÓN *MAṄGALĀ*

25. *Bhairava-maṅgalā*
26. *Candra-garbha-maṅgalā*
27. *Śānti-maṅgalā*
28. *Sumaṅgalā*
29. *Sarva-maṅgalā*
30. *Vijayā-maṅgalā*
31. *Ugra-maṅgalā*
32. *Sad-bhāva-maṅgalā*

V. DIVISIÓN *CAKRA*

33. *Svara-cakra* (*Mantra-*)
34. *Varna-cakra*
35. *Nāḍī-cakra* (*Śakti*)
36. *Guhya-cakra* (*Kalā*)
37. *Kāla-cakra* (*Bindu*)
38. *Saura-cakra* (*Nāda*)
39. *Āgneya-cakra*
40. *Somaja-cakra*

VI. DIVISIÓN *ŚIKHĀ*

41. *Śaukrī*
42. *Mandā* (*vīṇa-śkhā*)
43. *Mahocchuṣmā*
44. *Bhairavī* (*Svarascheda*)
45. *Śaṁbarī* (*Ḍāmara*)
46. *Prapañcaki*
47. *Mātṛ-bhedī*
48. *Rudra-kālī*

VI. DIVISIÓN *BAHU-RŪPĀ*

49. *Andhakī*
50. *Ruru-bhedā*
51. *Śaṅkhā*
52. *Śūlinī*
53. *Karṇa-moṭī*
54. *Ṭaṅkī*
55. *Jvālinī*
56. *Mātṛ-rodhinī*

VI. DIVISIÓN *VAG-ĪSA*

57. *Siddhā*
58. *Citrā*
59. *Hṛllekhā*
60. *Bhairavī*
61. *Kadaṁbikā*
62. *Haṁsinī-*(*Candra-lekhā*)
63. *Haṁsa-mālā*
64. *Candra-koṭi*

Aunque no fue incluido en la clasificación del *mantra-pīṭha*, cabe señalar la escritura *Netra Tantra* (700-850 n. e.), que enseña el culto de Amṛteśvara-bhairava y su consorte Amṛta-lakṣmī e incluye instrucciones de cómo proteger a los reyes y los *brāhmaṇas*. El hecho de que también se ocupe de otros asuntos reales sugiere que las técnicas tántricas se integraron en la corte de los reyes.

3.2 Los *kaula tantras*

Los *śaiva āgamas* utilizan el término *srotas* (tradiciones, linajes) para referirse a los principales grupos de las escrituras que están organizadas según los puntos cardinales. De la misma manera, el término *āmnāya* (transmisión) se utiliza para clasificar los *kula āgamas*. Cada *āmnāya* está formada por un conjunto de tantras que comparten la filiación a una misma tradición. Cada uno de los rostros de Sadāśiva está orientado hacia un determinado punto cardinal, y revela una de las cinco tradiciones *āmnāyas* que se describen en las escrituras tántricas. Estas escrituras reciben diferentes nombres: *kulāmnāya, kula tantras, kaula āgamas, kula śāstras* y *kula-śāsana* (las enseñanzas del *kula*).

Estas escrituras eran predominantemente *śāktas*. Y, aunque compartían muchas enseñanzas con el *mantra-mārga*, también propagaban métodos distintos influidos por la tradición *kaula*, cuyas ofrendas y observancias tenían un carácter antibrahmánico. Estas tradiciones ofrecían dos tipos de adoración a sus deidades: el *mantra-mārga* enseñado en las escrituras del *vidyā-pīṭha* y el nuevo culto revelado en las *kula śāstras*, considerado más elevado.

Los *kula śāstras* eliminaron el culto elaborado y el largo proceso de iniciación e introdujeron la iniciación a través de la posesión (*āveśa*) por la diosa, el consumo de substancias sacramentales consideradas impuras según la ortodoxia hindú, sacrificios de sangre, relaciones sexuales ritualizadas con una consorte consagrada (*dūtī*) y ritos orgiásticos colectivos practicados dentro del *kaula* (un selecto grupo de iniciados avanzados).

Estos textos enseñan la propiciación de la diosa Kuleśvarī, acompañada o no de Bhairava (Kuleśvara), rodeada por el cortejo de las ocho Madres. El ritual también incluye a Gaṇeśa y a Vaṭuka. Además, estos textos se caracterizan por el culto auxiliar de los cuatro *siddhas*, que enseñaron la tradición en las cuatro edades (*yuga-nāthas*) junto con sus consortes. Macchanda-nātha y Koṅkaṇā son los *siddhas* de la edad actual de Kali y se adoran junto con sus seis hijos príncipes (*rāja-putras*) no célibes y sus respectivas consortes.

Con el paso del tiempo, los sistemas litúrgicos se fueron modificando, y las deidades Kuleśvara y Kuleśvarī adoptaron diferentes identidades. Los *kaula āgamas* se dividieron en *āmnāyas* (transmisiones). La cantidad de *āmnāyas* indicado en los *tantras* varía según diferentes escrituras (cuatro, cinco o seis tradiciones). Estos son los *āmnāyas* y sus principales tantras:

1. *Pūrvāmnāya* (transmisión oriental o anterior): Adora a las diosas del *trika* que son Parā, Aparā y Parāparā. Sus principales escrituras son *Siddha-yogeśvarī-mata*, *Mālinī-vijayottara Tantra* y *Śiva Sūtra.*
2. *Uttarāmnāya* (transmisión norte o posterior): Adora a la diosa Kālī. También es conocida como *Krama* o 'secuencia'. Sus principales escrituras son *Krama Āgamas, Vātūla-nātha Sūtra, Mahākāla Saṁhitā, Parānanda Sūtra, Śakti-saṅgama Tantra, Kālī Tantra, Niruttara Tantra, Bṛhan-nīla Tantra, Toḍala Tantra, Yoginī Tantra, Yonī Tantra, Kula-cūḍā-maṇi, Mātṛka-bheda Tantra, Tārā Tantra, Kumārī Tantra, Mahā-cināċāra-krama Tantra, Phet-kārīṇī Tantra, Nirvāṇa Tantra* y muchas otras.
3. *Paścimāmnāya* (transmisión occidental o final): Adora a la diosa Kubjikā. Sus principales escrituras son *Kubjikā-mata, Ṣaṭ-sāhasra Saṁhitā* y *Ciñciṇī-mata-sāra-samuccaya.*
4. *Dakṣiṇāmnāya* (transmisión del sur): Adora a la diosa Kāmeśvarī. Sus principales escrituras son *Vamakeśvarī-mata* (que consiste en *Nitya-ṣoḍaśī-karṇava* y *Yoginī-hṛdaya*), *Jñānārṇava, Paraśurāma-kalpa Sūtra, Gāndharva Tantra, Tripurā-rahasya, Tantra-rāja, Prapañca-sāra* y *Tripurārṇava.*
5. *Ūrdhvāmnāya* (transmisión superior): Adora a Ardha-nārīśvara, que es mitad Śiva y mitad Śakti. Sus principales escrituras son *Kulārṇava Tantra* y *Kaula-jñāna-nirṇaya.*
6. *Anuttarāmnāya* (transmisión suprema): Adoran a la bella y benevolente diosa Tripura-sundarī. Su escritura principal es *Nityā-ṣoḍaśikārṇava*, también llamada *Vāmakeśvarī-mata.*

Capítulo 4

Los *vaiṣṇava tantras*

Los *Vaiṣṇava Āgamas*, denominados también *saṁhitās*, aceptan al Señor Viṣṇu y a sus diferentes encarnaciones como la suprema divinidad, y relegan el resto de las deidades a una posición secundaria. Estas escrituras consisten en diálogos entre Viṣṇu y su consorte Lakṣmī. El número de *āgamas vaiṣṇavas* llega a centenares, clasificándose en dos grupos: *pāñca-rātra* y *vaikhānasa*.

4.1 El *Pāñca-rātra*

La literatura *pāñca-rātra* está formada por escrituras *vaiṣṇavas* agámicas escritas en sánscrito que glorifican al Señor Viṣṇu y a su consorte Lakṣmī como la suprema divinidad. El nombre *pāñca-rātra* procede del *Śata-patha Brāhmaṇa* (12.6), donde se describe cómo Nārāyaṇa realiza un sacrificio durante cinco noches y se transforma en un ser trascendente e inmanente. Hay quienes conectan el nombre *pāñca-rātra* con las enseñanzas impartidas por Vāsudeva, en el curso de cinco noches seguidas, a los cinco sabios: Maunjāyana, Aupagāyana, Śāṇḍilya, Bhāradvāja y Kāśyapa.

De acuerdo con la leyenda, el Señor Viṣṇu reveló estos textos sagrados a Garuḍa, Ananta, Rudra, Brahmā y Viṣvaksena.

El primero en sistematizar la visión *pāñca-rātra* fue Śāṇḍilya (c. 100 n. e.), quien compuso poemas glorificando a Nārāyaṇa. Posteriormente, el *pāñca-rātra* fue adoptado, difundido y popularizado por Śrī Rāmānujācārya (siglo XI n. e.). Esta literatura ocupa un lugar central dentro de la escuela *Śrī Vaiṣṇava* de Rāmānujācārya.

Los siete grupos de *pañca-rātras* son el *Brahmā*, *Śaiva*, *Kaumara*, *Vasiṣtha*, *Kapila*, *Gautamīya* y el *Nāradīya*. El origen de la información más temprana acerca de los *pañca-rātras* es la sección *Nāradīya* del *Śānti-parva* del *Mahābhārata*.

Los tres textos principales de la literatura *pāñca-rātra* se denominan 'Las Tres Joyas', las cuales incluyen el *Sāttvata Saṁhitā*, el *Pauṣkara Saṁhitā* y el *Jayākhya Saṁhitā*. Cada una de estas obras tiene su correspondiente comentario escrito en uno de los tres principales centros *vaiṣṇavas* en el sur de la India. El comentario sobre el *Pauṣkara Saṁhitā* es el *Parameśvara Saṁhitā* escrito en Śrī-raṅgam; el comentario acerca del *Jayākhya Saṁhitā* es el *Pādma Saṁhitā* escrito en Kanci; y el comentario relativo al *Sāttvata Saṁhitā* es el *Īśvara Saṁhitā*, que procede de Melkote.

Tanto para los textos *pāñca-rātra* como para los *vaikhānasa*, la divinidad suprema es Viṣṇu, el cual está siempre en compañía de Lakṣmī. Sus innumerables cualidades se dividen en seis grupos denominados *ṣaḍ-guṇas*: conocimiento, o *jñāna*; virilidad, o *vīrya*; energía, o *śakti*; esplendor, o *tejas*; fuerza, o *bala*; y soberanía, o *aiśvarya*. Posee cinco diferentes emanaciones llamadas *para*, *vyūha*, *vibhava*, *antaryāmi* y *arcā*, cada una de las cuales cuenta con seis cualidades. *Para* es la forma trascendental, llamada Para-vāsudeva, amorfa y dichosa. *Vyūha* es el nombre de las cuatro formas en las que él se divide. Estos *vyūhas* son Vāsudeva, Saṁkarṣaṇa, Pradyumna y Aniruddha. Cada una de estas formas sirve a un determinado propósito. Para-vāsudeva es la forma suprema. Saṁkarṣaṇa está a cargo de destruir el universo y exponer el *dharma* de la devoción exclusiva (*aikāntika-dharma*). Para este propósito, utiliza *jñāna* (sabiduría) y *bala* (fuerza). Pradyumna se sirve de *vīrya* y *aiśvarya* para crear el mundo y para la enseñanza. *Śakti* y *tejas* son utilizados por Aniruddha para mantener el universo creado y para otorgar al ser individual los resultados de sus acciones. Estos cuatro *vyūhas* reciben la denominación colectiva de *Cātur-ātmya*.

El número total de textos que componen la literatura *pāñca-rātra* excede los 200, aunque no todos han sido publicados. Muchos todavía existen solo como manuscritos. Hay muchas obras cuya existencia es conocida únicamente por ser mencionados en otros textos. A continuación, ofrecemos una pequeña lista con algunos de los textos disponibles junto con una corta descripción de su contenido:

Jayākhya Saṁhitā: Esta es una de las obras *pāñca-rātra* más importantes. Ofrece detallada información acerca la creación del universo, el yoga, la correcta repetición de los mantras (*mantropāsana*), los diferentes mantras *vaiṣṇavas*, el ritual de fuego (*homa*), los métodos de *dīkṣā*, la adoración en el templo, la etiqueta *vaiṣṇava* (*ācāra*) y la expiación de los pecados. Este texto consta de 33 capítulos, o *paṭalas*.

Ahir-budhnya Saṁhitā: Es una gran obra que consta de 3880 versos divididos en 60 capítulos. El texto se ocupa de las cuatro emanaciones del Señor o cuatro *vyūhas*. Asimismo, menciona ciertos rituales para curar enfermedades y ofrece descripciones detalladas de muchos mantras y *yantras* importantes.

Aniruddha Saṁhitā, o *Aniruddha Saṁhitā Mahopaniṣad*: Ofrece descripciones pormenorizadas de diferentes rituales, *dīkṣās*, expiaciones de actividades pecaminosas (*prāyaścittas*), regulaciones a seguir en los templos de la deidad, etcétera. Consta de 34 capítulos.

Īśvara Saṁhitā: Dedicado en gran parte a rituales de adoración; también se describen imágenes, diferentes métodos de iniciación (*dīkṣā*), técnicas de meditación, métodos relacionados con la repetición de mantras y glorificación de la montaña Yādava. Consta de 24 capítulos.

Hayaśira Saṁhitā: Consiste en un tratado acerca de los rituales para la preparación e instalación de deidades. Está compuesto por 144 capítulos divididos en 4 secciones, o *kāṇḍas*: *Pratīṣṭhā-kāṇḍa*, *Saṅkarṣaṇa- kāṇḍa*, *Liṅga-kāṇḍa* y *Saura-kāṇḍa*.

Kaśyapa Saṁhitā: Es un texto breve que se refiere a diferentes clases de venenos y curaciones a través de mantras. Está compuesto de 12 capítulos.

Mahā-sanaṭkumāra Saṁhitā: Es un gran tratado que se ocupa exclusivamente de diferentes rituales de adoración. Consta de 10 000 versos distribuidos en 40 secciones y 4 capítulos.

Pādma Saṁhitā: Es una obra de 31 capítulos, dividida en cuatro secciones: *jñāna-pāda*, *yoga-pāda*, *kriyā-pāda* y *caryā-pāda*, que tratan de los rituales y la repetición de mantras.

Parama Saṁhitā: En este libro, encontramos información acerca de la creación del universo, así como detalles sobre los rituales de *dīkṣā* y *arcana*. También contiene información tanto del *karma-yoga* como del *jñāna-yoga* y afirma la superioridad del *jñāna* por encima del *karma-yoga*, a la que se refiere como la adoración a Dios. El material está dividido en 31 capítulos.

Pārameśvara Saṁhitā: Contiene profusa información acerca del método de meditación con mantras, sacrificios, rituales y *prāyaścittas*, o 'expiaciones de pecados'. Se trata de un texto relativamente corto de 15 capítulos.

Viṣṇu-tattva Saṁhitā: Trata de la adoración a las deidades, baños de purificación y las marcas que todo *vaiṣṇava* se pinta sobre el cuerpo. Este tratado comprende 39 capítulos.

Parāśara Saṁhitā: Una obra dedicada a la repetición de mantras, o *japa*, que comprende 8 capítulos.

Viṣṇu Saṁhitā: Esta obra trata acerca del ritual de adoración y ofrece una perspectiva filosófica similar al *sāṅkhya*. Cuenta con 30 capítulos.

Pauṣkara Saṁhitā: Contiene información acerca de la adoración a las deidades, rituales funerarios y filosofía. Es uno de los textos más antiguos de la literatura *pāñca-rātra*. Consta de 43 capítulos.

Sudarśana Saṁhitā: Es un tratado que se refiere a la meditación con mantras y a la expiación de actividades pecaminosas. Esta obra comprende 41 capítulos.

Vihagendra Saṁhitā: Se ocupa de la meditación con mantras, los sacrificios y el lugar del *prāṇāyāma* dentro del ritual de oración. Este libro posee 24 capítulos.

Vanrāha-guru: Este es un manual utilizado exclusivamente para el culto.

Vemos que, en su gran mayoría, los textos *pāñca-rātra* llevan el término *saṁhitā* anexado a su nombre, lo cual nos indica que son de origen védico. Asimismo, afirman proceder de la *Ekāyana Śākhā* del *Śukla Yajur Veda*, la cual lamentablemente ya no existe.

Leemos acerca del *Ekayāna Śakha* en el *Chāndogya Upaniṣad*, cuando Nārada Muni comenta a los Sanat-kumāras que él aprendió esta sabiduría, junto con el Veda, del *Ekāyana Śākhā*. Para el vaishnavismo, la literatura *pāñca-rātra* es tan acreditada como los Vedas. Según los seguidores de Viṣṇu, las enseñanzas contenidas en estos textos se hallan en perfecta armonía con los Vedas y, por lo tanto, son incuestionables. En repetidas ocasiones, la literatura *vaiṣṇava* se refiere a estos textos como literatura védica, otorgándoles un nivel de autoridad similar a los Vedas. Yāmunācārya se encargó de probar este punto de vista en su famosa obra *Āgama Prāmāṇyam*. Asimismo, Śrī Vedānta Deśika, en su *Pāñca-rātra-rakṣā*, estableció que los *pāñca-rātras* tienen la misma la autoridad que los Vedas.

4.2 Los *Vaikhānasa Āgamas*

Este término deriva del nombre del sabio Vikhanas. Numerosos textos acerca del *vaikhānasa āgama* fueron escritos por sus discípulos Atri, Marīci, Bhṛgu y Kaśyapa. Entre las obras que sobrevivieron se incluyen el *Samūrtārcanādhikaraṇa* de Atri, el *Vimānārcana-kalpa* y el *Ānanda Saṁhitā* de Marīci, el *Kriyāhikāra* de Bhṛgu y el *Jñāna-kāṇḍa* de Kaśyapa.

El *Vaikhānasa-kalpa Sūtra*, escrito por Vikhanas, afirma que solo los hombres nacidos en familias *vaiṣṇavas brāhmaṇas* son dignos de adorar al Señor Viṣṇu en el templo. Predica la exclusiva adoración a Viṣṇu tan solo con mantras védicos.

Los *vaikhānasas* desarrollaron la teoría de los cinco aspectos de Viṣṇu:

1. Viṣṇu es la deidad suprema omnipresente.
2. Puruṣa es el principio de la vida.
3. Satya es el aspecto estático de la deidad.
4. Acyuta es el aspecto inmutable.
5. Aniruddha es el aspecto irreducible.

Además, describen las dos presencias de Viṣṇu: *niṣkala* es la forma primitiva e indivisible, mientras que *śakala* es su manifestación divisible y dotada de movimiento. Śrī es *prakṛti* (la naturaleza) y la *śakti* (energía) de Viṣṇu. La diosa Śrī y el dios Viṣṇu permanecen siempre unidos. Ella tiene la forma de *mūla-prakṛti*, o 'materia primordial', por lo que es la causa de cualquier actividad de Viṣṇu.

Viṣṇu debe ser adorado de cuatro diferentes maneras: mediante repetición de mantras (*japa*), ofrendas devocionales (*heta*), ofrecimiento de flores (*arcana*) y meditación (*dhyāna*). La adoración a la deidad debe incluir los mantras *vaiṣṇavas* correspondientes, la ceremonia con fuego y la meditación en Viṣṇu. La literatura *vaikhānasa* ofrece detallada información sobre la construcción de templos y el tallado de deidades.

Capítulo 5

Los *Saurya Tantras*

El culto *saurya* ha desaparecido prácticamente, pero es conveniente mencionarlo, ya que forma parte del glorioso pasado tántrico.

Como fuente de calor y luz, Sūrya, o 'el Sol', es una de las principales deidades mencionadas en los Vedas. En ocasiones, se lo identifica con Savitṛ y Ādityā. Cerca de treinta himnos en el *Ṛg Veda* y el *Atharva Veda* están dedicados a Sūrya (*Ṛg Veda*: 1.50, 115;10.37, 158, 170, 189; *Atharva Veda*: 2.21; 13.2,3, 4; 19.65, 66, 67). Sūrya es fuente de luz y calor y regula los cultivos y las estaciones. La antigua economía basada en la agricultura le otorgaba un lugar central.

Dado que todo lo ve, Sūrya también lo sabe todo. Debido a su fulgor, tanto Sūrya como Agni portan el nombre de Jatadeva, o 'el conocedor de las entidades'. El poder visionario de Sūrya lo conecta a Mitra y Varuṇa, siendo considerado el ojo de ambos. En el hinduismo clásico, es el guardián de los puntos cardinales, junto con Indra, Agni, Vāyu y Candrama.

Por lo general, porta una flor de loto en cada mano y se desplaza por el cielo en un bellísimo carruaje tirado por siete caballos o por un solo caballo de siete cabezas. Sūrya se compara con un ave que vuela por los cielos y es descrito como la joya del cielo. Posee cuatro manos; tres de las cuales sostienen una rueda, una caracola y una flor de loto, mientras que con la cuarta hace el *mudrā* de protección. Su auriga es Aruṇa, el dios de la madrugada, quien lleva un látigo en su mano. A Sūrya se le denomina 'el ojo de Varuṇa', el dios del Sol y una manifestación de la divina energía del paraíso.

Los orígenes de esta secta se pierden en los anales de la historia, porque el Sol siempre ha sido venerado por diferentes culturas durante milenios. Incluso el ser humano más primitivo podía sentir el poder del Sol, contemplarlo con admiración e identificarlo con el sustentador de la vida. Muchos consideran este culto una mera adoración a la naturaleza, sin comprender su significado más profundo. Los *sauras* no adoran al Sol como algo físico sino como un símbolo del absoluto, o Brahman. El Sol ilumina el sistema solar, así como Brahman, el iluminador supremo, es la fuente de todo lo visto y lo oculto, lo conocido y lo desconocido. El Sol muestra el poder de Śakti que opera en el conjunto del universo. Es símbolo de la luz de la consciencia, o Śiva.

Así como nada podría vivir sin el Sol, nada podría existir sin Brahman, que es tanto la luz de la consciencia (Śiva) como el poder de la manifestación y el sustento (Śakti). La adoración al Sol es una forma obvia pero hermosa de venerar lo trascendental a través de un símbolo. Dentro de la tradición *smārta*, Sūrya es una de las cinco deidades consideradas diferentes aspectos de Brahman; él es mencionado en el sagrado *gāyatrī-mantra*.

La tradición *saura* hindú floreció en Rajasthan, Gujarat, Madhya Pradesh, Bihar, Jharkhand y Odisha. Hay muy pocos templos dedicados a Sūrya. Uno de ellos es el Templo del Sol, en Konark, Odisha, donde aún se llevan a cabo rituales revelados en los *saurya āgamas*. En la era posvédica, la tradición *Sūrya* fue eclipsada por los cultos de Śiva, Viṣṇu y Śakti, hasta prácticamente desvanecerse.

Capítulo 6

Los *gānapatya tantras*

Aunque Gaṇeśa es un dios amado en toda la india, los seguidores de esta secta son más frecuentes en la India occidental. Gaṇeśa es hijo de Śiva y Pārvatī, y representa la expresión de ambos. Śiva es la consciencia y Śakti es la manifestación. Su unión, expresada en su hijo, representa la capacidad de comprensión.

La mayoría de los rituales hindúes comienzan invocando la protección del Señor Gaṇeśa. Sus devotos imploran su ayuda antes de comenzar toda tarea importante, ya que, a falta de comprensión, no podrán lograr nada. La gracia de Gaṇeśa les permite comprender y, por lo tanto, alcanzar el éxito en sus empresas.

Tradicionalmente, se cree que muchas escrituras sánscritas fueron escritas por Gaṇeśa. Siendo el dios de la comprensión, eso simboliza que la sabiduría superior es necesaria para que las escrituras puedan ser escritas y utilizadas por el buscador espiritual.

Para fomentar la comprensión, muchos textos tántricos comienzan invocando al Señor Gaṇeśa con su mantra *Śrī Gaṇeśāya Namaḥ*, o «Reverencia a la bienaventuranza de Gaṇeśa».

Aunque este sistema tántrico enseñado en las *gānapatya tantras* es simple y directo, también es sublime y profundo. Al invocar el poder de comprensión, personificado por Gaṇeśa, uno puede llegar a conocerse a sí mismo y alcanzar la iluminación. Este sendero requiere un ferviente afán de saber. La curiosidad por el misterio que nace del corazón se expresa en la adoración a Gaṇeśa. Hoy en día, esta secta ya no es un grupo tántrico independiente, habiendo sido absorbida por la corriente principal del hinduismo.

Capítulo 7

La jerarquía de las escrituras reveladas

En esta sección exploraremos cómo la escritura *Jayad-ratha Yāmala* explica la jerarquía de la revelación y sitúa los *āgamas* en el contexto general del corpus sánscrito.

En la primera parte (*ṣaṭka*) de la escritura *Jayad-ratha Yāmala*, la diosa le pide a Bhairava que le presente el canon de la escritura revelada. Bhairava le explica que todos los *śāstras* revelados se clasifican en cuatro niveles:

1. *Sāmānya*: Común y universal.
2. *Sāmānya-viśeṣa*: Común pero especializado.
3. *Viśeṣa*: Especializado.
4. *Viśeṣatara*: Extra especializado.

Bhairava prosigue explicando que el *śāstra* se desarrolló de manera progresiva en cuatro etapas, desde la fase general a la más especializada. Cuanto más especializado es, mayor es el compromiso que requiere de parte de sus adeptos. Bhairava señala que esta gradación es necesaria, porque es imposible enseñar todo de una vez, por lo que estas categorías se atienen a una progresión tanto temporal como lógica. Sin embargo, Bhairava aclara que por muy amplia o especializada que sea la escritura, tanto el conocimiento humano como el divinamente revelado se refieren a la misma realidad.

LA JERARQUÍA DE LAS ESCRITURAS REVELADAS SEGÚN EL *JAYADRATHA YĀMALA*

1. *Sāmānya*: Esta división es de carácter inclusivo y está dirigida al público en general. Los *śāstras* gozan de amplio apoyo popular y pueden ser estudiados por personas de todas las castas. Dado que su alcance es muy extenso, se denominan *comunes* o *mundanos* (*laukika*). Incluyen los *purāṇas*, las obras literarias (*kāvya*), los épicos *Mahābhārata* y *Rāmāyaṇa* (*itihāsas*), tratados sobre matemáticas (*gaṇita*), dramaturgia (*nāṭaka*), métrica (*chandas*) y gramática (*śabda*).
2. *Sāmānya-viśeṣa*: Esta categoría incluye el *śruti* (tres de los Vedas: *Ṛg*, *Sāma* y *Yajur*), y entre los *smṛtis*, el *dharma śāstra*. Los *śūdras* (obreros y proveedores de servicios) no podían acceder a estas escrituras; por eso se denominan 'especializadas'. Pero también son consideradas 'comunes', porque no es necesario afiliarse a algún culto para estudiarlas.
3. *Viśeṣa*: Las escrituras de esta categoría son 'particulares' porque pertenecen a tradiciones específicas y solo puede accederse a ellas después de tomar votos en ciertas sectas. Estas incluyen el *Atharva Veda*, el *Saura*, la parte *siddhānta* del canon *śaiva*, las escrituras *pāñca-rātra* adoptadas por los *vaiṣṇavas*, las escrituras *lākula* y *vaimala* del *śaiva ati-mārga*, los textos del *sāṁkhya* y el yoga; las corrientes *sahaja-yāna* y *kala-cakri-yāna* de los budistas, y los textos jainas.
4. *Viśeṣatara*: Estos son los textos de las escuelas dedicadas a prácticas espirituales específicas. Son más 'particulares' porque solo la persona que ha tomado los votos en la iniciación puede acceder a ellos. Incluyen los *bhairava tantras*: *dakṣiṇa tantras* y *vāma tantras* (*guhya tantras*), los *gāruḍa tantras*, los *bhūta tantras* y los tantras del budismo *vajra-yāna*. Este nivel más selecto está destinado a una elite espiritual que acepta que la literatura *śākta* es la más elevada. Según estas escrituras, la iniciación no implica la aceptación de una religión diferente, sino una transformación radical y el acceso al nivel espiritual más exclusivo, lo cual puede desembocar en la liberación, junto con la elevación al nivel más elevado del cosmos *śaiva*. Mientras estos tantras eran rechazados por la ortodoxia védica, sus seguidores incluían el sistema ortodoxo dentro de sus propios sistemas como un

nivel menor de realización y comprensión. Consideraban que la revelación es una secuencia progresiva y ubicaban sus propios sistemas en la zona superior de una jerarquía. Los grupos tántricos *śaivas* consideraban sus revelaciones como la culminación esotérica de la ortodoxia védica.

SECCIÓN IV

LA PRÁCTICA TÁNTRICA

Capítulo 1

La visión tántrica del cuerpo humano

Para comprender la visión tántrica, debemos asimilar el papel central que desempeña el cuerpo dentro de su contexto metafísico. En este sendero, el cuerpo humano reviste una importancia sin precedentes en la historia de la espiritualidad. La actitud positiva hacia el cuerpo nace de los mismos principios metafísicos tántricos, que sostienen que el universo es una manifestación de la realidad absoluta. Vivimos inmersos en un campo de energía divina, y el cuerpo es parte integral de este campo. La configuración física de los seres humanos es válida, legítima y positiva en todos sus aspectos, considerándose una plataforma muy valiosa para alcanzar el ideal más elevado de la vida.

El cosmos es una manifestación real del aspecto dinámico y subjetual de lo absoluto. Como parte integral de un universo real, el cuerpo obviamente no es una ilusión, siendo al mismo tiempo físico, astral y divino. La misma actitud de respeto y adoración que se alberga hacia el cosmos, las estrellas, las montañas, los océanos, las flores y los animales se cultiva hacia el cuerpo, que es el microcosmos que nos permite acceder a la realidad del macrocosmos.

La forma humana de vida es preciosa, ya que posee autoconsciencia y otorga la posibilidad del libre albedrío. Nos permite resistir el condicionamiento y trascender el karma. Sin dicha posibilidad, quedaríamos estancados en el automatismo. Asumiendo la forma humana, el alma puede identificarse con su auténtica naturaleza, como explican los siguientes versos del *Kulārṇava Tantra*:

सोपानभूतं मोक्षस्य मानुष्यं प्राप्य दुर्लभम् ।
यस्तारयति नात्मानं तस्मात्पापतरोऽत्र कः ॥

sopāna-bhūtaṁ mokṣasya
mānusyaṁ prāpya durlabham
yas tārayati nātmānaṁ
tasmāt pāpataro 'tra kaḥ

Después de obtener un cuerpo humano, que es difícil de alcanzar y que sirve como escalera para la liberación, ¿quién es más pecaminoso que aquel que no trasciende hacia el Ser?

ततश्चाप्युत्तमं जन्म लब्ध्वा चेन्द्रिय सौष्ठवम् ।
न वेत्त्यात्महितं यस्तु स भवेतात्मघातकः ॥

tataś cāpy uttamaṁ janma
labdhvā cendriya sauṣṭhavam
na vetty ātma-hitaṁ yas tu
sa bhavet ātma-ghātakaḥ

Por lo tanto, después de lograr la mejor forma de vida posible, aquel que no reconoce su propio bien simplemente se está matando a sí mismo.

विना देहेन कस्यापि पुरुषार्थो न विद्यते ।
तस्माद्देहधनं प्राप्य पुण्यकर्माणि साधयेत् ॥

vinā dehena kasyāpi
puruṣārtho na vidyate
tasmād deha-dhanaṁ prāpya
puṇya-karmāṇi sādhayet

¿Cómo se puede llegar a conocer el propósito de la vida humana en ausencia de un cuerpo humano? Por lo tanto, habiendo obtenido el don del cuerpo humano, uno debe realizar actos meritorios.

रक्षेत्सर्वात्मनात्मानमात्मा सर्वस्य भाजनम् ।
रक्षणे यत्नमातिष्ठेत्यावत्तत्त्वं न पश्यति ॥

rakṣet sarvātmanātmānam
ātmā sarvasya bhājanam
rakṣaṇe yatnam ātiṣṭhet
yāvat tattvaṁ na paśyati

Uno mismo debe protegerse completamente por sí mismo. Uno mismo es el recipiente de todo y debe ejercer el esfuerzo de protegerse. De lo contrario, no se puede ver la Verdad.

पुनर्ग्रामाः पुनः क्षेत्रं पुन वित्तं पुनर्गृहम् ।
पुनः शुभाशुभं कर्म न शरीरं पुनः पुनः ॥

punar grāmāḥ punaḥ kṣetraṁ
puna vittaṁ punar gṛham
punaḥ śubhāśubhaṁ karma
na śarīraṁ punaḥ punaḥ

Un pueblo, una casa, tierra, dinero, incluso el karma auspicioso o desfavorable se pueden obtener una y otra vez, pero no un cuerpo humano.

शरीररक्षणायासः क्रियते सर्वदा जनैः ।
नहीच्चन्ति तनुत्यागमपि कुष्ठादिरो गतः ॥

śarīra-rakṣaṇāyāsaḥ
kriyate sarvadā janaiḥ
nahīccanti tanu-tyāgam
api kuṣṭhādiro gataḥ

Las personas siempre ejercen un esfuerzo por proteger el cuerpo. No desean abandonar el cuerpo incluso cuando están enfermas de lepra y otras enfermedades.

तद्गोपितं स्याद्यत्नेन धर्मो ज्ञानार्थमेव च ।
ज्ञानञ्च ध्यानयोगार्थं सोऽचिरात्परिमुच्यते ॥

tad gopitaṁ syād yatnena
dharmo jñānārtham eva ca
jñānañ ca dhyāna-yogārthaṁ
so 'cirāt parim ucyate

Con el propósito de alcanzar la sabiduría, la persona virtuosa debe ejercer esfuerzos para preservar el cuerpo. Con el conocimiento dirigido al yoga de la meditación, será liberado rápidamente.

आत्मैव यदि नात्मानमहितेभ्यो निवारयेत् ।
कोऽन्यो हितकरस्तस्मादात्मानं तारयिष्यति ॥

ātmaiva yadi nātmānam
ahitebhyo nivārayet
ko 'nyo hita-karas tasmād
ātmānaṁ tārayisyati

Si uno no se protege contra lo que es desfavorable, ¿quién podrá, con buena intención, alguna vez trascender para alcanzar el Ser?

इहैव नरक व्याधेश्चिकित्सां न करोति य ।
गत्वा निरौशधं स्थानं व्याधिस्थः किं करिष्यति ॥

ihaiva naraka vyādheś
cikitsāṁ na karoti ya
gatvā nirauśadhaṁ sthānaṁ
vyādhisthaḥ kiṁ karisyati

Aquel que no se cura de las enfermedades infernales mientras está aquí en la tierra, ¿qué puede hacer con la enfermedad cuando llega a un lugar donde no existe ningún remedio?

सुदीप्ते भवने को वा कूपं खनति दुर्मतिः ।
यावत्तिष्ठति देहोऽयं तावत्तत्त्वं समभ्यसेत् ॥

sudīpta bhavane ko vā
kūpaṁ khanati durmatiḥ
yāvat tiṣṭhati deho 'yaṁ
tāvat tattvaṁ samabhyaset

¿Qué tonto comienza a cavar un pozo cuando su casa ya está en llamas? Mientras este cuerpo exista, uno debe cultivar la Verdad.

व्याघ्रीवास्ते जरा चायुर्याति भिन्नघटाम्बुवत् ।
निघ्नन्ति रिपुवद्रोगास्तस्माच्छ्रेयः समाचरेत् ॥

vyāghrīvāste jarā cāyur
yāti bhinna-ghaṭāmbuvat
nighnanti ripuvad rogās
tasmāc chreyaḥ samācaret

La vejez es como una tigresa; la vida se agota como el agua en una olla agujereada; las enfermedades golpean como enemigos. Por consiguiente, uno debe cultivar el mayor bien ahora.

यावन्नाश्रयते दुःखं यावन्नायान्ति चापदः ।
यावन्नेन्द्रियवैकल्यं तावच्छ्रेयः समाचरेत् ॥

yāvan nāśrayate duḥkhaṁ
yāvan nāyānti cāpadaḥ
yāvan nendriya-vaikalyaṁ
tāvac chreyaḥ samācaret

Hay que cultivar el bien supremo, mientras que los sentidos aún no están frágiles, el sufrimiento aún no está firmemente arraigado y las adversidades aún no se han vuelto abrumadoras.
(*Kulārṇava Tantra*, 1.16-27)

Desde la perspectiva tántrica, el cuerpo no es un saco de carne y huesos, sino consciencia corporizada, una estructura dotada de un sistema nervioso que facilita elevadas expresiones de consciencia. Uno de los términos sánscritos para referirse al cuerpo es *śarīra*, que deriva de la raíz verbal *śrī* que significa 'descansar sobre'. Es decir, el cuerpo es el apoyo del Ser para experimentar el plano físico. El cuerpo es una ventana a través de la cual el Todo se percibe a sí mismo. Desde dicha perspectiva, el cuerpo es considerado el templo de Dios. Si el centro del *bhakti* es Dios, entonces el centro del tantra es el cuerpo. Su importancia es tal, que es posible estudiar todo el fenómeno tántrico solo desde la perspectiva de la morfología humana.

El *kaula* revela que los dioses habitan diversas partes de nuestro organismo, animan los sentidos y están a cargo de nuestra movilidad corporal. Un texto, probablemente escrito por Abhinava-gupta, llamado el *Dehasthadev Atācakrastotra*, o 'El himno del círculo de las deidades residentes en el cuerpo', ofrece una descripción de las deidades del *krama*, una de las tradiciones *kaula*. Los fenómenos que ocurren en el cuerpo, desde la risa y el llanto hasta el baile y el orgasmo, no son percibidos como acontecimientos personales, sino como naturales y cósmicos. Esta perspectiva del cuerpo delimita la diferencia entre una práctica tántrica y una actividad física: entre el *haṭha-yoga* y la acrobacia, entre el *prāṇāyāma* y la respiración, entre el ritual sexual y el sexo ordinario, etcétera.

La fuente del sufrimiento humano no reside en la anatomía, sino en la mente. El cuerpo jamás ha hecho daño alguno a nadie. El condicionamiento humano no es corporal, sino mental. Muchas religiones declaran que el cuerpo es el origen del dolor humano. Sin embargo, para el tantra, el sufrimiento se origina en el condicionamiento mental. El aspecto corporal y el espiritual conforman una unidad orgánica. La división entre cuerpo y alma es mental. *Māyā* es un fenómeno mental y la unión se experimenta solo cuando se disuelve la mente. La verdadera meditación, la auténtica oración y todo lo divino emergen del cuerpo y nunca jamás de la mente. El cuerpo es verdad y autenticidad, mientras que la mente es condicionamiento e ilusión.

Todo ser humano posee tres cuerpos: físico (*sthūla-śarīra*), astral (*sūkṣma-śarīra*) y causal (*kāraṇa-śarīra*), con cinco envolturas (*kośas*). Estudiar los poderes y limitaciones contenidos en el cuerpo físico, astral y causal nos ayudará a desarrollar la consciencia de nuestra corporeidad en todos los niveles.

El cuerpo físico está compuesto de los cinco elementos básicos (*pañca-mahā-bhūtas*): éter, aire, fuego, agua y tierra. Durante el sueño, este cuerpo es trascendido. El cuerpo astral, que es donde se experimenta el placer y el dolor, está compuesto de cinco órganos de acción (*karmendriyas*), cinco órganos de conocimiento (*jñānendriyas*), cinco aires vitales (*prāṇas*) y cuatro instrumentos internos (*antaḥ-karaṇas*). El cuerpo causal recibe el nombre de *kāraṇa-śarīra*, o 'cuerpo semilla', porque almacena el karma y domina el desarrollo de los otros cuerpos. Es aquí donde experimentamos la alegría.

De aquí nace la actitud yóguica hacia el cuerpo. La práctica del *haṭha-yoga* influye sobre los diferentes cuerpos (*śarīras*) y envolturas (*kośas*). Las *āsanas* influyen sobre el *sthūla-śarīra*; el *prāṇāyāma* y la meditación influyen sobre el *sūkṣma-śarīra*. El *haṭha-yoga* purifica todos los cuerpos y sus respectivas envolturas, hasta permitir la manifestación de la dicha, que se experimenta en el *kāraṇa-śarīra*.

Los tres cuerpos o *śarīras*

El ser humano es una estructura multidimensional y son varias las envolturas que abrigan su alma:

1. El cuerpo físico burdo, o *sthūla-śarīra*, incluye el *anna-maya-kośa*, o 'envoltura de alimento'.
2. El cuerpo astral sutil, *liṅga-śarīra* o *sūkṣma-śarīra*, incluye tres capas: *prāṇa-maya-kośa* (envoltura pránica), *mano-maya-kośa* (envoltura mental) y *vijñāna-maya-kośa* (envoltura intelectual).
3. El cuerpo causal, o *kāraṇa-śarīra*, incluye el *ānanda-maya-kośa*, o 'la envoltura de dicha'.

Tanto el yoga como la mayoría de los métodos de la medicina oriental nos hablan del cuerpo astral como compuesto de *prāṇa*, en el que se encuentran los *cakras*, o 'centros energéticos', centros que se hallan interconectados mediante los *nāḍīs*, o 'conductores de energía'.

El cuerpo astral y el físico están unidos mediante un *nāḍī* semejante a un hilo plateado a través del cual fluye la energía vital. Cuando ese cordón se corta, el cuerpo físico muere y se separa definitivamente del cuerpo astral.

El cuerpo astral o *liṅga-śarīra*

Como hemos mencionado, encontramos tres diferentes capas (*kośas*) en el *liṅga-śarīra* con sus correspondientes elementos:

1. El *prāṇa-maya-kośa* es la envoltura energética, compuesta por *nāḍīs*, los cuales se interrelacionan en los chakras. Aunque la forma de esta envoltura es sutil, se asemeja a la forma del cuerpo físico. Está compuesta de los aires vitales (*prāṇas*) y los cinco órganos de acción (*karmendriyas*): boca, manos, pies, genitales y ano. La envoltura pránica consta de 72 000 *nāḍīs*, tal como lo indica el *Haṭha-yoga-pradīpikā*:

चतुरशीतिपीठेषु सिद्धमेव सदाभ्यसेत् ।
द्वासप्ततिसहस्राणां नाडीनां मलशोधनम् ॥

caturaśīti-pīṭheṣu
siddham eva sadābhyaset
dvāsaptati-sahasrāṇāṁ
nāḍīnāṁ mala-śodhanam

Entre las 84 *āsanas*, *siddhāsana* siempre debe ser practicada, ya que limpia las impurezas de los 72 000 *nāḍīs*.

(*Haṭha-yoga-pradīpikā*, 1.39)

द्वासप्ततिसहस्राणां नाडीनां मलशोधने ।
कुतः प्रक्षालनोपायः कुण्डल्यभ्यसनादृते ॥

dvāsaptati-sahasrāṇāṁ
nāḍīnāṁ mala-śodhane
kutaḥ prakṣālanopāyaḥ
kuṇḍaly-abhyasanād ṛte

Fuera de la práctica de *kuṇḍalinī*, no hay otra manera para limpiar las impurezas de los 72 000 *nāḍīs*.

(*Haṭha-yoga-pradīpikā*, 3.123)

द्वासप्ततिसहस्राणि नाडीद्वाराणि पञ्जरे ।
सुषुम्ना शाम्भवी शक्तिः शेषास्त्वेव निरर्थकाः ॥

dvāsaptati-sahasrāṇi
nāḍī-dvārāṇi pañjare
suṣumnā śāmbhavī śaktiḥ
śeṣās tveva nirarthakāḥ

En este cuerpo hay 72 000 aperturas de *nāḍīs*, de los cuales, el *suṣumṇā*, que contiene el *śāmbhavī-śakti*, es el único importante. El resto son inútiles.

(*Haṭha-yoga-pradīpikā*, 4.18)

En los *upaniṣads*, también se mencionan los *nāḍīs*:

द्वासप्ततिसहस्राणि प्रतिनाडीषु तैतिलम् ॥

dvāsaptati-sahasrāṇi
pratināḍīṣu taitilam

En cada uno de los 72 000 *nāḍīs*, hay un material aceitoso.

(*Kṣurikā Upaniṣad*, 17b)

2. El *mano-maya-kośa* es la envoltura mental que consiste en la mente instintiva, que incluye tanto a *manas* (la mente consciente) como a *citta* (la mente subconsciente, la memoria). Es el asiento del deseo y el soberano de los órganos cognitivos

y de acción. Incluye los cinco órganos cognitivos (*jñānendriyas*): oídos, piel, ojos, lengua y nariz.

3. El *vijñāna-maya-kośa* es la envoltura intelectual que incluye *ahaṅkāra* (el ego) y el *buddhi* (el intelecto). El primero es aquello que creemos ser, es decir, la noción del yo que se adjudica lo que ocurre y se percibe a sí mismo como el hacedor. El segundo es el principio discriminador que evalúa y determina.

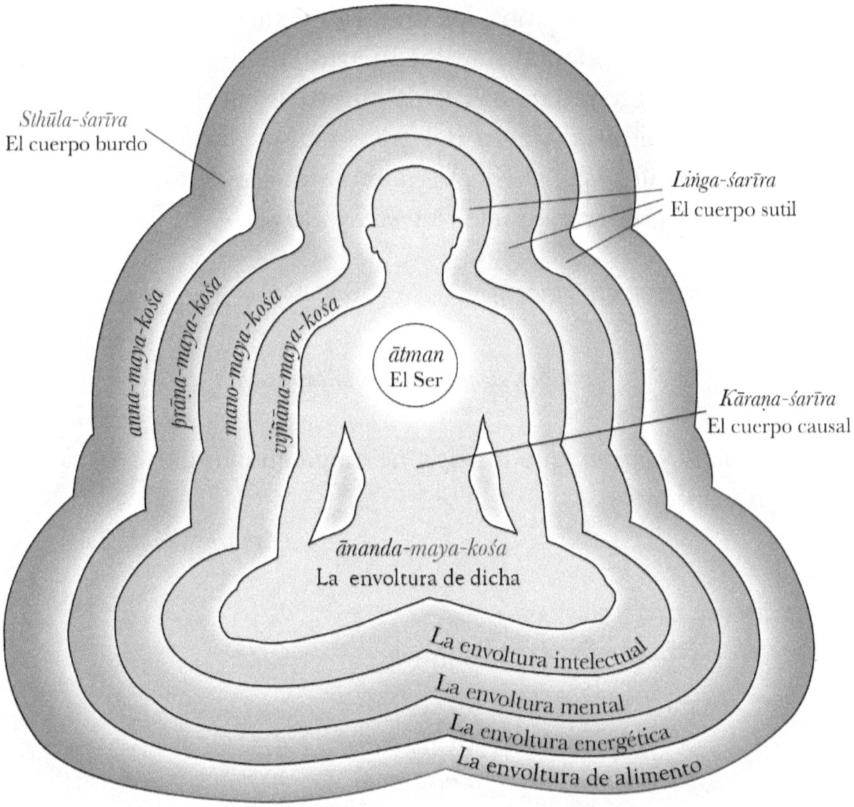

ENVOLTURAS, O *KOŚAS*

Prāṇa o 'energía vital'

El significado de la palabra sánscrita *prāṇa* es 'energía vital', pero a menudo se refiere a la respiración por ser su expresión más cercana a nuestra experiencia física.

Desde hace miles de años, los veedores védicos (*ṛṣis*) sabían lo que nuestra ciencia occidental ha descubierto en el último siglo: que la materia sólida percibida a través de nuestros sentidos no es más que energía. La sabiduría acerca del *prāṇa* forma parte integral de los Vedas. El antiguo *Atharva Veda* tiene rezos que piden que la vida sea protegida de la muerte, gracias a *prāṇa* y *apāna*:

प्राणापानौ मृत्योर्मा पातं स्वाहा ॥

prāṇāpānau mṛtyor mā pātaṁ svāhā

Oh, *prāṇa* y *apāna*, que mi vida no caiga en la muerte (el ciclo de nacimientos).

(*Atharva Veda*, 2.16.1)

प्राणाय नमो यस्य सर्वमिदं वशे ।
यो भूतः सर्वस्येश्वरो यस्मिन्सर्वं प्रतिष्ठितम् ॥

prāṇāya namo yasya sarvam idaṁ vaśe
yo bhūtaḥ sarvasyeśvaro yasmint sarvaṁ pratiṣṭhitam

Nuestras respetuosas reverencias a *prāṇa*, bajo cuyo control está el universo entero, quien se ha transformado en el soberano de todo y de quien todo depende.

(*Atharva Veda*, 11.4.1)

El *Chāndogya Upaniṣad* se refiere a la energía vital de la siguiente manera:

स यद्वोचं प्राणं प्रपद्य इति प्राणो वा इद॰ सर्वं भूतं यदिदं किञ्च तमेव तत्प्रापत्सि ॥

sa yad avocaṁ prāṇaṁ prapadya iti prāṇo vā idaṁ sarvaṁ bhūtaṁ yad idaṁ kiñ ca tam eva tat prāpatsi.

Dije: «me refugio en *prāṇa*», porque todos estos seres y todo lo que existe, en realidad, son *prāṇa*. Por lo tanto, me refugio solo en esto.

(*Chāndogya Upaniṣad*, 3.15.4)

Prāṇa es la forma más sutil de energía o la unidad de energía fundamental, de tal manera que podemos decir que el cosmos es una manifestación de *prāṇā*. Todo lo que actúa o se mueve en el universo es una expresión de la energía vital. El gran maestro y santo de Rishikesh, Su Santidad Swami Śivānanda, explica en su importante obra *La ciencia del prāṇāyāma*: «*Prāṇa* es la suma total de toda la energía que se manifiesta en el universo. Es la suma total de todas las fuerzas de la naturaleza». A nivel físico, toda capacidad para realizar un trabajo o producir calor es una expresión de *prāṇa*. Por lo tanto, toda energía, potencial, cinética, mecánica, calórica, eléctrica o química, es expresión del *prāṇā*.

El *prāṇa* es una expresión de Brahman, el supremo sustentador de la manifestación cósmica. La vida sería imposible sin *prāṇa*, ya que este poder pránico posibilita todas las funciones de nuestro organismo. Se trata de la energía original de nuestras facultades mentales, emocionales y biológicas: desde el pensamiento hasta el bostezo, pasando por sensaciones fisiológicas como el hambre, la sed, el frío o el calor. Esta energía también posibilita los procesos orgánicos como la digestión, la excreción y la secreción. Al vibrar en distintas longitudes de onda, lleva a cabo funciones involuntarias, como las del sistema inmunológico y el circulatorio, así como actividades sensoriales y movimientos corporales. El *prāṇa* bombea la sangre desde el corazón a través de los vasos sanguíneos. Además, es el poder que conecta el cuerpo físico con el astral.

La alimentación y la respiración son dos de las funciones que renuevan la energía pránica en nuestro cuerpo. *Prāṇa* es nuestro verdadero alimento, mientras que sus conductores —el agua, los alimentos, las vitaminas, el oxígeno, los rayos solares, etcétera— son solo los diferentes vehículos que lo transportan.

Tipos de *prāṇa*

Igual que la electricidad puede generar frío, movimiento, luz, sonido o calor, *prāṇā* puede manifestarse en un sinfín de funciones, como ver, hablar, sentir, moverse, pensar, etcétera. Según el sistema *sāṅkhya*, existen cinco *prāṇas* mayores (*pañca-prāṇas*) y cinco *prāṇas* menores (*pañcopa-prāṇas*). Los *pañca-prāṇas* son las cinco principales direcciones en las que circula el *prāṇa*. Cada una de ellas cumple con una función diferente:

1. *Prāṇa*: Circula en la zona pectoral y regula la respiración.
2. *Apāna*: Fluye entre el ano y el abdomen inferior. Elimina del organismo orina, heces, semen y flujo menstrual.
3. *Samāna*: Fluye alrededor del ombligo y se mueve en la región central del cuerpo. Rige la digestión y estimula la secreción de jugos gástricos. Se encarga de la adecuada distribución de sustancias nutritivas en el organismo.
4. *Udāna*: Controla las cuerdas vocales, así como la toma de aire y de alimento. También eleva la energía. Por eso, cuando uno se encuentra triste o deprimido debe concentrar su atención en el área de la garganta, donde *udāna* circula.
5. *Vyāna:* Impregna el cuerpo entero. A veces se le denomina «aura», ya que es la energía que protege toda la superficie del cuerpo.

Los *pañcopa-prāṇas* son:

1. *Nāga*: Alivia la presión en la zona abdominal a través del eructo.
2. *Kūrma*: Regula el tamaño del iris del ojo según la intensidad de

la luz para facilitar la visión. También controla el movimiento de los párpados para proteger los ojos de cualquier posible daño causado por la penetración de cuerpos extraños.

3. *Kṛkara*: Impulsa a toser para impedir que sustancias extrañas entren por la garganta o las fosas nasales.
4. *Deva-datta*: Provoca el bostezo e induce al sueño.
5. *Dhanañjaya*: Produce la flema y permanece incluso después de la muerte del cuerpo.

La evolución de *prāṇā*

Brahman es la fuente a partir de la cual todo se origina, y el *prāṇa* es su expresión y proyección. Por lo tanto, el *prāṇa* no es una fuerza ciega, sino una energía inteligente. Brahman es el aspecto no manifestado, mientras que el *prāṇa* es su aspecto creativo que evoluciona y asume la multiplicidad de las formas. Es la misma energía que mantiene en orden el movimiento de los cuerpos celestes y conserva el equilibrio ecológico de nuestro planeta. Se encarga de las diferentes funciones en nuestro organismo que facilitan la vida. Leemos:

यदिदं किं च जगत्सर्वं प्राण एजति निःसृतम् ।
महद्भयं वज्रमुद्यतं य एतद्विदुरमृतास्ते भवन्ति ॥

yad idaṁ kiñca jagat sarvaṁ
prāṇa ejati niḥsṛtam
mahad-bhayaṁ vajram udyataṁ
ya etad vidur amṛtās te bhavanti

Todo aquello que existe en este mundo cambiante ha surgido de *prāṇa* y se mueve dentro de este, el gran aterrador, como un relámpago rígido. Quienes lo saben alcanzan la inmortalidad.
(*Kaṭha Upaniṣad*, 2.3.2)

El *prāṇā* evoluciona y deviene primero en la mente cósmica y luego en niveles más burdos como los cinco elementos básicos o *pañca-*

tattva: éter (*ākāśa*), aire (*vāyu*), fuego (*agni*), agua (*āpas*) y tierra (*pṛthivī*). Este proceso puede compararse con el enfriamiento del agua: a medida que desciende la temperatura, el agua se vuelve más y más burda hasta convertirse en nieve o hielo. De la misma manera, en el proceso dinámico de encubrimiento de la consciencia, el universo se manifiesta desde lo sutil hasta lo burdo.

La creación ocurre tanto a nivel macrocósmico como microcósmico: lo que acontece en el universo también ocurre en cada grano de arena y en nuestro propio cuerpo. La manifestación del cuerpo implica un proceso evolutivo, un devenir por parte del *prāṇā* desde lo sutil hasta niveles más burdos, desde lo oculto a lo revelado.

1. *Sahasrāra-cakra*: Brahman y su *śakti* yacen a nivel causal en perfecta unión como Uno antes de la manifestación del cuerpo físico, en el séptimo centro energético ubicado en la coronilla.
2. *Ājñā-cakra:* Primero, la mente se manifiesta en el sexto centro.
3. *Viśuddha-cakra*: El éter (*ākāśa*) se manifiesta en el plexo laríngeo.
4. *Anāhata-cakra*: El aire (*vāyu*) se manifiesta en el plexo cardíaco.
5. *Maṇipūra-cakra*: El fuego (*agni* o *tejas*) se manifiesta en el plexo solar.
6. *Svādhiṣṭhāna-cakra:* El agua (*ojas* o *āpas*) se manifiesta en el plexo prostático o uterino.
7. *Mūlādhāra-cakra*: Por último, la tierra (*pṛtvi*) se manifiesta en el plexo sacro. Después de alcanzar el elemento tierra, el aspecto dinámico del *prāṇā* permanece en el *mūlādhāra-cakra*, mientras que su aspecto estático reside en el *sahasrāra*.

La energía vital es la responsable del proceso evolutivo. Comienza con los cinco elementos y sigue su desarrollo por el reino vegetal, el reino animal, hasta llegar al ser humano.

Cabe señalar que, en el mencionado proceso de la manifestación cósmica, Brahman y el *prāṇā* no sufren realmente cambio alguno; solo las formas y los nombres se desarrollan o evolucionan. Al igual que el agua no cambia al adquirir la densidad del hielo, la evolución es un cambio aparente o superficial.

Los *nāḍīs* o 'conductores de energía'

La energía vital (*prāṇa-śakti*) y la energía mental (*manas-śakti*) no fluyen desordenadamente a través de nuestro organismo, sino que circulan por senderos astrales, muy bien definidos, denominados *nāḍīs*. La palabra *nāḍī* deriva de la raíz sánscrita *nād* que significa 'moverse'. La energía vital fluye por estos delicados canales astrales de manera similar a la sangre que fluye por las venas y arterias a nivel físico. A pesar de que no podemos ver los *nāḍīs*, estos influyen en el organismo físico.

La estructura de los *nāḍīs* es tubular y consiste en tres capas: la exterior (*nāḍī*), la intermedia (*damani*) y la interior (*sira*). Hay dos clases de *nāḍīs*: los conductores de energía pránica (*prāṇa-vāha-nāḍīs*) y los conductores de fuerza mental (*mano-vāha-nāḍīs*). Los canales astrales emanan desde el *kanda* y el *meḍhra*. La palabra *kanda* significa 'raíz' porque es el origen de todos los *nāḍīs*. El *kanda* tiene la forma de un huevo y está cubierto por membranas. El *Haṭha-yoga-pradīpikā* indica su ubicación exacta:

ऊर्ध्वं वितस्तिमात्रं तु विस्तारं चतुरङ्गुलम् ।
मृदुलं धवलं प्रोक्तं वेष्टिताम्बरलक्षणम् ॥

ūrdhvaṁ vitasti-mātraṁ tu
vistāraṁ catur-aṅgulam
mṛdulaṁ dhavalaṁ proktaṁ
veṣṭitāmbara-lakṣaṇam

El *kanda* está situado por encima del ano, su largo es un palmo y su ancho es cuatro pulgadas; es suave y blanco, como si estuviera envuelto en tela.

(*Haṭha-yoga-pradīpikā*, 3.113)

El *kanda* se encuentra sobre el primer centro, específicamente en el *granthi-sthāna* (*granthi* es 'nudo' y *sthāna* es 'plataforma' o 'base'). En esta área, el *kanda* se conecta con el *suṣumṇā-nāḍī*.

El *meḍhra* está entre el primer y tercer chakra, tal como lo señala este verso:

ऊर्ध्वं मेढ्रादधो नाभेः कन्दे योनिः खगाण्डवत् ॥
तत्र नाड्यः समुत्पन्नाः सहस्राणां द्विसप्ततिः ।
तेषु नाडीसहस्रेषु द्विसप्ततिरुदाहृता ॥

ūrdhvaṁ meḍhrād adho nābheḥ
kande yoniḥ khagāṇḍavat

tatra nāḍyaḥ samutpannāḥ
sahasrāṇāṁ dvisaptatiḥ
teṣu nāḍī-sahasreṣu
dvisaptatir udāhṛtā

Desde el *meḍhra*, [ubicado] por encima de la base del perineo y por debajo del ombligo, que es el punto de origen de los *nāḍīs* y tiene la forma de un huevo, emanan setenta y dos mil canales de energía. Entre esos miles de canales, setenta y dos se consideran los principales.

(*Yoga-cūḍāmaṇi Upaniṣad*, 14b-15)

En realidad, el lugar de origen de los *nāḍīs* es tanto el *kanda* como el *meḍhra*, que es la zona del *granthi-sthāna*. Están tan cercanos que prácticamente se encuentran en el mismo lugar. Recordemos que se trata del plano astral y no de materia sólida o substancia.

Los diez principales *nāḍīs*

Existen diferentes versiones respecto a la cantidad de *nāḍīs* que hay en el cuerpo astral. De acuerdo con los *tantras*, llegan a 72 000. El *Śiva Samhita* y el *Yoga-cūḍāmaṇi Upaniṣad* indican que hay diez *nāḍīs* principales:

प्रधानाः प्राणवाहिन्यो भूयस्तासु दशस्मृताः ।
इडा च पिङ्गला चैव सुषुम्ना च तृतीयगा ॥
गान्धारी हस्तिजिह्वा च पूषा चैव यशस्विनी ।
अलम्बुसा कुहूश्चैव शङ्खिनी दशमी स्मृता ॥

pradhānāḥ prāṇa-vāhinyo
bhūyas tāsu daśa smṛtāḥ
iḍā ca piṅgalā caiva
suṣumṇā ca tṛtīyagā

gāndhārī hasti-jihvā ca
pūṣā caiva yaśasvinī
alambusā kuhūś caiva
śaṅkhinī daśamī smṛtā

Nuevamente, entre estos [setenta y dos], diez son los principales *nāḍīs* para el flujo del *prāṇa*. Estos son conocidos como *iḍā* y *piṅgalā*, el tercero es *suṣumṇā*, el resto son *gāndhārī*, *hasti-jihvā*, *pūṣā*, *yaśasvinī*, *alambusā*, *kuhū* y el décimo es *śaṅkhinī*. De este modo se han mencionado.

(*Yoga-cūḍāmaṇi Upaniṣad*, 16-17)

La misma escritura se refiere a la ubicación exacta de los *nāḍīs* mayores mencionados con anterioridad:

एतन्नाडीमहाचक्रं ज्ञातव्यं योगिभिः सदा ।
इडा वामे स्थिता भागे दक्षिणे पिङ्गला स्थिता ॥
सुषुम्ना मध्यदेशे तु गान्धारी वामचक्षुषि ।
दक्षिणे हस्तिजिह्वा च पूषा कर्णे च दक्षिणे ॥
यशस्विनी वामकर्णे चानने चापु अलम्बुसा ।
कुहूश्च लिङ्गदेशे तु मूलस्थाने तु शङ्खिनी ॥

etan nāḍī mahā-cakraṁ
jñātavyaṁ yogibhiḥ sadā
iḍā vāme sthitā bhāge
dakṣiṇe piṅgalā sthitā

suṣumṇā madhya deśe tu
gāndhārī vāma-cakṣuṣi
dakṣiṇe hasti-jihvā ca
pūṣā karṇe ca dakṣiṇe

yaśasvinī vāma-karṇe
cānane cāpu alambusā
kuhūś ca liṅga-deśe tu
mūla-sthāne tu śaṅkhinī

> Los yoguis siempre deben ser conscientes de este gran complejo de *nāḍīs*. *Iḍā* está en el lado izquierdo y *piṅgalā*, en el derecho. *Suṣumṇā* está en el medio. *Gāndhārī* va al ojo izquierdo y *hasti-jihvā*, al ojo derecho. *Pūṣā* va al oído derecho y *yaśasvinī*, hacia el oído izquierdo. *Alambusā* va a la región de la cara. *Kuhū* va a los genitales y *śaṅkhinī*, al perineo.
>
> (*Yoga-cūḍāmaṇi Upaniṣad*, 18-20)

***Suṣumṇā-nāḍī*:** El *suṣumṇā* se considera el *nāḍī* principal porque conduce energía espiritual y, por lo tanto, está íntimamente ligado al proceso de desarrollo en el camino hacia la luz. El *suṣumṇā-nāḍī* se extiende desde el primer chakra hasta el *brahma-randhra*. Dentro del *suṣumṇā* se hallan tres diferentes *nāḍīs*: *vajra-nāḍī* en el exterior; hacia el interior está el *chitra-nāḍī*, y en el centro el *brahma-nāḍī* por el cual circula la *kuṇḍalinī-śakti* en su camino ascendente hacia el último chakra.

A la izquierda del *suṣumṇā* se encuentra el *iḍā-nāḍī*, que canaliza la energía femenina y lunar; regula nuestra faceta psíquica porque conduce la energía mental (*manas-śakti*). A la derecha del *suṣumṇā* está el *piṅgalā-nāḍī*, que canaliza la energía masculina y solar; domina nuestro aspecto vital porque a través de él fluye *prāṇa-śakti*.

***Iḍā-nāḍī* y *piṅgalā-nāḍī*:** El *iḍā-nāḍī* fluye desde el ovario o testículo derecho hasta la fosa nasal izquierda. El *piṅgalā-nāḍī* fluye desde el ovario o testículo izquierdo hasta la fosa nasal derecha.

Iḍā se conecta al hemisferio derecho del cerebro y, por ende, rige nuestro aspecto intuitivo, nuestra comprensión y emociones. *Piṅgalā* se conecta con el hemisferio izquierdo e influye en el lenguaje y nuestro pensamiento lógico, analítico y racional.

En la mayoría de los seres humanos, el hemisferio que predomina oscila cada 90 a 180 minutos. Junto con el intercambio, oscila la actividad de los *nāḍīs* de tal manera que a veces prevalece el *iḍā* y otras el *piṅgalā*. Si el *iḍā* prevalece, la fosa nasal izquierda estará más despejada, mientras que, si el *piṅgalā* prevalece, la fosa nasal derecha será la más despejada. El *nāḍī* predominante activará su fosa nasal y, por ende, la cadena nerviosa asociada con él. El *iḍā* está conectado con el sistema nervioso parasimpático, mientras que el *piṅgalā* se relaciona con el sistema nervioso simpático. Esa alteración nos hace fluctuar entre estados activos y receptivos, entre estados analíticos e intuitivos.

En el aspecto psicológico, la libre circulación del *prāṇa* a través de estos dos *nāḍīs* está íntimamente relacionada con la actividad mental en los dos hemisferios cerebrales. El *iḍā* nos da la inspiración, mientras que el *piṅgalā* hace posible la actividad. La respiración y la actividad de estos *nāḍīs* son interdependientes, por eso, mediante el control de nuestra respiración, podemos influir en la actividad de los *nāḍīs*.

Además, el *iḍā-nāḍī* regula la bilis, disminuye el calor del cuerpo y mantiene la presión arterial equilibrada. El *piṅgalā-nāḍī* también regula la presión arterial y controla la temperatura de los riñones y del corazón.

Otros nombres que recibe el *iḍā-nāḍī* son *candra-nāḍī*, *lalanā-nāḍī*, *pitryaṇa*, *śaśi*, *candra-hāra* y *śītala*. El *piṅgalā-nāḍī* es también conocido como *surya-nāḍī*.

***Gāndhāri-nāḍī*:** Está bajo el control del piṅgalā. Fluye en el lado posterior izquierdo del iḍā-nāḍī y llega hasta el ojo izquierdo.

***Hasti-jihvā-nāḍī*:** Está bajo el control del *suṣumṇā*. Fluye en la parte lateral y posterior del *iḍā* y llega hasta el dedo gordo del pie. Provee energía vital a los nervios que rodean los ojos.

***Pūṣā-nāḍī* y *yaśasvinī-nāḍī*:** El *pūṣā* fluye por detrás del *piṅgalā* en dirección al ojo derecho. El *yaśasvinī-nāḍī* fluye a un costado del *piṅgalā*, entre el *pūṣā* y el *sarasvatī*. El *yaśasvinī-nāḍī* controla el fluir de la información en el oído izquierdo y el *pūṣā-nāḍī* hace lo mismo en el oído derecho. La información que captan los oídos se procesa por medio del cerebro bajo el control del *suṣumṇā-nāḍī*.

***Alambusā-nāḍī*:** Fluye desde el ano hasta la boca; está relacionado con el sentido del gusto.

***Kuhū-nāḍī*:** Funciona bajo el control del *iḍā*; fluye al lado del *suṣumṇā-nāḍī* y llega hasta la nariz. Se encuentra cerca de los órganos sexuales y está relacionado con la activación de estos.

***Śaṅkhinī-nāḍī*:** Se encuentra entre los *nāḍīs gāndhārī* y el *sarasvatī*. Fluye a un costado y por detrás del *iḍā-nāḍī* y se conecta al *mūlādhāra-cakra*. Está ubicado cerca de los riñones e influye en el funcionamiento renal y la orina.

Otros *nāḍīs* importantes

***Sarasvatī-nāḍī*:** Se encuentra bajo el control del *vajra-nāḍī*. Fluye a un costado del *suṣumṇā-nāḍī* y termina en la boca.

***Payasvinī-nāḍī*:** Funciona bajo el control del *citriṇī-nāḍī*. Fluye entre los *nāḍīs pūṣā* y el *sarasvatī*. Este *nāḍī* finaliza al borde de la oreja derecha y está relacionado con la vesícula.

***Vāruṇī-nāḍī*:** Fluye entre el *yaśasvinī* y el *kuhū*. Algunas de sus funciones son mantener el equilibrio de las proporciones de agua en nuestro organismo y transportar los excrementos.

***Śūrya-nāḍī*:** Fluye desde el ombligo hasta el entrecejo.

***Viśvodarī-nāḍī*:** Fluye entre el *kuhū* y el *hasti-jihvā*. Está relacionado con el *maṇipūra-cakra* y con el sistema digestivo.

***Nāḍīs* faciales importantes:** *Cakṣu-bhedna, nasikā-bhedna, karṇa-bhedna, tamas, rajas, bṛkuṭi-dhyāna, amṛta-varṣa, divya, mukhar-bindu, tejasvinī, janma-mṛtyur-ganadhākṣa, karma-phala, dikpāla, matṛkā, mūrdha, cakṣu-karṇa, apaṅg, mānya, kṛ-kaṭika, śṛṅgāṭaka, nirama, antar-daha, sam-mukha, naraka-loka* y *svarga-loka.*

***Nāḍīs* importantes situados en los hombros, pecho y estómago:** *Madhyama-śayan, sthūla-kriyā, vāk-kriyā, ananta, oṁ-kāra, madhyama-vāca, uṣṭi-vitalā, prakṛti-puruṣa, pāpa-haraṇa, śipra-bhogī, karmaṇya, pañca-tatva, agni, bhūmi, āpa, ākāśa, vāyu, prāṇa, udāna, vyāna, samāna, apāna, aṅga, kṛ-kāra, kūrma, deva-dūta, dhanañjaya, mihira, rasna, deva-yāna, bhāskara, rudra-rūpa, brahma-randhra, mahā-patha, madhya-mārga, smaśāna, śāmbhavī, śakti-mārga, sūrya, agni-mārga, śasi-lalanā, pitṛ-yāna, candra-hāra, śītala, candra, śipra-gāndhārī, śipra-hasta-jihvā, muhūrartri-kuhu, pitṛ, mātṛ, bhairavī, viśāla, cāmuṇḍā* y *śirṣa.*

***Nāḍīs* secundarios en las palmas y las plantas de los pies:** *Madhyamā, agni-śūnyā, candra-śūnyā, dhyānā, muktā, vimuktā, śila-oṁ-kārā, śalinā, śiprā, svāhā, śīnā, mādhavī, urvākā, pāvanā, vaidehī, viplakṣā, vimohī, vācā, mukta-bhedā, vaikuṇṭha, rasā-tala, mahā-tala, apratiṣtha* y *mahā-bhī.*

***Nāḍīs* secundarios en los pies:** *Mantrūḍha, dham-samudra, nava-vidyā, sūkṣma-deha, nābhī-sthāna, rakta-samudra, liṅga-sthāna, sāvitrī-candrāṇī* y *jānu-sthala.*

Lista de *nāḍīs* menores: *Āṁ, agni, agni-śūnya, agni-mārga, aḥ, ākāśa, alambusā, aṁ, amṛta, ananta, aṅga, antar-daha, apa, apāna, apaṅg, apratiṣṭha, Oṁ, baṁ, bhāskara, bhairavī, bhaṁ, bhūmi, brahma-randhra, bṛkuṭi-dhyāna, cakṣu-behdna, cakṣu-karṇa, caṁ, cāmuṇḍa, candra, candra-śūnya, candra-hāra, candrāṇī, chaṁ, citriṇī, daṁ, deva-datta, deva-yāna, dham, dhaṁ-samudra, dhanañ-jaya, dhyāna, divya, aiṁ, eṁ, eiṁ, phaṁ, gaṁ, gāndhāri, ghaṁ, haṁ, hasta-jihvā, iṁ, jaṁ, janma-mrityur-ganadhāksya, jānu-sthala, jhaṁ, jihvā, kaṁ, karma-phalādi-kalpa, karmaṇya, karṇa-bhedna, khaṁ, kṛ-kaṭika, kṛ-kāra, kṣam, kuhu, kūrma, lalanā, laṁ, liṅga-sthāna, lrīṁ, lriṁ, mādhavī, madhyāna-śayana, madhyama-śūnya, madhyama-vaca, madhya-mārga, mahā-patha, mahā-tala, maṁ, mānyā, mātṛkā, mihira, mūrdha, muhuratri-kuhu, mukhar-bindu, mukta-bheda, muktā, nābhī-sthāna, naṁ, ṇaṁ, naraka-loka, nāsikā-bhedna, nava-vidyā, nir-mana, māyan, om-kāra, padavi, paṁ, pañca-tattva, pāpa-haraṇa, pāvana, payasvinī, piṅgala, pitṛ mātṛ, pitṛ-yāṇa, prakṛti-puruṣa, prāna, pūṣa, rajas, rākā, rakta-samudra, raṁ, rasā-tala, rasna, rīṁ, ṛṣi, rudra-rūpa, saṁ, sa-mana, śāmbhavī, sammukha, śankinī, sarasvatī, śaśi, saumyā, sāvitri, śakti-mārga, śālīna, śaṁ, śīna, śītla, śila, śipra-bhogi, śiprā, śipra-gāndhārī, śipra-hasta-jihvā, śīrṣa, smaśāna, śṛṅgāṭaka, sthūla, sūrya, sūkṣma-deha, suṣumṇa, svāhā, svarga-loka, ṭaṁ, ṭham, tamas, tejasvinī, taṁ, thaṁ, udāna, uṁ, urvāka, ūṁ, vaca, vaidehī, vaikuṇṭha, vajra, vāk-kriya, vaṁ, vāruṇī, vāyu, vimohī, vimukta, viplakṣa, viśāla, viśvodhra, vyāna, yaṁ, yāṁ* y *yaśasvinī.*

Todos los canales astrales están subordinados, de una u otra manera, al *suṣumṇā*, ya que la energía sube desde el *mūlādhāra-cakra* hasta la cueva del Brahman (*brahma-randhra*), situada en el interior del eje cerebroespinal. Leemos:

एवं द्वारं समाश्रित्य तिष्ठन्ते नाडयः क्रमात् ।
इडापिङ्गलासौषुम्नाः प्राणमार्गे च संस्थिताः ॥
सततं प्राणवाहिन्यः सोमसूर्याग्निदेवताः ।
प्राणापानसमानाख्या व्यानोदानौ च वायवः ॥

evaṁ dvāraṁ samāśritya
tiṣṭhante nāḍayaḥ kramāt
iḍā-piṅgalā-sauṣumnāḥ
prāṇa-mārge ca saṁsthitāḥ

satataṁ prāṇa-vāhinyaḥ
soma-sūryāgni-devatāḥ
prāṇāpāna-samānākhyā
vyānodānau ca vāyavaḥ

Así, estos *nāḍīs*, a saber, *iḍā*, *piṅgalā* y *suṣumṇā*, están muy cerca de la apertura de los senderos del *prāṇa*. Son manifestaciones de los dioses Soma (Luna), Sūrya (Sol) y Agni (fuego), respectivamente, y los *prāṇas* se mueven a través de ellos [los tres *nāḍīs*]. Los *vāyus* (que son transportados a través de los pasajes) son *prāṇa*, *apāna*, *samāna*, *vyāna* y *udāna*.

(*Yoga-cūḍāmaṇi Upaniṣad*, 21-22)

Los sabios védicos de la antigüedad exploraron la influencia del fluir de la energía vital a través de los *nāḍīs* en la salud del ser humano. En un estado saludable, el *prāṇa* fluye libre y equilibradamente en nuestro organismo. Desde el punto de vista energético, la enfermedad es un bloqueo y una desarmonía pránica cuyo origen puede ser físico, mental o emocional.

Uno de los incontables propósitos de las posturas del *haṭha-yoga* es restablecer la circulación de la energía vital y desbloquear las obstrucciones energéticas en diferentes *nāḍīs* que pueden afectar a nuestra salud. Las *āsānas*, el *prāṇāyāma* y la relajación permiten tanto la expansión del *prāṇa* como su distribución armónica en todos los órganos de nuestro organismo y en todos los diferentes niveles.

Para realizar un estudio serio acerca de los *nāḍīs*, se recomiendan los siguientes libros acreditados sobre la materia: el *Jala-darśana Upaniṣad*, el *Yoga-cūḍāmaṇi Upaniṣad*, el *Yoga-śikha Upaniṣad*, el *Gorakṣāṣṭaka*, el *Siddha-siddhānta-paddhati*, el *Śāṇḍilya Upaniṣad* y el *Ṣaṭ-cakra-nirūpaṇa*. También los *upaniṣads* presentan diferentes explicaciones:

ता वा अस्यैता हिता नाम नाड्यो यथा केशः सहस्रधा भिन्नस्तावताऽणिम्ना तिष्ठन्ति शुक्लस्य नीलस्य पिङ्गलस्य हरितस्य लोहितस्य पूर्णा ।

tā vā asyaitā hitā nāma nāḍyo yathā keśaḥ sahasradhā bhinnas-tāvatā 'ṇimnā tiṣṭhanti śuklasya nīlasya piṅgalasya haritasya lohitasya pūrṇā.

En una persona hay nervios llamados *hita* que son tan finos como un cabello dividido en mil partes y están rellenos de líquidos color blanco, azul, marrón, verde y rojo.

(*Bṛhad-āraṇyaka Upaniṣad*, 4.3.20)

अथ या एता हृदयस्य नाड्यस्ताः पिङ्गलस्याणिम्नस्तिष्ठन्ति शुक्लस्य नीलस्य पीतस्य लोहितस्येत्यसौ वा आदित्यः पिङ्गल एष शुक्ल एष नील एष पीत एष लोहितः ॥

atha yā etā hṛdayasya nāḍyas tāḥ piṅgalasyānimnas- tiṣṭhanti śuklasya nīlasya pītasya lohitasyety asau vā ādityaḥ piṅgala eṣa śukla eṣa nīla eṣa pīta eṣa lohitaḥ.

Ahora, [de] estas arterias (canales) que pertenecen al corazón surgen las más finas esencias, que son de color marrón-rojizo, blanco, azul, amarillo y rojo. El Sol es marrón-rojizo, blanco, azul, amarillo y rojo.

(*Chāndogya Upaniṣad*, 8.6.1)

तद्यथा महापथातत उभौ ग्रामौ गच्छतीमं चामुं चैवमेवैता आदित्यस्य रश्मय उभौ लोकौ गच्छन्तीमं चामुं चामुष्मादादित्यात्प्रतायन्ते तासु नाडीषु सृप्ता आभ्यो नाडीभ्यः प्रतायन्ते तेऽमुष्मिन्नादित्ये सृप्ताः ॥

tad yathā mahā-pathātata ubhau grāmau gacchatīmaṁ cāmuṁ caivam evaitā ādityasya raśmaya ubhau lokau gacchantīmaṁ cāmuṁ cāmuṣmād ādityāt pratāyante tāsu nāḍīṣu sṛptā ābhyo nāḍībhyaḥ pratāyante te 'muṣminn āditye sṛptāḥ.

Así como una larga y extensa carretera pasa entre dos aldeas, los rayos del Sol van a ambos mundos (*idā* y *piṅgalā*) tanto a este como al otro (*suṣumṇā*). Los rayos se extienden desde el Sol y entran en estos canales. Se extienden desde estos canales y se infiltran en el sol.

(*Chāndogya Upaniṣad*, 8.6.2)

तद्यत्रैतत्सुप्तः समस्तः सम्प्रसन्नः स्वप्नं न विजानात्यासु तदा नाडीषु सृप्तो भवति तं न कश्चन पाप्मा स्पृशति तेजसा हि तदा सम्पन्नो भवति ॥

tad yatraitat suptaḥ samastaḥ samprasannaḥ svapnaṁ na vijānāty āsu tadā nāḍīṣu sṛpto bhavati taṁ na kaścana pāpmā spṛśati tejasā hi tadā sampanno bhavati.

Y cuando uno está en completo reposo en el absolvedor pensamiento de Brahman, se vuelve calmo y sereno, de tal manera que no tiene sueños, entonces entra en [el *ākāśa* del corazón por medio de] estas arterias. Entonces, ningún mal le toca, ya que ha obtenido la iluminación divina.

(*Chāndogya Upaniṣad*, 8.6.3)

अथ यत्रैतदबलिमानं नीतो भवति तमभितासीना आहुर्जानासि मां जानासि मामिति स यावदस्माच्छरीरादनुत्क्रान्तो भवति तावज्जानाति ॥

atha yatraitad abalimānaṁ nīto bhavati tam abhitāsīnā āhur jānāsi māṁ jānāsi mām iti sa yāvad asmāc charīrād anutkrānto bhavati tāvaj jānāti.

Ahora, cuando uno está gravemente enfermo, los familiares que se sientan alrededor dicen: «¿Me reconoces?, ¿me reconoces?». Él los reconoce mientras no ha abandonado el cuerpo.

(*Chāndogya Upaniṣad*, 8.6.4)

अथ यत्रैतदस्माच्छरीरादुत्क्रामत्यथैतैरेव रश्मिभिरूर्ध्वमाक्रमते स ओमिति वा होद्वा मीयते स यावत्क्षिप्येन्मनस्तावदादित्यं गच्छत्येतद्वै खलु लोकद्वारं विदुषां प्रपदनं निरोधोऽविदुषाम् ॥

atha yatraitad asmāc charīrād utkrāmaty athaitair eva raśmibhir ūrdhvam ākramate sa oṁ iti vā hod vā mīyate sa yāvat kṣipyen manas tāvad ādityaṁ gacchaty etad vai khalu loka-dvāraṁ viduṣāṁ prapadanaṁ nirodho 'viduṣām.

Pero cuando la persona abandona el cuerpo, se eleva por medio de estos mismos rayos; si es sabio, se elevará meditando en *Oṁ*. En la medida en que trasciende la mente, llega al sol. En realidad, esa es la puerta al mundo de Brahman que permanece abierta para los sabios y cerrada para los ignorantes.

(*Chāndogya Upaniṣad*, 8.6.5)

तदेष श्लोकः । शतं चैका च हृदयस्य नाड्यस्तासां मूर्धानमभिनिःसृतैका । तयोर्ध्वमायन्नमृतत्वमेति विष्वङ्ङन्या उत्क्रमणे भवन्त्युत्क्रमणे भवन्ति ॥

tad eṣa ślokaḥ. śataṁ caikā ca hṛdayasya nāḍyas tāsāṁ mūrdhānam abhiniḥsṛtaikā. tayordhvam āyann amṛtatvam eti viṣvaṅṅ anyā utkramaṇe bhavanty ukramaṇe bhavanti.

Para confirmar esto existe un verso: las arterias del corazón son ciento una; una de ellas se dirige hasta la coronilla. Ascendiendo por ella, uno alcanza la inmortalidad; el resto de las arterias están dirigidas en otras variadas direcciones.

(*Chāndogya Upaniṣad*, 8.6.6)

La diferencia entre la *kuṇḍalinī-śakti* y la *prāṇa-śakti*

Así como el agua es la esencia común del vapor y el hielo, Brahman es el origen tanto de la *kuṇḍalinī* como del *prāṇa*; ambos son aspectos de la misma energía femenina creadora que se origina en Brahman. Esta *śakti* se denomina *kuṇḍalinī* cuando desciende y cruza los abstractos límites del plano causal (*kāraṇa-loka*); recibe el nombre de *prāṇa* cuando llega al plano astral (*bhuvar-loka*).

Kuṇḍalinī-śakti es más elevada que la *prāṇa-śakti* porque está relacionada con el *ānanda-maya-kośa* (envoltura de dicha) que es más sutil; cuando la *kuṇḍalinī-śakti* se acerca al *vijñāna-maya-kośa* (envoltura intelectual), se expresa en su aspecto astral, que es la *prāṇa-śakti*.

La manifestación de la *prāṇa-śakti* se percibe en el *anna-maya-kośa* (envoltura de alimento o cuerpo físico). El *prāṇā* es la *śakti* en su aspecto evolutivo: desde la unidad hacia la pluralidad. Por su parte, la *kuṇḍalinī* es la *śakti* en su aspecto involutivo: desde la multiplicidad hacia la unidad. La *kuṇḍalinī* se encuentra enroscada en el *mūlādhāra-cakra* y, al despertar, como una aguja atraída por un poderoso imán, solo busca la reunión con su fuente. En todo fenómeno de carácter pránico, dominará el primer centro energético (*mūlādhāra-cakra*) que es el más bajo de todos y corresponde al elemento tierra; mientras que, en todo acontecimiento relacionado con la *kuṇḍalinī*, predominará el centro más elevado (*sahasrāra-cakra*).

El *prāṇa* desciende a través del *suṣumṇā-nāḍī* en proporción similar a nuestra formación como entes egoicos. El proceso comienza en el *sahasrāra-cakra* y va bajando durante nuestro desarrollo como seres humanos, hasta culminar en el *mūlādhāra*. Desde la gestación en el vientre de nuestra madre, y luego como bebés, niños, adultos, etcétera, la energía pránica va bajando en la medida en que nos olvidamos de la esencia de lo que somos. Asimismo, en el proceso inverso o involutivo, la *kuṇḍalinī-śakti* asciende conforme vamos despertando a la realidad.

Un despertar de la *kuṇḍalinī-śakti* generalmente irá precedido por un despertar a nivel pránico. De acuerdo con mi propia experiencia, la activación del *prāṇā* es un requisito fundamental e indispensable para el despertar de la *kuṇḍalinī*. Por lo tanto, en la práctica de *kuṇḍalinī-yoga* es recomendable empezar con *prāṇāyama*. Muchos de los ejercicios y prácticas de *prāṇāyama* se llevan a cabo en el cuerpo físico (*sthūla-śarīra*), aunque influyen sobre el cuerpo astral (*liṅga-śarīra* o *sūkṣma-śarīra*). Sin embargo, el despertar de la *kuṇḍalinī* es un fenómeno que comienza en los planos más elevados del cuerpo causal (*kāraṇa-śarīra*) hacia la envoltura de dicha (*ānanda-maya-kośa*).

Podemos ver una gran diferencia entre una ascensión pránica (*prāṇotthāna*) y el despertar de la *kuṇḍalinī*. El *prāṇa* se eleva en el plano astral desde el *mūlādhāra-cakra* a través del *piṅgalā-nāḍī* hasta alcanzar el cerebro, y finalmente se dispersa. El despertar de la *kuṇḍalinī* también comienza en el *mūlādhāra-cakra* pero a nivel causal, y su ascensión ocurre a través del *suṣumṇā-nāḍī* hasta alcanzar el *sahasrāra-cakra*.

Mientras que todo despertar pránico ocurre a nivel astral y produce una sensación de placer, el ascenso de la *kuṇḍalinī* es una experiencia muchísimo más poderosa, ya que ocurre a partir del *kāraṇa-śarīra* hacia el *ānanda-maya-kośa*.

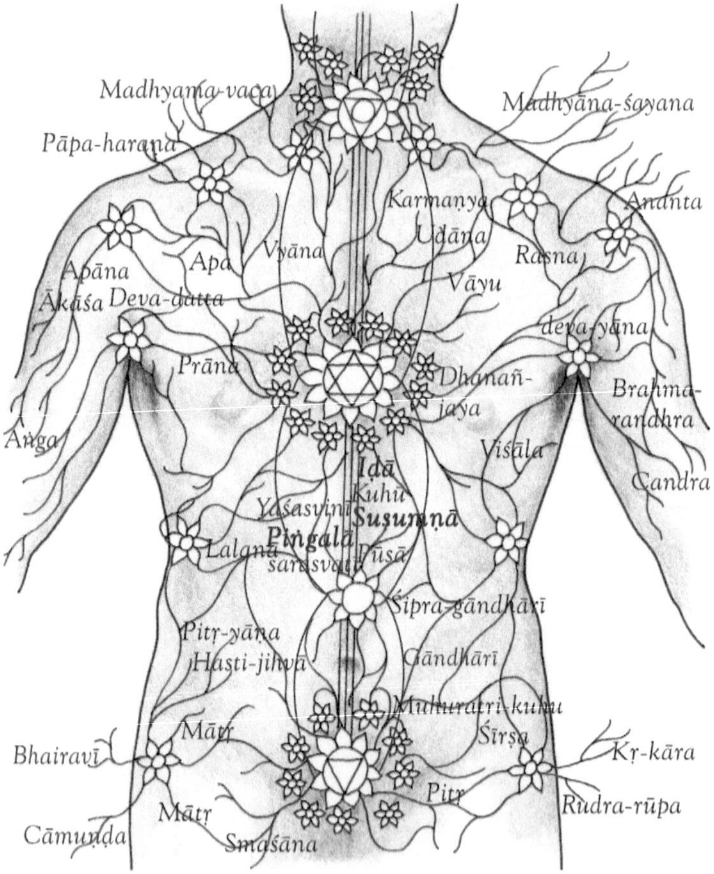

Los *nāḍīs* del cuerpo

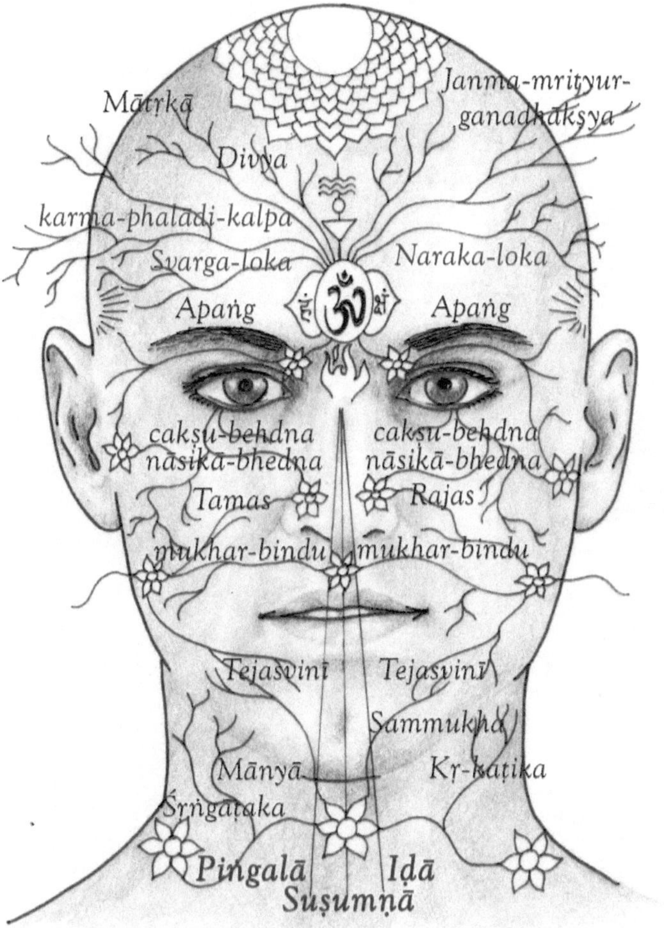

Los *nāḍīs* de la cara

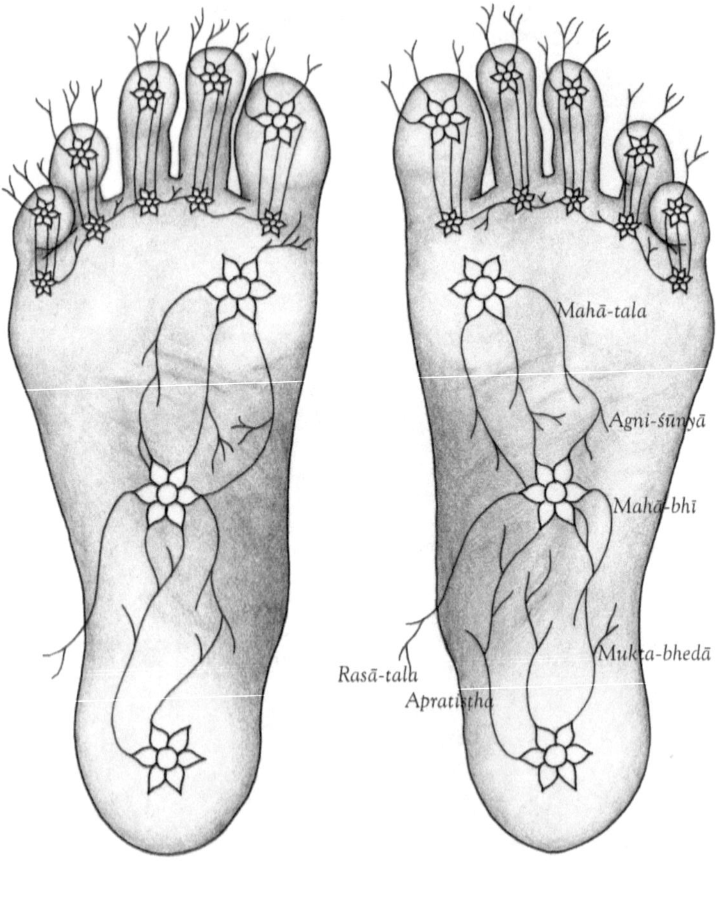

LOS *NĀḌĪS* DE LOS PIES

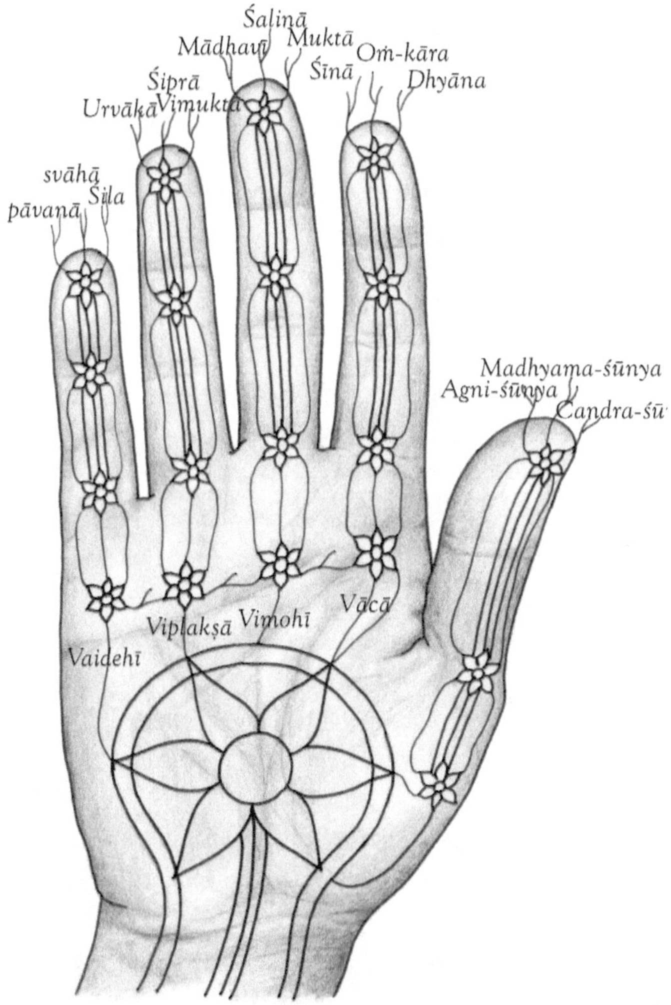

LOS *NĀḌĪS* DE LAS MANOS

Chakras, *marmas* y *granthis*

Para comprender el proceso al cual se refiere el *kuṇḍalinī-yoga*, será imprescindible adquirir al menos un conocimiento básico acerca de los chakras, *marmas* y *granthis*.

Los chakras o 'centros energéticos'

चतुर्दलं स्यादाधारं स्वाधिष्ठानं च षड्दलम् ॥
नाभौ दशदलं पद्मं हृदये द्वादशारकम् ।
षोडशारं विशुद्धाख्यं भ्रूमध्ये द्विदलं तथा ॥
सहस्रदलसङ्ख्यातं ब्रह्मरन्ध्रे महापथि ।

catur-dalaṁ syād ādhāraṁ
svādhiṣṭhānaṁ ca ṣaḍ-dalam

nābhau daśa-dalaṁ padmaṁ
hṛdaye dvādaśārakam
ṣoḍaśāraṁ viśuddhākhyaṁ
bhrū-madhye dvi-dalaṁ tathā

sahasra-dala-saṅkhyātaṁ
brahma-randhre mahā-pathi

Se ha dicho que [de los seis centros psíquicos] el *mūlādhāra*, la base central, posee cuatro pétalos. *Svādhiṣṭhāna*, el centro de uno mismo, tiene seis pétalos. *Maṇipūra*, el centro del ombligo, cuenta con diez pétalos. *Anāhata*, el centro del corazón, tiene doce pétalos. *Viśuddha*, el centro de purificación, cuenta con dieciséis pétalos, y *bhrū-madhya*, el centro del entrecejo, posee dos pétalos. En el gran sendero del *brahma-randhra* (la apertura de la coronilla) se encuentra el loto de los mil pétalos (*sahasrāra-cakra*).

(*Yoga-cūḍāmaṇi Upaniṣad*, 4b-6a)

El significado de la palabra sánscrita *cakra* es 'rueda' o 'disco', lo cual sugiere un movimiento circular. Los chakras giran en el sentido de las agujas del reloj. Estos son vórtices metafísicos giratorios transformadores de energía tanto desde el cuerpo astral, o *liṅga-śarīra*, como hacia él. El funcionamiento de un chakra es normal si gira en el sentido de las agujas del reloj a la velocidad adecuada para metabolizar la energía vital requerida desde el infinito océano de *prāṇa*. Los chakras consisten en un sistema de centros de actividad energética destinados a recibir, asimilar y transmitir energías vitales, en los cuales el *prāṇa* organiza su fluir. Estos constituyen la conexión entre dos mundos o realidades, la física y la astral.

El cuerpo astral cuenta con 88 000 chakras. La mayoría son diminutos y su importancia dentro de nuestro sistema energético es mínima. Los centros energéticos más importantes son cuarenta y cinco; entre ellos, los de mayor relevancia se remiten a siete. Estos son el *mūlādhāra*, el *svādhiṣṭhāna*, el *maṇipūra*, el *anāhata*, el *viśuddha*, el *ājñā* y el *sahasrāra*. Se encuentran ubicados a lo largo del *suṣumṇā-nāḍī*. El *Atharva Veda* señala:

अष्टाचक्रा नवद्वारा देवानां पूरयोध्या ।
तस्यां हिरण्ययः कोशः स्वर्गो ज्योतिषावृतः ॥

aṣṭā-cakrā nava-dvārā
devānāṁ pūrayodhyā
tasyāṁ hiraṇyayaḥ kośaḥ
svargo jyotiṣāvṛtaḥ

> El alma reside en la tierra de ocho chakras y las nueve puertas conocidas como la tierra luminosa de los Señores.
>
> (*Atharva Veda*, 10.2.31)

Conocer las propiedades y el simbolismo esotérico de los chakras nos permite centrar nuestra atención en ellos. Esta información nos ayuda a conocer en profundidad la naturaleza esencial de cada centro. Los chakras no pueden verse con nuestros ojos físicos; sin embargo, podemos percibir con nuestros sentidos sus correspondientes centros en el cuerpo denso, que se encuentran a lo largo de la médula espinal y en los plexos nerviosos.

Cada centro energético corresponde a un nivel dentro del proceso cósmico de la creación y, por lo tanto, está relacionado con cierto elemento que le otorga determinadas características y cualidades. La realidad material relativa de nombres y formas está compuesta de cinco elementos básicos denominados en sánscrito *pañca-mahā-bhūta* o *pañca-mahā-tattva*. Estos constituyen los estados básicos de la materia: el éter (*ākāśa*), el aire (*vāyu*), el fuego (*tejas*), el agua (*āpas*) y la tierra (*pṛthivī*). Obviamente, no debemos comprender estos elementos como un mero puñado de tierra, un vaso de agua o la llama de una vela, sino en un sentido más amplio que incluye sus cualidades inherentes. Por ejemplo, la pesadez y solidez de la tierra, la fluidez del agua, la luz y el poder transformador del fuego, la ligereza del aire, etcétera.

Los chakras constituyen una representación microcósmica de la creación. Antes de la manifestación cósmica, solo existe la totalidad unificada. La primera expresión de esta consciencia no expresada es la vibración del sonido universal *Oṁ*. Desde este sonido primordial, se manifiesta el éter. Cuando se establece la actividad en el éter, se forma el aire. Debido a la fricción causada por esta actividad, se produce el fuego. Luego, la licuación del fuego lleva a la manifestación del agua y, finalmente, del agua solidificada, proviene la tierra.

Cada chakra se representa con un *yantra* (diagrama geométrico). La vibración del chakra se indica con una letra sánscrita, o *bījākṣara*, en el centro del diagrama. Una flor de loto con diferente cantidad de pétalos simboliza el número de *nāḍīs* que se cruzan en el chakra. En cada pétalo, encontramos las letras sánscritas que representan la vibración específica de cada *nāḍī*. Estas flores están abiertas o cerradas según la situación particular de la persona.

Además, cada chakra está relacionado con un determinado animal, el cual simboliza el movimiento del *prāṇa* en el centro en cuestión. Asimismo, cada centro corresponde a un determinado plano de consciencia; existen diferentes dimensiones de existencia y formas de vida. De acuerdo con las sagradas escrituras védicas, debajo del plano terrenal existen siete *talas*, o 'mundos inferiores', y seis *lokas*, o 'mundos', por encima de este, los cuales corresponden a diferentes niveles de consciencia. Cada *loka* posee su contraparte o *tala*, similar a los dos polos eléctricos. Según el *Mahā-bhāgavata Purāṇa*, estos son los planos comenzando con el más elevado:

7. *Satya-loka*
6. *Tapo-loka*
5. *Jana-loka*
4. *Mahar-loka*
3. *Svar(ga)-loka*
2. *Bhuvar-loka*
1. *Bhū(r)-loka* - plano terrenal

Los *talas* correspondientes son:

1. *Atala*
2. *Vitala*
3. *Sutala*
4. *Talā-tala*
5. *Mahā-tala*
6. *Rasā-tala*
7. *Pātāla*

Los chakras están vinculados a los ganglios nerviosos y las glándulas de secreción interna del sistema endócrino. Además, los centros energéticos poseen una gran influencia sobre los sistemas de nuestro organismo, como el digestivo, el nervioso, el circulatorio y el respiratorio.

Las *āsanas*, o 'posturas del *haṭha-yoga*', influyen directamente en el funcionamiento de los chakras. Ciertas *āsanas* trabajan en especial en el movimiento pránico de determinados centros. Por lo tanto, el orden en que se practican es de gran importancia. Los chakras afectan no solo al aspecto físico, sino también al psicológico, sexual y emocional, así como a nuestra capacidad de comunicación.

Las técnicas y prácticas del *kuṇḍalinī-yoga* requieren enfocar nuestra atención en el centro de estímulo de cada chakra. Sin embargo, a la mayoría de los principiantes les resulta difícil percibir en tales puntos interiores. Para muchos es más fácil concentrarse en los *kṣetras*, que son las ubicaciones correspondientes a cada chakra en la parte frontal externa del cuerpo. Los *kṣetras* no son los puntos originales de estímulo de los chakras, sino sus reflejos. La concentración en un determinado *kṣetra* crea una sensación estimulante que alcanza el chakra en cuestión. El *mūlādhāra-kṣetra* está ubicado en la base de la columna vertebral, el *svādhiṣṭhāna-kṣetra* se encuentra a la altura del hueso púbico; el *maṇipūra-kṣetra* yace a la altura del ombligo; el *anāhata-kṣetra* está a la altura del corazón; el *viśuddha-kṣetra* lo encontramos a la altura de la garganta; el *ājñā-kṣetra*, a la altura del entrecejo, y el *sahasrāra-kṣetra*, en la coronilla.

En cuanto a las características de los centros, las diferentes versiones de las escrituras y los distintos maestros pueden diferir entre sí. Por lo tanto, he optado por ser fiel a dos fuentes: la primera es la opinión de mi propio maestro espiritual eterno, Su Divina Gracia Śrī Śrī Bābā Brahmānanda Mahārāja, y la segunda mi propia experiencia, pero solo cuando esta coincide con las enseñanzas de mi amado Guru Mahārāja.

Los *marmas* o 'puntos vitales'

Marmas son los 107 puntos vitales donde se cruzan los *nāḍīs*. Se trata de vórtices pránicos con grandes valores vitales, siendo 57 los más significativos. El daño en un *marma* puede ser fatal, porque son puntos vitales de gran sensibilidad que pueden cortar un *nāḍī* y, por ende, suprimir el fluir de la energía vital. La medicina ayurvédica trata diversas enfermedades aplicando masaje, presión o calor sobre el *marma* relacionado con el órgano afectado. Las *āsanas* del *haṭha-yoga* brindan un tremendo beneficio porque estiran los *marmas*. El tema de los *marmas* se explica con detenimiento en el *Suśruta Saṁhitā*.

A continuación, enumeraremos los principales *marmas*:

Marmas ubicados en la cabeza:

1. *Adhipati*: Se encuentra en la coronilla. En este *marma*, se tratan la pérdida de la memoria, los dolores de cabeza y la debilidad.
2. *Sīmanta*: Se encuentra en la sutura craneal. Este *marma* está relacionado con la circulación sanguínea en la cabeza, y en este se tratan la cefalea, la epilepsia, las convulsiones y la amnesia.
3. *Ājñā*: Se encuentra en el entrecejo. En este *marma*, se tratan la pérdida del olfato, el catarro y los problemas en la hipófisis.
4. *Āvarta*: Se encuentra por encima y al final de las cejas. Este *marma* influye en la postura de nuestro cuerpo y es donde se tratan la cefalea y la sinusitis.
5. *Śaṅkha*: Se encuentra en las sienes, entre las cejas y las orejas. En este *marma*, se tratan los problemas de colon, los dolores de cabeza, la amnesia y los mareos.
6. *Utkṣepa*: Se encuentra por encima del *śaṅkha*. Se relaciona directamente con el colon.
7. *Vidhura*: Se encuentra por debajo de las orejas. En este *marma*, se estimula el oído.
8. *Phaṇa*: Se encuentra a los costados de la nariz. En este *marma*, se tratan los estados gripales y el estrés.
9. *Śṛṅgāṭaka*: Se encuentra en el paladar, bajo la nariz y en el mentón. En este *marma*, se estimula el sistema nervioso para aliviar los dolores de cabeza y los mareos.

Marmas ubicados en el cuello:

1. *Mantha*: Se encuentra en un costado del cuello. En este *marma*, se tratan las dificultades de expresión y la parálisis.
2. *Mānya*: Se encuentra en un costado de la garganta. En este *marma*, se tratan los problemas de tiroides porque está relacionado con la regulación del ritmo de todo el organismo.
3. *Śira-mātṛkā*: Se encuentra sobre la garganta. Este *marma* está relacionado con la circulación sanguínea en la cabeza.
4. *Nīla*: Se encuentra en la garganta. Este *marma* influye en la regulación del ritmo del organismo.

5. *Kriya-kārika*: Se encuentra en la base del cuello. En este *marma*, se puede aliviar el estrés.

Marmas ubicados en la espalda:

1. *Aṁśa*: Se encuentra sobre el omoplato, entre el trapecio y la clavícula. En este *marma*, se estimula el *viśuddha-cakra.*
2. *Aṁśa-phalaka*: Se encuentra en el omoplato. En este *marma*, se alivia el dolor en los hombros y se estimula el *anāhata-cakra.*
3. *Pārśva-sandhi*: Se encuentra sobre *nitamba-marma*. Este *marma* regula la circulación sanguínea.
4. *Nitamba*: Se encuentra sobre las nalgas y estimula la producción de glóbulos rojos.
5. *Kukundara*: Se encuentra en un costado del coxis. En este *marma*, se alivian los problemas en los órganos reproductivos y se estimula el *svādhiṣṭhāna-cakra.*
6. *Kaṭika-taruṇa*: Se encuentra sobre el glúteo. En este *marma*, se estimulan los tejidos grasos y se alivia el dolor y el agarrotamiento muscular en las piernas.

***Marmas* ubicados en el tórax:**

1. *Āpasthambha*: Se encuentra bajo la clavícula. En este *marma*, se estimulan tanto el sistema simpático como el parasimpático. Aquí también se tratan el asma y las dificultades respiratorias.
2. *Apalāpa*: Se encuentra en medio de la axila. En este *marma*, se trata la inflamación de los senos.
3. *Stanārohita*: Se encuentra por encima del seno. En este *marma*, se tratan los problemas de los senos obstruidos o inflamados.
4. *Hṛdaya*: Se encuentra en el centro del tórax, en el plexo solar. En este *marma*, se tratan las enfermedades cardíacas.

***Marmas* ubicados en el abdomen:**

1. *Nābhi*: Se encuentra alrededor del ombligo. En este *marma*, se estimula el intestino y se tratan el estreñimiento, las diarreas y las indigestiones.

2. *Vasti*: Se encuentra en el pubis. En este *marma*, se estimula *kapha* y se tratan los problemas de próstata y de los órganos reproductivos.
3. *Guda*: Se encuentra en el perineo. En este *marma*, se tratan las hemorroides y el estreñimiento.

***Marmas* ubicados en las extremidades inferiores:**

1. *Tala-hṛdaya*: Se encuentra en el centro del arco del pie. Este *marma* estimula los pulmones. Las dificultades en la circulación sanguínea en los pies y las manos se tratan aquí.
2. *Kūrca*: Se encuentra sobre el empeine. Este *marma* influye en la vista, y en este se tratan asimismo los dolores de los pies.
3. *Kṣipra*: Se encuentra en la parte superior del pie, en el surco que se produce entre el dedo gordo y el segundo dedo. Este *marma* se relaciona con el corazón.
4. *Gulpha*: Se encuentra debajo del tobillo. En este *marma*, se tratan el nerviosismo y el estrés.
5. *Kūrca-śira*: Se encuentra debajo del tobillo. En este *marma*, se controlan los espasmos musculares.
6. *Indra-vasti*: Se encuentra en los gemelos. En este *marma*, se tratan los problemas digestivos.
7. *Jānu*: Se encuentra detrás de las rodillas. Este *marma* está relacionado con el hígado.
8. *Ani*: Se encuentra sobre las articulaciones de las rodillas. Este *marma* está relacionado con el agarrotamiento muscular.
9. *Urvi*: Se encuentra en la mitad del muslo. En este *marma*, se tratan la tensión muscular y los trastornos circulatorios.
10. *Viṭapa*: Se encuentra debajo de la ingle. Este *marma* está relacionado con la tensión muscular abdominal y las hernias.
11. *Lohitākṣa*: Se encuentra en el centro de la ingle. En este *marma*, se tratan los problemas circulatorios de las piernas.

Marmas ubicados en las extremidades superiores:

1. *Tala-hṛdaya*: Se encuentra en el centro de la palma. Este *marma* está asociado con el estímulo pulmonar.
2. *Kṣipra*: Se encuentra entre el dedo índice y el pulgar. Este *marma* está asociado con el estímulo cardíaco.
3. *Kūrca-śira*: Se encuentra en la parte baja de la muñeca. Este *marma* está asociado con el control de los espasmos musculares.
4. *Maṇi-bandha*: Se encuentra alrededor de las muñecas. En este *marma*, se tratan los problemas de tensión y estrés.
5. *Indra-vasti*: Se encuentra en medio del brazo. En este *marma*, se tratan los problemas intestinales y digestivos.
6. *Kūrpāra*: Se encuentra en el codo. Este *marma* está relacionado con el hígado.
7. *Ani*: Se encuentra en la articulación del codo. En este *marma*, se tratan los problemas de tensión y el agarrotamiento muscular.
8. *Urvi*: Se encuentra en medio del brazo. En este *marma*, se tratan los problemas de tensión muscular y de circulación sanguínea.
9. *Lohitākṣa*: Se encuentra en medio de la axila. Este *marma* está relacionado con la circulación en las extremidades inferiores.

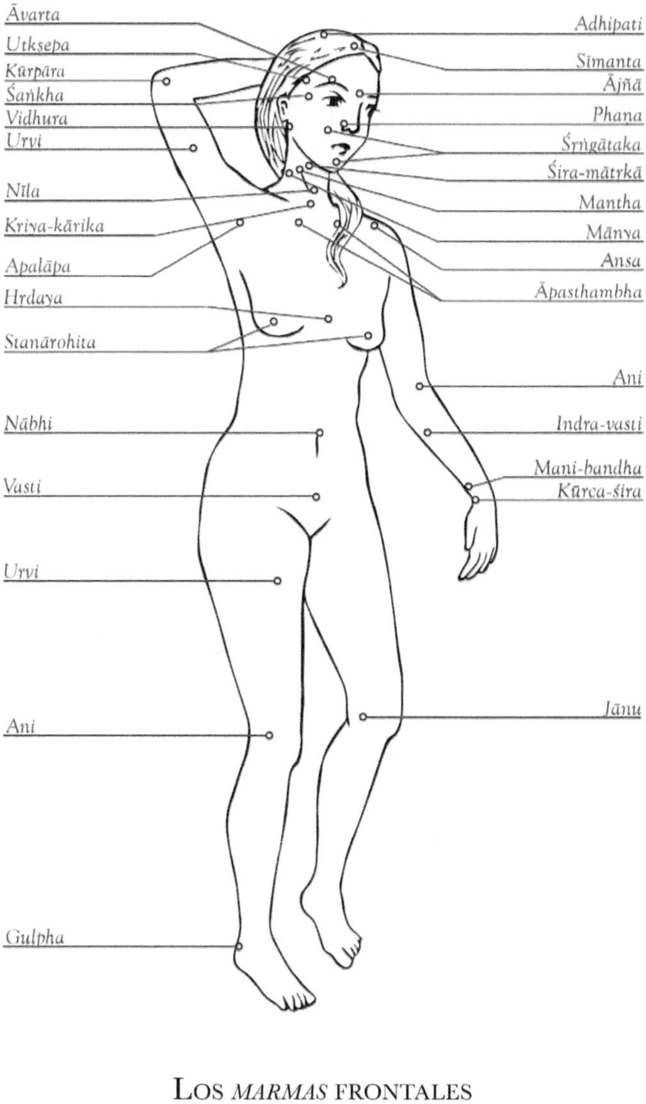

LOS *MARMAS* FRONTALES

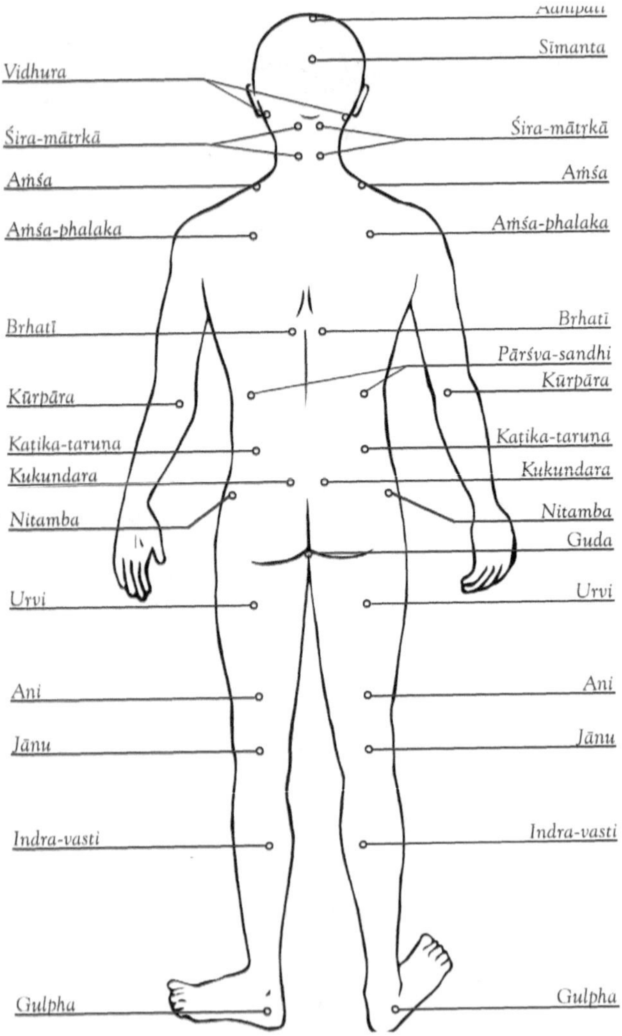

Los *marmas* posteriores

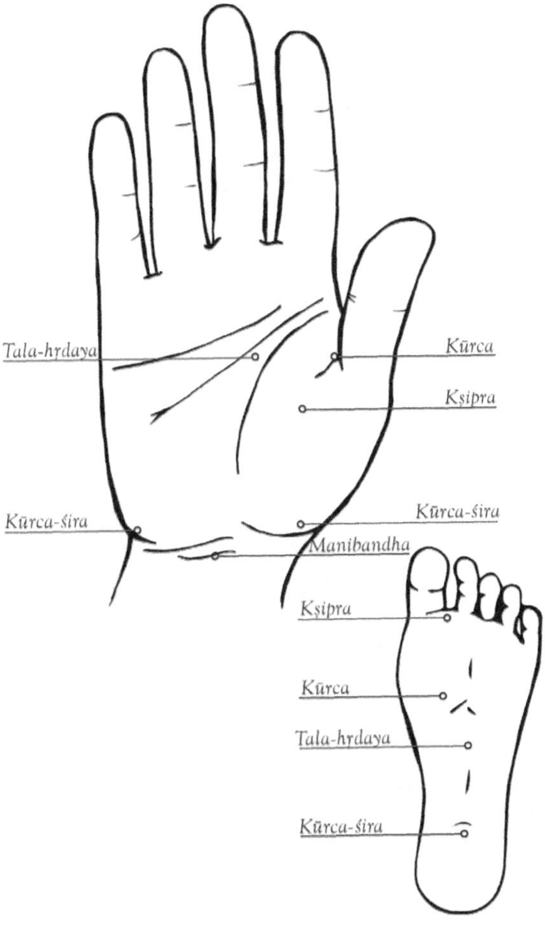

Los *marmas* de las manos y los pies

Los *granthis* o 'nudos'

La palabra sánscrita *granthi* significa 'nudo' y simboliza nuestras ataduras terrenales. Los *granthis* consisten en válvulas cuya función principal es evitar la prematura elevación de la *kuṇḍalinī*. Nos protegen de una ascensión de la energía serpentina en nuestra niñez espiritual; sin trascender estas válvulas energéticas, es imposible que se eleve el fuego divino.

Hay quienes buscan adquirir poderes místicos, otros desean determinadas experiencias espirituales. Pocos comprenden que todo fenómeno espiritual está íntimamente ligado a cambios en la consciencia y que estos son solo síntomas del desarrollo interno. De la misma manera, la apertura de los *granthis* es una señal de evolución espiritual y está directamente relacionada con la renuncia y la entrega. Los tres *granthis* principales se denominan Brahmā, Viṣṇu y Śiva.

El *brahma-granthi*: Se encuentra en el *mūlādhāra-cakra*, y corresponde a las cualidades tamásicas de la ignorancia y la pereza. Se apoya en varios *granthis* menores, a saber: *bhairavī*, *viśālā*, *cāmundā* y *śīrṣā*, los cuales se mantendrán cerrados mientras permanezcamos sumidos en la ilusión. Este *granthi* está íntimamente relacionado con nuestros apegos terrenales o mundanos y está conectado con el placer de los sentidos, el egoísmo y nuestro afán por almacenar, acumular y acaparar. Si no hemos trascendido los obstáculos mencionados, el *brahma-granthi* permanecerá cerrado. Es necesario que el aspirante desarrolle sabiduría, devoción y confianza en su maestro espiritual. Solo el *sādhaka* entusiasta y determinado logrará elevarse por encima de las tentaciones mundanas de *māyā*, o 'la ilusión'.

El *viṣṇu-granthi*: Se encuentra en el área pectoral y obstruye la elevación del poder serpentino al *anāhata-cakra*. Corresponde a las cualidades relacionadas con la modalidad de la pasión (*raja-guṇa*). Se apoya sobre cuatro *granthis* menores: *śyāmala*, *kṛṣṇa*, *nīlāñjana* y *ṣaṇ-mukha*. Se relaciona con los apegos de carácter sentimental a personas queridas. Los obstáculos para trascender el *viṣṇu-granthi* son emocionales. La apertura de esta válvula es más dificultosa porque es más sencillo renunciar al apego al dinero, a un automóvil o a una casa, que renunciar a nuestros afectos. Para ir más allá de este nudo, se recomienda incluir el *bhakti-yoga* en nuestra *sādhana*.

El *śiva-granthi* o *rudra-granthi*: Se encuentra en el *ājñā-cakra*. Se relaciona con la modalidad de la bondad (*sattva-guṇa*). Este *granthi* se apoya sobre seis *granthis* menores: *raudra*, *mukti*, *sānāthya*, *kāpāli*, *kāla-cūḍas* y *kula-śrava*. Permanece cerrado mientras se ambicionan experiencias o poderes místicos y se desea alcanzar la iluminación. Mientras se mantengan esas metas, por muy espirituales que parezcan, este nudo se mantendrá cerrado. Uno de los mayores obstáculos para trascender esta válvula es percibirnos a nosotros mismos como «algo» o «alguien» con una existencia independiente del Todo. El mayor impedimento es la errada concepción que poseemos acerca de nosotros mismos como personalidades separadas de la totalidad. Esta idea, creencia o concepción es lo que somos; por lo tanto, la búsqueda de soluciones externas solo pone al descubierto nuestra ignorancia acerca de nosotros mismos como problema. Mientras esta idea de «yo» esté presente, es imposible trascender el *śiva-granthi*.

La energía serpentina alcanzará los centros más elevados cuando estos nudos hayan sido trascendidos. Los *granthis* son válvulas que al abrirse permiten el paso de la *kuṇḍalinī-śakti*. El funcionamiento de estas válvulas es esencial para preservar nuestro progreso porque, cuando se cierran en sentido contrario, previenen su retroceso. La *sādhana* recomendada por el maestro está destinada a prepararnos como instrumento, en todos los sentidos, para ser receptáculos apropiados de la Verdad. Esta práctica posee una elevadísima intensidad energética. La experiencia de la Verdad requiere un instrumento preparado con la suficiente resistencia como para ser recipiente de semejante intensidad sin desintegrarse.

Capítulo 2

Las aptitudes y las etapas de la práctica tántrica

Las aptitudes para la práctica de *tantra-yoga*

La sabiduría de este yoga tántrico es sumamente profunda y compleja. Quien desee conocerla realmente deberá estar dispuesto a invertir tiempo y energía en estudiarla durante el resto de su vida.

Tal como decía S. S. Swami Śivānanda Sarasvatī: «Una onza de práctica vale más que toneladas de teoría». Aquella luminaria de Rishikesh tenía razón. La teoría y la comprensión poseen sin duda su valor; sin embargo, la mera especulación no nos conducirá a efectuar cambios sustanciales en nuestra vida. Esto es especialmente relevante en el tantra, que es más práctico que teórico y donde la *sādhana* es primordial.

El término *tantra* se refiere a la expansión de la *kuṇḍalinī-śakti*, que reside contraída en el primer centro energético. La *sādhana* intenta despertar el potencial interno. El tantra no cree que la divinidad solo se alcance después de abandonar el cuerpo físico, sino que reconoce que el cuerpo es el lugar mismo donde la divinidad reside y es el instrumento para experimentarla. El *tāntrika* no teoriza basándose en sueños, sino que trabaja con su cuerpo, que es su realidad más cercana e inmediata. Si el sendero espiritual consiste en la búsqueda de uno mismo, es natural que comience con la purificación de nuestro propio cuerpo.

El tantra es el sendero de la aceptación por excelencia. En lugar de condenar al cuerpo por ser una herramienta de pecado, el tantra lo acepta en su totalidad. Los instintos y los deseos no se consideran causas de esclavitud. Incluso la gratificación sensual puede ser un medio para trascender las limitaciones de la mente. Sin embargo, el tantra advierte del peligro de semejante actitud sublimadora en ausencia de la guía apropiada.

La mente posee el poder tanto de atarnos a lo mundano como de liberarnos de este; por consiguiente, la *sādhana* tántrica no trata de detener la mente, sino de conducirla de manera positiva. El pensamiento puede ser sublimado a través del plano mental mismo. El ser humano utiliza solo un pequeño porcentaje mínimo de su capacidad mental; su mayor potencial reside en el nivel subconsciente. La *sādhana* tántrica tradicional apunta a despertar este potencial. La aceptación de un maestro espiritual es de vital importancia, mientras que la iniciación señala la entrada al mundo de la *sādhana*. Entre los aspectos internos de la práctica, se incluyen la identificación (*nyāsa*), la meditación (*dhyāna*), los sellos (*mudrās*), la purificación de los componentes corporales (*bhūta-śuddhi*) y el establecimiento en el Ser (*prāṇa-pratiṣṭhā*).

Aunque la tradición tántrica posea una tremenda riqueza teológica y filosófica, no cabe duda de que para lograr sus ideales será necesario recurrir al aspecto práctico. La teoría nos ayuda a identificar nuestro potencial, pero la práctica es el medio para aplicar su visión metafísica. Solo a través de la *sādhana* es posible acceder a la revelación tántrica.

El ejercicio es indispensable para desarrollarse en toda disciplina. Para acelerar la evolución interior se requiere adiestramiento. El yoga es el entrenamiento de todos los senderos espirituales. Todos los caminos van acompañados de su propio yoga, como, por ejemplo, el yoga de acción (karma), la devoción (*bhakti*) o la meditación (*dhyāna*). Asimismo, existen los yogas tántricos, como el *haṭha-yoga*, el *mantra-yoga* o el *kuṇḍalinī-yoga*. *Tantra-yoga* es el aspecto práctico del tantra.

Nuestra vida consciente se desarrolla dentro de límites sumamente estrechos. Al ampliar sus fronteras, experimentaremos la vida más allá de la mente y los sentidos. El tantra ofrece una *sādhana* rica en simbología lingüística en forma de mantras y en elementos visuales como *yantras*. Esta *sādhana* está destinada a preparar a sus practicantes en todos los aspectos para superar sus limitaciones mentales.

Muchos eruditos creen que las tradiciones tántrica y védica son diferentes, porque prácticas como la *vāmācāra* y la *kaula* transgreden por completo la ortodoxia brahmánica. Sin embargo, los académicos que no están de acuerdo con esto dividen la literatura en provédica y no védica.

Algunos textos tántricos y védicos son muy similares, tanto en ideas como en prácticas. Algunos de ellos, como el *Kulārṇava Tantra*, incluso sostienen que el tantra constituye la esencia de la revelación védica. Al igual que sucede con la literatura tántrica, su *sādhana* puede ser clasificada en prácticas védicas y otras no védicas. Muchas prácticas tántricas están en total desacuerdo con la ortodoxia védica y transgreden las bases morales de la tradición brahmánica.

El Veda se divide en *karma-kāṇḍa*, *upāsanā-kāṇḍa* y *jñāna-kāṇḍa*. El *karma-kāṇḍa* es la sección ritualista explicada en los *saṁhitās* y los *brāhmaṇas*. Dichas secciones enseñan ritos y sacrificios que ayudan a acumular un buen karma. La máxima aspiración del *karma-kāṇḍa* es la reencarnación en mundos superiores. La *upāsanā-kāṇḍa* se explica en la sección llamada *āraṇyakas*, que trata sobre la adoración y la meditación. La sección *jñāna-kāṇḍa* contiene el conocimiento más elevado en pos de la liberación, explicado en los *upaniṣads*. El *karma-kāṇḍa* es el camino del *pravṛtti* (ir hacia) y el *jñāna-kāṇḍa* es el camino de *nivṛtti* (alejarse de). *Pravṛtti* es, por así decirlo, la actitud permisiva mientras que *nivṛtti* es la represiva. *Pravṛtti* sugiere buscar la felicidad en el mundo y disfrutar dentro de los límites del *dharma*. *Nivṛtti*, o *tyāga*, propone renunciar al mundo y buscar la autorrealización: renunciar a los placeres mundanos para alcanzar la realización del Ser. Este sendero es problemático para el individuo casado que vive dentro de la sociedad y en un marco familiar. Obviamente, *pravṛtti* y *nivṛtti* abogan por direcciones opuestas, pero se armonizan en el tantra que sugiere actuar en el mundo, si bien en pos de la iluminación, diciéndonos que debemos dirigir el placer sensual hacia la liberación. Según el *Kulārṇava Tantra*, *bhoga* reaparece como yoga:

भोगो योगवते साक्षात्पतकं सुकृतायते ।
मोक्षायते च संसारः कुलधर्मे कुलेश्वरि ॥

bhogo yogavate sākṣāt
patakam sukṛtāyate
mokṣāyate ca saṁsāraḥ
kula-dharme kuleśvari

¡Oh, Kuleśvarī! En este camino del *kula*, el disfrute mundano objetual se transforma en el medio para el yoga; lo que normalmente se considera vicio se convierte en virtud, y el mundo, que es normalmente una de las causas de la esclavitud, se transforma en medio de liberación.

(*Kulārṇava Tantra*, 2.24)

El *Kulārṇava Tantra* afirma que la búsqueda de disfrute puede ser enfocada hacia la unión con la consciencia. Se trata de un disfrute sensual externo con una consciencia interior de renuncia. Las prácticas tántricas contienen simultáneamente tanto la actitud *nivṛtti*, como la *pravṛtti*, incluyendo a *kāma*. Este es el lugar de encuentro entre el placer y la renuncia.

Las etapas de la *sādhana* tántrica

El shaktismo tántrico divide su *sādhana* en tres etapas: *paśu* (animal), *vīra* (heroica) y *divya* (divina).

La primera etapa, o *paśu*, es para todos. Esta requiere cultivar un carácter moral, cualidades ejemplares como honestidad y veracidad, control sensual y la devoción. Incluye servicio a la comunidad, trabajo social y socorrer a los necesitados. Uno debe estar dispuesto a sacrificarse por el bienestar del prójimo. El *sādhaka* se eleva desde *paśu* a *vīra* a través de los actos morales.

El *Kāmākhyā Tantra* enumera las demandas del nivel *vīra*: valentía, resolución, tener en cuenta las necesidades de los demás, etcétera. Solo después de acceder a la etapa de *vīra*, es posible aceptar la iniciación *dakṣiṇācāra* (de la mano derecha) o *vāmācāra* (de la mano izquierda).

La iniciación *dakṣiṇācāra* es seguida por *bhakti* y *jñāna*. La vida del iniciado debe ser equilibrada social y moralmente. Por su parte, quienes elijan la dirección *vāmācāra*, serán iniciados en los *śakti-mantras* y *pañca-*

tattva, estarán autorizados espiritualmente a rechazar la moralidad social y a renunciar a la concepción conservadora acerca del sexo. Pueden asociarse con el sexo opuesto libres de todo prejuicio social y abandonar cualquier prohibición acerca de la alimentación y las bebidas. A través de la práctica del *pañca-ma-kāra*, bajo la guía de un auténtico maestro espiritual, el *sādhaka* se eleva a la etapa divina, o *divya*.

El *divya* es el estado más elevado y reservado tan solo a las almas autorrealizadas. En esta etapa, está permitido aceptar iniciación *siddhāntācāra* y *kaulācāra*. Se renuncia a todo apego mundano y social. Quien ha logrado este elevadísimo nivel no ve en la mujer un ser humano ordinario, sino una manifestación de la Śakti, la Madre universal; por consiguiente, ella es digna de respeto y veneración. Es consciente de que quienquiera que ofenda o dañe a una mujer, o permita que otros la ofendan física, mental o emocionalmente, invoca sobre sí la ira divina de la Devī.

Quien se halla en esta etapa es simple e inocente como un niño; mediante la meditación, trata de llegar a la femineidad potencial que reside en su interior. Solo accediendo a dicha naturaleza femenina pura, uno puede realmente adorar a la divinidad. La elevación desde *paśu* a *divya* es la aspiración de todo *tāntrika śākta*.

De acuerdo con la literatura *śākta* tántrica, lo humano puede transformarse en divino. Según el *Kulārṇava Tantra*, esto puede lograrse a través de siete vías religiosas y espirituales: védica, *vaiṣṇava*, *śaiva*, *dakṣiṇa*, *vāma*, *siddhānta* y *kaula*. Estas siete metodologías también se denominan *ārambha* (comienzo), *taruṇa* (juventud), *yauvana* (adolescencia), *prauḍha* (madurez), *prauḍhānta* (final de la madurez), *unmanaḥ* (excitación) y *anavasthā* (realización).

Las vías védica, *vaiṣṇava* y *śaiva* pueden ser seguidas por las personas pertenecientes al nivel *paśu* o por el público en general. La *dakṣiṇa* y la *vāma* están destinadas a los *vīras*. La *siddhānta* y la *kaula* están reservadas para quienes se encuentran en la etapa de *divya* o divina. La vía védica está enfocada en la purificación corporal y mental; la *vaiṣṇava* está destinada a la devoción o *bhakti;* el sendero *śaiva* es para el conocimiento; la *dakṣiṇa* coordina las primeras tres; la *vāma* para el desapego; la *siddhānta* es para la realización del desapego, y la *kaula* es para *mokṣa*, o 'la liberación'.

Capítulo 3

Los elementos esenciales de la *sādhana* tántrica

Aquí solo explicaremos los aspectos esenciales de la *sādhana* tántrica, ya que detallarlos todos requeriría un libro aparte. La *sādhana* está destinada tanto a la purificación como a la adoración. El aspirante purifica lo que cree ser y adora lo que es en realidad. Las diferentes *sādhanas* tántricas incluyen una inmensa variedad de elementos. Los que mencionamos ahora son comunes a todas las tradiciones y escuelas.

La aceptación de un gurú

नास्ति गुर्वधिकं तत्त्वं न शिवाधिकदैवतम् ।
न हि वेदाधिका विद्या न कौलसमदर्शनम् ॥

nāsti gurvadhikaṁ tattvaṁ
na śivādhika-daivatam
na hi vedādhikā vidyā
na kaula-sama-darśanam

No hay ningún principio superior al gurú, no hay ningún Dios superior a Śiva, no hay ningún conocimiento superior al Veda y no hay *darśana* igual al *kaula*.

(*Kulārṇava Tantra,* 3.113)

La necesidad de maestro espiritual representa un punto común a todas las escuelas tántricas. El papel del gurú es esencial, porque el sendero tántrico solo puede ser recorrido bajo una guía experta. De acuerdo con la tradición, consideramos que nuestro gurú es Dios mismo. El maestro espiritual es considerado Śiva si es masculino y Śakti si es femenina.

Encontrar un gurú auténtico y competente no es tarea fácil en nuestros días. De acuerdo con el *Kulārṇava Tantra*, el gurú disipa la ignorancia de nuestra auténtica naturaleza. Nuestra ceguera puede ser curada solo por un gurú iluminado que ha experimentado su propia naturaleza divina y, por lo tanto, se ha vuelto uno con Śiva o Śakti. El *Kulārṇava Tantra* (capítulo 13) detalla las características y el significado del gurú fidedigno. También explica que impartir charlas sobre sexo no es suficiente para ser reconocido como maestro tántrico. Según las escrituras, solo un ser completamente iluminado puede ser aceptado como gurú tántrico; debe conocer perfectamente la sabiduría del mantra y del *yantra*, y ser capaz de erradicar las impurezas de sus discípulos, como lo señala claramente el *Gautamīya Tantra*:

ॐ अज्ञानतिमिरान्धस्य ज्ञानाञ्जनशलाकया ॥
चक्षुरुन्मीलितं येन तस्मै श्रीगुरवे नमः ।

oṁ ajñāna-timirāndhasya
jñānāñjana-śalākayā
cakṣur unmīlitaṁ yena
tasmai śrī-gurave namaḥ

Salutaciones a ese santo Gurú que, aplicando el ungüento [medicina] del conocimiento [espiritual], elimina la oscuridad de la ignorancia de los cegados [no iluminados] y les abre los ojos.

(*Gautamīya Tantra*, 7.11b-12a)

La *dīkṣā* o 'iniciación'

La iniciación es uno de los elementos fundamentales. El *Viśvasara Tantra* la define como aquello que elimina el pecado y otorga el conocimiento divino:

दिव्यज्ञानं यतो दद्यात्कुर्यात्पापस्य सन्क्षयम् ।
तस्माद्दीक्षेति स प्रोक्त सर्वतन्त्रसमन्विता ॥

divya-jñānaṁ yato dadyāt
kuryāt pāpasya sankṣayam
tasmād dīkṣeti sa prokta
sarva-tantra-samanvitā

El proceso que otorga *divya-jñāna* (conocimiento espiritual trascendental) y destruye el pecado es llamado *dīkṣā* por los maestros espirituales.

(*Viśva-sāra Tantra*, *Paṭala* 2)

Solo un gurú genuino puede conceder la iniciación adecuada. No tiene sentido practicar sin antes haber aceptado a un maestro y haber sido iniciado. La iniciación tántrica se halla disponible para todo adepto que esté dispuesto a aceptar las implicaciones de convertirse en discípulo y se considera el paso principal hacia la liberación. El *Kulārṇava Tantra* declara enfáticamente que sin *dīkṣā* no se puede alcanzar *mokṣa*.

La gracia desciende desde sus orígenes más elevados a través del maestro espiritual. Esta iniciación se denomina *śakti-pāta-dīkṣā*. *Śaktipāta* es una palabra sánscrita que se compone del término *śakti*, o 'energía divina', y *pāta* o 'descenso'. La gracia desciende a través del gurú y será asimilada según la capacidad del discípulo. El aspirante debe, en primer lugar, purificarse para ser un receptáculo adecuado. La iniciación constituye una interacción del gurú con el discípulo. La *śakti-pāta-dīkṣā* despierta la *puruṣa-jñāna*, o 'sabiduría trascendental', y elimina las cadenas que nos atan a lo relativo. No se trata de una transmisión intelectual de conocimiento conceptual o *vaikalpika*, sino que se asemeja más a un despertar de la consciencia. Por lo tanto, reside en la experiencia del ser, o *pūrṇā-hantā*. La sabiduría trascendental no se adquiere desde el exterior, sino que se devela desde lo más profundo de lo interior; reside en cada ser humano cubierta por los velos de las impurezas.

Existen tres clases de iniciación tántrica: del pájaro, del pez y de la tortuga. La primera tiene lugar a través del contacto físico, tal como el pájaro nutre a sus crías con el calor de sus alas. La segunda sucede mediante la vista, así como el pez alimenta a sus crías. La tercera ocurre por el pensamiento, tal como la tortuga alimenta a sus crías tan solo pensando en ellas. La iniciación del pájaro es la más poderosa, y en ella el maestro le transmite la *śakti* personalmente al discípulo a través del tercer ojo, o *ājñā-cakra*. La iniciación puede ser ejecutada personalmente o a distancia, por mediación de un objeto o incluso a través de una carta, un correo electrónico o una conversación telefónica.

Existe gran variedad de iniciaciones, dependiendo del nivel del discípulo. La iniciación simple se denomina *kriyā-dīkṣā* y las extraordinarias, *vedha-dīkṣā*.

Generalmente, la iniciación incluye los siguientes elementos:

- La entrega de un mantra.
- El sacrificio, o *homa*.
- La postura física, o *āsana*.
- La expansión de la energía vital, o *prāṇāyāma*.
- La concentración, o *dhāraṇā*.
- La meditación, o *dhyāna*.
- La práctica de los diagramas simbólicos, o *sādhana yantra*.
- Prácticas de *kuṇḍalinī-yoga*, como la *ṣaṭ-cakra-bheda*.

Mediante las formas de iniciación mencionadas, el maestro espiritual purifica de entrada al aspirante para luego transmitirle la divina energía. El objetivo de dicha transferencia es despertar el potencial que duerme en lo profundo del discípulo. No obstante, esto solo ocurrirá si el maestro es un alma iluminada que haya despertado y elevado su propia *kuṇḍalinī-śakti*. Solo una vela encendida puede encender a otra.

La iniciación *Śakti-pāta* se asocia por lo general con la gracia divina, porque esta no se consigue siendo bueno o practicando mucho. Abhinava-gupta señala: «Tanto *śaktipāta* como la devoción hacia Dios son independientes de familia, casta, cuerpo, acciones, edad, prácticas o dinero». La iniciación no puede ser exigida, sino que es un acto de gracia (*anugraha*) por parte del maestro. La consciencia misma desciende a través del gurú. La gracia viene al contactar con un maestro espiritual iluminado; sin embargo, no la entrega el maestro, sino que procede de Dios. El maestro iluminado es un conducto lo suficientemente puro como para permitir que esta energía divina fluya y descienda. La iluminación es imposible a menos que todas las ataduras hayan sido cortadas por completo. Dichas ataduras son las tres *malas* o impurezas: *āṇava-mala*, *māyīya-mala* y *karma-mala*. La *mala* es una contracción de la consciencia que hace que la totalidad absoluta se vea como una individualidad separada. La *āṇava-mala* es la impureza de la individuación y la personalidad que nos hace percibirnos como 'alguien' separado. La *māyīya-mala* es el aspecto mental que contiene la comparación. Por último, la *karma-mala* se refiere al cuerpo y su relación con el *prārabdha-karma*. La iniciación elimina estos obstáculos.

La *bhūta-śuddhi* o 'purificación corporal'

El término *śuddhi* significa 'purificación'. *Bhūta-śuddhi* es la purificación corporal, la cual es esencial antes de cualquier ritual. El aspirante no es apto para ninguna clase de culto sin haberse purificado previamente. De acuerdo con el *Kulārṇava Tantra*, se requiere la purificación de la sustancia, del lugar, del mantra, de la deidad y del Ser.

El lugar de culto debe mantenerse limpio, estar decorado con flores y perfumado con incienso, lo que facilita la concentración en la deidad. La sustancia se purifica a través del agua. La deidad se purifica cuando se instala en su sitial y se ejecuta el ritual *prāṇa-pratiṣṭhā*, o 'infusión de vida'. El cuerpo se considera la morada del Ser y se limpia para crear un ambiente de pureza tanto interna como externa.

La purificación exterior se realiza a través de los métodos de higiene, como bañarnos y cepillarnos los dientes. Para la purificación interior se utiliza *nyāsa*, *prāṇāyāma*, etcétera. Estos procesos, además de erradicar energías inferiores neutralizadas por los poderes benignos, crean las condiciones propicias y preparan un emplazamiento acogedor para invocar cordialmente a los poderes suprafísicos.

El aspirante es incapaz de manipular a Dios, pero puede facilitar su revelación creando la situación apropiada mediante la *sādhana*. En el proceso de *bhūta-śuddhi*, cada miembro del cuerpo es ofrecido a la deidad, y se invoca a las deidades menores para ocupar sus lugares en el cuerpo.

Nuestro cuerpo físico está compuesto de los cinco elementos básicos, o *pañca-mahā-bhūtas*: tierra (*pṛthivī*), agua (*āpas*), fuego (*agni*), aire (*vāyu*) y éter (*ākāśa*). La limpieza corporal se obtiene creando armonía entre estos elementos: el aspirante visualiza mentalmente diferentes zonas del cuerpo y se concentra en el elemento que predomina en cada una de ellas. *Pṛthivī* predomina entre los pies y los muslos; *āpas*, desde los muslos hasta el ombligo; *agni*, desde el ombligo hasta el corazón; *vāyu*, del corazón hasta el entrecejo; y *ākāśa*, arriba del entrecejo. A continuación, se visualiza la absorción de los elementos de lo burdo en lo sutil, la tierra en el agua, el agua en el fuego, el fuego en el aire, el aire en el éter, el éter en el ego, el ego en la naturaleza, y la naturaleza en el absoluto.

Según el tantra, todo ser humano se encuentra en un estado de impureza física y mental denominado *pāpa-puruṣa*, o 'ser humano impuro'. A través del proceso de *bhūta-śuddhi*, las impurezas se desvanecen de manera gradual hasta que los aspirantes pueden considerarse aptos para trabajar con el poder espiritual, o *śakti*. El proceso se lleva a cabo mediante los *bīja-mantras* de los elementos aire y fuego, que convierte en cenizas el cuerpo impuro. Posteriormente, con el néctar que fluye desde el *sahasrāra-cakra*, se construye poco a poco un nuevo cuerpo totalmente puro, que se manifiesta a partir del Señor de *prakṛti*; de *prakṛti* al intelecto, del intelecto al ego, del ego al éter, del éter al aire, del aire al fuego, del fuego al agua, del agua a la tierra, de la tierra a los vegetales, de los vegetales a la comida, de la comida al semen, y del semen al *puruṣa*, el cual es 'yo soy'. Este 'yo soy' no es el ego, sino la individualidad que nace de la profunda experiencia de la autorrealización. Sin haber pasado por el proceso mencionado, los aspirantes no están en condiciones de adorar a la deidad. Según el tantra, la adoración transforma al adorador y lo eleva a las alturas de lo divino.

La *nyāsa* o 'purificación mental'

Después de purificar el cuerpo, tiene lugar la purificación mental, que es de carácter más sutil. *Bhūta-śuddhi* no solo incluye la eliminación de las impurezas, sino también la instalación o colocación de lo divino. Al disolver el cuerpo impuro y construir un cuerpo puramente espiritual, se carga el cuerpo con *prāṇa* o la divinidad. Esta creación interna de la deidad se inicia con *nyāsa*. La palabra *nyāsa* procede de *nyas* o 'colocar'. El *Kulārṇava Tantra* describe varias clases de *nyāsa*: el *nyāsa* del mantra, *mahā-ṣoḍhā-nyāsa*, *karanyāsa*, etcétera. El *nyāsa* se efectúa apoyando las yemas de los dedos sobre diferentes lugares del cuerpo. En el *mātṛka-nyāsa*, por ejemplo, se disponen las letras sánscritas sobre las extremidades; *mātṛka-nyāsa* cuenta con dos partes: externa (*bahir*) e interna (*āntar*). En el primero, las letras se sitúan en las extremidades, y en el segundo, sobre los seis chakras.

Las letras del alfabeto sánscrito son consideradas la manifestación de *Śabda-brahman*, y en consecuencia reciben el trato de deidades.

Mediante *vyāpaka-nyāsa*, el aspirante expande su consciencia, se diviniza, y de esta manera, adora a Dios. Puesto que el ser humano es lo que piensa, puede cambiar su personalidad a través de los pensamientos. Enfocando su atención en lo divino, el aspirante se aleja de lo mundano.

Después de la purificación corporal y mental, el aspirante instala la vida en la deidad a través de un rito denominado *prāṇa-pratiṣṭhā*, o 'instalación de la vida'.

Los *yantras*

Inicialmente, los aspirantes adoran a las deidades Viṣṇu, Śiva o la Devī. En niveles más avanzados, estas imágenes son reemplazadas por los *yantras*. Este cambio de deidades a *yantras* representa un paso de lo burdo a lo sutil. El significado literal del término sánscrito *yantra* es 'máquina'. Se trata de un poderoso instrumento o herramienta capaz de despertar diferentes poderes y circuitos de energía en el *sādhaka*. Tanto los *yantras* como los mantras son importantes en el *tantra-yoga*, ya que su combinación —que se combina con la forma y el sonido— genera un movimiento expansivo de la consciencia.

Cada mantra posee su equivalente visual, que es la forma geométrica de un determinado sonido. Los *yantras* son formas geométricas que representan la naturaleza esencial de la energía del *deva* y, por lo tanto, deben ser respetados y venerados como si fueran la misma divinidad. Estos diagramas místicos cumplen idéntica función que los mantras: sirven de estímulo para la meditación y ayudan a sintonizar con el universo. Así como existen muchos mantras, tenemos *yantras* de deidades diferentes que nos ayudan a meditar en aspectos específicos de la divinidad.

En los rituales, se acostumbra a dibujar *yantras* en el suelo; en las instalaciones, suelen ser grabadas en placas de metal. Los *yantras* son eslabones entre lo burdo y lo sutil. A través de la concentración, los aspirantes introducen energía vital en el *yantra*, lo cual resulta esencial para dotarlo de efectividad. En realidad, adoran su propia energía vital que ellos mismos impregnan en el *yantra*. De acuerdo con el *śākta tantra*, el universo es una manifestación o una expresión de la energía, aunque la persona ordinaria no sea consciente de este hecho. Lo adorado no puede ser inferior al adorador; por consiguiente, él debe infundir energía vital en el *yantra*. Este proceso se lleva a cabo repitiendo mantras (*japa* y *puraś-caraṇa*).

Los mantras

Los mantras resultan esenciales para la *sādhana* tántrica y se requieren para todos los rituales. El mantra es una estructura sonora que contiene una poderosa energía mística; es una vibración trascendental que encapsula un poder capaz de liberar nuestra mente de las garras de *māyā*. Ante todo, cabe aclarar que los mantras tántricos son solo en sánscrito. El mantra se recibe a través de una iniciación y nunca se utiliza tomándolo de un libro. El *Nirukta* (7.12.1) lo define como *mantra mananāt*, es decir, se llama *mantra* porque uno reflexiona o medita sobre él. Pāṇini, en su *Dhātu-pāṭha* (1.199), lo explica como *matri gupta-paribāṣaṇe*: la raíz gramatical es *mantr* usada en el sentido de 'hablar en secreto' (*mantrī* es la conversación secreta entre el rey y sus ministros, o entre el maestro y sus discípulos).

El mantra es un importantísimo medio de liberación de la mente, tal como establece el *Kulārṇava Tantra*:

> मननात्तत्त्वरूपस्य देवस्यामिततेजसः ।
> त्रायते सर्वभयतस्तस्मान्मन्त्र इतीरितः ॥

mananāt tattva-rūpasya
devasyāmita-tejasaḥ
trāyate sarva-bhayatas
tasmān mantra itīritaḥ

> Mediante la contemplación (*manana*) sobre la deidad, cuya forma es la realidad y que posee ilimitado resplandor, el mantra lo salva (*trāyate*) a uno de todo temor. Por consiguiente, se conoce como *mantra*.
>
> (*Kulārṇava Tantra*, 17.54)

Los mantras son genes, el ADN místico que nos permite acceder directamente a la esencia del yoga. Tienen un carácter trascendental y proceden del plano espiritual. Dado que son los nombres de Dios recogidos por la literatura védica milenaria, es de suma importancia que sean pronunciados y repetidos con profunda devoción. Los mantras son sonidos o vibraciones sagradas que poseen la capacidad de afectar a nuestros centros energéticos (chakras), generando serenidad, paz, tranquilidad y estados de consciencia propicios a la meditación. De ese modo, repetir mantras es una invitación a que lo trascendental se manifieste en nosotros.

Existe una gran variedad de mantras que cumplen diversos propósitos. En general, pueden ser divididos en cuatro grupos: amistosos, serviciales, de apoyo y destructivos. Algunos de ellos pueden apuntar hacia ciertos fines mundanos (*bhoga*), mientras que otros persiguen la liberación (*mokṣa*).

En el momento de la iniciación, el gurú elige un mantra conforme a la personalidad del discípulo. Este mantra debe ser repetido constantemente en la práctica llamada *japa*. El tantra ofrece métodos y prácticas que instruyen al *sādhaka* acerca del modo de utilizar mantras para propósitos determinados. Así pues, el tantra se ocupa tanto de la filosofía como de la práctica.

La *japa*

La repetición del mantra se denomina *japa*, o 'murmullo'. Esta ha sido una importantísima práctica desde la antigüedad. Es parte del sendero real, o *rāja-yoga* y uno de los aspectos del *svādhyāya*, o 'estudio'. *Svādhyāya* posee dos componentes: el estudio de las sagradas escrituras y la repetición de mantras. A través de la repetición, es posible desarrollar maestría.

El *japa* es considerado uno de los métodos más efectivos para la purificación mental. Todo aspirante debe ser iniciado en un mantra por un gurú y aprender correctamente como practicar *japa*. La repetición mental es la práctica más efectiva. Para las mentes distraídas se aconseja la práctica vocal o semivocal con un mala de 108 cuentas y sentados en la postura *sukhāsana* o *padmāsana*. En etapas avanzadas, la *japa* es solo mental y puede ser practicada incluso al caminar o durante el trabajo.

Muchos practican *japa* para obtener ayuda en el logro de objetivos concretos: salud, trabajo, protección, dinero y demás. Sin embargo, quienes tienen determinados intereses abandonan la práctica al obtener los resultados perseguidos. La práctica más elevada de *japa* carece de expectativas y es realizada solo por el placer que otorga. Solo quien practica *japa* sin propósitos egoístas purifica su mente y crea las condiciones adecuadas para la iluminación.

Tras bañarse y sentarse en una postura cómoda y en un lugar tranquilo y silencioso, el *sādhaka* repite el mantra en el cual ha sido iniciado. Existen tres maneras de repetir el mantra: *vācika-japa* (en voz alta), *upāṁśu-japa* (susurrando) y *mānasika-japa* (mental). La repetición mecánica no brinda genuinos beneficios. El *japa* debe ser combinado con la meditación y se debe repetir el mantra con observación. En un determinado momento, el *japa* caerá por sí mismo y solo la meditación permanecerá de manera natural y espontánea.

La práctica del *japa* puede por sí sola otorgar paz y dicha, ya que se enfoca en la experiencia de la divinidad que reside en nuestro interior. Como se afirma en el último capítulo del *Kulārṇava Tantra*:

> जन्मान्तरसहस्रेषु कृतपापप्रणाशनात् ।
> परदेवप्रकाशाच्च जप इत्यभिधीयते ॥
>
> *janmāntara-sahasreṣu*
> *kṛta-pāpa-praṇāśanāt*
> *para-deva-prakāśāc ca*
> *japa ity abhidhīyate*
>
> *Japa* es llamado de ese modo porque remueve los pecados acumulados durante miles de vidas y revela a la deidad suprema.
>
> (*Kulārṇava Tantra*, 17.34)

El universo se compone de manifestaciones sonoras. La repetición de un mantra, o un nombre de la divinidad, crea una determinada vibración en el plano de la consciencia, que nos prepara para experimentar lo absoluto.

La *bhāva* o 'disposición'

La *bhāva*, o 'disposición', es de capital importancia para la *sādhana* tántrica. El *Rudra Yāmala* declara enfáticamente que la divinidad no reside en la piedra o la arcilla, sino en la disposición, o *bhāva*.

El tantra otorga gran importancia al poder del pensamiento y, por eso, enfatiza la adoración mental. La *sādhana* tántrica hace desaparecer la dualidad de adorador y adorado en el momento en que se funden las identidades del devoto y la deidad. Las etapas que van desde la dualidad hasta la unión son señaladas por las distintas *bhāvas* del aspirante. Se enumeran tres clases de disposición: *paśu-bhāvạ*, *vīra-bhāva* y *divya-bhāva*, las cuales son tamásica, rajásica y sátvica, respectivamente.

Paśu-bhāva: La raíz de la palabra *paśu* es *pas* o 'atar'. El *paśu* es la persona esclavizada por los deseos, o *vāsanās*, es decir, cualquier persona controlada por el impulso de satisfacer sus sentidos. La cualidad predominante en esta disposición es *tamas* (la inercia), siendo sus características *ālasya* (letargo) y *jāḍya* (rigidez). La ignorancia, o *ajñāna*, no le permite al *paśu* trascender la *sādhana* externa y penetrar en sus niveles más sutiles.

El *Kulārṇava Tantra* menciona ocho diferentes *pāśas* o 'ataduras':

घृणा शङ्का भयं लज्जा जुगुप्सा चेति पञ्चमी ।
कुलं शीलं तथा जातिरष्टौ पाशाः प्रकीर्तीताः ॥

ghṛṇā śaṅkā bhayaṁ lajjā
jugupsā ceti pañcamī
kulaṁ śīlaṁ tathā jātir
aṣṭau pāśāḥ prakīrtītāḥ

Lástima (*ghṛṇā*), duda (*śaṅkā*), miedo (*bhaya*), vergüenza (*lajjā*), disgusto (*jugupsā*), familia (*kula*), disposición (*śīla*) y casta (*jāti*): estos son los ocho vínculos.

(*Kulārṇava Tantra*, 13.90)

En otras escrituras tántricas, se describen tres tipos de ataduras: impurezas (*malas*), acciones pasadas (*karma*) e ilusiones (*māyā*). Las impurezas constituyen las ataduras fundamentales y deben ser superadas para trascender el estado de *paśu-bhāva*. La única manera de eliminar las *malas* es a través de la iniciación del maestro espiritual.

Vīra-bhāva: *Rajas* es la cualidad predominante en esta disposición. Quienes se hallan en esta *bhāva* pueden discriminar entre el sufrimiento y la verdadera felicidad. Dado que controlan sus sentidos, la codicia y la lujuria, pueden participar en prácticas avanzadas, como el *pañcama-kāra*, sin peligro de abandonar la vida espiritual.

Divya-bhāva: *Sattva* es la *guṇa* que impera en esta disposición. *Divya-bhāva* es 'la unidad con la deidad elegida' y quien se establece en esta unidad disfruta la dicha del *bhāva* divino. Tal como señala el

Mahānirvāṇa Tantra, el *sādhaka* que mora en esta *bhāva* trasciende la dualidad del adorador y lo adorado.

La *sādhana* tántrica no tiene por único objeto preparar la situación adecuada para que la iluminación ocurra, sino que también devela el inmenso potencial físico, mental y energético que atesora el ser humano, ofreciendo al *sādhaka* diversas técnicas para sacar a la luz y desarrollar su poder interno. Con ese objetivo, se ocupa de la purificación tanto física como mental y energética mediante los mantras y el *haṭha-yoga*. El sistema del *haṭha-yoga* —sus *āsanas* (posturas), *prāṇāyāma* (expansión de la energía vital), relajación, etcétera— es importante para la práctica tántrica.

La *sādhana* tántrica se inicia con una *saṅkalpa*, o 'resolución', para cultivar la voluntad del *sādhaka*.

Hay que recordar que este sendero está plagado de peligros. Es muy fácil caer en *māyā* o 'la ilusión'. No se recomienda recorrer esta vía sin contar con la guía de un maestro espiritual iluminado, especialmente cuando el aspirante se adentra en el mundo de las prácticas secretas. Solo las instrucciones del maestro evitarán que el discípulo caiga en las garras del mero libertinaje sensual.

Dentro de la *sādhana* tántrica, encontramos prácticas aceptadas por la sociedad, prácticas secretas y otras destinadas a satisfacer deseos mundanos.

El primer tipo de *sādhana* es aceptada por la sociedad y respetada por el público en general. Entre estas se incluye la aceptación de un gurú.

El segundo tipo es rechazado por la sociedad y comprende prácticas como la *pañca-ma-kāra*, que utilizan *madya* (vino), *māṁsa* (carne), *matsya* (pescado), *mudrā* (granos fermentados) y *maithuna* (relaciones sexuales).

Esta *sādhana* también implica la *cakra-sādhana*, o *cakra-pūjā*, que es una práctica de cinco *makāras* en una reunión de un mínimo de dos parejas, aunque lo ideal es un grupo compuesto de entre 7 y 10 parejas que se congregan en un lugar secreto, por lo general un cementerio. Este ritual incluye un proceso de profunda purificación antes de llegar al contacto sexual. A través del *cakra-pūjā*, se logra la expansión de la consciencia.

Esta segunda clase de *sādhana* incluye también:

- El sacrificio de animales.
- La *svagātra-rudhira-māṁsa-sādhana*, o 'la práctica de ofrendar sangre y carne del propio cuerpo'.
- La *citā-sādhana*, o 'práctica con la ayuda de la pira funeraria'.
- La *śava-sādhana*, o 'meditación sobre un cadáver', en un lugar secreto, generalmente un cementerio.
- La *muṇḍa-sādhana*, o 'práctica que se realiza sentado sobre tres o cinco cabezas de animales o seres humanos'.

El tercer tipo de *sādhana* comprende prácticas como las *ṣat-karman*, o 'seis tipos de *sādhana* oculta'. Estas son las siguientes:

- *Śānti*, o 'prácticas para sanación o para conjurar males'.
- *Vasikarama*, o 'prácticas de encantamiento o dominio de alguna persona'.
- *Stambhana*, o 'prácticas para evitar que ocurra un evento'.
- *Vidveṣaṇa*, o 'prácticas para crear una relación hostil entre ciertas personas'.
- *Uccāṭana*, o 'prácticas para desequilibrar la mente de determinada persona'.
- *Māraṇa*, o 'prácticas para destruir a un ser humano'.

La *sādhana* tántrica del segundo y tercer tipo se considera sumamente delicada e incluso peligrosa sin la guía apropiada de un maestro espiritual autorizado y fidedigno.

El *Mantra-yoga Saṁhitā* se refiere a la *sādhana* del *tantra-yoga* de la siguiente manera:

उपासनाविधौ यस्तु भावो बाह्यक्रियाश्रयः ।
आचारः कथ्यते सोऽसौ तन्त्रशास्त्रप्रवर्तकैः ॥

upāsanā-vidhau yas tu
bhāvo bāhya-kriyāśrayaḥ
ācāraḥ kathyate so 'sau
tantra-śāstra-pravartakaiḥ

El ritual externo, que ha sido incorporado en el procedimiento de adoración (*upāsanā*), es llamado *ācāra* por los seguidores del *tantra-śāstra*.

विष्णुसूर्यगणेशानां शिवस्योपासनासु च ।
चतसृष्वयमाचारो भवत्येकविधः सदा ॥

viṣṇu-sūrya-gaṇeśānāṁ
śivasyopāsanāsu ca
catasṛṣvayam ācāro
bhavaty eka-vidhaḥ sadā

Estos *ācāras* siempre son idénticos para la adoración a los siguientes cuatro, a saber, Viṣṇu, Sūrya (el Sol), Gaṇeśa y Śiva.

द्विविधस्तु भवत्येव वामदक्षिणभेदतः ।
आचारः शक्तिपूजायां सर्वतन्त्रानुसारतः ॥

dvi-vidhas tu bhavaty eva
vāma-dakṣiṇa-bhedataḥ
ācāraḥ śakti-pūjāyāṁ
sarva-tantrānusārataḥ

Pero en el culto de Śakti, el *ācāra*, según todos *tantra-śāstras*, ha sido diferenciado en dos tipos, a saber: *vāma* (*vāmācāra*) y *dakṣiṇa* (*dakṣiṇācāra*).

शक्तिप्राधान्यतश्चास्मिञ्छक्तिपूजाविधौ नृणाम् ।
साधनानां सुविस्तारः क्रियते तत्त्वदर्शिभिः ॥

śakti-prādhānyataś cāsmiñ
chakti-pūjā-vidhau nṛṇām
sādhanānāṁ su-vistāraḥ
kriyate tattva-darśibhiḥ

Debido a la importancia de *Śakti*, los veedores de la Verdad han elaborado mucho los procedimientos de adoración a la Śakti.

अधिकारोऽत्र पूजायां द्विविधो दृश्यते तथा ।
तन्त्रेषु बहुविस्तारः शक्तिपूजाविधेरभूत् ॥

adhikāro 'tra pūjāyāṁ
dvi-vidho dṛśyate tathā
tantreṣu bahu-vistāraḥ
śakti-pūjā-vidher abhūt

Los derechos en el caso de esta adoración, también se han establecido como dos. En los tantras, existe una gran cantidad de elaboración del culto de la Śakti.

दक्षिणाचारतो योऽयं विपरीतो भवेदिह ।
वामाचारः स विज्ञेयस् तन्त्रशास्त्रविशारदैः ॥

dakṣiṇācārato yo 'yaṁ
viparīto bhaved iha
vāmācāraḥ sa vijñeyas
tantra-śāstra-viśāradaiḥ

Los adeptos de los *tantra-śāstras* han llamado *vāmācāra* a aquello que se opone a *dakṣiṇācāra*.

(*Mantra-yoga Saṁhitā*, 42.1-6)

La *sādhana* difiere según los tipos de seguidores tántricos. Como establece el *Kulārṇava Tantra*, estos se dividen en *vaidikācāra*, *vaiṣṇavācāra*, *śaivācāra*, *dakṣiṇācāra*, *vāmācāra*, *siddhāntācāra* y *kaulācāra*.

La adoración a Viṣṇu, Sūrya, Gaṇeśa y Śiva son idénticas, pero la adoración a Śakti es diferente y se divide en dos tipos diametralmente opuestas: *vāmācāra* y *dakṣiṇācāra*.

Los *dakṣinācāras* siguen 'el sendero de la mano derecha' según la tradición *śrī-vidyā*. Su *sādhana* consiste principalmente en el estudio e interpretación de los textos sagrados, el celibato, la renuncia y el distanciamiento de lo fenoménico.

Los *vāmācāras* siguen 'el camino de la mano izquierda' —la vía de lo fenoménico— y utilizan en su *sādhana* elementos prohibidos por las vías ortodoxas, como, por ejemplo, sexo, vino y carne. La vía tántrica de la mano izquierda logra superar el pecado y trascender incluso la virtud. Para todo hindú, la mano izquierda es signo de actividades impuras y, por lo tanto, su nombre nos indica que es el arte de utilizar lo sucio para limpiarse, lo impuro para purificarse, lo bajo para elevarse. Su actitud es completamente contraria a la represión y apunta simultáneamente a la transformación. En suma, al tiempo que afirma la naturaleza, pretende trascenderla.

La ortodoxia brahmánica enfatiza la renuncia a la sociedad mundana. Al contrario de lo que muchos creen, la visión tántrica no entra en conflicto con el ascetismo. Muy al contrario, propone trascender todo apego a la mente y sus demandas esclavizadoras.

El tantra busca la libertad de todo y de todos, incluso de nosotros mismos como entidades mentales. Sin embargo, el tantra considera que la renuncia es un fenómeno que no sucede en la dimensión superficial del *sādhaka*, sino en lo más profundo. La auténtica renuncia tiene lugar en la raíz misma de nuestro ser y no en el mundo objetual.

Según la visión tántrica, la renuncia está relacionada con el renunciante y con los objetos a los que renuncia. La persona no necesita escapar del objeto, sino trascender su apego hacia este. Es decir, ocultar las galletas de vainilla no ayudará a trascender nuestro apego a ellas.

La interpretación tántrica de la renuncia y el ascetismo encuentra su mejor expresión en el sendero *Cinācāra*. Por ejemplo, el *Mahācīnācāra-krama Tantra* expone detalladamente el culto:

आनीयोच्चतमां भद्रामेकशः कुलनायिकां ।
सुन्दरींयौवनोन्मत्तां निर्लज्जां चारुहासिनीं ।
कृत्वा दिगम्बरीं तांच गन्धचन्दन कुंकुमैः ।
अनुलिप्तां मुक्तकेशीं ततस्ताद्योनिमण्डले ।
पीठपूजां विधायाय्य तन्मध्ये पूजयेच्छिवां ।
उपचारैः पूजयित्वा चार्घ्यं दत्वा ततः पुनः ।

जप्त्वालिङ्गे भैरवञ्च पूजयित्वा महेश्वरीम् ।
गन्धासवाक्षतैः पुष्पैर्होमं कुर्य्यादतः परं ।
पूजाकालं विनानैव पश्येच्छक्तिं दिगम्बरीम् ।
पूजाकालं विनानैव सुरापेये च साधकः ।
अथवा हीयते दृष्ट्वा पीत्वापि नरकं व्रजेत् ।

ānīyoccatamāṁ bhadrām
ekaśaḥ kula-nāyikāṁ
sundarīṁ yauvanonmattāṁ
nirlajjāṁ cāru-hāsinīṁ

kṛtvā dig-ambarīṁ tāṁ ca
gandha-candana-kuṁkumaiḥ
anuliptāṁ mukta-keśīṁ
tatas tād yoni-maṇḍale

pīṭha-pūjāṁ vidhāyāyya
tan madhye pūjayec chivāṁ
upacāraiḥ pūjayitvā
cārghyaṁ datvā tataḥ punaḥ
japtvā liṅge bhairavañ ca
pūjayitvā maheśvarīm

gandhāsavākṣataiḥ puṣpair
homaṁ kuryyād ataḥ paraṁ

pūjā-kālāṁ vinā naiva
paśyec chaktiṁ dig-ambarīm
pūjā-kālaṁ vinā naiva
sura-peye ca sādhakaḥ

athavā hīyate dṛṣṭvā
pītvāpi narakaṁ vrajet

Para llevar a cabo el ritual, debe conseguirse una mujer joven y hermosa, en la flor de la vida, que no sea tímida y tenga

> un semblante sonriente; debe desnudarse por completo y untarse el cuerpo con perfumes. A continuación, el *sādhaka* debe adorar a la Madre Divina en sus partes íntimas de la manera prescrita. El devoto debe entonces continuar con el *prāṇāyāma* y mantener la mente en calma, pensando que la Madre Divina está allí. Y nunca debe ver a una mujer desnuda ni beber vino excepto en el momento de la adoración; si lo hace, seguramente irá al infierno.
>
> (*Mahā-cīnācāra-krama Tantra*, 3,13-21)

El texto es muy enfático sobre este punto. Todo el proceso se realiza en la presencia del gurú, que guía a su discípulo. El adorador recibe la advertencia de que todas las deidades ocupan su lugar en el cuerpo de la mujer, y de ahí que el culto a la mujer sea considerado como el más elevado.

यतो हि योषितो देहे सर्वदेवस्य संस्थितिः ।
अतः पूजासु सर्वसु तासाम् प्राधान्यमुच्य ते ॥

yato hi yoṣito dehe
sarva-devasya saṁsthitiḥ
ataḥ pūjāsu sarvasu
tāsām prādhānyam ucyate

> En efecto, en el cuerpo femenino están situados todos los *devas*. Por lo tanto, se dice que adorarlo es el culto supremo.
>
> (*Mahā-cīnācāra-krama Tantra*, 3.5)

En este contexto, se mencionan los tres *pīṭhas*: *yonī-piṭha* (culto en el *yonī*), *mantra-pīṭha* (culto con la ayuda de mantras) y *manaḥ-pīṭha* (culto mental). El *yonī-pīṭha* es más elevado de todos. El texto recomienda que la mujer adorada sea una actriz, una *kāpālinī*, una prostituta, una lavandera, una peluquera, una mujer perteneciente a la casta brahmánica, una *śūdra* o una lechera. La dama, llamada *kulastrī*, debe conocer bien las enseñanzas tántricas, estar muy apegada a su maestro espiritual y ser versada en los diferentes mantras.

El texto recomienda que las mujeres a las que se adore sean:

नटी कापालिनी वेश्या रजकी नापिताङ्गना ।
ब्राह्मणी शूद्रकन्या च तथा गोपालकन्यका ॥

naṭī kāpālinī veśyā
rajakī nāpitāṅganā
brāhmaṇī śūdra-kanyā ca
tathā gopāla-kanyakā

Una actriz, una *kāpālinī*, una prostituta, una lavandera, una peluquera, una mujer de la casta *brāhmaṇa*, una *śudra* o una lechera.

(*Mahā-cīnācāra-krama Tantra*, 3.10)

विदग्धा सर्वजातीया मन्त्रयुक्ता च तत् परा ।
गुरुपादगता ग्राह्या मान्यथा वरवर्णिनी ॥

vidagdhā sarva-jātīyā
mantra-yuktā ca tat parā
guru-pāda-gatā grāhyā
mānyathā vara-varṇinī

(La dama, llamada *kula-strī*) debe conocer bien las enseñanzas tántricas y estar versada en una variedad de mantras, estar muy apegada a su maestro espiritual, ser muy respetada y ser la mejor entre las mujeres.

(*Mahā-cīnācāra-krama Tantra*, 3.18)

La *kula-strī* no es necesariamente la propia esposa, sino una dama elegida para actuar como el principio femenino dentro del ritual. Existe una gran variedad de prácticas ligadas a la *kula-strī* en las cuales su sangre menstrual es imprescindible. Si bien toda mujer representa a la divina *śakti*, la *kumārī* (doncella virgen) es preferible porque la Devī se complace más con la adoración a la virginidad.

Para que el culto no adopte direcciones erradas, tanto la mujer como el *sādhaka* deben ser discípulos avanzados. Se sugiere que después de adorar las partes íntimas de la dama, el *sādhaka* adore su propio miembro sexual.

अनुलिप्तां मुक्तकेशीं ततस्तद्योनिमण्डले ।
पीठपूजां विधायाथ तन्मध्ये पूजयेच्छिवाम् ॥
उपचारैः पूजयित्वा चार्घ्यं दत्वा ततः पुनः ।
जप्त्वा लिङ्गे भैरवञ्च पुजयित्वा महेश्वरीम् ॥

anuliptāṁ mukta-keśīṁ
tatas tad yoni-maṇḍale
pīṭha-pūjāṁ vidhāyātha
tan madhye pūjayec chivām

upacāraiḥ pūjayitvā
cārghyaṁ datvā tataḥ punaḥ
japtvā liṅge bhairavañ ca
pujayitvā maheśvarīm

A continuación, allí, en medio del *yoni-maṇḍala*, debe adorarse a los miembros ungidos de Maheśvarī, Mukta-keśī, Śivā (la Madre Divina). Después de ser adorada con la ceremonia, y de que se le vuelva a ofrecer agua, y tras ofrecer oraciones murmurando, se debe adorar a Bhairava en el *liṅga*.

(*Mahā-cīnācāra-krama Tantra*, 3.15-16)

Además, escrituras como el *Kāmākhyā Tantra* afirman que es preferible practicar el *pañca-ma-kāra* con la esposa de otro hombre o con una prostituta porque es difícil ver a nuestra propia pareja como una madre.

Obras como el *Kāmākhyā Tantra* llevan las prácticas tántricas hasta tal extremo, que para un ser humano ordinario son casi imposibles de ejecutar. Por ejemplo, establece que el *sādhaka* debe besar a la dama, situar sus uñas sobre sus nalgas y finalmente penetrarla, pero sin eyacular. Mientras la abraza, debe ser capaz de susurrar ocho mil veces su mantra. Para quienes no sean capaces de ejecutar con éxito este culto, se recomienda fijar la mirada en la parte íntima de la dama mientras su atención descansa en la Madre Divina del Universo. Esto debe ser repetido durante siete noches consecutivas. El disfrute tántrico implica la auténtica renuncia, tal como lo señala el *Mahā-cīnācāra-krama*:

योगी चेन्नैव भोगी स्याद्भोगी चेन्न तु योगवान् ।
योगभोगात्मकं कौलं तस्मात्सर्वाधिकं त्विदम् ॥

yogī cen na iva bhogī syād
bhogī cen na tu yogavān
yoga-bhogātmakaṁ kaulaṁ
tasmāt sarvādhikaṁ tvidam

Aquel que es un yogui no puede ser un *bhogī* y quien es un *bhogī*, no puede ser un yogui; pero cualquiera que sea un *kaula* es un *yoga-bhogātmaka* (la unión de yoga y *bhoga*) y, por lo tanto, debe ser considerado supremo.

(*Mahā-cīnācāra-krama Tantra*, 4.42)

(Este verso también aparece, con pequeñas diferencias, en el *Kulārṇava Tantra*, 2.23)

Asimismo, el *Kumārī Tantra* declara que todo adorador que lleve a cabo esta *sādhana* solo con el propósito de disfrutar de placer sensual, caerá en el infierno. El *Kulārṇava Tantra* establece que, si solo bebiendo vino uno pudiese alcanzar la iluminación, entonces los borrachos serían santos iluminados. Si simplemente comiendo carne uno pudiese alcanzar la dicha, entonces todo carnívoro lograría el objetivo supremo.

मद्यपानेन मनुजो यदि सिद्धिं लभेत वै ।
मद्यापानरताः सर्वे सिद्धिं गच्छन्तु पामराः ॥

madya-pānena manujo
yadi siddhiṁ labheta vai
madyā-pāna-ratāḥ sarve
siddhiṁ gacchantu pāmarāḥ

Si simplemente bebiendo vino los hombres alcanzaran la plenitud, todos los borrachos malvados disfrutarían de la perfección.

मांसभक्षणमात्रेण यदि पुण्या गतिर्भवेत् ।
लोके मांसाशिनः सर्वे पुण्यभाजो भवन्ति हि ॥

māṁsa-bhakṣaṇa-mātreṇa
yadi puṇyā gatir bhavet
loke māṁsāśinaḥ sarve
puṇya-bhājo bhavanti hi

Si el simple hecho de comer carne condujese a un estado superior, todos los carnívoros del mundo serían merecedores de un mérito inmenso.

शक्तिसम्भोगमात्रेण यदि मोक्षो भवेत वै ।
सर्वेऽपि जन्तवो लोके मुक्ताः स्युः स्त्रीनिषेवनात् ॥

śakti-sambhoga-mātreṇa
yadi mokṣo bhaveta vai
sarve 'pi jantavo loke
muktāḥ syuḥ strī-niṣevanāt

Si la liberación estuviera asegurada simplemente viviendo con una mujer, todas las criaturas se liberarían a través de la compañía femenina.

(*Kulārṇava Tantra*, 2.117-119)

Debido a que esta obra se halla sumamente acreditada sobre la *pañca-ma-kāra*, sus afirmaciones revelan la naturaleza de esta *sādhana*.

Capítulo 4

Los tipos de *sādhana* tántrica

La *sādhana* según las *guṇas*

La *sādhana* también puede ser clasificada como el tantra negro, rojo y blanco, correspondientes a las tres *guṇas*. Ya hemos explicado que el sendero tántrico se extiende desde el nivel principiante de *paśu* pasando por *vīra*, hasta lograr *divya*. Estos corresponden a las *guṇas*: *tamas*, *rajas* y *sattva*.

El tantra negro es tamásico, relacionado con la modalidad de la ignorancia, y su práctica se denomina *paśu*, o *paśvācāra*.

El tantra rojo es rajásico y está relacionado con la pasión. Se desarrolló en el norte de India, especialmente en Cachemira, y sigue la *sādhana* del *vīra*, o *vīrācāra*.

El tantra blanco es sátvico, y su *sādhana* incluye meditaciones grupales donde se equilibran los aspectos femenino y masculino. La *sādhana* del *divya*, o *divyācāra*, es la más elevada y abstracta.

El tipo de adoración varía de acuerdo con la competencia, la personalidad y el temperamento del *sādhaka*. Metodologías que resultan apropiadas para determinadas personas pueden ser irrelevantes y hasta dañinas para otras.

La gran mayoría de los seres humanos son *paśus* y albergan una actitud mundana y terrenal. Este grupo se siente atraído por lo externo y superficial más que por la búsqueda interior. Esto no es una crítica hacia ellos, sino que es un hecho que en esos seres la naturaleza de *tamas* prevalece y, por lo tanto, no son aptos para las prácticas más elevadas. Por lo general, las demandas de este nivel no trascienden la adoración en el templo, las ofrendas y las oraciones.

El *vīra* es un *sādhaka* tántrico avanzado que ha trascendido los apegos mundanos. Aunque no está completamente iluminado, ha efectuado grandes progresos hacia el nivel sátvico. El *vīra* es heroico porque no teme enfrentarse cara a cara con *tamas*. *Tamas* ataca nuestros apegos, exigencias egoístas y tentaciones que indefectiblemente nos hacen descender al nivel de *paśu*.

El *divya* es el *sādhaka* más elevado. Este aspirante es sabio y trasciende por completo los apegos egoístas mundanos. Se encuentra firmemente establecido en *sattva-guṇa*.

Por supuesto, dentro de estas tres divisiones principales existe una gran variedad de subdivisiones, por ejemplo, un *paśu* sumamente desarrollado o un *vīra* principiante.

De acuerdo con las escrituras tántricas, la práctica literal del *pañca-ma-kāra* dentro del *vāmācara* está reservada solo para los *vīras*. Los *paśus* no han logrado aún el nivel requerido para participar en dicho ritual, y un *divya* no lo precisa por haber trascendido completamente dicho nivel.

En la medida en que el *sādhaka* crece y se eleva, su visión del mundo va experimentando una transformación radical que le permitirá percibir los planos más sutiles. Esta vía de expansión de la consciencia nos conduce desde lo burdo hasta lo sublime.

La *pañca-ma-kāra* según niveles

परिसृतं झषमद्यं पलं च भक्तानि योनिः सुपरिष्कृतानि ।
निवेदयन्देवतायै महत्यै स्वात्मीकृत्य सुकृति सिद्धिमेति ॥

parisṛtaṁ jhaṣa-madyaṁ palaṁ ca
bhaktāni yoniḥ supariṣkṛtāni
nivedayan devatāyai mahatyai
svātmī-kṛtya sukṛti siddhim eti

El ofrecimiento ritual de vino, carne, pescado, granos cocidos y útero debe ser realizado adecuadamente y consumido en el orden estipulado. Ofreciendo alimento a la gran diosa, el practicante experto debe consumirlo y alcanzar la consumación (del sacrificio).

(*Tri-purā Upaniṣad*, 12)

Pañca-tattva, o *pañca-ma-kāra*, es una de las prácticas más controvertidas. Escrituras como el *Kulārṇava Tantra*, el *Mahā-nirvāṇa Tantra* y el *Rudra Yāmala* detalla la preparación necesaria para alcanzar el nivel *kaula*. Dichas escrituras declaran de manera enfática que no hay nada más elevado que la práctica *kaula*. Sin embargo, antes de referirse a ritos como *pañca-ma-kāra*, mencionan un proceso preparatorio de *āsanas*, *prāṇāyāma*, *mudrās*, *bandhas*, y repetición de determinados mantras. Estas escrituras recomiendan mantener estas prácticas en el más estricto secreto, declarando que el sendero *kaula* es muy complicado e impenetrable incluso para los grandes yoguis.

कृपाणधारागमनात्व्याघ्रकण्ठावलम्बनात् ।
भुजङ्ग धारणान्नूनमशक्यं कुलवर्तनम् ॥

kṛpāṇa-dhārā-gamanāt
vyāghra-kaṇṭhāvalambanāt
bhujaṅga dhāraṇān nūnam
aśakyaṁ kula-vartanam

Uno puede caminar sobre el filo de una espada, sujetar a un tigre del cuello, incluso poner una serpiente sobre su cuerpo, pero seguir el camino del *kula* con rigor es considerablemente más difícil.

(*Kulārṇava Tantra*, 2.122)

En este ritual se utilizan cinco elementos: *madya* (vino), *māṁsa* (carne), *matsya* (pescado), *mudrā* (germen de trigo) y *maithuna* (copulación), que se denominan *ma-kāras* porque todos ellos comienzan con la letra 'eme'. Cada uno de estos elementos recibe una interpretación distinta según el nivel evolutivo de los practicantes y la modalidad predominante en ellos. Asimismo, solo los seguidores de la mano izquierda lo practican literalmente, mientras que los de la derecha lo hacen de manera simbólica.

Las escrituras tántricas clasifican la práctica *vāmācāra* de la siguiente manera:

Para los *paśus,* es una práctica simbólica:

- En lugar de vino, consumen leche de coco o miel.
- En lugar de carne, consumen sal, jengibre, ajo o frijoles.
- En lugar de pescado, consumen berenjena o rábano rojo.
- En lugar de *mudrā*, se consumen granos secos.
- En lugar del contacto sexual, se ofrecen flores a la Devī. También pueden mantener relaciones sexuales con su propio cónyuge, aunque no públicamente.

Para los *vīras,* es una práctica literal:

- El vino puede ser de uvas, de melaza o de arroz.
- La carne no puede ser de un animal hembra, porque todo ser viviente hembra se considera una manifestación de Śakti.
- Los peces solo son de cierta clase. No todas las clases pueden ser consumidas en el ritual. Aquellos con menos espinas son preferibles.
- Los granos secos son generalmente arroz o cebada frita en mantequilla clarificada.
- Se permite el sexo con una mujer que haya realizado los ritos de purificación adecuados o que haya sido consagrada conscientemente para ese rito. Está terminantemente prohibido copular con la propia madre o una hermana, lo cual se considera una gran falta y una caída espiritual.

Para los *divyas,* es una práctica simbólica:

- El vino corresponde a la sabiduría adquirida de Para-brahman.
- La carne se relaciona con la entrega del *sādhaka* a Dios.
- El pescado corresponde a la compasión y el nivel de consciencia por el cual percibe el dolor y sufrimiento ajeno como propio.
- Los granos secos se relacionan con la renuncia a toda asociación física, mental o emocional con lo negativo, lo cual conduce a la esclavitud.

- El acto sexual corresponde a la unión de Śiva y Śakti en el séptimo chakra.

Según el *Kulārṇava Tantra* y el *Viśva-sara Tantra*, los significados esotéricos del *pañca-ma-kāra* en la etapa *divya* son los siguientes:

- *Madya* simboliza la embriaguez producida por las gotas del néctar divino procedente de los pétalos del *sahasrāra-cakra* del *tantra-yogī*.
- *Māṁsa* representa la entrega del cuerpo y de las acciones a *māṁ*, es decir, Dios. Está muy relacionado con el control del habla.
- *Matsya* se corresponde con la expansión del sentido del yo y la ampliación del sentido de posesión. También se refiere al dominio del *iḍā* y *piṅgalā nāḍīs* mediante la práctica del *prāṇāyāma*.
- *Mudrā* es un gesto de abandono de toda adicción y esclavitud al placer sensual.
- *Maithuna* implica la unión de las dos polaridades. La potencia creadora femenina, que reside en el centro energético más inferior (*mūlādhāra-cakra*), se despierta y asciende hasta fusionarse con el aspecto masculino de la consciencia cósmica o Śiva, el cual reside en el centro energético más elevado (*sahasrāra-cakra*), ubicado en la coronilla. *Maithuna* está íntimamente relacionado con el despertar y la elevación de la *kuṇḍalinī-śakti*.

En el sendero *dakṣiṇācāra*, los *pañca-tattva* son símbolos muy importantes para la *sādhana*:

- *Madhya* se refiere al néctar divino que gotea desde la glándula pituitaria, o hipófisis, hasta la punta de la lengua al tocar el paladar en la práctica denominada *khecarī-mudrā*. El vino se consume como símbolo de la esencia del néctar derivada del equilibrio de Śiva y Śakti en el centro de energía de la coronilla, llamado *sahasrāra-cakra*.

- *Māṁsa* simboliza tragar la lengua en la práctica de *khecarī-mudrā*.
- *Matsya* es la activación de los *nāḍīs iḍā* y *piṅgalā* a lo largo de la columna vertebral. Este simbolismo se debe a que sus formas se entrelazan como dos peces.
- *Mudrā* se refiere a los distintos gestos que asumen el cuerpo y las manos al despertar y elevar la *kuṇḍalinī-śakti* fluyendo a lo largo del *suṣumṇā-nāḍī*. El término *mudrā* significa 'sello', 'gesto' o 'actitud'. Estos pueden ser descritos como gestos o actitudes emocionales, devocionales o psíquicas. Un *mudrā* implica la participación corporal consciente dentro del ritual. Se trata de un gesto preciso que posee un significado simbólico muy profundo. No solo representa una actitud, sino que es efectivo por sí mismo.
- *Maithuna* es el símbolo de la unión de Śiva y Śakti. Al acto sexual en sí va precedido por una larga serie de rituales. El *Jñānārṇāva Tantra* (22.68) sostiene:

तयोर्योगो महेशानि योग एव न संशयः ।

tayor yogo maheśāni
yoga eva na saṁśayaḥ

El yoga auténtico es la unión del hombre y la mujer.
(*Jñānārṇāva Tantra*, 22.68a)

Este constituye la etapa final del *pañca-ma-kāra*. Esta escritura explica cómo la diosa disfruta la unión con su consorte en el *sahasrāra-cakra* después de haber traspasado todos y cada uno de los chakras. De acuerdo con el *Kulārṇava Tantra*:

आनन्दं ब्रह्मणो रूपं तच्च देहे व्यवस्थितम् ।

ānandaṁ brahmaṇo rūpaṁ
tac ca dehe vyavasthitam

El disfrute ofrece un atisbo de dicha trascendental, que se dice que es la manera en que el absoluto se expresa en el cuerpo humano.

(*Kulārṇava Tantra,* 5.80a)

El *Devī-rahasya* lo expresa diciendo:

आनन्दरसपूजायां तुष्यते परमेश्वरी ।

ānanda-rasa-pūjāyāṁ
tuṣyate parameśvarī

La diosa suprema se satisface a través de la adoración al sabor de la dicha.

(*Devī-rahasya*, 58.11a)

Tipos de *sādhana* tántrica en la tradición *śrī-vidyā*

Las prácticas tántricas se clasifican en cinco grupos: *samayācāra*, *dakṣiṇācāra*, *vāmācāra*, *miśra* y *kaulācāra*.

Sādhana samayācāra

Se trata de una práctica mental que refleja la independencia de la Śakti. Es una adoración interna en la cual se lleva a cabo el *homa*, o 'ritual de fuego', incluso prescindiendo de elementos y artículos físicos. Se efectúa la *pūjā* a través de la visualización. Se basa solo en prácticas yóguicas, sin la limitación de los rituales externos. *Samayācāra* comprende la intención de elevar la *kuṇḍalinī* gracias a la meditación hasta alcanzar la unión en el *sahasrāra-cakra*. *Samayācāra* incluye la práctica de *śrī-vidyā.*

Sādhana dakṣiṇācāra

Este tipo de *sādhana* se focaliza en la representación física de la Divina Madre. En esta práctica, se adora a *śrī-cakra* y consiste en la adoración externa (*bāhya-pūjā*) de un *vigraha*, o 'forma física': una deidad o un *yantra*. Incluye también la *suvāsinī-pūjā*, que es una *pūjā* realizada a los pies de una mujer que representa a la Divina Madre. Los principios filosóficos del *dakṣiṇācāra* se encuentran en los textos *Sanat-kumāra Saṁhitā*, *Parāśara Saṁhitā*, *Nārada Pāñca-rātra* y otros *āgamas*. Este sistema prohíbe la práctica del *pañca-ma-kāra*, evita la adoración externa e incluye la adoración interior, la cual purifica y fortalece el mundo interno del aspirante.

Dentro del tantrismo *śākta*, diez son las principales prácticas conocidas como *mahā-vidyās*. El aspirante se relaciona con la *śakti* de diez maneras diferentes comenzando por Kālī, luego con otros aspectos como Tārā, y culminando con Kamala.

Sādhana vāmācara

Las dos primeras tradiciones se basan en aspectos protectores y benéficos de Dios. Por el contrario, la *sādhana vāmācāra* adora los aspectos más fieros de la divinidad. El practicante se orienta hacia la disolución de todo aspecto. La *laya-pradhāna*, o 'disolución', es el punto central en estas prácticas. La disolución es un medio para renacer. Aquí se llevan a cabo rituales en crematorios, en los que se practica la completa renuncia y el desapego. Incluye prácticas como el *śava-sādhana*, o 'meditación sobre un cadáver'. El *vāmācāra* ayuda a trascender los miedos y elevar la *kuṇḍalinī* hasta alcanzar los chakras superiores, pero puede ser peligroso en ausencia de la guía apropiada de un auténtico maestro. Dentro del *vāmācāra*, uno no se relaciona con los aspectos amistosos y tiernos de Dios, sino con los devastadores y destructivos.

Sādhana miśra

El significado del término *miśra* es 'mixto' o 'mezclado', constituyendo una síntesis de las tradiciones *vāmācāra* y *dakṣiṇācāra*. Propone a sus seguidores que gratifiquen los sentidos para luego renunciar completamente a toda búsqueda de disfrute sensual. Esta actitud refleja la corriente Śiva-śakti o femenino-masculino.

La práctica *miśra* incluye una mezcla de rituales internos y externos. La práctica se concentra en el *anāhata-cakra*, o 'chakra del corazón'. Cultiva la devoción a la divina feminidad, la Madre del Universo. Esta *sādhana* se encuadra en el *antar-yāga*, 'sacrificio interno', ya que internaliza la atención. Gran parte de la adoración es mental, o *mānasa-pūjā*. La *kuṇḍalinī* se eleva hasta el *anāhata-cakra* y se cultiva una relación devocional con la Devī.

Miśra no se limita al deseo sexual, sino que considera que el deseo es la causa original que impulsa toda motivación hacia los placeres y el disfrute mundano. Su *sādhana* combina *bhoga*, o 'disfrute', y *tyāga*, o 'renuncia'.

Sādhana kaulācāra

Esta *sādhana* se enfoca en prácticas físicas y mentales. A diferencia del *samayācāra* y el *dakṣiṇācāra*, que no presentan mayor problemática desde el punto de vista religioso, el *kaulācāra* es muy criticado. Sus prácticas son controvertidas porque se centran en el cuerpo humano como si se tratase de un microcosmos del universo entero. Estas prácticas provocan problemas sociales y suscitan escándalos entre gurús y expracticantes que con frecuencia aparecen en la prensa en Occidente. Sin embargo, es una tradición muy antigua que ha estado presente en el seno del hinduismo y el budismo desde tiempos ancestrales.

El tantra no se centra en el alcohol, el sexo o la satisfacción de los sentidos, sino que utiliza el ritual que involucra al cuerpo para experimentar la unión original de la polaridad superficial, utilizando el cuerpo como microcosmos para experimentar las realidades cósmicas. El *kaulācāra* incluye rituales como el *pañca-ma-kāra* y la *pūjā-yonī*. Sin embargo, solo un exclusivo grupo de *sādhakas* es capaz de ejecutar dichos rituales en determinadas circunstancias.

Todas las religiones cuentan con rituales corporales, o *nyāsas*, como las reverencias en las oraciones judías y musulmanas, y la señal de la cruz en el catolicismo. Estos son movimientos físicos que reflejan verdades cósmicas. En el *kaulācāra*, la deidad de la Madre es sustituida por una mujer, y la unión de Śiva y Śakti por una pareja.

En rituales como la acción de bañar a una mujer o a un hombre se encierran relaciones trascendentales con la deidad, ya sea esta femenina o masculina. En dichas prácticas *kaulācāra*, se anula por completo el concepto de un «yo» personal para percibir en la otra persona una manifestación de la divinidad. Uno mismo asume el papel de la divinidad en estas prácticas tántricas. Grandes maestros iluminados del hinduismo han guiado en esta clase de *sādhana*.

El *kaulācāra* se divide en dos tipos: el *pūrva-kaula* y *uttara-kula*. La *sādhana* del *pūrva-kaula* incluye los cinco *ma-kāras*, pero solo para aspirantes espiritualmente elevados. Prácticas como esta quedan estrictamente limitadas para las personas que corren el peligro de caer en la ilusión. Por ese motivo, los principiantes quedan excluidos de ellas. Por su parte, el *uttara-kula* es netamente interior y prescinde del culto externo. El principio fundamental que rige esta tradición es *viṣam viṣasya auṣadham* o 'la medicina del veneno es veneno'. La idea es que, si la dosis es correcta, el veneno puede actuar como un antídoto contra el envenenamiento. Con esto se expresa el convencimiento de que la cosa en sí no es buena ni mala, sino que es nuestra actitud la que la transforma en negativa o positiva. Como el veneno, incluso nuestros deseos y pasiones constituyen una energía que puede ser utilizada en pos de la iluminación.

El aspirante es considerado héroe o *vīra* porque practica la *sādhana-śmaśāna* o 'práctica de la cremación', que simboliza la cremación de los cadáveres de nuestros deseos. Aunque el aspirante ya haya eliminado sus *vāsanās*, su cadáver debe ser simbólicamente incinerado porque de lo contrario puede resucitar. Aunque hay una gran cantidad de literatura acerca de las prácticas *kaula* es mucho mayor lo que aún no se ha escrito acerca del tema.

Si bien la Verdad es para todos y todos tienen derecho a ella, no todos están preparados igualmente para recibirla. Incluso en India, el *kaulācāra* siempre ha sido un sendero esotérico accesible solamente a los aspirantes serios que están suficientemente preparados y reúnen las condiciones requeridas para ser iniciados.

En muchos de los textos más importantes, encontramos claras advertencias de que las sagradas prácticas tántricas no deben ser reveladas a quienes no han sido iniciados, para evitar que estas enseñanzas sean utilizadas inadecuadamente o malinterpretadas por los ignorantes.

Al aproximarnos a esta sabiduría, comprendemos con mayor claridad el espíritu de las palabras del Señor Kṛṣṇa en el *Bhagavad-gītā*:

> इदं ते नातपस्काय नाभक्ताय कदाचन ।
> न चाशुश्रूषवे वाच्यं न च मां योऽभ्यसूयति ॥

idaṁ te nātapaskāya
nābhaktāya kadācana
na cāśuśrūṣave vācyaṁ
na ca māṁ yo 'bhyasūyati

> Esta sabiduría nunca debes explicarla a quienes no son austeros o devotos, ni a quien no desea escuchar, ni a quien es envidioso de mí.
>
> (*Bhagavad-gītā*, 18.67)

En nuestros días, es sumamente difícil encontrar a un auténtico maestro tántrico cuyas enseñanzas sean fidedignas y que esté dispuesto a impartir esta sagrada sabiduría. Mucho de lo que se ofrece actualmente bajo el nombre del tantra se deriva de la falta de comprensión sobre el tema. Quien guíe a otros por este sendero deberá contar necesariamente con muchos años de experiencia y con un elevado nivel de realización directa y personal, ya que no se trata de un mero conocimiento teórico e intelectual. Dado que esta vía de realización no tiene que ver con el sexo, sino que es parte integral de la religión, toda autoridad en este campo ha de ser religiosa y espiritual. En palabras de S.S. Swami Śivānanda Sarasvatī:

> El tantra es, en algunos de sus aspectos, una doctrina secreta (*gupta-vidyā*). No puede aprenderse a partir del estudio de libros. Uno deberá obtener el conocimiento y la práctica de los *tāntrikas* prácticos, los *ācāryas* tántricos y los gurús que poseen la clave para ello. El estudiante tántrico debe estar dotado de pureza, fe, devoción, dedicación al gurú, desapasionamiento,

humildad, coraje, amor cósmico, veracidad, falta de codicia y satisfacción. La ausencia de estas cualidades en el practicante supone un gran abuso del shaktismo.

Capítulo 5

El ritualismo tántrico

El ritual es una serie de acciones, gestos o palabras que se atienen a un orden establecido y entrañan un valor simbólico. Son expresiones físicas de intenciones conscientes, aunque a los ojos de los extraños, pueden parecer irracionales o ilógicas. La tradición tántrica abunda en rituales diversos y complejos. Los rasgos esenciales del ritual tántrico son las imágenes, la participación corporal y el uso de mantras. Es decir que el ritual compromete a la totalidad del ser humano. Debido a que el tantra considera que el universo es la manifestación del aspecto dinámico del absoluto, sus rituales intentan aprovechar este aspecto; en otras palabras, los rituales son acciones humanas que intentan influir en el poder divino. Por ejemplo, mediante los ritos sexuales, los *kāpālikas* aspiraban a recibir la gnosis de las *yoginīs*.

A diferencia del ritual védico, el tántrico no se limita a acciones y mantras, sino que incluye visualizaciones, utilizándo la imaginación para alcanzar una precisa transformación interior. Para el complejo mecanismo de la mente, la realidad percibida es tan real como la realidad visualizada. La mente reacciona basándose en la percepción sensorial, pero también en la imaginación.

Las escrituras *dhyāna-ślokas*, o 'estrofas de meditación visual', describen a las deidades en detalle para que puedan ser visualizadas. Durante los ritos, el *pūjārī* debe visualizar, incluso en su propio cuerpo, a las deidades invocadas. El ritual tántrico trasciende los límites de la ceremonia y se convierte en auténtica vivencia.

El culto tántrico posee dos aspectos: externo (*bāhya-varivasyā*) e interno (*āntara-varivasyā*). La adoración externa se concentra en el icono, los *mudrās*, las ofrendas y los servicios de adoración a la divinidad. Por su parte, la adoración interna, o mental, está relacionada con la deidad y el cuerpo. Para instalar la deidad en el *yantra* primeramente se medita en el aspecto elegido de la Divina Madre del universo. A continuación, se procede a invocar a la deidad en cuestión. Posteriormente, se transmite la presencia divina de la diosa elegida al *yantra* y se la invoca con su mantra. La energía vital de la diosa es infundida mediante la ceremonia *prāṇa-pratiṣṭhā*.

La *pūjā* o 'ritual devocional'

En la *pūjā*, o 'ritual devocional', se ofrece respeto y devoción a Dios mediante la adoración a una o varias deidades. La *pūjā* tántrica, donde adorador y adorado son uno y el mismo, consta de dos aspectos, uno interno y otro externo. Internamente, el cuerpo se diviniza a través de la visualización. Primero se purifica el cuerpo del adorador y luego el devoto se deifica para llevar a cabo el ritual. Esta transformación es un requisito para adorar a lo divino. Este ritual externo es seguido por el ritual interno acompañado de visualizaciones poderosas.

Los rituales relacionados con las deidades terribles, como Bhairava, son especialmente peculiares. Su icono es un cráneo humano; sus ofrendas incluyen elementos transgresores, como alcohol, carne humana, sexo, y en ciertas ocasiones hasta desechos humanos. A mayor transgresión, más poderosa será la energía que activará el ritual.

El *dīkṣā* o 'iniciación'

विना दीक्षां न मोक्षः स्यात्तदुक्तं शिवशासने ।
सा च न स्याद्विनाचार्यमित्याचार्य परम्परा ॥

vinā dīkṣāṁ na mokṣaḥ syāt
tad uktaṁ śiva-śāsane
sā ca na syād vinācāryam
ity ācārya paramparā

> El Señor Śiva ha establecido que no puede haber liberación sin *dīkṣā* y que esta iniciación no puede tener lugar en ausencia de un *ācārya* (maestro) genuino.
>
> (*Kulārṇava Tantra*, 14.3)

Dīkṣā es un término sánscrito que se compone de *dī* (brillar) y *kṣa* (destrucción), y generalmente se traduce como 'iniciación'.

ज्ञानं दिव्यं यतो दद्यात्कुर्य्यात्पापस्य संक्षयः ।
तस्माद्दीक्षेति संप्रोक्ता देशिकैस्तन्त्रवेदिभिः ॥

jñānaṁ divyaṁ yato dadyāt
kuryyāt pāpasya saṁkṣayaḥ
tasmād dīkṣeti saṁproktā
deśikais tantra-vedibhiḥ

> Dado que arroja luz sobre la sabiduría y destruye los pecados, los maestros tántricos eruditos lo llaman *dīkṣā*.
>
> (*Sāradā-tilaka Tantra*, 4.2)

Existe una gran variedad de iniciaciones tántricas, que simbolizan el compromiso mutuo entre maestro y discípulo. El maestro acepta formalmente al discípulo, mientras que el discípulo acepta al maestro. El ritual celebra dicha relación y el despertar del iniciado. Más que una ceremonia, este consiste en un cambio que se produce a nivel de la consciencia.

El ímpetu por ser iniciado no se origina en el gurú, sino en el *sādhaka*. La iniciación implica un profundo cambio en el buscador espiritual; no solo transforma, sino que perfecciona. La iniciación espiritualiza la ontología misma del practicante.

El anhelo del aspirante por aceptar a un gurú es el reflejo de su aspiración a convertirse en discípulo. El énfasis recae en la cualidad del discípulo y no en la del gurú. Cuando la gracia de dicho deseo nace en el corazón del aspirante, este debe buscar un maestro espiritual que lo inspire y eleve.

En primer lugar, es importante que el aspirante estudie las sagradas escrituras para conocer los requisitos y las cualidades del verdadero gurú. Las escrituras explican la naturaleza del gurú fidedigno, el carácter del verdadero discípulo y el tipo de relación establecida entre ambos. Conocer esto evitará muchos malentendidos que pueden surgir cuando se ignora la delicada naturaleza de esta relación. El requisito básico es que el gurú debe pertenecer a una línea de sucesión discipular, o *paramparā*. En relación con este tema el *Kulārṇava Tantra* afirma lo siguiente:

देवास्तं एव शंसन्ति पारम्पर्यप्रवर्त्तकम् ।
गुरुं मन्त्रागमाभिज्ञं समयाचारपालकम् ॥

devās taṁ eva śaṁsanti
pāramparya-pravarttakam
guruṁ mantrāgamābhijñaṁ
samayācāra-pālakam

Los *devatās* brindan protección solo a los gurús que protegen la tradición, que conocen los mantras y los *āgamas*, y siguen el *samayācāra*.

(*Kulārṇava Tantra*, 14.5)

तस्मात्सर्वप्रयत्नेन साक्षात्परशिवोदितम् ।
सम्प्रदायमविच्छिन्नं सदा कुर्यात्गुरुः प्रिये ॥

tasmāt sarva-prayatnena
sākṣāt para-śivoditam
sampradāyam aviccinnaṁ
sadā kuryāt guruḥ priye

¡Por lo tanto, oh, mi amado! Uno debe esforzarse por encontrar a un gurú de la tradición ininterrumpida que se origina en Para-śiva mismo.

(*Kulārṇava Tantra*, 14.8)

El maestro debe haber recorrido él mismo en el sendero del discipulado y cumplir con los requisitos que se explican en las escrituras reveladas. Es un asunto que requiere mucha seriedad, porque es un compromiso eterno. El aspirante solicita la iniciación del maestro con gran respeto y humildad. El *Mahā-nirvāṇa Tantra* indica cómo debe ser formulada dicha petición:

करुणामय दीनेश तवाहं शरणागतः ।
त्वत्पदाम्भोरुहच्छायां देहि मूर्ध्नि यशोधन ॥

karuṇā-maya dīneśa
tavāhaṁ śaraṇāgataḥ
tvat padāmbho-ruhac chāyāṁ
dehi mūrdhni yaśodhana

¡Oh, misericordioso! ¡Señor de los angustiados! He venido a ti por protección: arroja sobre mi cabeza las sombras de tus pies de loto, oh, tú, cuya riqueza es la fama.

(*Mahā-nirvāṇa Tantra*, 3.130)

इति प्रार्थ्य गुरुं पश्चात्पूजयित्वा स्वशक्तितः ।
कृताञ्जलिपुटो भूत्वा तूष्णीं तिष्ठेद्गुरोः पुरः ॥

iti prārthya guruṁ paścāt
pūjayitvā sva-śaktitaḥ
kṛtāñjalipuṭo bhūtvā
tūṣṇīṁ tiṣṭhed guroḥ puraḥ

Habiendo orado y adorado al gurú con todo su poder, el discípulo ha de permanecer ante el gurú con las manos unidas en silencio.

(*Mahā-nirvāṇa Tantra*, 3.131)

La iniciación es el paso más importante en la vida del *sādhaka*. El maestro evaluará la determinación y seriedad del aspirante antes de decidir si lo acepta. Examinar su carácter puede llevarle meses o incluso años. Aceptar a un discípulo constituye una gran responsabilidad. El aspirante puede ser rechazado en repetidas ocasiones antes de ser aceptado. El maestro examina la perseverancia y seriedad del *sādhaka*. El aspirante deberá estar dispuesto a seguir el entrenamiento y aceptar incluso la frialdad del maestro, sin consideraciones de ningún tipo.

Es necesario entender que el maestro interfiere con nuestras ilusiones y fantasías. En lugar de constituir una conveniencia para el ego, el gurú es una molestia y un obstáculo. Al igual que un reloj despertador, el maestro puede ser muy desagradable para quien no está decidido a abandonar sus sueños. Si no comprendemos claramente eso, podemos desilusionarnos. Porque la intención del maestro no es satisfacer nuestras expectativas, sino eliminarlas. Solo un charlatán satisface las expectativas de sus seguidores.

Si bien el ritual de iniciación varía de una secta a otra, su significado no cambia. El *dīkṣā* es simultáneamente una muerte y un nacimiento. La idea central es un renacer en el que el ser antiguo muere para dar nacimiento a un ser nuevo.

Después de la iniciación, el discípulo continúa con los rituales cotidianos dedicados a su maestro espiritual y su deidad favorita.

Otros rituales

El ritual tántrico no se limita a la *pūjā* y el *dīkṣā*, aunque sean los más importantes. Una extensa variedad de ritos tántricos impregna el hinduismo. Por ejemplo, los ritos *naimittika* (ocasionales) suceden en fechas específicas. En días denominados *parvan* (cambios de la luna) se celebran las reuniones con las *yoginīs*, en las que parejas de discípulos se reúnen con su gurú y, en ocasiones, llevan a cabo rituales sexuales.

Entre muchos otros ritos, existen los funerarios, expiatorios, por la prosperidad del monarca y el reino, y demás. Por último, también hay ritos mágicos que recurren a los poderes místicos.

Los rituales tántricos incluyen los siguientes 16 *upacāras*:

1. *Āsana*: Ofrenda de asiento a la deidad.
2. *Svāgata*: Bienvenida a la deidad.
3. *Padya*: Agua para lavar los pies.
4. *Arghya*: Agua para ablución.
5. *Ācamana*: Agua para absorber.
6. *Madhu-parka*: Una mezcla de miel, ghee, leche y cuajada.
7. *Snāna*: Baño.
8. *Vastra*: Tela.
9. *Ābharaṇa*: Joyas.
10. *Gandha*: Perfume.
11. *Puṣpa*: Flores.
12. *Dhūpa*: Incienso.
13. *Dīpa*: Luz.
14. *Naivedya* y *tāmbūla*: Comida y hojas de betel.
15. *Nīrājana* o *āratī*: Ondear luces frente a la deidad.
16. *Vandanā*: Reverencias y oraciones.

La adoración al *liṅga* y el *yonī*

El *liṅga* y el *yonī* son los símbolos más característicos y venerados del tantra. La descripción original del *liṅga* la encontramos en el *Śiva Purāṇa*, en la primera sección, el *Vidyeśvara Saṁhitā,* capítulos 5-11.

Liṅga significa 'símbolo', 'signo', o 'característica'. El *Bhagavad-gītā* proporciona un ejemplo y un significado general de la palabra:

अर्जुन उवाच-
कैर्लिङ्गैस्त्रीन्गुणानेतानतीतो भवति प्रभो ।
किमाचारः कथं चैतांस्त्रीन्गुणानति वर्तते ॥

arjuna uvāca
kair liṅgais trīn guṇān etān
atīto bhavati prabho
kim-ācāraḥ kathaṁ caitāṁs
trīn guṇān ati vartate

Arjuna preguntó: ¡Oh, mi querido Señor!, ¿cuáles son los signos por los que se conoce a aquel que trasciende esas tres modalidades? ¿Cómo se comporta? Y, ¿de qué manera trasciende él las modalidades de la naturaleza?

(*Bhagavad-gītā*, 14.21)

En este verso del *Gītā*, vemos claramente que el término *liṅgaiḥ* —la forma instrumental plural de la palabra *liṅga*— significa 'signos' o 'características'. De igual modo, existen signos visibles del despertar de lo divino en el ser humano.

El *liṅga* marca la presencia de algo, como, por ejemplo, el *Śiva-liṅga*, que invoca la presencia de Śiva en el mundo. Nos recuerda que el Ser yace en lo más profundo de cada entidad viviente. Cada vez que percibimos signos de santidad en el ser humano, estos son *liṅgas* (signos) que acreditan la presencia del Señor en el plano terrenal.

El *yonī*, por su parte, es el órgano sexual femenino, y simboliza la matriz, la femineidad y la divina energía creadora.

तत्तत्सुखानुरागेण शिवपूजां विदुर्बुधाः ।
पीठमंबामयं सर्वं शिवलिंगं च चिन्मयम् ॥

tat tat sukhānurāgeṇa
śiva-pūjāṁ vidur budhāḥ
pīṭham aṁbā-mayaṁ sarvaṁ
śiva-liṅgaṁ ca cin-mayam

La *Śiva-pūjā* debe llevare a cabo con amor por la felicidad de los diferentes seres, eso dicen los sabios. El pedestal representa a la consorte de Śiva, Pārvatī; su *liṅga* representa a los seres sintientes.

यथा देवीमुमामंके धृत्वा तिष्ठति शंकरः ।
तथा लिंगमिदं पीठं धृत्वा तिष्ठति संततम् ॥

yathā devīm umām aṅke
dhṛtvā tiṣṭhati śaṅkaraḥ

tathā liṅgam idaṁ pīṭhaṁ
dhṛtvā tiṣṭhati santatam

Así como el Señor Śiva permanece siempre en estrecho abrazo con la diosa Pārvatī, así también el emblema fálico se aferra al pedestal, para siempre.
(*Śiva Purāṇa*, *Vidyeśvara Saṁhitā*, 11.22-23)

En los textos tántricos, el *Śiva-liṅga* es el símbolo del órgano sexual masculino engastado en el femenino, o *yonī*, el cual representa el poder creador del universo. El órgano reproductor masculino dentro del femenino simboliza la unión creadora que genera la vida a escala cósmica.

रूपित्वात्सकलस्तद्वत्तस्मात्सकलनिष्कलः ।
निष्कलत्वान्निराकारं लिंगं तस्य समागतम् ॥

rūpitvāt sakalas tad vat
tasmāt sakala-niṣkalaḥ
niṣkalatvān nirākāraṁ
liṅgaṁ tasya samāgatam

Él también es *sakala* (con división), puesto que tiene una forma encarnada. Él es tanto *sakala* como *niṣkala* (sin división). Es en su aspecto *niṣkala* donde el *liṅga* resulta apropiado.
(*Śiva Purāṇa*, *Vidyeśvara Saṁhitā*, 5.11)

El *Śiva-liṅga* es el aspecto *nirguṇa* (carente de cualidades) de Śiva y, por consiguiente, es adorado como el Señor Śiva mismo. Por lo general, los devotos de Śiva, o *Śiva-bhaktas*, llevan a cabo la *pañca-yatana-pūjā*, un rito en el que también adoran a Gaṇeśa, Pārvatī, Sūrya, Nārāyaṇa y Śālagrāma.

El *Śiva-liṅga* simboliza el falo de Śiva. Así como el semen está escondido en el falo, Śiva siempre está presente, aunque sea invisible.

Otra explicación afirma que el *Śiva-liṅga* representa a *prakṛti*, o *pradhāna*, que es 'la sustancia cósmica'. Se trata del cuerpo sutil de Śiva, o *prakṛti*, el cual es la realidad absoluta.

El *Śiva-liṅga* tiene tres partes. La más baja se denomina *Brahma-pīṭha*, la media *Viṣṇu-pīṭha* y la superior *Śiva-pīṭha*. Los doce principales *jyotir-liṅgas* que se adoran en India se encuentran en los santuarios Kedāra-nātha, Kāśī-viśva-nātha, Soma-nātha, Baija-nātha, Rāmeśvara, Ghṛṣṇeśvara, Bhīmā-śaṅkara, Mahā-kāla, Mallikārjuna, Mamaleśvara, Nāgeśvara y Tryambakeśvara, mientras que los cinco *pañca-bhūta-liṅgas* están en Kāla-hastīsvara, Jambūkesvara, Aruṇācaleśvara, Ekāmbareśvara en Kāñci-pura y Naṭarāja en Cidāmbara.

Aquellos que centran su adoración en el *Śiva-liṅga* se llaman *liṅgāyatas* y pueden ser identificados por el *liṅga* en miniatura que llevan colgado de por vida. Son un grupo religioso dentro del hinduismo conocido por su tolerancia y su aceptación de todos los seres humanos. Esta comunidad no comparte la interpretación moderna del sistema de castas.

En la literatura puránica, encontramos la historia de Mārkaṇḍeya, un joven destinado a morir a los 16 años. Cuando llegó la noche de su muerte, se sentó a meditar en Śiva frente al *Śiva-liṅga*. Cuando vino la muerte a llevárselo, Śiva se manifestó desde el *liṅga*. Dirigiéndose a la muerte le dijo: «Tú no puedes tocar a mi devoto». Mārkaṇḍeya era un devoto muy sincero que poseía gran devoción y sinceridad. La devoción sincera al *liṅga* atrae las bendiciones de Śiva, las cuales nos ayudan a liberarnos de los apegos mundanos.

El *liṅga* posee tres diferentes niveles: burdo (*iṣṭa-liṅga*), sutil (*prāna-liṅga*) y trascendental (*jyotir-liṅga* o *bhāva-liṅga*). El *liṅga* burdo es el adorado en los templos.

El *liṅga* sutil es el siguiente nivel, y se refiere al *liṅga* de energía vital (*prāṇa*) que reside en nuestro cuerpo. De acuerdo con la literatura agámica, dichos *liṅgas* sutiles se ubican en los centros energéticos, o chakras, siendo de tres tipos: negro (*itarakhya-liṅga*), de humo (*dhūmra-liṅga*) y luminoso (*jyotir-liṅga*). El *liṅga* negro puede ser percibido en el *mūlādhāra-cakra* en estados de meditación profunda. En la meditación profunda, la *śakti* dormida, llamada *kuṇḍalinī-śakti*, despierta y experimentamos el *dhūmra-liṅga* en el centro energético del corazón, o *anāhata-cakra*. El *liṅga* de humo se percibe como algo menos sustancial que el negro. El *liṅga* negro es percibido con cierta solidez, pero el *dhūmra-liṅga* semeja humo. El *jyotir-liṅga* reside en el séptimo centro energético, o *sahasrāra-cakra*. Este *liṅga* es refulgente porque refleja la naturaleza de Śiva. El *jyotir-liṅga* es infinito, ilimitado y el fundamento del universo; también recibe el nombre de *bhāva-liṅga*, *tattva-liṅga* o *parātpara*. Según la visión tántrica, cuando *kuṇḍalinī* accede a Sadāśiva, la ilusión es trascendida y se alcanza la iluminación. Al repetir el mantra *Oṁ namaḥ sivāya* se manifiesta el *tattva-liṅga*, o *parātpara*, el *liṅga* último. En dicho nivel, se trasciende la dualidad de la base relativa y se realiza el *śiva-sāyujya*, o 'fusión con Śiva'.

Śiva y Śakti no son diferentes, sino uno y lo mismo. Tal como el agua y la humedad, Śiva incluye a Śakti. En el interior de todo ser humano descansa un poder que llegado el momento se manifiesta. El pedestal donde reside el *liṅga* se denomina *pīṭha* y simboliza a Śakti, poseyendo la forma del órgano reproductor femenino. El *Śiva-liṅga* representa la naturaleza tanto de Śiva como de Śakti.

El término *liṅga* se deriva de la palabra *laya*, o 'disolución'. Al final de cada ciclo, el cosmos se funde en el *liṅga*. Entonces, el *liṅga* simboliza a Parama-śiva, mientras que el *pīṭha* representa a Parama-śakti. El *Śiva-liṅga* simboliza la consciencia orientada hacia lo alto que tiende a la elevación. El *pīṭha* es la forma de Śakti que envuelve el pasado, el presente y el futuro dentro de sí misma. La forma del *liṅga* expresa la aspiración a conocerse, trascender y evolucionar. La forma de *pīṭha* representa la energía que se expande en las tres dimensiones temporales. El *Śiva-liṅga* comprende ambas formas. Está situado en el *yonī* porque la masculinidad y la feminidad se unen en este *liṅga*. Esta unión es el origen de toda la creación.

ब्रह्ममुरारिसुरार्चितलिङ्गं निर्मलभासितशोभितलिङ्गम् ।
जन्मजदुःखविनाशकलिङ्गं तत् प्रणमामि सदाशिवलिङ्गम् ॥

brahma-murāri-surārcita-liṅgaṁ
nirmala-bhāsita-śobhita-liṅgam
janmaja-duḥkha-vināśaka-liṅgaṁ
tat praṇamāmi sadā-śiva-liṅgam

Me inclino ante el Sadā-śiva-liṅga (el símbolo del Ser Supremo), que es adorado por Brahmā, Viṣṇu y los otros dioses, que es alabado mediante palabras puras y santas, y que destruye el ciclo de nacimiento y muerte.

देवमुनिप्रवरार्चितलिङ्गं कामदहम् करुणाकर लिङ्गम् ।
रावणदर्पविनाशनलिङ्गं तत् प्रणमामि सदाशिव लिङ्गम् ॥

deva-muni-pravarārcita-liṅgaṁ
kāma-dahaṁ karuṇā-kara liṅgam
ravaṇa-darpa-vināśana-liṅgaṁ
tat praṇamāmi sadā-śiva-liṅgam

Reverencias al Sadā-śiva-liṅga, el destructor de Cupido, que es adorado por *devas* y sabios, que es infinitamente compasivo y que subyugó el orgullo de Rāvaṇa.

सर्वसुगन्धिसुलेपितलिङ्गं बुद्धिविवर्धनकारणलिङ्गम् ।
सिद्धसुरासुरवन्दितलिङ्गं तत् प्रणमामि सदाशिव लिङ्गम् ॥

sarva-sugandhi-sulepita-liṅgaṁ
buddhi-vivardhana-kāraṇa-liṅgam
siddha-surāsura-vandita-liṅgaṁ
tat praṇamāmi sadā-śiva-liṅgam

Me inclino ante el Sadā-śiva-liṅga, al que se le prodigan abundantes y variados perfumes y aromas, que eleva el poder del pensamiento e ilumina el discernimiento, y ante el que se postran los *siddhas*, los *suras* y los *āsuras*.

कनकमहामणिभूषितलिङ्गं फणिपतिवेष्टित शोभित लिङ्गम् ।
दक्षसुयज्ञ विनाशन लिङ्गं तत् प्रणमामि सदाशिव लिङ्गम् ॥

kanaka-mahāmaṇi-bhūṣita-liṅgaṁ
phaṇipati-veṣṭita-śobhita-liṅgam
dakṣa-suyajña-vināśana-liṅgaṁ
tat praṇamāmi sadā-śiva-liṅgam

Postraciones ante el Sadā-śiva-liṅga, el destructor del sacrificio de Dakṣa, que está adornado con variados ornamentos, piedras preciosas y rubíes, y que resplandece con el rey de las serpientes enroscado en él.

कुङ्कुमचन्दनलेपितलिङ्गं पङ्कजहारसुशोभितलिङ्गम् ।
सञ्चितपापविनाशनलिङ्गं तत् प्रणमामि सदाशिव लिङ्गम् ॥

kuṅkuma-candana-lepita-liṅgaṁ
paṅkaja-hāra-suśobhita-liṅgam
sañcita-pāpa-vināśana-liṅgaṁ
tat praṇamāmi sadā-śiva-liṅgam

Me inclino ante el Sadā-śiva-liṅga, al que se le ofrece azafrán y pasta de sándalo, que luce hermoso con guirnaldas de lotos y que extirpa todas las malas acciones acumuladas.

देवगणार्चित सेवितलिङ्गं भावैर्भक्तिभिरेव च लिङ्गम् ।
दिनकरकोटिप्रभाकरलिङ्गं तत् प्रणमामि सदाशिव लिङ्गम् ॥

deva-gaṇārcita-sevita liṅgaṁ
bhāvair-bhaktibhir eva ca liṅgam
dinakara-koṭi-prabhākara-liṅgaṁ
tat praṇamāmi sadā-śiva-liṅgam

Reverencias al Sadā-śiva-liṅga, que es adorado por los *devas* con pensamientos genuinos rebosantes de fe y devoción, que resplandece con el brillo de millones de soles.

अष्टदलोपरिवेष्टितलिङ्गं सर्वसमुद्भवकारणलिङ्गम् ।
अष्टदरिद्रविनाशितलिङ्गं तत् प्रणमामि सदाशिव लिङ्गम् ॥

aṣṭa-dalopari veṣṭita-liṅgaṁ
sarva-samudbhava-kāraṇa-liṅgam
aṣṭa-daridra-vināśita-liṅgaṁ
tat praṇamāmi sadā-śiva-liṅgam

Postraciones ante el Sadā-śiva-liṅga, que destruye las ocho clases de pobreza (*aṣṭadaridra*), que es la causa de toda creación y se sienta en un loto de ocho pétalos.

सुरगुरुसुरवरपूजित लिङ्गं सुरवनपुष्प सदार्चित लिङ्गम् ।
परात्परं परमात्मक लिङ्गं तत् प्रणमामि सदाशिव लिङ्गम् ॥

sura-guru-sura-vara-pūjita-liṅgaṁ
sura-vana-puṣpa-sadārcita-liṅgam
parātparaṁ paramātmaka-liṅgaṁ
tat praṇamāmi sadā-śiva-liṅgam

Me prosterno ante el Sadā-śiva-liṅga, que es el Ser trascendental y supremo, adorado con incontables flores de los jardines celestiales por todos los *suras* precedidos por sus gurús.

लिङ्गाष्टकमिदं पुण्यं यः पठेत् शिवसन्निधौ ।
शिवलोकमवाप्नोति शिवेन सह मोदते ॥

liṅgāṣṭkam idaṁ puṇyaṁ
yaḥ paṭhec chiva-sannidhau
śiva-lokaṁ avāpnoti
śivena saha modate

Quienquiera que repita estos ocho *ślokas* y adore al *Śiva-liṅga* en presencia del Señor Śiva, alcanza la morada suprema de Śiva y goza allí de dicha y beatitud eternas con él.

(*Lingāṣṭaka* por Ādi Śaṅkarācārya)

La adoración al *Śiva-liṅga* precede a la veneración a la forma de Śiva. Antes de que apareciese el cosmos, lo carente de forma se manifestó en la forma del *Śiva-liṅga*. De ese modo, el *Śiva-liṅga* es el primer símbolo de Parama-śiva, de Dios.

En el *Śiva Purāṇa*, el Señor Śiva revela su forma *liṅga* a Viṣṇu y Brahmā y luego explica su importancia:

तस्मादज्ञातमीशत्वं व्यक्तं द्योतयितुं हि वाम् ।
सकलोऽहमतो जातः साक्षादीशस्तु तत्क्षणात् ॥
सकलत्वमतो ज्ञेयमीशत्वं मयि सत्वरम् ।
यदिदं निष्कलं स्तंभं मम ब्रह्मत्व बोधकम् ॥

tasmād ajñātam īśatvaṁ
vyaktaṁ dyotayituṁ hi vām
sakalo 'ham ato jātaḥ
sākṣād īśastu tat kṣaṇāt

sakalatvam ato jñeyam
īśatvaṁ mayi satvaram
yad idaṁ niṣkalaṁ staṁbhaṁ
mama brahmatva bodhakam

Para aclarar mi *Īśatva* (aspecto de soberano supremo), que [hasta ahora] era desconocido, me he manifestado inmediatamente en la forma encarnada de Īśa. El Īśatva en mí debe ser conocido como mi forma encarnada y este *liṅga* es indicativo de mi Brahmatva (aspecto sin forma).

लिङ्गलक्षण युक्तत्वान्मम लिङ्गं भवेदिदम् ।
तदिदं नित्यमभ्यर्च्यं युवाभ्यामत्र पुत्रकौ ॥

liṅga-lakṣaṇa yuktatvān
mama liṅgaṁ bhaved idam
tad idaṁ nityam abhyarcyaṁ
yuvābhyām atra putrakau

Puesto que tiene todos los rasgos característicos de un *liṅga* (un signo sin forma, evidencia de mi existencia), es mi símbolo. ¡Oh hijos!, debéis adorarlo todos los días.

(*Śiva Purāṇa*, «*Vidyeśvara Saṁhitā*», 9.40-42)

Una vez que el Señor Śiva termina de hablar, desaparece, y los *devas* le preguntan al sabio Sūta la manera correcta de adorar al *Śiva-liṅga*.

Sūta les explica entonces en detalle cómo instalar y adorar *Śiva-liṅgas*.

El tantra se refiere a la capacidad creativa de los seres humanos como *yonī-liṅga*; se manifiesta como deseo sexual y es capaz de crear una nueva vida. Si esta energía es sublimada, puede crear una melodía, un poema, un baile, una pintura o una canción. Sin embargo, si se reprime, puede generar una batalla, una guerra o una discusión. Solo de una cosa podemos estar seguros: es imposible aniquilar este poder.

Según el tantra, la represión indiscriminada de nuestros instintos asfixia la creatividad en todos los niveles de la realidad. Tal vez sorprenda constatar que, según el tantra, reprimir el deseo sexual sin comprenderlo es mucho más peligroso que la permisividad. La permisividad consciente, guiada por la comprensión, puede ser muy superior al celibato represivo y ciego.

Epílogo

El tantra y la sexualidad

De acuerdo con la visión tántrica, somos condicionamiento y vivimos con la acumulación de información. El fenómeno egoico se ha creado y desarrollado desde la sociedad. Desde nuestro nacimiento, hemos sido programados por nuestros padres, familia, vecinos, profesores, compañeros de clase, colegas, amistades, televisión, periódicos, instituciones religiosas, políticos, etcétera. Ellos nos enseñan el modo de reaccionar, actuar, hablar, pensar, sentir y reír. Por eso, no es que estemos condicionados, sino que somos el mismo condicionamiento. Muchas de las prácticas tántricas transgresoras intentan trascender dicho condicionamiento.

Es importante señalar que el aspecto sexual es una parte relativamente pequeña del océano de la sabiduría tántrica. Los ritos sexuales no están destinados a todos los aspirantes y solo los *sādhakas* escogidos participan en estas prácticas. El sexo tántrico no se limita a un acto físico. Remitir la sexualidad al contacto físico es un tipo de reduccionismo: la sexualidad no es sinónimo de «genitalidad». Según el tantra, el objetivo del sexo no es tan solo la procreación, sino que la vida entera es sexual en esencia.

El sexo es unificador; constituye la fuerza creativa de la divinidad y la manifestación de un poder sumamente elevado y puro a través de la carne; es una fuerza divina que se expresa por mediación de lo físico. Es el poder divino mismo el que desciende desde su origen, pasando por diferentes planos de existencia: astral, mental y físico. Si en nuestra ignorancia intentamos controlar o reprimir los deseos sexuales, estos se tornarán invencibles. Pero si los tratamos sabiamente, incluso en sus niveles más bajos, descubriremos que el sexo es una llave importante en nuestro proceso evolutivo hacia la libertad.

Podemos usar las escaleras para descender desde un piso más alto a uno más bajo y podemos volver a ascender por las mismas escaleras: la elección es nuestra. En toda práctica relacionada con la energía sexual, debemos ser sumamente cautelosos y permanecer muy alertas. Nuestra búsqueda de comodidad nos puede tentar a descender y degradarnos. Al igual que ocurre con las escaleras, ascender o elevarse es siempre más difícil que bajar.

Kṛṣṇa habla en el *Bhagavad-gītā* acerca del sabor más elevado; es decir, cuando se manifiesta ese estado más elevado, desaparece de manera natural el deseo por lo mediocre y lo bajo.

विषया विनिवर्तन्ते निराहारस्य देहिनः ।
रसवर्जं रसोऽप्यस्य परं दृष्ट्वा निवर्तते ॥

viṣayā vinivartante
nirāhārasya dehinaḥ
rasa-varjaṁ raso 'py asya
paraṁ dṛṣṭvā nivartate

> Al alma encarnada se la puede alejar del disfrute de los sentidos, aunque el gusto por los objetos de los sentidos aún permanezca en ella. Pero, al experimentar un gusto superior y abandonar por eso semejantes ocupaciones, su consciencia permanece fija.
>
> (*Bhagavad-gītā*, 2.59)

Mientras la represión esté desprovista de discernimiento y comprensión solo será una modalidad de violencia. Luchar, aunque sea contra nosotros mismos, es un tipo de agresión. En cambio, el proceso tántrico de sublimación siempre promueve el amor, la armonía y la paz; no requiere violencia, ni jamás entra en conflicto con el principio de *ahiṁsā*.

El Señor Kṛṣṇa afirma lo siguiente:

बलं बलवतां चाहं कामरागविवर्जितम् ।
धर्माविरुद्धो भूतेषु कामोऽस्मि भरतर्षभ ॥

balaṁ balavatāṁ cāhaṁ
kāma-rāga-vivarjitam
dharmāviruddho bhūteṣu
kāmo 'smi bharatarṣabha

Yo soy la fuerza de los fuertes, desprovista de pasión y deseo. Yo soy la vida sexual que no va en contra de los principios religiosos, ¡oh, señor de los Bhāratas (Arjuna)!

(*Bhagavad-gītā*, 7.11)

En otras palabras, al igual que la fuerza y el poder, el sexo puede ser divino una vez que se trascienden la lujuria mundana y el deseo egoísta. Pero, si bien el *tantra-yoga* persigue la trascendencia, no niega este mundo. El tantra es una vía que conduce al conocimiento y la aplicación del *dharma*, a la experiencia y la sublimación de *artha* (riqueza) y de *kāma* (deseo sensual) y, por último, a la realización de *mokṣa* (liberación).

En la religión védica, el fuego simboliza la cremación del ego: consume los cadáveres, es decir, lo muerto. Sin embargo, en el tantra el fuego es la vida que nos enseña a vivir en el calor de la pasión. El color del *sannyāsa* es naranja, como las llamas, porque *sannyāsa* significa plena renuncia a lo terrenal, morir a lo mundano. Al mismo tiempo, simboliza el renacer entre las llamas que consumen todo lo que puede ser consumido: sueños, ideas, esperanzas, fantasías, ilusiones, permitiéndonos despertar a una vida más auténtica.

Celibato significa trascender la necesidad del acto sexual físico y la adicción a este; esto ocurre de manera natural y sin esfuerzo cuando expandimos nuestra sexualidad en un movimiento de carácter inclusivo y nunca exclusivo. Por inclusivo me refiero a transformarnos en seres tántricos. Aunque hayan trascendido por completo el sexo como experiencia física, los maestros iluminados son seres tántricos. Dado que se han fusionado con el Todo, expresan un estado orgásmico a través de su mirada, movimientos, palabras, modo de caminar y su presencia.

El *tāntrika* controla sus deseos, pero sin asfixiar ni atrofiar su pasión, de igual modo que el domador de leones no los mata, sino que los amaestra. La palabra sánscrita *paśu* significa 'bestia' o 'animal', y *pati* quiere decir 'amo'. Paśupati es uno de los sagrados nombres del Señor Śiva, y se refiere al amo de los instintos animales o bestiales. De hecho, el *tāntrika* sublima su energía animal hasta que finalmente la trasciende.

De acuerdo con el tantra, el sexo físico no debe ser reprimido, sino elevado o sublimado. Entonces, en la medida en que vaya elevándose, se irá transformando. De entrada, se manifestará como sexualidad, la cual se verá incluso incrementada después de renunciar al sexo a nivel físico. A partir de esa semilla, florece el amor, el cual se expresa posteriormente como meditación y, finalmente, como oración. Todo depende de cuán lejos lleguemos en nuestro proceso de purificación y de elevación. Así como el sexo físico pertenece al nivel instintivo o animal, es decir, al mundo de las bestias, el apego nace de la mente y pertenece al plano mental. De modo que, cuando el apego se trasciende, florece la meditación... el amor... la oración... Dios. Según el tantra, es Dios quien duerme profundamente en el mineral, sueña en las plantas, árboles y vegetales, se mueve en la bestia y despierta en el ser humano.

El yogui supera el deseo y el apego incrementando la pasión, porque la considera un elemento indispensable para la búsqueda espiritual. El deseo es una emoción que ata, esclaviza, apega y crea adicción. La pasión, por su parte, es un estado intenso, una manera de ser. Para el *tantra-yogī*, la religión no consiste en un credo o una fe, sino en una intensa pasión para ser vivida.

El tantra asume que el orgasmo es un fenómeno místico y, por lo tanto, le tiene profundo respeto. Lo considera mucho más que una simple experiencia carnal o un mero placer sensual mundano. Durante el orgasmo, cesa toda actividad mental. Eso es lo que realmente atrae a tantas personas al sexo, aunque no sean conscientes de ello. No es casual que muchos maestros tántricos se refieran a la iluminación como un estado 'orgásmico' o un orgasmo cósmico.

La sabiduría tántrica aspira a un proceso decisivo de desinhibición y apertura, el cual nos lleva necesariamente a percibirnos como una totalidad. Toda experiencia que incluya cada aspecto de nuestro ser ha de llevarnos a percibir la presencia de nuestra sexualidad, haciéndonos palpitar al unísono con el universo y con la vida. No solo lo sentiremos, sino que lo seremos. No se trata de una experiencia sexual física, sino que es, como muchos la definen, una experiencia orgásmica donde la actividad mental decrece y uno se siente más cuerpo, más Ser. La meditación solo florece en el corazón que arde con el fuego de la pasión por la vida, la existencia, la Verdad y Dios.

Pronunciación
del idioma sánscrito

Alfabeto

Vocales

Vocales cortas	अ *a* इ *i* उ *u* ऋ *ṛ* ऌ *ḷ*
Vocales largas	आ *ā* ई *ī* ऊ *ū* ॠ *ṝ*
Diptongos	ए *e* ऐ *ai* ओ *o* औ *au*

Consonantes

Guturales:	क	*ka*	ख	*kha*	ग	*ga*	घ	*gha*	ङ	*ṅa*
Palatales:	च	*ca*	छ	*cha*	ज	*ja*	झ	*jha*	ञ	*ña*
Cerebrales:	ट	*ṭa*	ठ	*ṭha*	ड	*ḍa*	ढ	*ḍha*	ण	*ṇa*
Dentales:	त	*ta*	थ	*tha*	द	*da*	ध	*dha*	न	*na*
Labiales:	प	*pa*	फ	*pha*	ब	*ba*	भ	*bha*	म	*ma*
Semivocales:	य	*ya*	र	*ra*	ल	*la*	व	*va*		
Sibilantes:	श	*śa*	ष	*ṣa*	स	*sa*				
Aspiradas:	ह	*ha*	ऽ	' (*avagraha*) - el apóstrofe						

Las vocales se pronuncian de la siguiente manera:

a	अ	Se pronuncia como la letra «a» en español, pero es más breve.
ā	आ	Se pronuncia como la letra «a» en español.
i	इ	Se pronuncia como la letra «i» en español, pero es más breve.
ī	ई	Se pronuncia como la letra «i» en español.
u	उ	Se pronuncia como la letra «u» en español, pero es más breve.
ū	ऊ	Se pronuncia como la letra «u» en español.
ṛ	ऋ	Se pronuncia como la letra «r» en español, pero es más breve y se curva la lengua hacia arriba en dirección al cerebro, tras los alveolos.
ṝ	ॠ	Se pronuncia como una «r» cerebral el doble de larga; no fuerte sino suave.
ḷ	ऌ	Es como una «l» cerebral, retrofleja.
e	ए	Se pronuncia como la letra «e» en español.
ai	ऐ	Se pronuncia como «ai» en español.
o	ओ	Se pronuncia como la letra «o» en español.
au	औ	Se pronuncia como «au» en español.
ṁ	तं	*Anusvāra* – Sonido con resonancia nasal, como la letra «n» en la palabra francesa *bo**n***.
ḥ	तः तीः	*Visarga* – añade un sonido de «h» aspirada al final de la sílaba, más la vocal de la sílaba. Por ejemplo: *taḥ*: 'ta-ha'. *tīḥ*: 'ti-hi'.

Las consonantes guturales se pronuncian desde la garganta:

k	क	Se pronuncia como la letra «k» en español.
kh	ख	Se pronuncia como la letra «k» en español seguida de una «h» aspirada.
g	ग	Se pronuncia como la «g» de ***g**ato*.
gh	घ	Se pronuncia como la «g» de ***g**ato* seguida de «h» aspirada.
ṅ	ङ	Se pronuncia como «ng» en español, como en la palabra *te**ng**o*.

Las consonantes palatales se pronuncian desde el paladar:

c	च	Se pronuncia como la «ch» en español (postalveolar), como en la palabra chiste.
ch	छ	Se pronuncia como la «ch» seguida de «h» aspirada.
j	ज	Se pronuncia de forma parecida a la «y» consonante (postalveolar), como la «ll» en la palabra lluvia, pero pronunciada con más fuerza.
jh	झ	Se pronuncia parecido a «y-h» con la «h» aspirada, como en la palabra lluvia pero con fuerza y aspirada.
ñ	ञ	Se pronuncia como la «ñ» en español (palatal), como en la palabra niño.

Las consonantes cerebrales se pronuncian tocando el paladar superior con la punta de la lengua enrollada hacia atrás:

ṭ	ट	Se pronuncia como una «t» en español, pero cerebral.
ṭh	ठ	Se pronuncia como una «t» en español, pero cerebral y con «h» aspirada.
ḍ	ड	Se pronuncia como una «d» en español, pero cerebral.
ḍh	ढ	Se pronuncia como una «d» en español, pero cerebral con la «h» aspirada.

ṇ	ण	Se pronuncia como una «n» en español, pero cerebral, como «rna», queriendo pronunciar «r» pero diciendo «na».

Las consonantes dentales se pronuncian apretando la lengua contra los dientes.

t	त	Se pronuncia como una «t» en español suave, con la lengua entre los dientes.
th	थ	Se pronuncia como una «t» suave en español, con la lengua entre los dientes y con «h» aspirada.
d	द	Se pronuncia como una «d» en español suave con la lengua entre los dientes.
dh	ध	Se pronuncia como una «d» suave en español, con la lengua entre los dientes y con «h» aspirada.
n	न	Se pronuncia como «n» suave en español, con la lengua entre los dientes.

Las consonantes labiales se pronuncian con los labios:

p	प	Se pronuncia como una «p» suave en español.
ph	फ	Se pronuncia como una «p» suave en español, con «h» aspirada.
b	ब	Se pronuncia como una «b» suave en español.
bh	भ	Se pronuncia como una «b» suave en español, con «h» aspirada.
m	म	Se pronuncia como una «m».

Las semivocales se pronuncian de la siguiente manera:

y	य	Se pronuncia como «y» semiconsonante, como en la palabra yo pero más suave, como la «i» en ion.
r	र	Se pronuncia como «r» simple en español.
l	ल	Se pronuncia como «l» en español.
v	व	Se pronuncia como «v» en español, con el labio inferior y los dientes superiores.

Prabhuji

S.S. Avadhūta Śrī Bhaktivedānta Yogācārya
Ramakrishnananda Bābājī Mahārāja

Sobre Prabhuji

Prabhuji es escritor, pintor, *avadhūta*, creador del Yoga Retroprogresivo y maestro espiritual realizado. En el año 2011, decidió retirarse de la sociedad y adoptar una vida eremítica. Desde entonces, sus días transcurren en soledad, orando, escribiendo, pintando y meditando en silencio y contemplación.

Prabhuji es el único discípulo de S.D.G. Avadhūta Śrī Brahmānanda Bābājī Mahārāja, quien es a su vez uno de los más cercanos e íntimos discípulos de S.D.G. Avadhūta Śrī Mastarāma Bābājī Mahārāja.

Prabhuji fue designado como sucesor del linaje por su maestro, quien le confirió la responsabilidad de continuar el sagrado *paramparā* de *avadhūtas*, designándolo oficialmente como gurú y ordenándole servir como sucesor Ācārya con el nombre S.S. Avadhūta Śrī Bhaktivedānta Yogācārya Ramakrishnananda Bābājī Mahārāja.

Prabhuji es también discípulo de S.D.G. Bhakti-kavi Atulānanda Ācārya Mahārāja, quien es discípulo directo de S.D.G. A.C. Bhaktivedānta Swami Prabhupāda.

El hinduismo de Prabhuji es tan amplio, universal y pluralista que a veces, haciéndole honor a su título de *avadhūta*, sus enseñanzas vivas y frescas trascienden los límites de toda filosofía y religión, incluso la suya propia. Sus enseñanzas promueven el pensamiento crítico y nos llevan a cuestionar afirmaciones que suelen aceptarse como ciertas. No defienden verdades absolutas, sino que nos invitan a evaluar y cuestionar nuestras propias convicciones. La esencia de su sincrética visión, el Yoga Retroprogresivo, es el autoconocimiento y el reconocimiento de la consciencia. Para él, el despertar de la consciencia, o la trascendencia del fenómeno egoico, constituye el siguiente nivel del proceso evolutivo de la humanidad.

Prabhuji nació el 21 de marzo de 1958 en Santiago, capital de la República de Chile. Una experiencia mística acaecida a la edad de ocho años lo motivó a la búsqueda de la Verdad, o la Realidad última, transformando su vida en un auténtico peregrinaje tanto interno como externo. Ha consagrado su vida por completo a profundizar en la temprana experiencia transformativa que marcó el comienzo de su proceso retroevolutivo. Ha dedicado más de cincuenta años a la investigación y la práctica de diferentes religiones, filosofías, vías de liberación y senderos espirituales. Ha absorbido las enseñanzas de grandes yoguis, pastores, rabinos, monjes, gurús, filósofos, sabios y santos a quienes visitó personalmente durante sus años de búsqueda. Ha vivido en muchos lugares y ha viajado por el mundo sediento de la Verdad.

Desde muy pequeño, Prabhuji notó que el sistema educativo le impedía dedicarse a lo que era realmente importante: aprender sobre sí mismo. A pesar de la insistencia de sus padres, dejó de asistir a la escuela convencional a los 11 años y se dedicó a la formación autodidáctica. Con el tiempo, se convertiría en un serio crítico del sistema educativo actual.

Prabhuji es una autoridad reconocida en la sabiduría oriental. Es conocido por su erudición en los aspectos *vaidika* y *tāntrika* del hinduismo, así como en todas las ramas del yoga (*jñāna*, *karma*, *bhakti*, *haṭha*, *rāja*, *kuṇḍalinī*, *tantra*, *mantra* y demás). Su actitud hacia todas las religiones es inclusiva y conoce profundamente el judaísmo, el cristianismo, el budismo, el islam, el sufismo, el taoísmo, el sijismo, el jainismo, el shintoismo, el bahaísmo, la religión mapuche y demás. Aprendió acerca de la religión drusa directamente de los eruditos Salach Abbas y Kamil Shchadi.

Prabhuji estudió profundamente la teología cristiana con S.S. Monseñor Iván Larraín Eyzaguirre en la Iglesia de la Veracruz en Santiago de Chile y con Don Héctor Muñoz, diplomado en teología de la Universidad Católica de la Santísima Concepción.

Su curiosidad por el pensamiento occidental lo llevó a incursionar en el terreno de la filosofía en todas sus diferentes ramas. Profundizó en especial en la Fenomenología Trascendental y la Fenomenología de la Religión. Tuvo el privilegio de estudiar intensivamente por varios años con su tío Jorge Balazs, filósofo, investigador, escritor y autor de *El ciervo de oro*. Estudió en privado por algunos años con el Dr. Jonathan Ramos, reconocido filósofo, historiador y profesor universitario licenciado de la Universidad Católica de Salta, Argentina. Estudió también con el Dr. Alejandro Cavallazzi Sánchez, licenciado en filosofía por la Universidad Panamericana, maestro en filosofía por la Universidad Iberoamericana y doctor en Filosofía por la Universidad Nacional Autónoma de México (UNAM).

Prabhuji posee un doctorado en filosofía *vaiṣṇava* del respetable Instituto Jiva de Vrindavan, India, y un doctorado en filosofía yóguica recibido de la Yoga Samskrutum University.

Sus estudios profundos, las bendiciones de sus maestros, sus investigaciones en las sagradas escrituras, así como su vasta experiencia docente, le han hecho merecedor de un reconocimiento internacional en el campo de la religión y la espiritualidad.

Su búsqueda espiritual lo llevó a estudiar con maestros de diversas tradiciones y viajar lejos de su Chile natal a lugares tan distantes como Israel, India y Estados Unidos. Prabhuji estudió hebreo y sánscrito para profundizar en las sagradas escrituras. También estudió pali en el Centro de Estudios Budistas de Oxford. Además, aprendió latín y griego antiguos con Javier Álvarez, licenciado en Filología Clásica por la Universidad de Sevilla.

Su padre, Yosef Har-Zion ZT"L, creció bajo una estricta disciplina porque era hijo de un suboficial mayor de carabineros. Como reacción a la educación que recibió, Yosef decidió educar a sus propios hijos con libertad completa y amor incondicional. Prabhuji creció sin presión alguna. Desde sus primeros años, su padre siempre le mostró el mismo amor, más allá de sus éxitos o fracasos en la escuela. Cuando Prabhuji decidió dejar la escuela para dedicarse a su búsqueda interior, su familia lo aceptó con profundo respeto. Desde los diez años, Yosef le hablaba de la espiritualidad hebrea y la filosofía occidental. Solían entablar conversaciones acerca de la filosofía y la religión, durante días enteros, hasta altas horas de la noche. Yosef le ofreció apoyo en lo que deseara hacer en su vida y siempre lo ayudó en su búsqueda de la Verdad. Prabhuji fue el auténtico proyecto de libertad y amor incondicional de su padre.

Desde muy temprana edad y por propia iniciativa, Prabhuji comenzó a practicar karate y a estudiar filosofía oriental y religiones de manera autodidacta. Durante su adolescencia, nadie interfería con sus decisiones. A los 15 años, entabló una profunda, íntima y larga amistad con la famosa escritora y poeta uruguaya Blanca Luz Brum, quien fuera su vecina en la calle Merced en Santiago de Chile. Viajó por todo Chile en busca de gente sabia e interesante de la que aprender. En el sur de Chile, conoció a machis que le enseñaron la rica espiritualidad y el chamanismo mapuches.

Dos grandes maestros contribuyeron en el proceso retroprogresivo de Prabhuji. En 1976, conoció a su primer Gurú, S.D.G. Bhakti-kavi Atulānanda Ācārya Swami, a quien llamaría Gurudeva. En aquellos días, Gurudeva era un joven *brahmacārī* que ocupaba el cargo de presidente del templo de ISKCON en Eyzaguirre 2404, Puente Alto, Santiago, Chile. Años más tarde, dio a Prabhuji la primera iniciación, la iniciación brahmínica y finalmente, inició a Prabhuji en la orden sagrada de renuncia llamada *sannyāsa* dentro de la Brahma Gauḍīya Saṁpradāya. Gurudeva lo conectó con la devoción a Kṛṣṇa. Le impartió la sabiduría del *bhakti-yoga* y le instruyó en la práctica del *māhā-mantra* y el estudio de las sagradas escrituras.

En 1996, Prabhuji conoció a su segundo maestro, S.D.G. Avadhūta Śrī Brahmānanda Bābājī Mahārāja en Rishikesh, India. Guru Mahārāja, como lo llamaría Prabhuji, le reveló que su propio gurú, S.D.G. Avadhūta Śrī Mastarāma Bābājī Mahārāja, le había dicho años antes de morir que una persona vendría del Occidente y le solicitaría ser su discípulo. Le ordenó aceptar solo y únicamente a ese buscador específico. Cuando preguntó cómo podría identificar a esta persona, Mastarāma Bābājī le respondió: «Lo reconocerás por sus ojos. Debes aceptarlo porque será la continuación del linaje».

Desde su primer encuentro con el joven Prabhuji, Guru Mahārāja lo reconoció y lo inició oficialmente en el *māhā-mantra*. Para Prabhuji, esta iniciación marcó el comienzo de la etapa más intensa y madura de su proceso retroprogresivo. Bajo la guía de Guru Mahārāja, estudió *vedānta advaita* y profundizó en la meditación.

Guru Mahārāja guio a Prabhuji en sus primeros pasos hacia el sagrado nivel del *avadhūta*. En marzo del 2011, S.D.G. Avadhūta Śrī Brahmānanda Bābājī Mahārāja ordenó a Prabhuji, en nombre de su propio maestro, aceptar la responsabilidad de continuar el linaje de *avadhūtas*. Con dicho nombramiento, Prabhuji es el representante oficial de la línea de esta sucesión discipular para la presente generación.

Además de sus *dikṣā-gurus*, Prabhuji estudió con importantes personalidades espirituales y religiosas como S.S. Swami Dayananda Sarasvatī, S.S. Swami Viṣṇu Devānanda Sarasvatī, S.S. Swami Jyotirmayānanda Sarasvatī, S.S. Swami Pratyagbodhānanda, S.S. Swami Swahananda de la Ramakrishna Mission y S.S. Swami Viditātmānanda de la Arsha Vidya Gurukulam. La sabiduría del tantra fue despertada en Prabhuji por S.G. Mātājī Rīnā Śarmā en India.

Prabhuji deseaba confirmar su iniciación *sannyāsa* con el linaje del *vedānta advaita*. Su *sannyāsa-dīkṣā* fue confirmada por S.S. Swami Jyotirmayānanda Sarasvatī, fundador de la «Yoga Research Foundation» y discípulo de S.S. Swami Śivānanda Sarasvatī de Rishikesh.

En 1984, aprendió y comenzó a practicar la técnica de la Meditación Trascendental de Maharishi Mahesh Yogui. En 1988, realizó el curso de *kriyā-yoga* de Paramahaṁsa Yogananda. Después de dos años, fue iniciado oficialmente en la técnica de *kriyā-yoga* por la Self-Realization Fellowship.

En Vrindavan, estudió el sendero del *bhakti-yoga* en profundidad con S.S. Narahari Dāsa Bābājī Mahārāja, discípulo de S.S. Nityananda Dāsa Bābājī Mahārāja de Vraja.

También estudió el *bhakti-yoga* con varios discípulos de Su Divina Gracia A.C. Bhaktivedānta Swami Prabhupāda: S.S. Kapīndra Swami, S.S. Paramadvaiti Mahārāja, S.S. Jagajīvana Dāsa, S.S. Tamāla Kṛṣṇa Gosvāmī, S.S. Bhagavān Dāsa Mahārāja y S.S. Kīrtanānanda Swami entre otros.

Prabhuji ha sido honrado con varios títulos y diplomas por muchos líderes de prestigiosas instituciones religiosas y espirituales de la India. El honorable título de Kṛṣṇa Bhakta le fue otorgado por S.S. Swami Viṣṇu Devānanda (el único título de Bhakti Yoga otorgado por Swami Viṣṇu), discípulo de S.S. Swami Śivānanda Sarasvatī y fundador de la «Organización Sivananda». El título de Bhaktivedānta le fue conferido por S.S. B.A. Paramadvaiti Mahārāja, fundador de «Vrinda». El título Yogācārya le fue conferido por S.S. Swami Viṣṇu Devānanda, el «Paramanand Institute of Yoga Sciences and Research of Indore, la India», la «International Yoga Federation», la «Indian Association of Yoga» y el «Shri Shankarananda Yogashram of Mysore, India». Recibió el respetable título Śrī Śrī Rādhā Śyam Sunder Pāda-Padma Bhakta Śiromaṇi directamente de S.S. Satyanārāyaṇa Dāsa Bābājī Mahant de la Chatu Vaiṣṇava Saṁpradāya.

Prabhuji dedicó más de cuarenta años al estudio del *haṭha-yoga* con prestigiosos maestros del yoga clásico y tradicional como S.S. Bapuji, S.S. Swami Viṣṇu Devānanda Sarasvatī, S.S. Swami Jyotirmayānanda Sarasvatī, S.S. Swami Satchidananda Sarasvatī, S.S. Swami Vignanananda Sarasvatī y Śrī Madana-mohana.

Llevó a cabo varios cursos sistemáticos de formación de profesores de *haṭha-yoga* en prestigiosas instituciones hasta alcanzar el grado de Maestro Ācārya en dicha disciplina. Completó sus estudios en las siguientes instituciones: Sivananda Yoga Vedanta, Ananda Ashram, Yoga Research Foundation, Integral Yoga Academy, Patanjala Yoga Kendra, Ma Yoga Shakti International Mission, Prana Yoga Organization, Rishikesh Yoga Peeth, Swami Sivananda Yoga Research Center y Swami Sivananda Yogasana Research Center.

Prabhuji es miembro de la Indian Association of Yoga, Yoga Alliance ERYT 500 y YACEP, la International Association of Yoga Therapists y la International Yoga Federation. En 2014, la International Yoga Federation le honró con la posición de Miembro Honorario del World Yoga Council.

Su interés por la compleja anatomía del cuerpo humano lo llevó a estudiar quiropráctica en el prestigioso Instituto de Salud de Espalda y Extremidades en Tel Aviv, Israel. En 1993, obtuvo el diploma de manos del Dr. Sheinerman, fundador y director del instituto. Posteriormente, obtuvo el título de masajista terapéutico en la Academia de la Galilea Occidental. Los conocimientos adquiridos en este campo agudizaron su comprensión del *haṭha-yoga* y contribuyeron a la creación de su propio método.

El «Hatha Yoga Retroprogresivo» es el fruto de los esfuerzos de Prabhuji por perfeccionar su propia práctica y sus métodos de enseñanza; se trata de un sistema basado especialmente en las enseñanzas de sus gurús y en las escrituras sagradas. Prabhuji sistematizó diferentes técnicas yóguicas tradicionales creando una metodología apta para el público occidental. El Yoga Retroprogresivo aspira a la experiencia de nuestra auténtica naturaleza, promoviendo el equilibrio, la salud y la flexibilidad a través de dieta apropiada, limpiezas, preparaciones (*āyojanas*), secuencias (*vinyāsas*), posturas (*āsanas*), ejercicios de respiración (*prāṇāyāma*), relajación (*śavāsana*), meditación (*dhyāna*), así como ejercicios con cierres energéticos (*bandhas*) y sellos (*mudras*) para dirigir y potenciar el *prāṇa*.

Desde su infancia, y a lo largo de toda su vida, Prabhuji ha sido entusiasta admirador, estudiante y practicante de karate-do clásico. Desde los 13 años, estudió en Chile estilos como el kenpo y el kung-fu, pero se especializó en el estilo japonés más tradicional del shotokan. Recibió el grado de cinturón negro (tercer dan) de Shihan Kenneth Funakoshi (noveno dan). Aprendió también de Sensei Takahashi (séptimo dan) y practicó el estilo Shorin Ryu con el Sensei Enrique Daniel Welcher (séptimo dan) quien le confirió el rango de cinturón negro (segundo dan). A través del karate-do, profundizó en el budismo y obtuvo conocimiento adicional acerca de la física del movimiento. Prabhuji es miembro de la Funakoshi's Shotokan Karate Association.

Prabhuji creció en un entorno artístico y su amor por la pintura comenzó a desarrollarse en su infancia. Su padre, el renombrado pintor chileno Yosef Har-Zion ZT"L, le motivó a dedicarse al arte. Aprendió con el famoso pintor chileno Marcelo Cuevas. Las pinturas abstractas de Prabhuji reflejan las profundidades del espíritu.

Desde su más tierna infancia, Prabhuji ha sentido una especial atracción y curiosidad por los sellos postales, las tarjetas postales, los buzones, los sistemas de transporte postal y toda la actividad relacionada con el correo. Ha aprovechado cada oportunidad para visitar oficinas de correos en diferentes ciudades y países. Se ha adentrado en el estudio de la filatelia, que es el campo del coleccionismo, la clasificación y el estudio de los sellos postales. Esta pasión le llevó a convertirse en filatelista profesional, distribuidor de sellos autorizado por la American Philatelic Society y miembro de las siguientes sociedades: Royal Philatelic Society London, Royal Philatelic Society of Victoria, United States Stamp Society, Great

Britain Philatelic Society, American Philatelic Society, Society of Israel Philatelists, Society for Hungarian Philately, National Philatelic Society UK, Fort Orange Stamp Club, American Stamp Dealers Association, US Philatelic Classics Society, Filabras – Associação dos Filatelistas Brasileiros y Collectors Club of NYC.

Basándose en sus amplios conocimientos de filatelia, teología y filosofía oriental, Prabhuji creó la «Filatelia Meditativa» o el «Yoga Filatélico», una práctica espiritual que utiliza la filatelia como soporte para la práctica de atención, concentración, observación y meditación. La Filatelia Meditativa se inspira en la antigua meditación hindú del *maṇḍala* y puede llevar al practicante a estados elevados de consciencia, a la relajación profunda y a la concentración que promueve el reconocimiento de la consciencia. Prabhuji escribió su tesis sobre este nuevo tipo de yoga, «La filatelia meditativa», atrayendo el interés de la comunidad académica de la India debido a su innovador enfoque de conectar la meditación con diferentes aficiones y actividades. Por esta tesis, fue honrado con el doctorado en Filosofía Yóguica por la Universidad Yoga Samskrutum.

Durante muchos años, Prabhuji vivió en Israel, donde amplió sus estudios de judaísmo. Uno de sus principales profesores y fuentes de inspiración fue el Rabino Shalom Dov Lifshitz ZT"L, a quien conoció en 1997. Este gran santo lo guio durante varios años en los intrincados senderos de la Torá y el Jasidismo. Ambos desarrollaron una relación muy íntima. Prabhuji estudió el Talmud con el Rabino Rafael Rapaport Shlit"a (Ponovich), Jasidismo con el Rabino Israel Lifshitz Shlit"a y la Torá con el Rabino Daniel Sandler Shlit"a. Prabhuji es un gran devoto del Rabino Mordechai Eliyahu ZT"L, quien personalmente lo bendijo.

Prabhuji visitó EE. UU. en el año 2000 y durante su estadía en Nueva York, se percató de que el era lugar más adecuado para fundar una organización religiosa. Le atrajeron especialmente el pluralismo y la actitud respetuosa de la sociedad americana hacia la libertad de culto. Le impresionó el profundo respeto tanto del público como del gobierno hacia las minorías religiosas. Después de consultarlo con sus maestros y solicitar sus bendiciones, Prabhuji se trasladó a los Estados Unidos. En el 2003 nació la Misión Prabhuji, una iglesia hindú destinada a preservar la visión universal y pluralista del hinduismo de Prabhuji y su «Yoga Retroprogresivo».

Aunque no buscó atraer seguidores, durante 15 años (1995-2010), Prabhuji consideró las solicitudes de algunas personas que se acercaron a él pidiendo ser discípulos monásticos. Aquellos que eligieron ver a Prabhuji como a su maestro espiritual aceptaron voluntariamente votos de pobreza y dedican sus vidas a la práctica espiritual (*sadhāna*), la devoción religiosa (*bhakti*) y el servicio desinteresado (*seva*). Aunque Prabhuji ya no acepta nuevos discípulos, continúa guiando al pequeño grupo de discípulos veteranos de la Orden Monástica Ramakrishnananda que fundó.

En el 2011, Prabhuji fundó el Avadhutashram (monasterio), en Catskills Mountains, en el norte de Nueva York, EE. UU. El Avadhutashram es la sede central de la Misión Prabhuji, su ermita y la residencia de los discípulos monásticos de la Orden Monástica Ramakrishnananda. El *āśram* organiza proyectos humanitarios como el Programa Prabhuji de Distribución de Alimentos y el Programa Prabhuji de Distribución de Juguetes. Prabhuji opera diferentes proyectos humanitarios inspirado en su experiencia de que servir la parte es servir al Todo.

En enero de 2012, la salud de Prabhuji lo obligó a renunciar oficialmente a dirigir la misión. Desde entonces, ha vivido en soledad, completamente alejado del público, escribiendo y absorto en contemplación. Su mensaje no promueve la espiritualidad colectiva, sino la búsqueda interior individual.

Prabhuji ha delegado a sus discípulos la elección entre mantener sus enseñanzas exclusivamente dentro de la orden monástica o difundir su mensaje para el beneficio público. Ante la petición explícita de sus discípulos, Prabhuji ha accedido a que se publiquen sus libros y se difundan sus conferencias, siempre que ello no comprometa su privacidad y su vida eremítica.

En 2022, Prabhuji fundó el Instituto de Yoga Retroprogresivo en el cual sus discípulos más antiguos pueden compartir sistemáticamente las enseñanzas y el mensaje de Prabhuji a través de video conferencias. El instituto ofrece apoyo y ayuda para una comprensión más profunda de las enseñanzas de Prabhuji.

Prabhuji es un respetado miembro de la American Philosophical Association, la American Association of Philosophy Teachers, la American Association of University Professors, la Southwestern Philosophical Society, la Authors Guild, la National Writers Union, PEN America, la International Writers Association, la National Association of Independent Writers and Editors, la National Writers Association, la Alliance Independent Authors y la Independent Book Publishers Association.

La vasta contribución literaria de Prabhuji incluye libros en español, inglés y hebreo como por ejemplo *Kuṇḍalinī-yoga: el poder está en ti*, *Lo que es, tal como es*, *Bhakti yoga: el sendero del amor*, *Tantra: liberación en el mundo*, *Experimentando con la Verdad*, *Advaita Vedānta: ser el Ser*, comentarios sobre el *Īśāvāsya Upaniṣad* y el *Sūtra del Diamante*.

Sobre la Misión Prabhuji

Prabhuji, S.S. Avadhūta Śrī Bhaktivedānta Yogācārya Ramakrishnananda Bābājī Mahārāja, fundó la Misión Prabhuji en el 2003, una iglesia hindú destinada a preservar su visión universal y pluralista del hinduismo.

El propósito principal de la misión es preservar las enseñanzas de Prabhuji sobre Pūrvavyāpi-pragatiśīlaḥ Yoga, o el Yoga Retroprogresivo, el cual propugna el despertar global de la consciencia como la solución radical a los problemas de la humanidad.

La Misión Prabhuji opera un templo hindú llamado Śrī Śrī Radha-Śyāmasundara Mandir, el cual ofrece adoración y ceremonias religiosas a los feligreses. La extensa biblioteca del Instituto de Yoga Retroprogresivo proporciona a sus profesores abundante material de estudio para investigar las diversas teologías y filosofías exploradas por Prabhuji en sus libros y conferencias. El monasterio Avadhutashram educa a los discípulos monásticos en diversos aspectos del enfoque de Prabhuji sobre el hinduismo y les ofrece la oportunidad de expresar devoción a Dios en forma de servicio devocional, contribuyendo desinteresadamente con sus habilidades y formación a los programas de la Misión, como el Programa de Distribución de Alimentos Prabhuji, un evento semanal en el que decenas de familias necesitadas del norte de Nueva York reciben alimentos frescos y nutritivos.

El servicio y la glorificación del gurú son principios espirituales fundamentales en el hinduismo. La Misión Prabhuji, siendo una iglesia hindú tradicional, practica la milenaria tradición de *guru-bhakti* de reverencia al maestro. Algunos discípulos y amigos de la Misión Prabhuji, por iniciativa propia, contribuyen a preservar el legado de Prabhuji y sus enseñanzas interreligiosas para las generaciones futuras mediante la difusión de sus libros, videos de sus charlas internas y sitios web.

Avadhutashram
Round Top, Nueva York, EE. UU.

Sobre el Avadhutashram

El Avadhutashram (monasterio) fue fundado por Prabhuji en el año 2011, en Catskills Mountains, en el norte de Nueva York, EE. UU. Es la sede central de la Misión Prabhuji y la ermita de S.S. Avadhūta Śrī Bhaktivedānta Yogācārya Ramakrishnananda Bābājī Mahārāja y sus discípulos monásticos de la Orden Monástica Ramakrishnananda.

Los ideales del Avadhutashram son el amor y el servicio desinteresado, basados en la visión universal de que Dios está en todo y en todos. Su misión es distribuir libros espirituales y organizar proyectos humanitarios como el Programa Prabhuji de Distribución de Alimentos y el Programa Prabhuji de Distribución de Juguetes.

El Avadhutashram no es comercial y funciona sin solicitar donaciones. Sus actividades están financiadas por Prabhuji's Gifts, una empresa sin ánimo de lucro fundada por Prabhuji, que vende productos esotéricos de diferentes tradiciones que Prabhuji mismo ha utilizado en prácticas espirituales durante su proceso evolutivo con el propósito de preservar y difundir la artesanía tradicional religiosa, mística y ancestral.

El Sendero Retroprogresivo

El Sendero Retroprogresivo no requiere que formes parte de un grupo o seas miembro de una organización, institución, sociedad, congregación, club o comunidad exclusiva. Vivir en un templo, monasterio o *āśram* no es un requisito, porque no se trata de un cambio de residencia sino de consciencia. No te insta a creer, sino a dudar. No requiere que aceptes algo, sino que explores, investigues, examines, indagues y cuestiones todo. No propone ser como deberías ser, sino como eres realmente.

El Sendero Retroprogresivo apoya la libertad de expresión pero no el proselitismo. Esta ruta no promete respuestas a nuestras preguntas, pero nos induce a cuestionar nuestras respuestas. No nos promete ser lo que no somos ni lograr lo que no hemos alcanzado ya. Es un sendero retroevolutivo de autodescubrimiento que conduce desde lo que creemos ser a lo que somos en verdad. No es el único camino, ni el mejor, ni el más sencillo, ni el más directo, sino que es un proceso involutivo por excelencia que señala lo que es obvio e innegable pero que generalmente pasa desapercibido: lo sencillo, inocente y natural. Es un camino que comienza y termina en ti.

El Sendero Retroprogresivo es una revelación continua que se amplía eternamente. Profundiza en la consciencia desde una perspectiva ontológica, transcendiendo toda religión y sendero espiritual. Es el descubrimiento de la diversidad como realidad única e inclusiva. Se trata del encuentro de la consciencia consigo misma, consciente de sí misma y de su propia realidad. En realidad, este sendero es una simple invitación a danzar en el ahora, a amar el momento presente y a celebrar nuestra autenticidad. Es una propuesta incondicional a dejar de vivir como víctimas de las circunstancias para hacerlo como apasionados aventureros. Es una llamada a volver al lugar que nunca hemos abandonado, sin ofrecernos nada que no poseamos, ni enseñarnos nada que no sepamos ya. Es un llamado a una revolución interna y a entrar en el fuego de la vida que solo consume sueños, ilusiones y fantasías, pero no toca lo que somos. No nos ayuda a alcanzar nuestro objetivo deseado, sino que nos prepara para el milagro inesperado.

Esta vía fue nutrida durante una vida dedicada a buscar la Verdad. Consiste en una agradecida ofrenda a la existencia por lo recibido. Pero recuerda, no me busques a mí, sino que búscate a ti. No es a mí a quien necesitas, porque eres tú lo único que realmente importa. Esta vida es solo un maravilloso paréntesis en la eternidad para conocer y amar. Lo que anhelas yace en ti, aquí y ahora, como lo que realmente eres.

Tu bienqueriente incondicional,
Prabhuji

Prabhuji hoy

Prabhuji está retirado de la vida pública

Prabhuji es el único discípulo de S.D.G. Avadhūta Śrī Brahmānanda Bābājī Mahārāja, quien es a su vez uno de los más cercanos e íntimos discípulos de S.D.G. Avadhūta Śrī Mastarāma Bābājī Mahārāja.

Prabhuji fue designado como sucesor del linaje por su maestro, quien le confirió la responsabilidad de continuar el sagrado *paramparā* de *avadhūtas,* designándolo oficialmente como gurú y ordenándole servir como sucesor Ācārya con el nombre S.S. Avadhūta Śrī Bhaktivedānta Yogācārya Ramakrishnananda Bābājī Mahārāja.

Prabhuji es también discípulo de S.D.G. Bhakti-kavi Atulānanda Ācārya Mahārāja, quien es discípulo directo de S.D.G. A.C. Bhaktivedānta Swami Prabhupāda.

En el año 2011, decidió retirarse de la sociedad y adoptar una vida eremítica. Desde entonces, sus días transcurren en soledad, orando, escribiendo, pintando y meditando en silencio y contemplación. Ya no participa en *sat-saṅgs,* conferencias, encuentros, reuniones, retiros, seminarios, grupos de estudio o cursos. Les rogamos a todos respetar su privacidad y no tratar de contactarse con él por ningún medio para pedir encuentros, audiencias, entrevistas, bendiciones, *śaktipāta,* iniciaciones o visitas personales.

Las enseñanzas de Prabhuji

Como *avadhūta* y maestro realizado, Prabhuji siempre ha apreciado la esencia y la sabiduría de una gran variedad de prácticas religiosas del mundo. No se considera miembro o representante de ninguna religión en particular. Aunque muchos lo ven como un ser iluminado, Prabhuji no tiene la intención de presentarse como predicador, guía, *coach,* creador de contenido, persona influyente, preceptor, mentor, consejero, asesor, monitor, tutor, orientador, profesor, instructor, educador, iluminador, pedagogo, evangelista, rabino, *posek halajá*, sanador, terapeuta, satsanguista, apuntador, psíquico, líder, médium, salvador o gurú. De hecho, según Prabhuji la búsqueda del Ser es individual, solitaria, personal, privada e íntima. No se trata de un esfuerzo colectivo que debe emprenderse a través de la religiosidad social, organizada, institucional o comunitaria.

Por ello, Prabhuji no hace proselitismo ni predica ni intenta persuadir, convencer o hacer que nadie cambie su perspectiva, filosofía o religión. Otros pueden considerar sus reflexiones valiosas y aplicarlas total o parcialmente en su propio desarrollo, pero las enseñanzas de Prabhuji no deben interpretarse como un consejo personal, asesoramiento, guía, métodos de autoayuda o técnicas para el desarrollo espiritual, físico, emocional o psicológico. Las enseñanzas propuestas no aspiran a ser soluciones a los problemas espirituales, materiales, económicos, psicológicos, emocionales, románticos, familiares, sociales o corporales de la vida. Prabhuji no ofrece milagros, experiencias místicas, viajes astrales, sanaciones, conectarse con espíritus, poderes sobrenaturales o salvación espiritual.

Aunque el énfasis de Prabhuji no ha sido atraer seguidores, durante 15 años (1995-2010), consideró las solicitudes de algunas personas que se acercaron a él pidiendo ser discípulos monásticos. Aquellos que eligieron ver a Prabhuji como su maestro espiritual aceptaron voluntariamente votos de pobreza y dedican sus vidas a la práctica espiritual (*sādhanā*), la devoción religiosa (*bhakti*) y el servicio desinteresado (*seva*). Prabhuji ya no acepta nuevos discípulos, pero continúa guiando al pequeño grupo de discípulos veteranos de la Orden Monástica Ramakrishnananda que fundó.

Servicios públicos

A pesar de que el monasterio no acepta nuevos residentes, voluntarios, donaciones, colaboraciones o patrocinios, el público está invitado a participar en los servicios religiosos diarios y los festivales devocionales del templo Śrī Śrī Radha-Śyāmasundara.

Libros por Prabhuji

What is, as it is: Satsangs with Prabhuji (English)
ISBN-13: 978-1-945894-26-8
Lo que es, tal como es: Satsangas con Prabhuji (Spanish)
ISBN-13: 978-1-945894-27-5
Russian: ISBN-13: 978-1-945894-18-3

Kundalini yoga: The power is in you (English)
ISBN-13: 978-1-945894-30-5
Kundalini yoga: El poder está en ti (Spanish)
ISBN-13: 978-1-945894-31-2

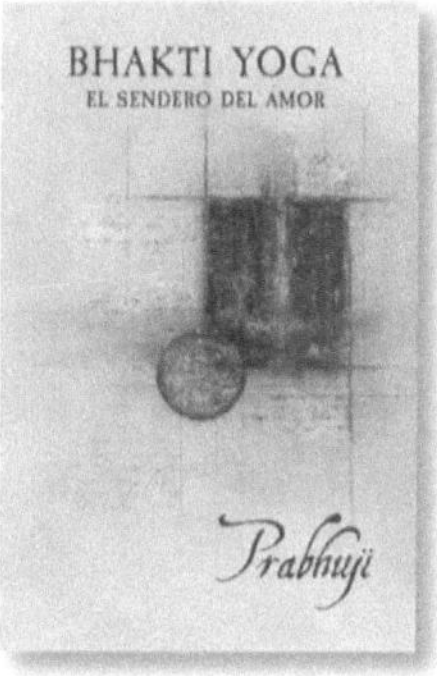

Bhakti yoga: The path of love (English)
ISBN-13: 978-1-945894-28-2
Bhakti-yoga: El sendero del amor (Spanish)
ISBN-13: 978-1-945894-29-9

Experimenting with the Truth (English)
ISBN-13: 978-1-945894-32-9
Experimentando con la Verdad (Spanish)
ISBN-13: 978-1-945894-33-6

Tantra: Liberation in the world (English)
ISBN-13: 978-1-945894-36-7
Tantra: La liberación en el mundo (Spanish)
ISBN-13: 978-1-945894-37-4

Advaita Vedanta: Being the Self (English)
ISBN-13: 978-1-945894-34-3
Advaita Vedanta: Ser el Ser (Spanish)
ISBN-13: 978-1-945894-35-0

Īśāvāsya Upanishad
commented by Prabhuji
(English)
ISBN-13: 978-1-945894-38-1
Īśāvāsya Upaniṣad
comentado por Prabhuji
(Spanish)
ISBN-13: 978-1-945894-40-4

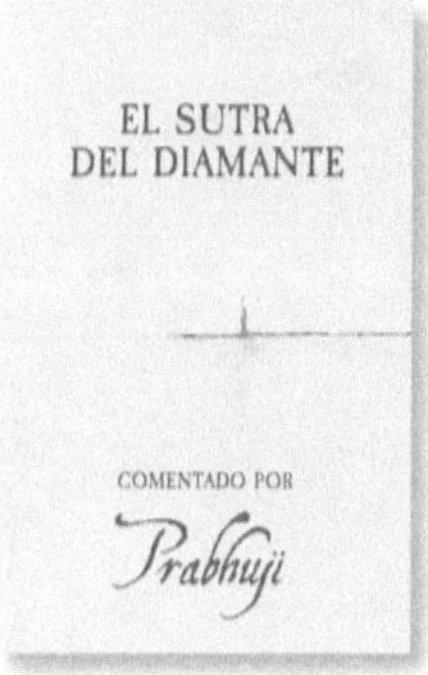

The Diamond Sūtra
commented by Prabhuji
(English)
ISBN-13: 978-1-945894-51-0
El Sūtra del Diamante
comentado por Prabhuji
(Spanish)
ISBN-13: 978-1-945894-54-1

I am that I am
(English)
ISBN-13: 978-1-945894-45-9
Soy el que soy
(Spanish)
ISBN-13: 978-1-945894-48-0

www.ingramcontent.com/pod-product-compliance
Lightning Source LLC
Chambersburg PA
CBHW022006120526
44592CB00032B/99
* 9 7 8 1 9 4 5 8 9 4 2 3 7 *